博学而笃志,切问而近思。
(《论语·子张》)

博晓古今,可立一家之说;
学贯中西,或成经国之才。

复旦博学·复旦博学·复旦博学·复旦博学·复旦博学·复旦博学

本书受国家自然科学基金项目《基于制度视角的跨期动态CEO薪酬激励定价及其治理绩效研究》(编号：71373049)、教育部人文社会科学研究规划基金项目"基于深度学习技术的金融市场投资者情绪、行为预测研究"(19YJA790104)以及复旦大学理论经济学I类高峰计划项目《兼并与收购》案例建设项目联合资助，特此深表谢忱！

经管案例库
ECONOMIC AND
MANAGEMENT CASE LIBRARY

兼并与收购
中国式资本之道

MERGERS AND ACQUISITIONS:
CHINESE CASES

杨 青　张剑宇　华凌昊　编著

复旦大学出版社

内容提要

兼并与收购伴随着企业从出生到消亡的始终。本书从企业资本运作生命周期（创投–上市–收购与反收购–私有化）的角度，精心挑选了中国本世纪以来资本市场中的16个经典案例，意图做到抽丝剥茧，极力为读者展现中国式资本运作的历史发展、方式转换、工具演变、监管规则等内容。读者既可从每个案例配套的术语解析栏目获取对兼并与收购的基本认识和理解，也可从案例本身和启发思考题加深对兼并与收购如何促进中国资本市场改革、改善公司治理制度等前沿问题的把握。

本书可作为经济、金融、管理类专业的教师、研究人员、高年级本科生、研究生、以及实务领域工作人员的教辅书或参考书。

前言

改革开放以来四十载,中国经济的微观基础——企业的发展,有着不可忽视的一股推动力量——企业之间的兼并、收购。它既是产业的整合,也隐含着制度和工具的创新。从兼并与收购的历史背景、目标、方式、使用工具、估值、企业效益、政府监管、法律规则等方面出发,去细细品味每一个经典案例背后的故事,往往带给我们的是超乎案例本身的视角,既有对当下时局的认识,也有对经济和资本市场发展规律的把握,更有对未来的畅想。这本《兼并与收购:中国式资本之道》从过去近二十年的中国资本市场兼并与收购案例中挑选出十六篇经典案例,意图做到抽丝剥茧,从核心去看每一个案例对于当下资本市场发展的启示。

案例的选择与编排与一家企业成长的历程相符,读者既可感受到兼并与收购活动贯穿企业生命旅程的始终,也能从不同案例中品味出兼并收购活动的不断演进实际上就是资本市场发展的一首曲谱。首先,从2015年广受瞩目的宝能 VS 万科案开始讲起,这场荟萃了几乎所有兼并收购领域重要元素的大戏,作为整场剧目的"前菜"是再合适不过了。"主菜"由八章共十四篇案例组成。第一章是两篇关于初创企业的案例,读者可从蒙牛 VS 摩根士丹利案中了解对赌协议在中国资本市场中的广泛应用,从美克家居案中看到可交换债券如何成为企业融资/PEVC 的重要工具。当企业发展到一定规模时,就会诉求上市以满足日益扩张的资金需求。除了常见的 IPO,借壳上市也同样受到企业的青睐。在第二章中,读者可从圆通借壳大杨创世一案中窥探这种"潮流"。第三章和第四章是激荡人心的控制权争夺战,分为"攻篇"和"守篇"。在这里,企业使出浑身解数,运用各种兼并收购的工具,"攻"下对方城池抑或是"守"住自身领地。读者将体会到杠杆收购、要约收购、毒丸计划等在这一场场"没有硝烟的战争"中激荡出令人眼花缭乱的火花。在艰难地成功上市并经过残酷的控制权争夺战后,部分企业可能会寻求"退市",第五章的案例将给予读者关于企业私有化动因的启发,并详细展示了在港股(万达案）和美股（奇虎360案）市场进行私有化的过程。在企业私有化进程中，扮演主角的不仅是管理层（MBO），还有可能是VC机构，高瓴收购百丽一案就是很好的范本。在分析完以上案例后，我们将在第六章讨论兼并收购的核心——企业控制权问题，这也是公司治理领域中最常讨论的话题。我们将以京东的双重股权结构和阿里的"湖畔合伙人"制度为例，分析这些互联网巨头如何设计股权制度，以将控制权牢牢把握在初创人手中。随后，我们将目光聚焦资本市场深入改革的成果。第七章以十九大"深化国有企业改革，发展混合所有制经济"的精神为着陆点，我们会看到原本效率低下的国有企业如何通过注入多元化股权焕发新的活力，以及地方政府如何通过与民间资本合作盘活地方存量资本、减轻财政负担。除了发生在本土市场的故事，随着中国市场与国际市场日益联结，跨国并购活动变得频繁起来。第八章以美的收购库卡为例，向读者展示中国资本如何实现"走出去"。最后我们回到宝能VS万科案，从公司治理的角度解读为何宝能会去敲万科的大门，这对我国企业完善治理机制、资本市场深化改革都蕴含着不小的启发。

每个案例的大致编排如下：首先，以时间轴的形式展示案例发展的全景图，读者毋需花费很多时间便可掌握事件的来龙去脉。其次，对时间轴中涉及的案例特色进行详尽分析，读者将在此部分了解案例的细节，特别是兼并收购的工具、方式以及对应的实务应用场景。接着，对案例中出现的重要概念进行解析，这部分将巩固读者对兼并收购相关知识点的掌握。最后，案例会给出几道启发性思考题，希望读者根据案例提供的信息，或自行搜集其他信息进行思考和解答，这将使读者对案例的理解程度升华到更高的层次。

最后，我们要感谢对本书成书有重大贡献的沈红波副教授、黄明副教授、卢华博士和沈国兵教授，同时还要感谢以下同学或业界人士：姚望、任云涛、秦晴、温从进、杨丹璐、宋晓东、郲可、黄俊杰、杨旻、张宇茜、王志强、黄书忞、童源、汤梦叶、徐鸥鹭、题佳睿、田汝彦，他们为本书成书做出了极大贡献在此一并致谢。囿于时间限制，整本案例集的编写过程比较匆忙，请读者不吝指教。

杨青　张剑宇　华凌昊
2018年11月16日于复旦园

目录

引　子　从宝能 VS 万科案开始讲起　　　　　　　　　　　　／1
　　案例1　大资管时代下的枭雄
　　　　　　——看宝能如何撬动万科　　　　　　　　　　　／3

第一章　从 0 到 1：具有中国特色的 VC 投资　　　　　　　／30
　　案例2　蒙牛对赌摩根士丹利
　　　　　　——双赢还是侥幸？　　　　　　　　　　　　　／32
　　案例3　可交换债券助力资本运作
　　　　　　——以美克家居等为例　　　　　　　　　　　　／48

第二章　我要上市：过独木桥的各种"姿势"　　　　　　　／68
　　案例4　圆通借壳大杨创世
　　　　　　——占据中国快递第一股　　　　　　　　　　　／70

第三章　控制权争夺战——"攻"篇　　　　　　　　　　　／86
　　案例5　电讯盈科：神话的塑造与破灭　　　　　　　　　／88
　　案例6　中国敌意要约第一案
　　　　　　——浙民投要约收购 ST 生化　　　　　　　　／109

第四章　控制权争夺战——"守"篇　　　　　　　　　　／141
　　案例7　中国公司的华尔街式收购战
　　　　　　——新浪对盛大的反收购　　　　　　　　　／142

第五章	有钱就是任性：企业怎么从公家的变成了私人的？	/ 158
	案例 8　万达私有化	
	——解密背后的原因和资本运作	/ 159
	案例 9　奇虎 360 回归的光和影——中概股投资价值评估	/ 177
	案例 10　中概股回归三部曲	
	——奇虎 360 的 A 股上市之路	/ 206
	案例 11　高瓴收购百丽——鞋业巨头落幕还是再出发	/ 229

第六章	公司治理的最终奥义：股权结构如何设计？	/ 258
	案例 12　与"狼"共舞，看创业企业如何设计股权制度？	
	——京东双重股权结构与阿里的"湖畔合伙人"	
	制度	/ 259

第七章	资本市场的深入改革：国企混合所有制	/ 278
	案例 13　联通的"突围"	
	——中国联通 2017 年混合制改革	/ 280
	案例 14　Y 省 YN 县污水处理厂、垃圾处理厂、供排水公司	
	存量资产经营权转让政府和社会资本合作（PPP）	
	项目	/ 295

第八章	去哪个市场？——中国企业走向世界	/ 311
	案例 15　中国家电企业涉足机器人产业	
	——美的跨国收购德国库卡	/ 312

尾　声	回到宝能 VS 万科案	/ 335
	案例 16　为什么野蛮人会敲万科的大门？	/ 336

术语解释索引	/ 383

引　子

从宝能 VS 万科案开始讲起

什么决定了企业兼并与收购的活跃度？一家正在成长和扩张的企业或许时时刻刻都在想着如何整合产业链、构建产业生态圈，但从成本角度考虑，并非每个时点都是出手的好时机。聪明的企业会"韬光养晦"，看准某个时机后如饿狼扑食般抓住并撕咬猎物。我们发现，进入21世纪以来，按并购案件同比增长率来算，中国一共经历了五次并购浪潮，并正在发生第六次。每次浪潮都伴随着股票市场的"牛市"，不管是长是短、是大是小。在每轮牛市中，"从天而降"的资金充实了企业的弹药库，为每家拥有兼并与收购动机的企业创造了良好契机。我们从最近的一

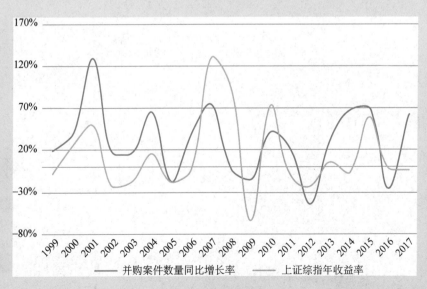

图　并购活动与股票市场紧密相关

资料来源：Wind。

次浪潮、也就是第六次浪潮讲起。在那次浪潮中，最具代表性的案例当数宝能VS万科，它在收购手法、技术运用、法律监管、企业战略等方面对于后来者都不愧为教科书级的案例，回味多少次都不为过。

案例 1

大资管时代下的枭雄
——看宝能如何撬动万科

导言

万科应该算是 2015 年最令人瞩目的企业了。也许从王石在 20 年前主动放弃掌握万科的控制权之日起，万科这一股权极为分散的企业就已经受到了要被"野蛮人"撬动的"诅咒"。万科股权争夺战的前前后后，不仅是我们学习资本市场运作手法的经典教科书，也是我们反思中国金融监管体制最好的出发点之一。被 JP Morgan 称为"saga"（原指古代挪威或冰岛讲述冒险经历和英雄业绩的长篇故事）的这一事件，充满着诸多值得品味的细节。本案例尝试解开三个"谜团"：(1) 探索宝能举牌万科背后的资金链条，以及宝能为什么能够撬动那么多资金；(2) 从万科的发展战略去讨论宝能收购万科的逻辑是什么；(3) 监管层对宝万之争的态度有着怎样的变化，其背后的逻辑又是什么。在读完本案例的层层解析后，读者可以窥探到中国金融市场的发展与嬗变，体会实体企业、金融机构与监管层的多方博弈。

一、事件发展，时间脉络

第一阶段：险资入市，宝能举牌	
2015 年 1 月	前海人寿（宝能系）开始在二级市场买入万科 A 股股票。
2015 年 7 月 3 日	证监会发言人张晓军：证监会一直积极支持养老金、保险资金、QFII、RQFII 等各类境内外长期资金入市； 保监会发布《关于提高保险资金投资蓝筹股票监管比例有关事项的通知》，放宽了保险资金投资蓝筹股票监管比例。
2015 年 7 月 10 日	宝能第一次举牌：前海人寿（宝能系）持有万科总股本的 5%。

续表

2015年7月24日	宝能第二次举牌：前海人寿及其一致行动人钜盛华，合计持有万科总股本的10%。
2015年8月26日	宝能第三次举牌：宝能系合计持有万科15.04%，超越华润成为万科第一大股东。
2015年9月4日	华润两次增持至15.29%，重新夺回万科的大股东之位。
2015年11月27日	钜盛华（宝能系）继续增持，再次成为万科第一大股东。
2015年12月4日	宝能第四次举牌：已持有万科总股本的20.008%。
2015年12月7日	安邦举牌：安邦系耗资百亿举牌万科，占总股本5%。
2015年12月24日	宝能系继续增持，对万科的持股比例增至24.26%。
第二阶段：白衣骑士，毒丸计划	
2015年12月17日	万科召开内部会议，王石对"宝能系"提出诸多质疑，并明确表态"不欢迎"。
2015年12月18日	针对王石发文质疑，宝能集团发表声明，称集团恪守法律，相信市场力量。
2015年12月18日	因正在筹划股份发行用于重大资产重组及收购资产，万科A股开始停牌。
2016年3月12日	万科集团与深圳地铁集团举行了战略合作备忘录签字仪式。收购标的初步预计交易对价介于人民币400亿—600亿元之间。
第三阶段："野蛮人"与"内部人"的对抗	
2016年6月17日	万科召开董事会，表决增发股份引入深圳地铁重组预案，但该重组预案遭到大股东华润的反对。
2016年6月18日	万科发布公告，深圳地铁收购议案最终以7票赞成、3票反对、0票弃权获得通过。
2016年6月22日	深交所发函质询万科：张利平回避表决的具体原因，深圳地铁收购作价是否合理。
2016年6月23日	宝能、华润齐发声明反对万科重组预案。
2016年6月26日	宝能旗下钜盛华和前海人寿联合向万科董事会提出召开临时股东大会，审议罢免全体董事的议案。
2016年6月27日	深交所发函质询钜盛华是否与华润为一致行动人，以及提出罢免董监事但不提名的原因； 深交所发函质询华润是否与钜盛华为一致行动人。
2016年7月4日	万科复牌，开盘即跌停； 万科拒绝钜盛华及前海人寿提请召开临时股东大会的议案； 刘元生等万科股东向多个监管机构举报华润和宝能涉嫌私下利益输送、一致行动、内幕交易和资金来源不合格； 华润方面发布消息称，经法律专家论证，万科此前召开的有关引入深圳地铁的董事会决议无效。

续表

2016年7月6日	宝能第五次举牌：钜盛华及其一致行动人前海人寿，合计持有万科总股本的25.04%。
2016年7月18日	万科发布公告表示，因大股东钜盛华、前海人寿以及华润均反对深圳地铁收购预案，交易方案的推进仍存在不确定性。
2016年7月19日	万科正式向监管机构举报宝能资管计划违规行为。
2016年7月21日	深交所指责万科在指定媒体披露前对非指定媒体披露了《关于提请查处钜盛华及其控制的相关资管计划违法违规行为的报告》，披露流程违规，决策程序不审慎； 深交所指责钜盛华在增持万科公司股份期间，未将权益变动报告书等备查文件置于上市公司住所。
插曲：恒大掺脚，多方竞购	
2016年8月8日	恒大第一次举牌，持有万科股份达5%。
2016年11月22日	恒大第二次举牌，持有万科股份达10%。
第四阶段：深铁入主，曲终人散	
2016年12月3日	证监会发表言论，批评资本市场"用来路不明的钱从事杠杆收购"。
2016年12月16日	万科终止了发行股份收购深圳地铁计划。
2017年1月12日	因大股东华润筹划涉及所持公司股份的重大事项，万科A股停牌。
2017年1月12日	华润股份及其全资子公司中润贸易拟以协议转让的方式将其合计持有的万科A股股份（15.31%）转让给深圳地铁集团。
2017年1月13日	万科A股股票复牌。
2017年3月16日	深圳地铁集团与恒大集团签署协议，恒大下属企业拟在一年内将持有的万科股份（14.07%）表决权、提案权及参加股东大会的权利不可撤销地委托给深圳地铁集团，由深圳地铁集团自行决定前述特定股东权利的行使。
2017年6月9日	恒大集团将其持有股份（14.07%）的表决权、提案权及参加股东大会的权利委托给深圳地铁集团。
2017年6月30日	万科2017年股东大会上，郁亮接替王石成为新一任万科董事长。

时代造就英雄。在中国资本市场不断摸爬滚打向前进的过程中，必然会出现一系列打破以往规则之"牢笼"、通过新型的资本运作方式给市场以一轮又一轮新的刺激的事件。当这些事件发生时，人们为之诧异，但一段时间过后，随着监管层的发力，其对市场制度冲击影响以及意图进行创新的结果，也就盖棺定论了。万科事件也属于这类，但它与其他事件不同之处在于：时间跨度巨大、涉及范围广泛、监管格外关切。如果从整个事件的发展脉络开始梳理，或许可以明白为何大家都称其为"中国版'门口的野蛮人'"。

图 1-1 万科股权之争期间的股权变更情况

资料来源：公司公告。

时间倒回至 2015 年初。中国经济正面临"新常态"的关键节点，供给侧改革虽然初见成效，但仍然抵挡不住经济下行的风险。"资产荒""投资荒"使资金开始寻求新的出路，特别是各大保险公司正为年年下滑的投资收益率而担忧。就在这时，证监会的一番发言、保监会的一纸文件让保险公司们看到了曙光——投资股票市场、对上市公司进行举牌。于是，资本市场上出现了新的"时尚潮流"：安邦保险入股招商银行、民生银行、万科 A，富德生命人寿拿下浦发银行 20% 股权，国华人寿举牌天宸股份、华鑫股份，君康人寿买入三特索道、东华科技、中视传媒。这一年共有 10 家保险公司累计举牌了 36 家上市公司的股票，投资额达 3 650 亿元。万科事件的主角，也就是被王石称作"野蛮人"的宝能也不例外，除了举牌明星电力、合肥百货、南宁百货、中炬高新、南玻 A、韶能股份，最受市场瞩目的是它斥巨资增持万科 A，成为整个事件的开端。

"野蛮人"入侵如风，一年之内四次举牌，拿下万科 20.01% 的股权，成为最大股东。眼看自家被人踢馆，王石当然坐不住。他先是拉来原大股东华润和安邦的支持，再通过媒体舆论为自己造势，然后亮出停牌的狠招，寻找白衣骑士以祭出中国版的"毒丸"——通过定向增发股票购买资产以稀释原有股东的权益比例。然而，令王石万万没想到的是，白衣骑士深圳地铁找到了，但他却败在了人际关系的处理问题上。2016 年 6 月 17 日，在至关重要的董事会上，引入深圳地铁的议案被华润全盘否决。这使一向高冷倔强的王石，竟也在当年的股东大会上鞠躬致歉，让人们意识到原来石头也有柔弱的一面。

华润的倒戈引起了监管层的注意。在宝能"再捅一刀"——提请召开临时股东大会、罢免全体董事的情况下，华润开始被质疑是否与宝能为一致行动人。王石已知深圳地铁无法作为自己的救命稻草,因此采用"侧面进攻"的方式,举报宝能购买万科A的资金来源违规,却没想到被监管层倒扇一巴掌:深交所指责万科信息披露违规,在指定媒体披露前对非指定媒体进行了披露。同时,万科独立董事华生发表在《上海证券报》的长文《为什么我不支持大股东的意见》揭露了在事件过程中,各方未将信息及时披露、进行黑箱操作从而侵蚀中小股东利益的事实。信息披露的重要性顿时成为市场焦点。

就在"野蛮人"和"内部人"争执不下时,万科事件因恒大的两次举牌变得更加复杂起来。虽然许家印自称财务投资人,但谁又能保证他心中不会早已垂涎于万科这块肥美的肉呢?然而,这场精彩的多方竞购之好戏没有持续多久,就被监管层叫停了。2016年12月,中央经济工作会议决定把"防控金融放在更加重要的位置",将2017年的主线定为"去杠杆、防风险"。同月,证监会发表言论表明监管层对于如宝能等保险公司大肆利用万能险资金入市举牌的保留甚至反对态度。2017年4月,当年力推保险资金入市的原保监会主席项俊波被"双规",使万科事件的结局有了明确导向。最终,原来的白衣骑士深圳地铁被找回来,受让华润和恒大的所有股权,入主万科。这一故事的"英雄"王石也在2017年万科的股东大会上宣布离职,而他当年拼命抵抗的"野蛮人"宝能,如今早已减持退场,成为2015年资本市场的一代"枭雄"。万科事件就此告一段落。

万科事件的精彩程度不亚于20世纪80年代的KKR收购RJR Nabisco事件,甚至还要好看得多。这一事件为我们描绘了在如今的中国资本市场上,展开一轮并购攻防战的全景图画。从手法到工具,从市场到政府,无不透露着中国市场特有的杠杆收购之特色。在本篇案例中,我们将探寻宝能是如何进行资本运作,撬起万科这一头"大象"的。我们将会看到2015年在中国泛资管化的背景下,宝能运用丰富的资本运作手段,将银行、保险、证券行业全都调动了起来,从侧面对监管的可靠性进行了推敲,反映了我国金融监管因"分业监管、混业经营"而体现的脆弱性。为了看清这个问题,我们先梳理一遍宝能举牌万科资金的来源,介绍其杠杆收购的两大手段——资管计划和万能险的经济背景和监管态度,最后我们将回到宝能举牌万科的动因上,尝试从房地产行业发展的角度去看万科为何如此受"野蛮人"的青睐。

二、宝能是如何撬动万科这头"大象"的

(一)探析宝能的资金来源

姚振华掌控下的宝能投资集团,拥有多家投资子公司。其中,钜盛华作为此次举牌万科的集资平台,直接持有万科股权的8.39%。宝能旗下的保险公司前海人寿通过发行保险产品筹集资金,买入万科6.67%的股权。另外,宝能集团通过资本运作设立了

八个资产管理计划,持有的9.98%万科股权中,投票权通过协议安排归属于钜盛华。总的来说,宝能前后共斥资438.72亿元举牌万科,共持有万科25.04%股权。从钜盛华的财务数据来看,虽然其资产规模在2014年得到迅速增长,但相比万科来讲还是"小巫见大巫"。在举牌前夕,钜盛华的净利润也一直保持在低于3亿元的水平,可见其自身远远无法满足举牌万科的资金需求,从这里可以一窥宝能使用的杠杆之威力。

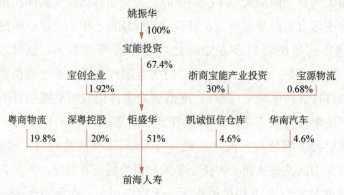

图1-2　宝能系的股权结构

资料来源：公司公告。

表1-1　宝能持有万科股份的平均成本

	持股数量 （百万股）	平均持股 成本（元/股）	持股比例
钜盛华	926	12.6	8.39%
前海人寿—海利年华（万能险）	350	14.2	3.17%
前海人寿—聚富产品（万能险）	218	14.2	1.98%
前海人寿—股权基金	168	14.2	1.52%
西部利得基金—建设银行—金裕1号	225	20.0	2.04%
西部利得基金—建设银行—宝禄1号	156	19.6	1.42%
南方资本—平安银行—安盛1号	98	16.3	0.88%
南方资本—平安银行—安盛2号	90	16.8	0.81%
南方资本—平安银行—安盛3号	85	17.4	0.77%
南方资本—广发银行—广钜1号	163	18.3	1.48%
南方资本—广发银行—广钜2号	63	22.2	0.58%
泰信基金—民生银行—泰信1号	157	21.5	1.42%
东兴证券—东兴7号	60	19.8	0.54%
总计	2 759	15.7	25.00%

资料来源：Wind，公司公告。

表 1-2　钜盛华主要财务数据　　　　　　　　　　　　　　　（单位：亿元）

	2012 年	2013 年	2014 年	2015 年 10 月
资产总额	85.96	87.44	283.13	523.63
负债合计	58.71	54.45	96.37	307.44
营业收入	2.27	4.24	4.41	4.20
净利润	1.94	2.08	2.93	12.96

资料来源：万科公告《详式权益变动书》。

宝能的资金来源可以大致分为保险和银行两块，券商和信托在其中充当资金的通道。首先，来源于保险的资金共104.22亿元，占举牌所用全部资金的24%。这部分资金由宝能旗下的保险公司前海人寿提供。前海人寿通过发行大量万能险产品筹集资金，并直接在二级市场上买入万科A。来自银行的资金中，根据融资结构的复杂程度可以分成两块：一块是钜盛华与建设银行直接设立的资管计划，一块是具有两层融资结构的七个资管计划，这些资管计划直接在二级市场买入万科A之后，股票的收益权按照各方出资比例进行正常分配，股票的投票权则根据协议安排全部转让给钜盛华。

十分有趣的是，如果追溯钜盛华和平安、广发、民生和浦发银行设立的七个资管计划的资金链上端，会发现竟然还有一层资管计划。这层资管计划的资金规模达到133亿元，且几乎全部来源于浙商银行。浙商银行通过发行理财产品，前后利用信托、投资公司、券商作为资金通道，将资金注入华福证券设立的资管计划。因此，表面上看，浙商宝能基金的直接出资人并非浙商银行，而是华福证券。

至此，宝能的融资结构（见图1-3）就逐渐变得清晰起来：它先是通过保险（特别是万能险产品）筹集资金，然后通过信托、券商等通道，与浙商银行设立了并购基金作

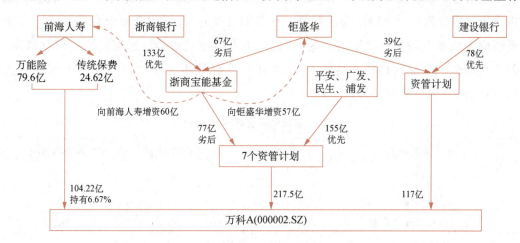

图 1-3　宝能的融资结构

资料来源：作者由公开资料整理。

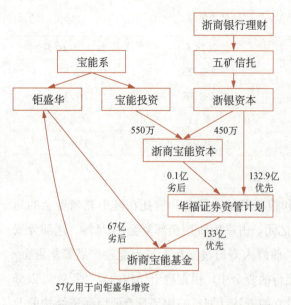

图 1-4　浙商银行通过资管计划实现理财资金入市
资料来源：作者由公开资料整理。

为第一层杠杆，最后与各大商业银行设立资管计划作为第二层杠杆。表面上看，这些资管计划全部按照 1∶2 的杠杆进行配资，钜盛华出资 1/3 作为劣后方，银行出资 2/3 作为优先方，这使姚振华有底气地向媒体保证自身融资结构的稳健性："宝能旗下的钜盛华投资万科的资金来源风险可控、合法合规，实际杠杆倍数 1.7，最高不超过 2∶1，完全处于安全范围以内"。然而，如果对资金的去向抽丝剥茧，会发现宝能所用的杠杆远远不止 2 倍那么简单。

首先，由于宝能使用了两层杠杆，假设每层杠杆都是 2 倍，那么总杠杆至少也是 4 倍。其次，浙商宝能基金的 200 亿元中，57 亿元用于向钜盛华增资，60 亿元用于向前海人寿增资，83 亿元用于在二级市场增持股份，而其中的 77 亿元就用于设立资管计划买入万科 A。这样看来，钜盛华只花了 10 亿（67 亿－57 亿）元就撬动了浙商银行 133 亿元的理财资金以及平安等商业银行 155 亿元的资金。在七个资管计划出资的 217.5 亿元中，宝能实际出资只有 10 亿元，这部分的杠杆倍数飙升至 21 倍。总的来看，就银行出资部分，钜盛华通过自有的 49 亿（10 亿＋39 亿）元撬动了 285.5 亿（217.5 亿＋117 亿－49 亿）元资金，杠杆比率为 5.8 倍。但是，这是最保守的估计，因为在计算中我们假设钜盛华与建设银行设立的资管计划中，钜盛华出资的 39 亿元全部为自有资金。考虑到浙商宝能基金的杠杆之激进，这 39 亿元也有可能通过银行担保或抵押贷款借来。若果真如此，宝能的杠杆就是惊人的 32 倍！这样分析下来，新闻媒体中流传宝能的杠杆为 26 倍也就不足为奇了。

表 1-3　宝能杠杆倍数的情景分析　　　　　　　　　　　　　（单位：亿元）

资金来源	表面上看	保守的情况	激进的情况
自有资金	111.2	49	10
银行贷款	—	—	39
银行自有或理财资金	223.3	285.5	285.5
杠杆倍数（倍）	2	5.8	32

资料来源：作者计算。

(二) 三问宝能的杠杆风险

在初步理清宝能的融资结构后,自然会对杠杆的风险产生疑问:首先,为什么商业银行愿意将理财资金投向这些资管计划?它们面对的潜在风险有多大?其次,为什么浙商银行要如此大费周章,利用信托、券商等机构作为通道进行投资?它不直接投向资管计划的逻辑是什么?最后,为什么前海人寿能通过发行万能险筹集到那么多的资金?谁在帮它销售万能险?其中有风险点吗?如果联系当时的宏观经济背景进行分析,这些问题的答案就会变得明朗起来。

1. "资产荒"催生大资管时代

2014 年在经济面临下行风险的大形势下,央行开启新一轮货币宽松,其初衷是为了降低企业融资成本,促进实体经济增长。然而,货币政策先行,相应的结构性改革等配套政策却没有得到推进,导致资金在实体经济中面临不确定性高、回报低的尴尬局面。于是,聪明的市场和逐利的资金假借金融创新之名,通过信托、资管、保险、券商等机构进行复杂的产品嵌套、包装加杠杆、期限错配、扩大风险资产比例以达到收益要求。资金在金融领域空转,获取加杠杆带来的回报。结果就是 2014 年底启动的一轮波澜壮阔的牛市,无论是股票、债券、商品还是房地产,人们沉浸在杠杆带来的乐趣中,殊不知一时之快的背后是巨大的"灰犀牛":加杠杆产生的巨额负债依赖于央行的货币宽松政策,但这一基础并不十分牢固,一旦政策风向改变,投资者就又要经历如 2008 年的惨痛下跌,而事实也正是如此。

2014 年底银监会出台的《商业银行理财业务监督管理办法》(以下简称《办法》)给予了银行足够的底气:《办法》中"允许以理财产品的名义独立开立资金账户和证券等相关账户,鼓励理财产品开展直接投资"。于是,以银行为中心的大资管时代的资金流转版图出现在世人面前:银行通过向居民和企业发行理财产品筹集资金,然后投向信托计划、资管计划或基金,这些产品由信托公司、基金公司、券商、保险公司等机构进行运作,通过产品的嵌套加杠杆以提高收益保证、追求产品规模。资金的最后去向主要是金融市场,包括股票、债券、期货市场等。在房地产价格继续上涨的预期下,部分资金还投向以银行的房地产抵押贷款为基础资产的证券化产品,这一情景与美国 2008 年的金融危机不无相似之处。

也正是在大资管时代下,故事的主角宝能出场了。在对万科进行了详尽的调查后,宝能说服了以平安银行为代表的五家商业银行为其设立的资管计划注资,并将买入的万科股票以及宝能和前海人寿的部分股权进行质押。这样,银行所面临的风险就来自万科股价的波动:一旦资产管理计划的净值累计跌破 20%,也即万科股价较持有成本下跌超过 20% 时,资管计划中的"止损条款"会立即生效——要么宝能将资管计划的净值补足至约定好的安全水平，要么银行立即平仓，即卖出所有的万科股票以避免进一步的损失。这一条款类似于期货市场中的保证金制度。

图1-5　2015年各投资渠道的收益率呈现下滑态势

资料来源：Wind。

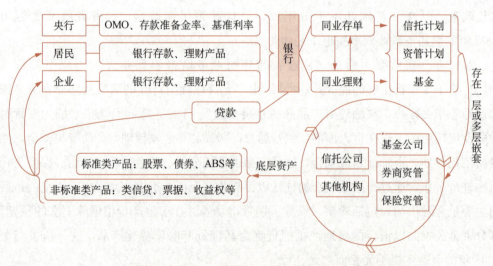

图1-6　大资管时代的资金流转版图（箭头方向代表资金流动方向）

资料来源：作者根据公开资料整理。

对于银行来说，"止损条款"似乎能够防患于未然，保证银行对客户的本金有足够的兑付能力。站在银行的角度，2∶1的优先级与劣后级的安排使万科股价需要下跌超过33%才能够危及银行的本金。然而，根据上文对于宝能所用杠杆倍数最保守的估计

(5.8倍),当万科股价较持有成本下跌20%时,银行的本金已经受到损失。宝能的杠杆用得越狂,其自身的出资比例越少,银行为了保有本金而实际应当设立的平仓线就越高。参与资管计划的银行显然是没有对宝能做足尽职调查,或对其实际的融资结构睁一只眼闭一只眼。从风险管理的角度看,果真万科股价下跌,银行将面临一定的流动性风险。虽然350亿的资金量对于这些大型商业银行来说可能不会致其破产,但也足以引发一段时间的挤兑恐慌,这些银行将面对的也许是信用评级的下调和大批客户的流失。

回头再看整个事件期间万科股价的波动,最接近平仓线的一次发生在2016年7月4日万科复盘之后,险些触碰平仓线的股价走势着实让市场为姚振华捏了一把汗。如果

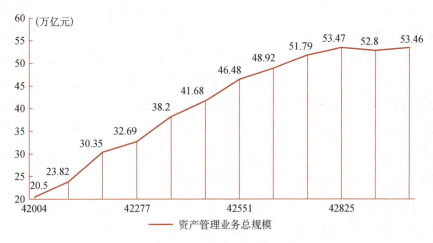

图1-7 资产管理规模增长趋势

资料来源:Wind。

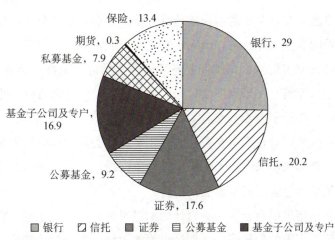

图1-8 泛资管行业版图(截至2016年底,单位:万亿元)

资料来源:Wind。

注:该图数据未考虑各行业资管产品的嵌套因素,故与图1-7的资管规模数据有出入。

站在大资管的时代背景下去品味万科事件，我们所能看到的不仅是宝能的疯狂，更有银行脱离其天生谨慎的不合理投资行为。然而，若置身当时市场的风口浪尖，谁又能保证自己不会受市场大环境的影响，谁又能保证自己不会为了单纯追求资产管理规模而忽视每项投资背后的风险点呢？从资产管理计划规模的快速增长趋势中，我们或多或少地会受到这一点启发：在资金逐利和市场驱动之下，无论是散户还是机构投资者，其投资行为都会体现一定程度的羊群效应。

2. 通道业务——资金与监管的博弈

2014年的《商业银行理财业务监督管理办法》虽然在一定程度上鼓励银行发行理财产品对外投资，但在第六十六条中也明令禁止银行将理财资金投资于二级市场公开交易的股票或与其相关的证券投资基金，高资产净值客户、私人银行客户及机构客户的产品除外。同时，第八十一条规定商业银行应将理财产品纳入表内核算，计算存贷比等相关监管指标，并计提相应资本拨备。如果浙商银行直接将理财产品投向资管计划，那么它将要为遵守法规而付出高昂的成本：一是钜盛华的资管计划中，90%以上的资金都是用来购买万科股票，这违反了《办法》中有关资金投向的规定；二是浙商银行需要为了服从监管要求而提取大量的风险准备金，特别是当所投标的为同一只股票时，非系统风险未被有效分散，需要计提的准备金之多可想而知。

高昂的合规成本驱使宝能想方设法地规避，于是就有了第二层杠杆的设计。根据我国分业监管的体系，当时浙商银行由银监会监管，五矿信托、浙银资本、华福证券由证监会监管。若这些机构在资金、业务上不相往来或少有交集，监管自然到位，但现实正好相反，它们如今是"一条绳上的蚂蚱"，分别充当资金的提供方和管理方，因此如何协同监管就成了难题。在这个难题尚未被监管方解决之前，证券公司、信托、资产管理公司等充当特殊目的载体（special purpose vehicle，SPV），通过资管计划等手段把资金来源方和管理方进行完美切割，在监管方还没来得及反应时就把资金运送到了目的地。这样一来，浙商银行无需再将理财产品这个"烫手的山芋"计入表内，也无需计提巨额的风险准备金，大大降低了其合规成本，"漂亮"地实现了监管套利。由此我们看到，监管的重点不应在机构本身，而应在资金的真正来源与去向，即应按资金真正进行的业务性质进行监管。就本案例来讲，虽然资金来源于银行，但最终进行的是股票交易，因此浙商银行在这笔业务上应受到证监会的监管。

浙商银行不直接将理财资金投向资管计划的逻辑也许还不止这些。在钜盛华的融资结构中，直接投资于资管计划的华福证券是作为劣后级，而华福证券的资金来源是浙商银行理财。换句话说，浙商银行虽然在浙商宝能基金的投资方中处于优先级，但经过第二层融资结构的叠加，在最后的资管计划中投资角色变成了劣后级，这也是浙商银行与其他作为优先级的商业银行在此案例中的最大不同。在当时所有非标结构化产品正处于刚性兑付的时期，浙商银行恐怕并不在意由优先变为劣后带来的风险水平增加，甚至宁愿成为劣后级，享受产品的更高收益率，以此吸引投资者，而这也是当时疯狂追求资产管理规模的券商等机构所乐见的。

于是，我们看到在两层融资结构的搭建之下，各方都有存在的必要性和可能性：浙商银行是资金的最初来源，五矿信托、浙银资本、华福证券是资金的通道和管理方，钜盛华是最终的资金使用者。通道业务使浙商银行实现监管套利，减少了风险准备金的备付，并提高了理财产品的收益率；通道机构实现了资产管理规模的快速扩张，并能够从中"分一杯羹"，赚取中间收益；钜盛华实现了杠杆的再次放大，减少了对自有资金的要求，加快了对万科的收购速度。

在宝能设计的第二层杠杆中，券商等机构作为银行资金"摆渡人"的资金运作方式隶属"通道业务"，它是指资金方借助通道机构设立通道载体从而实现投资目标的过程。通道业务中的资金方通常由银行和保险机构担任，通道机构由信托公司、证券公司、基金公司、私募机构担任，通道载体的表现形式也是多种多样：资管计划、信托计划、私募产品等都可以作为资金的"搬运工"，其中证券基金公司的资管计划是主要形式。2012年10月，随着《证券公司客户资产管理业务管理办法》《证券公司集合资产管理业务实施细则》《基金管理公司特定客户资产管理业务试点办法》等规则的出台，将集合资管计划的行政审批制改为发行制度，证券基金行业的资管业务迎来爆发式增长期。2012年年末全行业管理规模猛增至1.89万亿元，而2011年底的规模仅有不到3 000亿元。然而，就在通道业务行驶在快车道的同时，风险也逐渐显露出来。

以证券基金行业的资管业务为例，简要探讨通道业务的风险来源。证券基金行业的资管业务一般实行"资金池"式管理，即统一归集流入资金，在调用资金时不问其来路。一端是多个"放水口"，一端又是多个"出水口"，资金管理方很难做到资金与投向资产的明确对应，从而产生"混同运作"的特点。另外，在进行收益分配时，"资金池"的管理模式不能保证资产的收益来源于实际投资标的，于是产生"分离定价"的现象：资金管理方在资管计划开放申购或赎回时，没有或较难进行合理估值，脱离实际资产收益率进行定价，造成与净值的极大偏离。本案例中，浙商宝能基金募集的约200亿资金，并非全部用来购买钜盛华设立的资管计划，其中有117亿被用来向钜盛华和前海人寿增资。这样一来，浙商宝能基金既有多个资金来源，又有多个资金去向，在管理上就容易出现"混同运作"和"分离定价"。

一方面，"混同运作"容易带来风险源识别的困难，由于资金有多个来源和去向，就极易形成期限错配，最终演化为通道机构和银行的流动性风险。假如宝能长期持有万科股票（事实上也正是如此），浙商银行发行的理财产品就只能通过不断滚动发行延长产品寿命，一旦展期遇到阻碍，浙商银行就会面临产品本金兑付而流动性匮乏的危机。

另一方面,"分离定价"可能形成资金空转,甚至出现庞氏骗局,潜在危及实体经济的有序运行。例如,为了满足优先和劣后投资比例的要求,钜盛华表面出资 67 亿设立浙商宝能基金,但又被其反向增资 57 亿,因而这部分资金并未起到实际的投资作用,只是空转了一遍。追根溯源,"混同运作""分离定价"这两个风险点与通道机构没有对不同来源的资金、不同标的的资产进行划分,没有进行合理估值和充分及时的信息披露,没有单独编制估值表等有着密切关系。

经过五年的野蛮生长,资管计划等通道业务的风险逐渐被监管方重视起来。2017 年 11 月,被称为"史上最严资管新规"的《关于规范金融机构资产管理业务的指导意见(征求意见稿)》出台。这份由一行三会印发的《指导意见》,首先对资管业务、资管产品和刚性兑付做出明确定义,再对资管的风险控制、杠杆控制和去通道化做出了细致的监管要求。《指导意见》第二十一条规定:"金融机构不得为其他金融机构的资产管理产品提供规避投资范围、杠杆约束等监管要求的通道服务",这就在根本上否定了通道业务在资金融通中的作用(见表 1-4)。

表 1-4 监管方逐渐收紧各类通道业务

发布时间	发布机构	监管方向	发布文件	主要内容
2014 年 2 月	证券业协会	券商通道	《关于进一步规范证券公司资产管理业务有关事项的补充通知》	证券公司"不得通过集合资产管理计划开展通道业务"。
2015 年 3 月	基金业协会	券商通道	《证券期货经营机构落实资产管理业务"八条底线"禁止行为细则》	资产管理计划投资非标资产时不得存在混同运作,未单独建账、独立核算,分离定价等情形。
2016 年 6 月	保监会	保险通道	《关于加强组合类保险资产管理产品业务监管的通知》	权益类、混合类分级产品杠杆不得超过 1:1,其他类型分级产品杠杆不得超过 1:3。
2016 年 7 月	银监会	银行理财	《商业银行理财业务监督管理办法(征求意见稿)》	银行理财产品所投资的特定目的载体不得直接或间接投资于非标准化债权资产,符合银监会关于银信理财合作业务相关监管规定的信托公司发行的信托投资计划除外。
2016 年 7 月	证监会	私募通道	《证券期货经营机构私募资产管理业务运作管理暂行规定》	新八条底线:不保本、杠杆率、结构化;股票类、混合类结构化资管产品的优先/劣后的杠杆不超过 1:1,固定收益类资管产品不超过 1:3,其他类结构化资管产品杠杆不超过 1:2。

续表

发布时间	发布机构	监管方向	发布文件	主要内容
2016年8月	证监会	基金通道	《基金管理公司子公司管理规定》	基金子公司净资本不得低于各项风险资本之和的100%，且根据特定客户资产管理业务全部管理费收入的10%计提风险准备金。
2017年11月	一行三会	所有通道类业务	《关于规范金融机构资产管理业务的指导意见（征求意见稿）》	最低投资比例（杠杆率）、合格投资者资质及认购标准、禁止资金池业务、打破刚性兑付、消除多层嵌套和通道。

资料来源：中国人民银行、银监会、证监会、保监会、证券业协会、基金业协会。

通道业务始于2012年，止于2017年。它在"资产荒"的背景下萌发，最后又在一纸文件中离去。通道业务为宝能收购万科提供了重要的融资工具，它将银行、保险、证券等机构的资金以不同于以往的方式调动到了一起。然而，正如上文分析，资金只要一脱离传统的运动路径，就会产生新的风险，其结果有可能是产业和商业模式的创新，亦有可能是单纯的监管套利和杠杆叠加，而后者是极易引起监管方警惕的。这一次，监管方压制住了通道业务的"顽性"中潜在的风险爆发，但在下一次资金和监管的博弈中，分业监管的体系还能做到这一点吗？如果答案是不确定的，监管方就需要来一场"自我革新"了。

3. 万能险——"万能"的保险并不"保险"

万能险，是一种兼具投资和保障两大功能的人身险产品。万能险与传统保险的最大不同之处在于：传统保险将投保人的保费全部归集到风险保障账户进行低风险投资，而万能险则会按照投保人的意愿，将特定比例的保费划入投资账户进行较高风险的投资，从而提供比传统保险更高的收益率。万能险的这一产品特性吸引了诸多追求高收益的投资者，特别是在"资产荒"的背景下，投保人追求风险账户额度比例的极大化。但由于风险水平的提高，账户净值波动大，这就颠覆了传统保险稳健收益的特点，变得"险"而非"保险"。在宝能收购万科的融资结构中，近三分之一的资金来自宝能控股的前海人寿发行的万能险产品。我们不禁要问：为什么宝能要用万能险进行融资？宝能为什么能够用万能险进行融资？其中有哪些风险？为了解答这些问题，回顾万能险的发展历程会有所帮助。

万能险在2000年被引入我国保险业以来，其发展共经历了四个阶段：（1）2000—2007年：保监会实施了较为严格的保费管制，于是保险公司纷纷利用万能险的投资收益上不封顶的规则集聚客户，规避管制，万能险迎来了一波快速增长；（2）2008—2011年：中国的资本市场在低位震荡，加之全球金融危机导致监管收紧，万能险的发展受阻,进入停滞的区间;(3) 2012—2016 年:万能险成为中小非上市公司以高收益率招徕顾客的主要工具,进入了超高速增长轨道,甚至出现了无序增长的现象;(4) 2016 年末—2017 年末:监管新政的出台使万能险进入了逐步规范的阶段,保费收入出现明显回落。

万能险第三阶段的超高速增长得益于监管层 2012—2013 年间出台的一系列刺激保险业的政策。在此之前,预定利率的严格管制使保险产品的投资收益远不如其他金融产品来得诱人。当保费增速放缓后,整个保险行业快速地坠入低谷。2012 年,保险公司利润总额为 466.55 亿元,同比减少 198.44 亿元,下降 29.84%。其中,寿险公司利润仅有 69 亿元,同比减少 305.36 亿元,下降 81.60%,集体的生存困境横亘在广大保险企业面前。

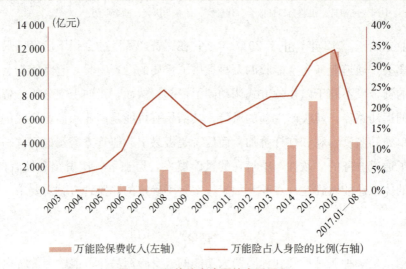

图 1-9　万能险在我国的发展历程

资料来源:保监会。

为了挽救衰退中的保险业,保监会于 2012 年 6 月举行了"保险投资改革创新闭门讨论会",商议十余项保险投资新政。2012 年 7 月—2013 年 1 月,扩大保险企业投资对象的十三条新规陆续颁布,旧的条例被同时废止。自此,保险资金被准许投资于投资债券、股权和不动产、理财产品等证券化金融产品、金融衍生品、股指期货,另外保监会对境外投资和委托投资也给予了行政上的认可。需要说明的是,监管层对这一政策放松仍持有审慎的态度,这在某种程度上反映了其对未来险资风险管理缺失的隐忧。在新规中,保监会反复强调保险公司应注意资产结构配置的稳健性、资产期限配置的合理性、委托投资对象的胜任能力和风险管理制度的健全性等问题。可是,虽然在政策中有所强调,保监会却没有对保险公司的投资对象和风险管理进行有效的监管和干预。对于在逆境中苦苦挣扎的保险公司而言,这十三条新规就如同十三颗强力救心丸,保险公司更加关注的是如何拓展新的业务、开辟新的天地,风险管理已退居其次。

表 1-5　保险业投资新政中要求审慎监管的表述摘要

颁布日期	政策文件名称	审慎监管的表述
2012 年 7 月	《保险资产配置管理暂行办法》	第四条要求保险公司的资产配置必须稳健，遵循偿付能力约束、资产负债管理、全面风险管理和分账户管理原则；第九条要求资产管理部门防范保险产品定价和资产错配风险；第二十九条要求保险公司应当制定资产配置合规和风险管理制度，及时识别、衡量、报告和控制资产配置的风险。
2012 年 7 月	《保险资金委托投资管理暂行办法》	第五条要求保险公司开展委托投资，需财务状况良好，资产配置能力符合中国保监会有关规定；第十条要求保险资金投资金融工具的品种和比例应当符合中国保监会规定；第十三条要求保险公司应审慎制定委托投资指引，合理确定投资范围、投资目标、投资期限和投资限制等要素。
2012 年 7 月	《关于保险资金投资股权和不动产有关问题的通知》	第六条要求保险资金的股权投资基金，非保险类金融机构及其子公司不得实际控制该基金的管理运营，或者不得持有该基金的普通合伙权益；第八条要求保险公司投资同一股权投资基金的账面余额，不高于该基金发行规模的 20%。
2012 年 10 月	《关于保险公司投资有关金融产品的通知》	第五条要求保险资金投资的专项资产管理计划，应当符合证券公司企业资产证券化业务的有关规定，信用等级不低于国内信用评级机构评定的 A 级或者相当于 A 级的级别，担任计划管理人的证券公司上年末经审计的净资产不低于 60 亿元人民币；第十四条要求保险机构投资于专项资产管理计划的，应当充分关注产品交易结构、基础资产状况和信用增级安排，切实防范信用风险、流动性风险、操作风险和法律风险。

资料来源：保监会。

在这样的背景下，万能险因其保险和理财产品的双重灵活属性，成为了不少中小人身保险公司发展战略中的关键一环，而这些保险公司中就有宝万之争中的各路主角：前海人寿、恒大人寿和安邦人寿。它们利用万能险实现净利润高增长的方式，可称为"资产驱动负债"：将万能险保费所带来的现金流大量投资于高收益的股票市场，再用高额的投资收益率吸引更多的客户购买万能险产品。节节攀升的万能险收益率在 2015 年底发展到惊人的地步，前海人寿旗下的万能险产品平均年化收益率高达 5.75%，远高于同期理财产品的平均收益率。高额的收益率吸引了众多投资者，而万能险也成了保险公司的"吸金钵"。直至 2016 年末，前海人寿、安邦人寿的万能险保费收入占保费总收入的比例仍维持在 80% 左右。

这样一来，宝能会用万能险进行融资的原因就十分清楚了：第一，成本低。虽然万能险在 2015 年末—2016 年初的收益率比理财产品高，但通过券商资管进行融资需要经过多个"中间商"，每个环节都需要收取手续费，而通过保险公司发行万能险进行融资则显得直截了当，其总成本有可能比银行渠道更低。第二，融资易。乘着"资产荒"和监管风，万能险产品风靡市场，规模极速增长。第三，监管松。万能险是为了刺激保险业发展而由监管方鼓励发行的产品，自然不会受到监管层的过多追问，对于产品推出初期存在的保险公司过度激进的投资行为，保监会也是"睁一只眼闭一只眼"。

那么，万能险究竟为什么能如此顺畅地吸引投资者的目光，从而在极短时间内完成宝能的融资计划呢？答案除了吸睛的收益率外，不可忽视的是其发行渠道——银行。对于银行来讲，在各类资产收益率普降的市场背景下，万能险产品无疑是"香饽饽"。首先，银行可以通过销售万能险获取中间收入。其次，2015年10月银监会取消了银行75%存贷比的监管要求后，银行为了减少负债成本，有较大动力降低存款规模，以鼓励存户购买万能险等理财产品的方式吸收资金。最后，对于银行来讲，万能险或许是银行理财的更好替代，因为前者不需要银行的隐形担保，在一定程度上降低了银行的到期兑付风险。对于尚未设立实体网点的中小型保险公司来讲，利用银行的范围经济优势销售万能险无疑是不二选择。前海人寿99%的保险产品都是通过银行销售，这一比例远超平安的7%、太平洋的24%和中国人寿的51%。

大量的万能险资金和2014年以来鼓励险资入市的政策导向，使前海人寿和安邦人寿在二级市场上成为风靡一时的"举牌大户"，但其中也蕴藏着极大的集中风险（concentration risk）：2015—2016年，前海人寿共举牌7家上市公司，累计耗费资金538亿元，占2016年末万能险规模的74.62%；其中单是购买万科的股票就耗资104亿元，占2015年末总资产的6.5%，逾越了保监会规定的5%红线①。另外，安邦人寿共举牌10家上市公司，累计耗费资金466亿元，占2016年末万能险规模的22.52%。保险公司把大额资产押在股市，如此举动在现在看来是近乎疯狂的，它们显然都没有吸取2008年美国保险业巨头AIG全盘押注楼市的惨痛教训。

举牌带来的市场反应仅仅是短期的，保险公司如此激进的资产配置最终会带来巨大的风险与危机。从前海人寿与安邦人寿2012—2016年综合收益总额的情况可以发现：自2012年保险业新政出台以来，两家公司在逐步复苏，至2015年绩效达到巅峰。而2016年股市的低迷给它们带来了巨大的打击，业绩水平下跌严重，其中前海人寿更是因其他综合收益的巨额负值而出现综合收益总额的亏损。保险公司如此滥用万能险的投资范围开放许可，已经背离了监管方改善保险公司业绩的初衷，因此，监管的收紧是大势所趋。

2016年9月，保监会发布《中国保监会关于进一步完善人身保险精算制度有关事项的通知》，强调"保险姓保"的观点，认为应"大幅提高万能保险等人身保险产品风险保障水平，进一步强化人身保险风险保障功能，杜绝将人身保险产品简单异化为短期

---

① 见保监会《中国保监会关于加强和改进保险资金运用比例监管的通知》（2014年2月）、《关于进一步加强保险资金股票投资监管有关事项的通知》（2017年1月）。

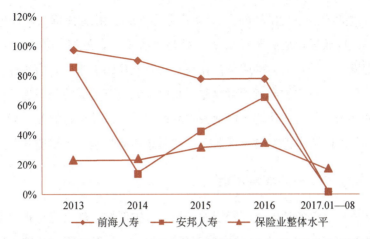

图 1-10 前海人寿、安邦人寿万能险保费收入占保费总收入的比例
资料来源：保监会。

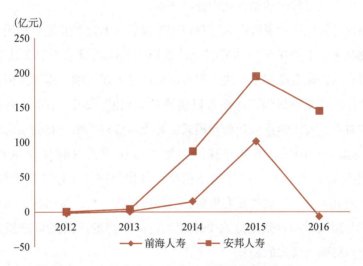

图 1-11 前海人寿、安邦人寿综合收益总额水平
资料来源：公司公告。

理财产品的行为"。具体地，保监会下调了万能保险责任准备金评估利率上限，以限制保险公司通过对产品收益率的竞争定价招揽客户，同时在人身险方面，将保险金额与保费账户价值的最低比例由120%提高至160%，提高了风险保障要求，以增强保险公司的风险承受能力。对于2015年以来利用万能险资金在二级市场大肆举牌，涉嫌违规的前海人寿、恒大人寿、华夏人寿、东吴人寿等9家公司，保监会于2016年5—8月开展了万能险专项检查，并责令公司进行整改。针对互联网保险领域万能险产品存在销售误导、结算利率恶性竞争等问题，保监会从2016年8月起先后叫停了前海人寿、恒大人寿等6家公司的互联网保险业务。保监会对万能险的监管风暴，导致2017年保险业万能险保费收入的断崖式下跌。

有这么一则故事：一匹良马的主人为了让马更加自由地食草，割断缰绳、换下马鞍，不料良马过度放任，最后野性爆发，竟要攻击主人，最终，曾经的良马被主人击杀。在这场悲剧中，错在主人抑或是错在马？在万能险的陨落中，错在保监会抑或是错在保险公司？其实，双方的本意无可厚非，我们也无法苛责保险公司追求收益和规模的行为，但难处在于，怎么在让马自由地去吃草的同时，使其保持温顺？毕竟人与人之间的沟通比人与马之间要来得容易，保监会当初所想不应只是"审慎监管"这么简单。

（三）宝能收购万科的战略逻辑

若把宝能收购万科的动因全部归于万科的股价被低估，就会犯短视的错误。因为这无法解释宝能为何不在2015年之前就把万科吞并。2015年之所以特殊，原因在于万科所在的房地产行业到了由"重资产"向"轻资产"转型的关键期，而万科则是其中的领头羊。宝能自然想从万科的转型红利中分一杯羹。

房地产企业的传统运营模式多为"重资产"模式，即地产开发商利用自有资金购置土地、建造商品房、出售库存房回流资金。重资产的运营模式受制于房地产的周期波动：房子卖得火热，现金便回流得快；但当房地产进入寒冰期，重资产模式下的地产企业的资金回流速度就变得很慢，从而难以快速扩大规模。2015年年末是我国房地产行业发展停滞的时点，传统的重资产商业模式随着土地价格的攀升和商品房库存的累积面临着巨大的挑战。2010—2015年，我国房地产行业的景气程度呈现震荡下降，至2015年年末达到最低点。图1-12中所示国房景气指数涉及土地开发面积、竣工面积、新开工面积、资金来源、房地产开发投资、商品房销售价格、房屋施工面积和商品房待售面积八个细分领域，不难发现这八个维度均指向了房地产的重资产模式。在此背景下，地产企业亟待商业模式的创新。

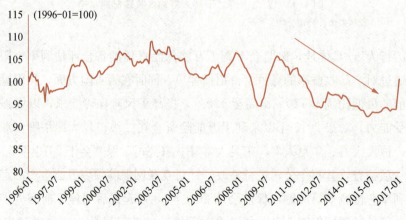

图1-12　1995—2016年国房景气指数

资料来源：Wind。

以万科为首的一大批地产企业走在了探索的前列，它们开始对地产业的"轻资产"运营模式进行探索：2014年8月，万科与世界最大的投资公司凯雷投资集团签署商业地产战略合作平台意向书，该平台将收购万科拥有的9个商业物业并长期持有，万科持股比例减至20%，且未来会以资产证券化的方式退出。随后，万科又相继将深圳龙岗万科商场和北京金隅万科广场的大部分股权售予领汇基金和麦格理。2014年12月25日，深圳东方藏山资产管理有限公司与万科联手宣布进行商业资产管理的合作。东方藏山将以收购物业产权和股权形式，收购万科旗下涉及一二线城市共计5个社区商业物业……①万科巧用资产证券化退出重资产运营带来的困境，发挥其多年来积累的品牌优势和管理经验，而把资金的问题外包给其他公司解决。这样一来，万科已经成功转型成一家"品牌类"的轻资产公司。

万科在2014年推出的"城市配套服务商"的发展战略（即"八爪鱼计划"）更能描绘其向轻资产运营转型的蓝图（见图1-13）。万科将其商业模式切割为万科家、万科驿、万科派、万科云、万科塾、万科广场、万科里和万科悦八个模块，分别提供住宅、长租公寓、办公、教育、购物消费和养老六个领域的服务。传统的商品房销售模式如今仅仅是万科战略布局中的一环，更多的发展空间留给了轻资产的服务型业务。正如王石在2015年4月的一场论坛上所言："中国式的模仿已经到头。"房地产企业的未来，一定是利用其打造的平台和积累的客户资源，提供全方位的配套增值服务。在这个意义上，万科所走的正是一条使中国房地产企业迈向新一轮增长的希望之路。

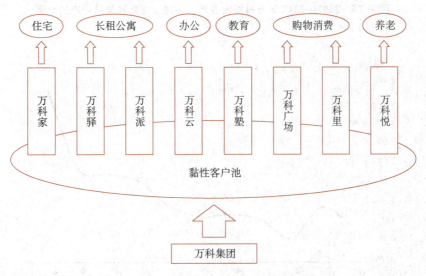

图1-13 万科"八爪鱼计划"战略架构

资料来源：公司公告。

---

① 吴婧. 地产"轻资产"化是何逻辑[N]. 国际金融报，2015, 4 (27).

万科轻资产战略的发展图景也可以从其财务数据一窥究竟。一方面，2007—2010年为万科重资产化的时期，固定资产与在建工程占比从0.8%上升至1.4%。而2010—2014年，该比例逐年下降，最低达到0.6%。2016年房市的景气一定程度上促进了该比例的回升，但仍未超过10年前的水平（图1-14）。另一方面，万科物业服务收入占主营业务收入的比重稳步攀升，从2007年的1%跃升至2017年的4.5%。万科的商业模式和收入结构正发生着重要转型，以物业服务为主导的"城市配套服务"开始崭露头角，并成为一个现代中国房地产企业不可或缺的核心竞争力（图1-15）。

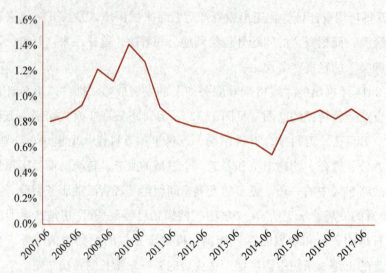

图1-14　2007—2017年万科固定资产、在建工程之和与总资产的比例
资料来源：公司公告。

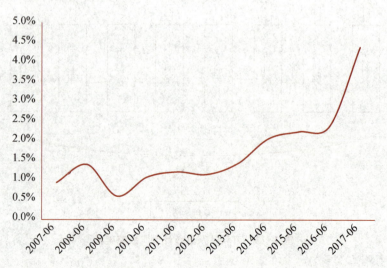

图1-15　2007—2017年万科物业服务收入与主营业务收入的比例
资料来源：公司公告。

万科作为房地产行业的龙头企业，以其创新的商业模式为中国房地产企业指明了未来的发展方向。在由重资产企业向轻资产企业转型的过程中，万科积累了较为丰富的经验，而这也是其成为各路资本狩猎对象的关键因素。故事的最后，深圳地铁入主万科，既将野蛮人宝能赶出门外，也与万科提出的 TOD（transportation oriented development）战略相契合。便利的轨道交通可以将万科经营的各类服务场所连接成为一个有机的系统，真正实现提供全方位城市配套服务的大型平台，这对深圳地铁和万科是双赢之举。

（四）监管层对"宝万之争"的态度演变

前面我们分析了监管层对资管计划、万能险等金融产品的监管态度及演变。下面着重探讨在"宝万之争"中，监管层的态度及背后的逻辑又是什么。

早在 2014 年，监管层对长期资金入市的监管态度是鼓励与包容的。2014 年 1 月 3 日，证监会新闻发言人张晓军指出，引导境内长期资金投资我国资本市场，不断壮大机构投资者队伍，完善资本市场投资者结构，是推进我国资本市场改革开放和稳定发展的一项长期战略任务。2014 年 8 月，证监会新闻发言人邓舸进一步强调，证监会将加快推动养老金、保险资金、住房公积金、QFII、RQFII 等各类境内外长期资金入市，进一步规范住房公积金管理，进一步拓宽住房公积金的投资渠道，实现住房公积金资产的保值增值。

2015 年 6 月，A 股市场见顶，而后直转急下。为了给股票市场的投资者"打气"，监管层又将引导长期资金入市"摆上台面"。2015 年 7 月 3 日，证监会新闻发言人张晓军宣布，证监会支持养老金、保险资金等入市的决心从未动摇。这一次，保险行业监管层迅速做出了响应。2015 年 7 月，保监会发布《关于提高保险资金投资蓝筹股票监管比例有关事项的通知》，《通知》放宽了保险资金投资蓝筹股票监管比例，对符合条件的保险公司，将投资单一蓝筹股票的比例上限由占上季度末总资产的 5% 调整为 10%。可以说，这一新政在很大程度上直接促成了"宝万之争"。

在宽松的监管环境下，宝能系对万科的增持进行得异常顺利。从 2015 年 7 月至 2015 年底，宝能总共举牌四次，累计持有万科 24.26% 的股份。耐人寻味的是，这期间监管层始终保持着一种温和的"默许"态度，因为这无疑是政策反复支持的、如假包换的"长期资金入市"。

然而，"宝万之争"在 2016 年愈演愈烈，进入了白热化阶段。监管层似乎无法坐视不管了。最先进行的监管干涉停留在"流程是否合规"的层面，且维持"双方各打五十大板"的立场。对于万科，深交所 2016 年 6 月 22 日发函质询深圳地铁收购万科的作价是否合理，7 月 21 日又指责其在指定媒体披露前对非指定媒体披露了《关于提请查处钜盛华及其控制的相关资管计划违法违规行为的报告》，披露流程违规，决策程序不审慎。对于宝能，深交所 6 月 27 日发函质询钜盛华是否与华润为一致行动人，7 月 21 日又指责钜盛华在增持万科公司股份期间，未将权益变动报告书等备查文件置于上市公司住所。在"宝万之争"如火如荼之时，这些监管举措无疑是"小打小闹"。可是，万科在这一关键时刻扔下了一枚"重磅炸弹"，即 7 月 19 日向中国证监会、证券投资基金业协会、深交所、深圳证监局同时举报宝能资管计划的违规行为。

前文我们细致阐述了宝能资金来源的高风险，而降低系统性风险显然是监管层的首要目标。万科举报后，监管态度发生了颠覆性的转变。2016 年 8 月，在专项核查后，保监会叫停了前海人寿万能险和互联网保险业务。2016 年 12 月，证监会高层发表言论指责有的公司集土豪、妖精及害人精于一身，拿着持牌的金融牌照，进入金融市场，用大众的资金从事所谓的杠杆收购，话锋直指宝能系。在严厉的监管态度与举措下，宝能入主万科的计划遭受了重挫。毫不夸张地说，监管层的干涉是对"宝万之争"走向尾声最为重要的推动。2017 年 6 月，万科的"白衣骑士"深圳地铁最终取得了对万科的控制权，这场没有硝烟的战争正式收尾。

（五）案例小结

本案例从"野蛮人"宝能的角度出发，详尽分析了资金来源、融资结构和潜在风险、宝能收购万科的战略动因以及监管层对"宝万之争"态度的演变。这样，我们便从收购动因、融资方式和监管背景三个角度全面把握了"宝万之争"的本质与内涵。

一场经典的收购案往往与金融创新紧密相连，而金融创新离不开宏观经济背景和监管环境创造的条件。在宝能收购万科的案例中，我们并未发现如定向增发、可转债等传统的收购融资工具，映入眼帘的如资管通道、万能险等都是金融创新的产物，它们与传统工具一样，能充分发挥杠杆收购的威力。每个时代的收购有每个时代的工具，去研究比较不同时代的工具，就是在探索精彩的金融业历史。

有人评价"宝万之争"是中国并购史上"让资本说话"的第一案。过去，中国企业之间的兼并往往由政府主导，或由双方事先约定，由市场力量主导的敌意收购较为少见。虽然宝能终究未能成功收购万科，但"宝万之争"必会为后来之辈提供珍贵的素材。

术语解析

简要解析本案例中与兼并收购领域相关的常见术语。

敌意收购（hostile takeover）

以目标公司管理层是否接受收购方的收购行为为标准，将收购分为敌意收购和善意收购。在善意收购中，目标公司的管理层接受收购的提议，并建议其股东同意收购。为了获得控股，收购公司的出价必须高于当前股票的价格，这一差价称为控股溢价（control premium）。

如果管理层对提出的收购价格不满意，或因其他原因而不支持收购者提出的收购要求，不友好的敌意收购就会产生。收购方会试图绕过管理层直接与股东商谈，在市场上收购其股票，通过要约收购（tender offer）完成。要约收购是指收购方通过向目标公司股东发出购买其所持该公司股份的书面意思表示，并按照其依法公告的收购要约中所规定的收购条件、收购价格、收购期限以及其他规定事项，收购目标公司股份的收购方式。

在敌意收购中，常见的一种方式是熊抱（bearhug）。收购方通过公告提出正式的收购提议，以限制目标公司管理层的选择范围。这么做是为了促使董事会通过谈判解决。在目标公司董事会没有获得由投资银行等机构提供表明要约是不恰当的"公正"意见之前，是不会拒绝收购的，否则将会遭到股东的法律诉讼。在熊抱中，机构投资者和套利者会游说董事会接受要约收购来施加压力。

本案例中，就公开信息来看，宝能并未事先与万科管理层进行谈判，而是直接在二级市场上购入万科股票。事后万科管理层也明确表示不欢迎宝能，这明显是一场敌意收购。

举牌

《中华人民共和国证券法》规定：投资者持有或者通过协议、其他安排与他人共同持有一个上市公司已发行股份达到5%时，应向国务院证券监督管理机构、证券交易所作出书面报告，通知该上市公司，并予以公告。上述过程被称为"举牌"。

举牌的来源需要追溯到20世纪50年代末到60年代中期的美国商业史，在此期间出现了一种称为"周六夜市特供"（Saturday night special）的收购形式。"周六夜市特供"原指在美国和加拿大出售的廉价、低质的小手枪，常被街头混混用作周末枪战的武器。这种敌意收购的特点是用现金作为对价，以稍稍超过目标公司股票市价的价格要约收购目标公司一部分已发行的股票。要约的有效期限只有3—4天，在此期间，收购者按照先来先得的顺序收购目标公司售出的股票。一旦收购方通过第一轮次的要约收购取得了目标公司的控制权，接下来就会发动第二轮收购，只不过这时收购的对价就是各种价值低廉的证券。于是，在首轮收购中没有出售股票的目标公司股东就被挤出公司，而他们获得的只是一些廉价的证券。

"周六夜市特供"极易让股东陷入囚徒困境之中：假如大家在第一轮都不出售股票，敌意收购方自然不会取得控制权；但如果别人选择出售，而自己选择不出售，自己就必然会沦为第二轮中被宰割的鱼肉。于是在"周六夜市特供"中，股东会争先恐后地出售手中的股票。

为了限制这种极具胁迫性的要约收购方式，美国国会于1968年通过了《威廉姆斯法案》（Williams Act），对要约收购加以限制。该法案强制要求取得目标公司5%以上的股票个人或团体披露其身份及意图，这便是"举牌"规则的起源。

一般来说，信息披露的方向是由公司向外界披露，只有"举牌"例外，是由外界主动向公司披露。本案例中，宝能前前后后举牌五次，差点就触发了强制要约收购的启动器。

杠杆收购（leveraged buyout, LBO）

杠杆收购是指在收购过程中，全部或大部分买入价格由借入资金支付。借入资金包括从银行取得长期贷款和发行债券融资，前者通常以目标公司的有形资产或未来的现金流作为担保，后者通常以发行次级债务，又称"垃圾债"（junk bond）的形式进行。

一个公共公司成为杠杆收购的目标被认为是即将走向私有化（privatization）：公司的股票被某一集团收购，并不再公开交易。最终，收购方通过再上市或者卖给战略收购方撤出。如果收购方正好是目标企业的管理人员，杠杆收购又称为管理层收购（manager buyout，MBO）。

收购方若使用杠杆收购，必须考虑到债务的偿还能力。由于利息支出可在税前所得扣除、减少税负，所以企业的实际价值比账面价值要高很多。杠杆收购的目标企业大都是具有较高而且稳定的现金流，或者是通过出售或关停目标公司部分不盈利业务和经过整顿后可以大大降低成本、提高利润空间的企业。杠杆收购目标公司本身的负债比率通常较低。

本案例中，宝能发起的杠杆收购既保留了其核心思想，在收购工具上又颇有新意。正如案例中所分析的，资管通道和万能险是两种全新的杠杆收购融资方式，但从根本上讲，资金仍是借入的。

尽职调查（due diligence investigation）

一般来讲，尽职调查是指投资者对目标企业一切与投资有关的事项进行现场调查、资料分析的一系列活动。在一场收购案中，买方和卖方都应当对另一方进行尽职调查。

买方尽职调查是指确认构成估值假设有效性的过程。主要目的是识别和确认"价值的来源"，通过寻找降低价值的致命缺陷来减少实际或潜在的责任。买方尽职调查涉及三方面：(1)战略、运营和营销审查：主要审查卖方管理团队的运营和营销战略；(2)财务审查：集中审查卖方财务报表的准确性、及时性、全面性等；(3)法律审查：处理公司法律记录、财务纠纷、管理人员和员工的纠纷、卖方的诉讼和赔偿义务等。

卖方尽职调查的主要目的是判断买方是否有必需的财务资金为收购行为融资。同时，卖方还会对自身各部门进行内部调查，以希望减少卖方在协议中因作出不准确的声明和保证而产生的责任。

本案例中值得关注的是：在各大商业银行为宝能提供融资时，是否对宝能进行过详尽的尽职调查。从我们的分析结果来看，各银行似乎对宝能极具风险的融资结构视而不见，这说明它们的风险内控制度可能存在一定程度的漏洞。

三、思考与分析

本部分针对案例提出问题，你可以在案例的基础上进行更广泛的资料收集，并尝试回答这些问题。

(1) 平安银行、广发银行等其他商业银行为什么不像浙商银行那样走通道业务？什么因素决定了是否让资金走通道业务？你觉得本案例中最重要的因素是什么？

(2) 在宝能的融资结构中，银行、保险、券商等机构分别面临怎样的风险？你认为它们应当如何管理这些风险？

(3) 资管通道、万能险为什么能成为金融创新的产物？金融创新需要哪些条件？

(4) 轻资产的战略对万科的估值水平会产生什么影响？

(5) 宝能为什么收购失败？如果你是宝能的董事长，你会怎么安排使这场敌意收购得以成功？

参考资料

[1] 唐纳德·德帕姆菲利斯. 兼并、收购和重组：过程、工具、案例和解决方案综合指南 [M]. 北京：机械工业出版社，2004.

[2] 张巍. 资本的规则 [M]. 北京：中国法制出版社，2017.

（张剑宇　华凌昊）

第一章

从0到1：具有中国特色的 VC 投资

如同婴儿的诞生需要母乳无私的哺育，一家企业的诞生也需要"天使"的投资。在企业前途未卜的情况下，VC 投资人最要紧的就是与企业所有者签订投资协议，而在中国，最火热的协议形式无疑是对赌协议。"对赌"两字，"对"体现了协议的公平性，"赌"则体现了协议的高风险性——赢则高成高就，输则身败名裂。对赌的标的往往是企业未来的利润，对于互联网企业来讲，也可能是其他指标，如平台用户规模增长等，总之是能使 VC 投资人手中握有股权增值的砝码。如果 VC 赢、企业输，VC 往往通过法律诉讼要求企业回购股权，或要求企业以现金或股权的形式补全差价；如果 VC 输、企业赢，VC 会对企业进行股权奖励。对赌协议看似一种博弈，实质上是一种利益绑定和激励相容，因为如果企业输，

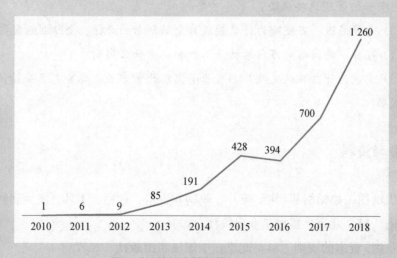

图　对赌协议案件数量

资料来源：Wind.

VC的赢面也止于企业所剩价值；如果企业赢，VC虽然"输"了股权，但"赢"了手中股权的大幅增值，成功对赌的投资回报率甚至可达10—20倍！本章我们通过蒙牛对赌摩根士丹利来认识对赌的魅力，一窥蒙牛这家民营企业是如何在逆境中求生存、与资本大鳄摩根士丹利实现共赢的。

如果对于VC来说，对赌协议的风险过大，那么它也许可以使用本章介绍的另一种VC融资工具——可交换债券。在我国，企业发行的可交换债券所具有的市场功能类似于20世纪80年代美国第四次并购浪潮中风靡市场的"垃圾债"。在具体的协议设定中，可交换债券既可偏债性，也可偏股性，具有较大的灵活性。对于VC投资者来讲，可交换债券既可实现保本（如果企业不违约的话），也不失为一种退出机制。本章以美克家居的资本运作为例展示可交换债券的使用实例。

案例 2

蒙牛对赌摩根士丹利
—— 双赢还是侥幸？

导言

蒙牛乳业是国内知名的乳制品生产企业，与伊利股份同为中国乳企的龙头企业，连续8年位列世界乳业20强。荷兰合作银行2017年发布的"全球乳业20强"榜单中，蒙牛乳业以82亿美元的销售额名列第十，仅落后伊利股份8亿美元，而且在2007年，蒙牛的销售额就已经首次超过伊利，从起步到超越仅用了8年时间。这家成立于1999年、落后伊利六年、创始人也来自伊利"清退人员"的民营企业，是如何借助国际金融资本快速超过"老东家"的呢？2002年，摩根士丹利等三家创投基金以战略投资者的身份进入蒙牛股份，这对于蒙牛的高速发展起了什么样的作用？双方签订条件苛刻的对赌协议是蒙牛发展的"火箭助推器"还是"达摩克利斯之剑"？从这几个问题出发，读者可以思考蒙牛等优质企业高速发展带来的经济效益如何会被国际投机者们所分享，以及企业如何从对赌协议中获益。

一、事件发展，时间脉络

第一阶段：高速发展、融资不畅①	
1998年	牛根生作为伊利集团主管经营的副总裁被董事会免职。
1999年1月	牛根生与其他被免职的伊利高管一同创业，蒙牛正式注册成立，注册资本金100万元，资金来自其持有的伊利原始股，在全国乳业排名中位列第1116位。

① 蒙牛经营数据来源：内蒙古新闻网，《蒙牛乳业发展大事记（1999—2017）》，2017年8月，http://inews.nmgnews.com.cn/system/2017/08/01/012379702.shtml。

续 表

1999年8月18日	内蒙古蒙牛乳业股份有限公司正式成立，注册资本猛增到1 398万元。
1999年12月1日	蒙牛签约奶站收取第一车奶，标志着蒙牛"公司＋奶站＋农户"产业化运作模式全面开始。
1999年12月	蒙牛提出"创内蒙古乳业第二品牌"的口号，直指巨无霸伊利股份，当年实现销售收入0.37亿元，同业排名跃升至第119位。
2000年2月21日	蒙牛液态奶生产线正式投产，蒙牛生产出中国第一袋利乐枕牛奶。
2000年12月	2000年实现销售收入2.47亿元，同比大增567.6%，同业排名迅速上升至第11位。
2001年12月	蒙牛率先提出"中国乳都"设想，同年实现销售收入7.24亿元，同比增长193.1%，同业排名再次上升至第5位。
2002年7月	由于早早地进行股份制改革，使得蒙牛股权结构难以变更，在不能上市的情况下只能通过增加注册资本来实现融资，这限制了蒙牛的融资能力，阻碍了蒙牛的高速扩张。
第二阶段：私募入股，惊险过关	
2002年6月	摩根士丹利、香港鼎晖和英国英联在开曼群岛注册了开曼群岛公司，并设立全资子公司毛里求斯公司（China Dairy Mauritius Ltd.）作为两家壳公司。
2002年9月	9月23日，蒙牛股份在维京群岛注册了金牛公司和银牛公司两家海外公司，两家公司成立后，即以面值购得了开曼群岛公司全部的1 000股股权，总价1美元，两家各分50%。 9月24日，开曼群岛公司扩大法定股本1亿倍，将股份从1 000股扩大到1 000亿股，包括5 200股A类股和其他B类股，金牛公司与银牛公司持有的1 000股旧股算作A类。 10月17日，金牛、银牛公司对开曼群岛公司增资，合计持有5 102股A类股票，随后三家私募公司以530美元/股的价格，总计投入2 597.37万美元资金，合计持有B类股票48 980股。"蒙牛系"和"私募系"在开曼群岛公司的股份数量比例是9.4∶90.6，而股票权为51∶49①。
2002年10月	开曼群岛公司认购了毛里求斯公司98%的股份，毛里求斯公司又收购了蒙牛66.7%的股份，私募系对蒙牛的控制权不到1/3，至此私募系完成第一轮对蒙牛2.16亿元的注资。 摩根士丹利等三家私募与蒙牛管理层签订对赌协议，蒙牛的管理层需要在未来一年至少实现复合增长翻一倍，否则开曼公司及其子公司毛里求斯公司账面上剩余的大笔投资现金将要由投资方完全控制，并且投资方将因此占有蒙牛股份60.4%的绝对控股权。
2002年12月	蒙牛当年实现销售额16.87亿元，同比增长133%，税后利润7 786万元。

---

① 对赌协议数据来源：王吉舟，摩根狩猎"蒙牛"[J]，新财富，2005，45（1）.

续 表

2003年8月	蒙牛提前完成对赌协议，当年销售收入达到40.715亿元，同比增长144%，税后利润从7 786万元增至2.3亿元，同比增长194%。
2003年9月	鉴于蒙牛业绩达标，私募系履行对赌协议，蒙牛管理层所持有开曼群岛公司的A类股票按1∶10的比例转换为B类股票，至此管理层股东在开曼群岛公司中所占有的股权比例与其投票权终于一致，均为51%。
第三阶段：超级对赌、港股上市	
2003年10月	摩根士丹利战略投资者与蒙牛乳业签署"可换股文据"，约定未来转股价0.74港元/股，即外资通过3 523.382 7万美元（合2.9亿元人民币），购买了3.67亿股蒙牛上市公司可转债，第二次注资后毛里求斯公司公司进一步增持购买蒙牛股份，对蒙牛持股比例上升至81.1%。 为了保证可转债的价值，摩根士丹利等投资者与蒙牛管理层签署了基于业绩增长的对赌协议，双方约定如果在2003年—2006年蒙牛乳业的复合年增长率不低于50%，三家机构投资者就会将最多7 830万股（相当于蒙牛乳业已发行股本的7.8%）转让给金牛，否则金牛就要将最多7 830万股股权转让给机构投资者，或者向其支付对应的现金。
2004年3月	牛根生以1美元的象征性代价，从三家私募投资者手中获得了上市公司"蒙牛乳业"4 600万股股份，价值1.805 5亿港元，为此，牛根生承诺，至少5年内不跳槽到别的竞争对手公司去或者新开设同类乳业公司，除非私募系减持上市公司股份到25%以下①。 牛根生与摩根士丹利等三家私募约定10年内外资系随时可以净资产价格或者2亿元人民币的蒙牛股份总作价中较高的一个价格，增资持有蒙牛股份的股权，这成为日后蒙牛控制权旁落到外部投资者手中的隐患。
2004年6月10日	"蒙牛乳业"（2319.HK）在香港挂牌上市，并创造出又一个奇迹：公开发售3.5亿股（其中1亿股为三家"私募系"退出的旧股），公众超额认购达206倍，全面摊薄市盈率高达19倍，IPO融资近14亿港元。蒙牛乳业成为第一家在香港上市的中国内地乳制品企业。
2004年12月	蒙牛乳业实现收入72.138亿元，较2003年增长77.2%，仅次于伊利股份87.34亿元的营业收入，居行业第二位。净利润增长94.3%，达到3.194亿元，远远把伊利抛在了后面，稳居行业首位。
2005年4月	由于蒙牛管理层的表现得到了投资者的信任，摩根等三家股东提前终止了与管理层之间的对赌，代价是将其持有的本金额近5 000万元的可转换股票据给蒙牛管理层控股的金牛公司，这些票据一旦行使，相当于6 260万余股蒙牛乳业股票，如以当时每股平均6港元的市价计算，约合3.75亿港元。
2005年	由于蒙牛的优秀业绩，2004年12月三家私募持有的可换股证券价值得以兑现，换股时股价达到6港元以上，远高于成本价，给予蒙牛乳业管理层的股份奖励也都得以兑现，摩根士丹利等机构投资者投资于蒙牛乳业的业绩对赌，让各方都成为赢家。

---

① 牛根生奖励股份数据来源：张立栋，资本故事：蒙牛牛根生VS伊利郑俊怀，没有胜者，人民网，2004-12，http://www.people.com.cn/GB/jingji/1039/3089785.html。

案例 2　蒙牛对赌摩根士丹利——双赢还是侥幸？

在中国重国企、轻民企的大背景下，民营企业的发展从一开始就受到了极大的限制，其中制约中国民营企业成长发展的一大瓶颈就在于资金短缺。由于不能从商业银行获得足够的贷款，许多具备优秀商业模式、拥有高速运转效率的民营企业都因为缺乏必要的流动资金而错失发展良机甚至因而倒闭。而就在国内资本市场仍是一片"荒原"、金融工具奇缺的经济形势下，1999年被逐出伊利大门的集团副总裁牛根生却白手起家，在短短8年内就带领名不见经传的蒙牛乳业超越昔日老东家伊利集团，成为中国乳业的"龙头老大"，创造了中国商业史上为人津津乐道的传奇神话。

本案例意在回答以下问题：作为一家典型的民营企业，蒙牛乳业是如何从摩根士丹利这头资本大鳄口中拿到钥匙，从而闯过"融资难"这道"生死门"并且以惊人的速度迅速发展的呢？蒙牛为何要选择签订条件苛刻的对赌协议来引进外部投资者，其中有何利弊？最终三家私募为什么会提前中止对赌协议、心甘情愿将自己的股份奖励给蒙牛管理层？

私募入股后，蒙牛以远超同行的市场表现证明了管理层的能力，也表现出优秀的民营企业在解决资金问题后的成长潜力，达到业绩要求的蒙牛管理层也顺利获得价值3.75亿的上市公司股份。而在这个过程中向蒙牛投入4.77亿港元的三家私募投资者，在蒙牛上市后更是分三次出售所持有的股票到手29.74亿港元，短短两年获利5倍！摩根士丹利与蒙牛乳业的对赌自此画上了一个圆满的句号。

蒙牛成功引进世界级投资公司的合作方式也激励了国内其他企业纷纷效仿，然而并不是每一家企业都能创造蒙牛这样不可思议的高速增长传奇。2005年1月，永乐家电与摩根士丹利、鼎晖同样签订了一份业绩对赌协议，但是最终业绩没有达标，致使永乐家电的管理层失去了控制权。由此可见，对赌协议对于投资方来说，是投资方保证资金"稳赚不赔"的保护伞，但是对于融资方来说却是一把"双刃剑"，是用这把剑"纵横天下"，还是被利剑伤及自身，这依赖于企业自己的谈判能力与成长能力。企业管理层在急需资金的情况下，也要对企业自身发展的潜力有一个清醒的认识，要通过谈判签订合理可行的对赌协议，以免对赌协议危及自身对企业的控制权。

二、蒙牛与国际资本的合作

（一）蒙牛为何选择引入外部投资者

1. 自筹资金、艰难创业

1983年，时年25岁的牛根生进入"呼市回民奶厂"，从洗瓶工逐步升任车间主任。到1993年回民奶厂改制并更名为"内蒙古伊利实业股份有限公司"时，牛根生已经是公司的经营副总裁。1998年，由于跟董事长郑俊怀产生矛盾，在伊利任职超过15年的牛根生被伊利董事会免去职务。

中年失业，对于牛根生来说不是一件容易接受的事，由于缺少其他行业的工作经验，离开伊利的牛根生选择自立门户，自创一个乳业品牌。1999年1月，牛根生和同样在这次干部调整中离职的几个伊利高管成立了蒙牛乳业有限责任公司，注册资金100万元，这笔钱的主要来源是牛根生与他的妻子将手中所持有伊利公司的原始股票卖掉后所得。

100万元看似很多，但对于牛根生"向伊利看齐"的目标来说显然不够，当时仅仅在内蒙古，以伊利为首的乳品企业就有数百家，和蒙牛乳业同在呼和浩特市的伊利集团上市已经三年，有完整的冰品、液态奶和奶粉生产销售体系，当年的销售额高达11.5亿元。而1999年蒙牛乳业刚创业的时候，没有奶源、没有厂房、没有市场，可以说是一无所有，当年销售额只有0.37亿元，在乳品行业仅排第119位。蒙牛想在众多乳企虎视眈眈的市场中获得一席之地并闯出自己的名声，可不是光靠这100万能够拿得下的。

因此，对蒙牛来说，当务之急是寻找充足的资金支持。然而，作为初创期的中小民营企业，蒙牛乳业也面临着让当时绝大多数中小企业都头疼的"融资难"问题。一方面，蒙牛乳业作为一家新创立的企业，企业规模很小、缺少担保资产，也没有可靠的商业信誉。再加上当时转型经济中民营企业受到的体制歧视，蒙牛乳业很难获得政府以及国有商业银行等机构的金融支持，而发行债券和股票对当时的蒙牛乳业而言更是"天方夜谭"。另一方面，尽管当时蒙牛乳业可以引入私募资本融资，但是企业在成长过程中如果过早引入私募资本，可能会造成管理层对公司控制权的丧失，而牛根生刚刚经历被伊利解雇，因此他不愿选择受制于人，毕竟公司被"野蛮人"控股之后解雇整个管理层的实例数见不鲜。

在这种情况下，牛根生唯一的选择就是自筹资金，在自己的股票卖完后，他选择通过自己积累的庞大人脉来筹集资本。出于对牛根生个人能力的信任，并得知蒙牛乳业成立的消息，许多在伊利工作的老部下便开始一批批地投奔而来，总计有几百人，纷纷用自己的积蓄投资蒙牛，并且带动了他们的亲戚、朋友、业务伙伴把钱投给牛根生。在这种情况下，蒙牛获得了宝贵的资金支持，并在1999年8月18日进行股份制改革，成立内蒙古蒙牛乳业股份有限公司，注册资本猛增到1 398万元，这些资金对于蒙牛的初期扩张起到了至关重要的作用。

在解决"资金匮乏"这一燃眉之急后，蒙牛开启了其高速扩张之路。在"创建内蒙古乳业第二品牌"的战略目标指导下，蒙牛借助少量的金融资本加上具有丰富乳品行业经验的创业团队，以惊人的发展速度占领市场。到2000年，蒙牛的销售额就已达到2.94亿元，乳业排名第11位；到2001年，销售额达到8.5亿元，乳业排名第五位，在内蒙古乳业排名第二位，仅次于伊利。

2. 急需融资、上市无望

虽说牛根生通过"朋友圈"获得的资金解了蒙牛的燃眉之急，但是随着蒙牛市场规模的不断成长，只靠"朋友"进行筹资已经不能满足蒙牛高速成长的需要。

在创业初期，蒙牛利用少量资金迅速成长的一个秘诀在于"先建市场，后建工厂"的特殊经营思路，在生产方面采用"虚拟生产"方式，没有自建厂房、购买设备，而是用300万元承包、租赁、托管一批企业，利用自身的人力资本优势对其进行技术改造、把别人的工厂变为自己的加工车间，从而使蒙牛节约出一大笔资本性支出，并通过黑龙江、包头、宁夏等地的乳制品企业，贴牌生产出"蒙牛"牌产品，从而节约了建设时间，实现了产品快速、大规模的上市。同时在广告宣传方面，蒙牛乳业借用地域品牌和行业领军品牌，实施"借船出海"广告战略，其广告是"向伊利老大哥学习，做内蒙古乳业第二品牌"，让消费者形成"蒙牛仅次于伊利"这一印象，从而顺利打开了市场。此外，在对公司的控制权方面，为了保证蒙牛的独立自主性与管理稳定性，牛根生坚持控股原则，即组建股份有限公司及增资时任何人的出资不得高于牛根生，这就使得蒙牛乳业的控制权与决策权高度集中于牛根生一人，这有利于蒙牛根据市场变化迅速做出决策，也能确保公司的经营政策保持一贯性。

然而，到了2002年后，蒙牛已经发展壮大到内蒙古乳业的第二位、全国第五位，再继续使用"内蒙古第二品牌"的口号已经不符合蒙牛的需求，经营战略需要放眼全国，与伊利这一巨无霸正面竞争。在这种情况下，之前使用的"虚拟生产"战略无疑不再合适，蒙牛想要做大做强，势必要建立属于自己的奶源与生产基地，才能保证蒙牛产品的品质、培育市场忠诚度。同时，蒙牛需要面向全国进行广告营销、发展代理网络，这些都需要海量的资金投入。靠"朋友圈"筹资的办法无法承受这样庞大的市场计划，蒙牛必须找到更为成熟的融资方式。

当时国内金融市场发展落后，没有专门服务于中小企业融资的金融机构，蒙牛作为中小民营企业，拥有可供担保的有形资产较少，很难从国有商业银行获得贷款。如果走上市渠道融资，不但需要依法设立满三年，还需要近三个年度净利润均为正且累计超过5 000万元，上市制度也主要是为国企服务。当时的蒙牛才刚刚开始盈利，同时作为纯粹的民营企业上市自然十分困难。在这种情况下，引进具有丰富资本运作能力、资金实力雄厚的国际大投行，对于迫切需要资金支持的蒙牛来说就成为最理想的融资渠道。2001年起，蒙牛开始与美国摩根士丹利、香港鼎晖与英国英联投资这三家金融巨鳄接触，并于2002年7月正式引入这三家公司的投资。

（二）引进国际资本、签订对赌协议

1. 首轮注资、资本运作

蒙牛希望从国际投行手中获得宝贵的资金支持，并借助国际投行丰富的资本运作经验实现在国际金融市场上市,而摩根士丹利等投资机构也看好中国庞大的消费市场,希望能从中分一杯羹。蒙牛作为中国乳企发展势头最强劲、增长速度最快的一家,自然能获得国际资本的认可。蒙牛纯粹的民营背景,没有任何国有资产,主要资本都是由自然人提供,产权组织模式"天然与国际接轨",更是能够获得跨国资本的青睐。双方一拍即合、各取所需,展开了资本合作,三家国际性创投公司一次性向蒙牛注资2 597.37万美元(合2.16亿元人民币),共持有公司约32%的股份。

具体来讲,2002年6月5日摩根士丹利、香港鼎晖和英国英联在开曼群岛注册了开曼群岛公司(China Dairy Holdings),作为未来境外上市公司的主体,并设立全资子公司毛里求斯公司(China Dairy Mauritius Ltd.)。开曼群岛公司注册资本为1 000股,注资1美元,每股面值0.001美元。当年9月23日蒙牛股份在维京群岛注册了金牛公司和银牛公司两家海外公司,注册股本均为5万股,注册资金5万美元,两家公司成立后,即以面值购得了开曼群岛公司全部的1 000股股权,总价1美元,两家各得50%。9月24日,开曼群岛公司将股份从1 000股扩大到1 000亿股,分为一股十票的A类股和一股一票的B类股,其中A类股共5 200股,其余为B类股,原来"蒙牛系"两家公司持有的1 000股旧股算作A类。

2002年10月17日,"金牛"与"银牛"以1美元/股的价格分别投资1 134美元和2 968美元认购开曼群岛公司的A类股票,加上以前各自持有的500股旧股,"金牛"与"银牛"合计持有A类股票5 102股,投票权相当于51 020股B类股票。随后,三家私募投资公司以530美元/股的价格,总计投入2 597.37万美元,合并持有B类股票48 980股。至此,在国际投行娴熟的资本运作下,"蒙牛系"与"私募系"的投票权之比为51∶49,而实际的股份数量之比却是9.4∶90.6。

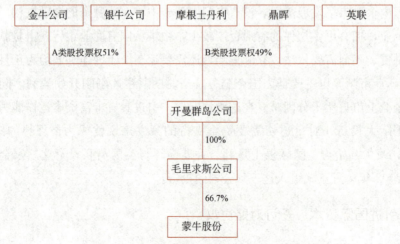

图2-1 三家机构投资者入股后股权结构图

资料来源:作者自制。

在上述注资完成后，开曼群岛公司认购了毛里求斯公司98%的股份，毛里求斯公司又收购了蒙牛66.7%的股份，根据投票权来看，"私募系"获得了对蒙牛33.3%的控制权。

2. 对赌协议展现私募投资的凶狠

"私募系"对于蒙牛乳业的控制权看似不到三分之一，但实际上拥有的股权有59.22%之多。按照注资前蒙牛4 000多万股、注资后6 000多万股来看，"私募系"以2.16亿元人民币的代价好像只获得了对蒙牛不到三分之一的控制权，即约2 000万股的蒙牛股票，相当于每股股价约10.1元。但如果最终"蒙牛系"在开曼群岛公司的A类股只能等量转为B类股，那么"私募系"实际上获得了近3 600万股蒙牛乳业的股票，每股成本只有6元左右。这样一来，蒙牛原来股东的权益会大大下降，而且"私募系"将取得对蒙牛股份的绝对控股权，随时可以更换蒙牛股份的管理层，牛根生等人苦心经营的民族品牌就会旁落他人之手！"私募系"正是要利用A类股与B类股的独特投票权安排混淆投资者的认知，在当时绝大多数蒙牛股东不具备足够金融知识的情况下，没有人能够发现其中隐藏的巨大风险。

"私募系"与蒙牛管理层签订了一份十分苛刻的对赌协议，这也就是大名鼎鼎的"蒙牛对赌协议"，是中国加入WTO、国外资本进入中国市场后带来的新鲜事物。作为中国企业史上第一例对赌协议，其成败对于对赌协议在中国的发展起着至关重要的作用，一旦蒙牛与外部投资者不能达成一个圆满的结局，那么其他企业在引入外资时就会抵触对赌协议，从而影响境外投资者在内地的投资力度。

双方签订的对赌协议约定，蒙牛在2002年底的税后利润是7 786万元的情况下，能够在未来一年至少实现复合增长翻番。只有当业绩达标后，"蒙牛系"所持有的A类股票才能转换成10倍的B类股，否则A、B股之间的转化不会发生，按照"私募系"在开曼公司所持有的90.6%的股份来算，开曼公司及其子公司毛里求斯公司账面上剩余的投资现金将要由"私募系"完全控制。

如果蒙牛业绩能够达标，那么一年后其税后利润将达到1.56亿元以上，按照"私募系"2.16亿元获得三分之一股权来算，蒙牛公司全部股权的价值为6.48亿元，市盈率只有4.15倍！而如果蒙牛没有达标，那么"私募系"只用了2.16亿元就获得了蒙牛公司59.22%的股份，蒙牛公司的价值只有3.65亿元，就算其业绩完全不增长，税后利润仍然只有7 786万元，市盈率也只有4.69倍。由此可见，私募创投机构的这一笔投资是多么的划算，年化收益率至少在20%以上！

试想仅靠千万起步资金就能在中国乳业市场风生水起的蒙牛，获得两亿多资金会不大干一场吗？也就是说，无论对赌协议是谁赢，最后狡猾的"私募系"都赢了，这才是国际资本大鳄的凶狠之处，而蒙牛的管理层为了得到十倍的收益（业绩达标后所持股票才能以一比十的比例换股），只有舍命狂奔。

表 2-1 私募创投机构在对赌协议中立于不败之地

（按 4 倍市盈率估值）	年利润（亿元）	蒙牛		私募	
		股权	股权价值	股权	股权价值（亿元）
业绩达标	1.56	67.3%	5.25 亿元	32.7%	2.55
业绩达到标准 80%	1.25	40.8%	2.55 亿元	59.2%	3.70
业绩无增长	0.78	40.8%	1.58 亿元	59.2%	2.31

注：表中年利润为以 2002 年底净利润及业绩标准计算得出，总股权价值按照净利润乘 4 倍市盈率得出，股权价值则乘对应股权比例。

3. 私募创投机构和蒙牛为何选择对赌协议？

既然看好中国乳业市场的前景并认可蒙牛管理层的能力，那么在决定投资蒙牛乳业之后，三家私募机构为什么要选择对赌协议这种有可能引发管理层与投资机构之间矛盾的做法呢？蒙牛管理层又为什么选择"饮鸩止渴"呢？对赌协议到底是救蒙牛于融资困境的"美酒"还是明抢蒙牛控制权的"毒药"？

起源于美国的对赌协议在私募股权基金与风险投资基金的发展中起了关键作用，是私募基金在进行风险投资时最常用的投资工具之一。对赌协议的实质是投融资双方对股权投资价值的或然性安排，是一种投资保障工具、价格发现工具和管理层激励工具。换句话说，对赌协议就是投资方与融资方在达成融资协议时，对于未来不确定情况进行的一种约定。如果约定的条件实现，融资方行使权利，否则投资方行使权利，这与期权的协议安排十分类似。对赌协议包含的条款通常包括财务业绩、上市时间、非财务业绩、关联交易、竞业限制等。对赌协议最早由华尔街的金融精英们推出，他们站在投资方的立场，为投行设计精确的业绩对赌条款，以保证无论融资方业绩表现如何，投资方都能获得基本收益，并且不会错过企业高速发展带来的巨大收益。

对于投资者来说，他们选择对赌协议的动机是缓解信息不对称问题。由于投资者很难深入了解被投资企业的内部运作与市场前景，企业管理层为了抬高自己所持股份的价值，采用会计方法或者市场手段来调节利润，使投资机构很难通过粗浅的调查看出其中的问题，这种信息不对称往往会降低投资机构的投资意愿。为缓解信息不对称问题，投资方事先签订一份对赌协议，既能获取基本收益，又不会错过公司高速成长带来的收益。对赌协议的双赢结果也促使企业管理层拿出"真本事"，从而将投融资双方的利益冲突变成了利益相容。

对于融资者来说，对赌协议是不得不咬牙喝下的"酒"，这杯"酒"有多烈是一个未知数。乳业市场的走向不取决于任何一方，而是与整体经济的未来发展动力、消费者的喜好乃至潜在竞争者采取的策略都有关系。蒙牛前几年的迅猛发展不代表其未来依然能继续在乳业市场中高歌猛进。龙头老大伊利一旦注意到蒙牛带来的潜在威胁,以其市场影响力一定不会放任蒙牛的野蛮生长。然而,蒙牛在缺乏其他融资渠道的情况下,在飞速发展阶段对于资金的渴求十分强烈,为了能够更好地发展、直面市场带来的竞争压力,蒙牛管理层毅然与三家私募机构签订了令整个市场瞩目的对赌协议。

4. 业绩大增、第一次双赢

蒙牛在连续三年超高速增长后,已经跻身国内乳企前列,公司销售规模也到了十亿以上。蒙牛这时还要保持翻倍增长的困难程度可想而知。此外,我国在2001年加入世贸组织后,乳制品行业内的国内外公司竞争更加激烈,无论是国内还是国外的乳企,肯定不会放任蒙牛蚕食自己的市场份额。幸运的是,能力出众的牛根生与他的团队完美地利用了大笔资金的支持,顺利地在2003年8月就提前完成了任务,全年销售额大幅增长143.9%,达到40.72亿元,净利润更是达到2.3亿元,较2002年提升了196%,远远超过对赌协议规定的翻倍标准。

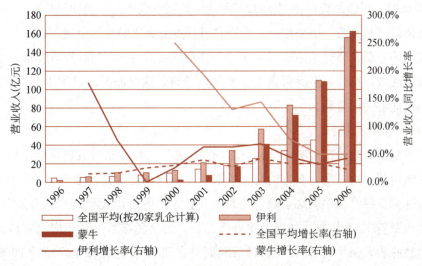

图 2-2　蒙牛发展速度傲视群雄

资料来源:中国乳制品工业协会,Wind,蒙牛公司官网,新闻披露。
注:此处为便于比较将全国乳业营业收入除以20。

2003年9月19日,"金牛""银牛"两家公司分别将所持有的开曼群岛公司1 634股(其中500股为开曼群岛公司最初成立时"金牛"所持股份,加上1 134股管理层于首次增资前认购的股份)、3 468股(同上)A类股票转换成16 340股、34 680股B类股票,管理层股东在开曼群岛公司中所占有的股权比例与其投票权终于一致,均为51%。蒙牛乳业借助私募资金开拓市场、开发产品,而"私募系"也以极低的成本进入中国最具潜力的乳业公司中,双方各取所需、皆大欢喜。

(三) 可转债增资、再度豪赌

1. 私募机构欲加大投资

鉴于蒙牛在引入外部投资后爆发出的强劲增长动力,机构投资者十分看好蒙牛的发展前景,希望能够通过加大对蒙牛的投资力度以便分享蒙牛成长的巨大红利。在2003年10月,三家战略投资者预计到蒙牛当年的税后利润将在2亿元以上,前期投资的市盈率已经降到3倍左右,于是决定加大对蒙牛股份的持有量。但是,牛根生为了保证控股,坚持32%的最高外部投资者投资底线,于是,新的投资只能以认购可转债这个新金融工具实现。

三家战略投资者斥资3 523.38万美元(合2.93亿元人民币),购买3.67亿份蒙牛待上市主体——开曼群岛公司的可转债。双方约定转股价0.74港元/股(2004年12月后可转30%,2005年6月后可全部转股)。按照蒙牛上市后2005年1月1日总股本11.1亿股来看,可转债规模相当于33%的蒙牛集团总股本。

可转债是"私募系"用来再一次实现自身利益最大化的最佳金融工具:第一,可以遵从牛根生的意愿,暂时不摊薄"蒙牛系"实际控制的蒙牛股份67%股权,维持自身32%的投资底线;第二,换股价格远低于IPO价格,这保证了一旦蒙牛业绩下滑,"私募系"仍然能够大幅盈利。

2. 再次签署对赌协议

为了能从蒙牛的快速发展中分到更多的"蛋糕","私募系"故技重施,再次与管理层签订对赌协议。这一次,双方约定蒙牛未来3年的年盈利复合增长率必须达到50%,如果没有达标,那么蒙牛就必须赔偿7 830万股的金牛公司股票给"私募系",而金牛公司一共也只有1.58亿股。如果蒙牛业绩达标,则"私募系"将相应股票转让给金牛公司。这意味着,蒙牛在2006年的税后利润要达到7.76亿元以上。按照2003年税后利润率为5.65%的水平来估算,蒙牛当年的销售额要在135亿元以上,而2003年伊利集团的销售收入也只有63亿元。刚成立不到五年的蒙牛不但要超过行业第一,还要达到其两倍以上,这简直是天方夜谭。

这一次增资对于"私募系"来说依然没有任何风险。一方面,0.74港元/股的换股价相比IPO发行价来说已经能让"私募系"大赚一笔。另一方面,如果蒙牛果真实现年化50%的复合增长率,那么"私募系"持有的可转债行使换股权后获得的股份价值将会更高,而蒙牛管理层则会为了三年后的股权奖励而搏命狂奔。

3. 对赌提前终止、再次双赢

就在所有人都不看好蒙牛能够完成对赌的时候,蒙牛再一次表现出令人瞠目结舌的发展速度。得益于中国首位航天员杨利伟上天,蒙牛成了唯一的牛奶赞助商,蒙牛乳品

表 2-2　第二次对赌私募仍然稳赚不赔

（按4倍市盈率估值）	年利润（亿元）	蒙牛		私募	
		股权损益比例	股权损益（亿元）	股权损益比例	股权损益（亿元）
业绩达标	7.76	10.8%	3.35	22.2%	3.96
增长率达到30%	5.05	−10.8%	−2.18	43.8%	5.92
增长率10%	3.06	−10.8%	−1.32	43.8%	2.43

资料来源：作者计算得出。

注：表中2006年净利润为以2003年年底净利润及业绩标准计算得出，总股权价值按照净利润乘4倍市盈率得出，业绩如果达标，蒙牛将获得10.8%的额外股权，私募以2.9亿元的成本获得22.2%的股权，反之蒙牛失去相应股权，私募则以同样的成本获得43.8%的股权。

也就变成了"中国航天员专用奶"，成为当年最成功的营销案例。再加上2004—2005年，"超级女声"成为中国电视界的现象级节目，而蒙牛抓住了这个营销机遇，迅速扩大了品牌影响力。在这两支关键广告的帮助下，蒙牛成功打开了整个中国市场，再次迎来业绩丰收。2004年蒙牛实现了72.14亿元的营收、增幅达到77.2%，净利润增幅更是高达94.3%。

一开始的对赌协议是规定三年内的年复合增长率为50%以上。如今才过去一年，"私募系"还有赢的机会。不过，令市场颇感意外的事情发生了：摩根士丹利等股东提前终止了与管理层之间的对赌，代价是将其持有的本金近5 000万元的可转股票据转让蒙牛管理层控股的金牛公司。这些票据一旦行使，相当于6 260万余股蒙牛乳业股票，如以当时每股平均6港元的市价计算，约合3.75亿港元。

回头来看，"私募系"最初制定对赌协议的目的也就是为了激励管理层努力扩大蒙牛的市场规模。经过几年接触，蒙牛管理层的表现已经得到了外部投资者的信任，再加上2004年蒙牛高达94.3%的利润增幅，"私募系"对于蒙牛的发展已经有了充足的信心，确信可转债转股时能够保证其收益，因而选择提前终止与管理层的对赌协议。

（四）尾声：香港上市、走向世界

在蒙牛乳业上市融资的过程中，摩根士丹利等三家"私募系"公司起到了重要作用。三家机构于2002年和2003年两次向蒙牛出资共6 120万美元，折合港币约4.78亿元，助推了蒙牛近三年的超高速成长。在三家"私募系"公司的帮助下，蒙牛在海外完成搭建一整套资本架构，短短两年内就顺利实现在香港公开上市融资的计划，这些是与摩根士丹利等投资伙伴的支持密切相关的。

2004年6月10日，蒙牛乳业正式在香港联交所主板上市交易，并成为第一家在香港上市的中国内地乳制品企业。作为一家登陆港股的中国内地民营企业，蒙牛乳业上市首日表现得异常强劲，以每股4.4港元高开，全日以4.875港元收市，较每股3.925港元的一级市场招股价上涨24%，且在港上市后三个月内的股价涨幅达到28.7%，市盈率接近30倍。在香港这个成熟市场，蒙牛的市场估值已处于相当高的水平。

"私募系"在此次对蒙牛的投资中获益匪浅。在蒙牛乳业上市后的一年时间里，三家机构投资者就经过三次套现成功"退场"。第一次，私募机构在IPO中共出售了1亿股蒙牛的股票，套现3.92亿港元。第二次是在2004年12月，摩根士丹利等私募投资者行使第一轮可转换债券转换权，增持股份1.105亿股。增持成功后，三个私募投资者立即以6.06港元的价格抛售了1.68亿股，套现10.2亿港元。第三次是在2005年6月15日，三家私募投资者行使剩余的全部可转债，共计换得股份2.58亿股，并将其中的6 261万股奖励给管理层控股的金牛公司，然后，摩根士丹利等投资者把手中剩余的蒙牛股票几乎全部抛出变现，共抛出2.53亿股，价格是每股4.95港元，共变现12.52亿港元。三家"外资系"机构套现总金额超过26亿港元，而总投资却只有6亿港元。短短三年内，摩根士丹利等国际投资机构对蒙牛乳业的投资回报率高达440%！

对于蒙牛自身来讲，不仅借外来资本实现了自身的高速增长、迅速成为国内乳业巨头，而且引进了更加规范的管理体系。摩根士丹利等投资者的全球品牌效应和关系资源，也为蒙牛集团的国际化战略注入了更多活力。蒙牛成功登陆香港市场后，开始启动面向全球的发展战略，产品销往新加坡、马来西亚、菲律宾等国家和地区，乳品出口量居全国第一，实现了从"中国牛"向"世界牛"的跨越。

（五）对赌协议走进中国

随着蒙牛与摩根士丹利等私募机构对赌协议的结束，对赌协议这样一个"舶来品"一下子声名大噪，并成为越来越多的民营企业向私募基金融资的一项工具。后来，不仅是境外机构对初创企业投资时会选择对赌协议，越来越多的国内私募机构也开始慢慢习惯使用对赌协议来规避风险、保证收益。然而，正如前文所述，对赌协议是把"双刃剑"。许多企业在使用对赌协议来吸引外部资本的注意时，不惜抬高对赌协议中的业绩要求，最终由于未达到对赌业绩条件导致对赌失败，不得不交出控股权，落得黯然离场的结局。

在蒙牛与外资机构通过对赌协议达成双赢的大好局面后，国内先后产生了2005年永乐电器与摩根士丹利对赌，同年无锡尚德与海外投资机构对赌、江苏雨润食品与高盛等对赌，2007年太子奶与英联等对赌，2008年俏江南与鼎晖创投对赌，2009年国美与贝恩对赌等多个案例，其中有的公司如蒙牛一样大获全胜，如雨润食品上市后净利超过对赌标准；也有因为对赌失败而失去公司控制权，例如太子奶创始人李途纯失去所有股权、张兰失去俏江南控股权等。

对赌协议作为初创企业的融资方式，并不能起到化腐朽为神奇的作用。对赌协议只不过是投资者与融资者之间的黏合剂，最终企业能否做大做强、投资者能不能获得理想的投资回报，还要看对赌协议的设定条件是否合理、是不是起到了既保护投资者权益又激励管理层努力工作的效果。如果投资者只想着利益最大化、不考虑企业的现实情况而设定苛刻的业绩要求，那么很可能导致铤而走险的管理层把整个企业带入深渊；融资者也不能因为对资金的渴望而全盘接受投资机构的对赌协议，要经过多方权衡才能决定，毕竟这是关乎企业生死存亡的大赌局。

（六）案例小结

本案例从中国商业史上一次经典的中外合作出发，详细介绍了蒙牛传奇般崛起的过程及私募机构在其中起到的关键作用，尤其分析了双方所签订的对赌协议对双方的影响。从案例中我们可以看到，深谙资本市场运作模式的国际投行在制定对赌协议时驾轻就熟，轻易地用一根"胡萝卜"就吊住了蒙牛的胃口，促使懵懂的民营企业家拼尽全力。无论最终结果如何，投资方都能获得巨额的利益。蒙牛管理层就像是在"刀尖上跳舞"，无时无刻不在担忧对赌协议这把"达摩克里斯之剑"落下，一旦市场波动、管理不善，无法完成对赌协议规定的业绩条件，那么艰难创业的管理层很有可能丧失对公司的控股权，多年的努力都会化为乌有，成功打造的品牌也会落入他人的手中。

在蒙牛的案例中，由于当时中国消费呈现的巨大爆发力，中国乳制品行业也迎来了爆发式增长，再加上牛根生等蒙牛高管杰出的管理能力与勤恳的工作态度，这才险之又险地创造了双赢的局面。反观永乐对赌案例，永乐电器管理层就因为在对赌协议的重压下变得过于激进，最后不得不将股权拱手让人，离开亲手打造的公司。

该案例或许也有以下启示：中国民营企业具有充分的活力，对于我们国家的经济也有着巨大的贡献，但是融资渠道受限，这严重挫伤了民营企业家的积极性。许多民营企业为了发展，不得不求助于民间高利贷、国外的私募投资等，并不得不接受种种苛刻的条件。这种融资方式使得民企仿佛被蚂蟥附身般持续失血，不利于其未来长足发展。想要让中国经济、中国投资者享受到"独角兽"的红利，我们就需要从对民营企业的金融扶持开始做起。

术语解析

本节简要解析本案例中与兼并收购领域相关的常见术语。

对赌协议[①]（valuation adjustment mechanism，VAM）

对赌协议按其英文直译为"估值调整机制"，是投资方与融资方在达成融资协议

---

① 引自殷荣阳. 对赌协议法律问题研究［D］. 湖南师范大学，2011.

时，对于未来不确定的情况进行的约定：如果约定的条件出现，融资方可以行使相应权利；如果约定的条件不出现，投资方行使相应权利。行使权利的形式主要有无条件获取企业股权、对手方的现金赔偿等。一般来讲，对赌的主要内容是设定目标企业未来的业绩与上市时间，对赌协议的条款通常包括财务业绩、上市时间、非财务业绩、赎回补偿、关联交易、竞业限制等。

对赌协议通过设定合理的条件，能激励管理层努力实现公司的成长，缓解企业的委托代理问题，可以有效保护投资人利益。对赌协议如今已经成为国际企业对国内企业投资时广泛采用的形式，国内上市公司并购其他企业时也经常采用"业绩承诺"形式的对赌协议，如果业绩达标那么就奖励一定股份给被收购公司的管理层，否则就将收回这些奖励。

A/B类股票[①] (A/B class stock)

根据所在国家法律法规的不同，股份制公司发行的A类股与B类股的含义也有所不同。如在中国，A类股是指供境内居民用人民币购买的股票，B类股是指以人民币折合成外汇供境外居民及机构购买的股票。而在美国，A/B类股票指多重股权制度，A类为同股同权，而B类为一股对应多票投票权（如1∶10，即一股B股对应10股A股拥有的投票权）。其中B股一般由企业创始人持有，目的是避免在大额筹资时控制权的旁落。

在本案例中，由于蒙牛上市公司主体在开曼群岛注册，因而遵循的是开曼群岛的公司法。在其规定下，公司股份可以分为A类和B类，A类股份一股对应10票投票权，B类股份一股对应1票投票权。蒙牛管理层持有的就是A类股，因而可以通过较少的出资获得公司的绝对控股权。但如果对赌协议失败，A类股等量转为B类股，蒙牛管理层就会失去对公司的控制。

可转换债券 (convertible bond)

可转换债券，是一种可以转换为公司股票的债券，基本要素包括有效期限、转股期限、票面利率、转股价格、赎回条款等。在一定期限内，债券持有者可以按转股价购买上市公司新发行的股票。可转债生效的条件是公司股票的价格高于转股价。由于具有换股权，在公司股票市价高于转股价格时，持有者可以将债券转换成股票并立即售出而获利，因而可转债的价格往往高于普通债券，即该债券的利率一般低于普通债券。由于可转债的发行利率比普通债券低，可以减轻可转债发行公司偿付债券带来的财务压力，可转债因此受到发行公司的青睐。

[①] 引自方嘉晟. 多重股权制度下的公司控制结构及其利弊 [D]. 浙江大学，2018.

三、思考与分析

本部分针对案例提出问题,你可以在案例的基础上进行更广泛的资料收集并尝试回答这些问题。

(1) 蒙牛管理层如果不采取外资入股的形式融资,还有哪些融资渠道?这些融资渠道各有什么优劣?

(2) 如果不签订对赌协议,蒙牛管理层和私募机构投资者分别会采取什么样的行为来保障其利益?

(3) 蒙牛乳业与私募实现双赢的条件有哪些?什么样的企业更倾向采取对赌协议的方式获取融资?

参考资料

[1] 方嘉晟. 多重股权制度下的公司控制结构及其利弊 [D]. 浙江大学,2018.
[2] 内蒙古新闻网. 蒙牛乳业发展大事记(1999—2017),2017 年 8 月,http://inews.nmgnews.com.cn/system/2017/08/01/012379702.shtml.
[3] 王吉舟. 摩根狩猎"蒙牛",2005 年 1 月,新财富总第 45 期.
[4] 许艳芳,付捷思. 生命周期、经营战略与民营企业的融资模式——基于蒙牛乳业的案例研究 [J]. 管理案例研究与评论,2010,3(03):194-202.
[5] 殷荣阳. 对赌协议法律问题研究 [D]. 湖南师范大学,2011.
[6] 张立栋. 人民网. 资本故事:蒙牛牛根生 VS 伊利郑俊怀,没有胜者,2004 年 12 月,http://www.people.com.cn/GB/jingji/1039/3089785.html.

(姚望 张剑宇)

案例 3

可交换债券助力资本运作
——以美克家居等为例

> **导言**
>
> 兼并收购市场经过多次浪潮的冲刷,兼并收购双方的交易早已不是通过简单的"买卖"来达成交易目的。越来越多复杂的交易模式、结构和工具被加入其中,以充分满足多样化的交易需求。可交换债券就是其中一个例子。自 2013 年以来,可交换债券市场呈现一片火热的场面。以美克家居控股股东美克集团为代表的可交换债券发行人,借助可交换债券内嵌看涨期权的特性,通过转股价格的设置、转股条款的安排,配合上市公司非公开发行等操作,实现诸如低价定增和高价减持、员工持股计划、并购补充支付等目的。可交换债券在兼并收购市场上有着广阔的应用空间,因此我们有必要对可交换债券的特征要素、市场发展情况、发行目的和在兼并收购中的应用做充分的了解。

一、事件发展,时间脉络

时间	事件
2015 年 10 月	美克家居控股股东美克集团拟发行可交换债券募集资金 10 亿元。
2015 年 12 月	美克集团质押美克家居 9.28% 股份发行可交换债券: 初始转股价 22.00 元,发行总额 6 亿元,转股起始日为 2016/6/20。
2016 年 1 月	美克集团质押美克家居 6.19% 股份发行可交换债券: 初始转股价 20.00 元,发行总额 3.8 亿元,转股起始日为 2016/7/20。
2016 年 8 月	美克家居公布非公开发行股票预案拟募集资金 16 亿元,美克集团认购 2 亿—6 亿元。

资料来源:美克家居公司公告。

案例3 可交换债券助力资本运作——以美克家居等为例

图 3-1 美克家居股价走势图

资料来源：美克家居公司公告。

2016 年 8 月，美克国际家居用品股份有限公司发布《非公开发行 A 股股票预案》，公司拟向包括控股股东美克投资集团有限公司在内的不超过 10 名特定对象非公开发行股票。

《预案》指出：公司通过本次非公开发行，筹集向品牌商转型、打造强势多品牌战略所需的资金，建立世界一流的 B2C（商对客）、C2M（客厂一体化）中高端家具供应基地和现代一体化的物流配送体系。通过本次融资将提高资产规模、优化资本结构、降低资金需求压力，在充足资金的基础上，抓住当前国内房市调控松绑、城镇化激活内需、家具需求复苏带来的行业发展新契机，保障未来五年百亿销售目标的实现，以提升市场占有率和增强行业地位，进一步全面提升公司的核心竞争力和可持续发展能力。非公开发行募集的不超过 16 亿元的资金将全部用于美克家居天津制造基地升级扩建项目。

非公开发行的目的展示了美克家居发展壮大的雄心。控股股东对于上市公司的发展战略也展现出鼎力支持的姿态，美克集团承诺本次认购金额不低于 2 亿元且不超过 6 亿元。

然而把时间推回到 2015 年 10 月，美克家居一纸《关于公司股东拟发行可交换债券的公告》引起了我们的注意。控股股东美克集团拟以其持有的美克家居股票为标的非公开发行可交换债券募集资金不超过 10 亿元人民币。

可交换债券令人瞬间想到一个更为熟悉的名字——可转换债券。可转换债券持有人可以在一定时期内按一定比例或价格将债券转化为证券。可交换债券与可转换债券类似，只不过可转债的证券标的是新发行的股票，而可交换债券的证券标的是可交换债券发行人原本就持有的股票。

将两个事件联系起来我们不禁要问，美克集团先质押其持有的上市公司美克家居的股票募集资金，紧接着又认购美克家居非公开发行的股票支持上市公司发展意欲何为？

可交换债券这一可转换债券的近亲在美克集团的运作中又扮演着怎样的角色？

二、拆解可交换债券

可交换债券在控股股东美克集团围绕上市公司美克家居"非公开发行股票预案"运作中扮演着关键的角色。而可交换债券发挥作用，必然与可交换债券的条款设置、交易结构、使用环境等密切相关。因此，首先我们要对可交换债券作透彻的解剖。

从定义上来看，可交换债券是指上市公司股票持有者通过抵押其持有的股票给托管机构而发行的公司债券。之所以需要上市公司股票持有者抵押股票，是因为可交换债券内嵌股票期权，债券持有人在未来某个时期，能够按照债券发行时约定的条件用持有的债券换取发行人发债时质押的上市公司股权。这也是可交换债券被认为是可转换债券的变种的原因。只不过可转债持有人行使期权所获得的股票将是行权时上市公司新发行的股票。

图3-2反映了可交换债券通常的交易过程。首先，发行人也就是上市公司的股东将持有的存量股票质押发行可交换债券。其次，可交换债券一般有两种交易路径。第一种是债券持有人最终没有以债换股，那么债券持有人获得本息，可交换债券退出市场。在这种情况下，由于可交换债券的价值当中包含看涨期权的价值，因此债券发行人能够以更低的成本实现债券融资。第二种交易路径是当市场中的股票价格高于可交换债券约定的转股价格，债券持有人最终选择换股，而债券发行人也就是上市公司的股东同时相当于实现了减持套现。

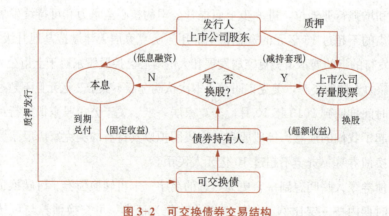

图3-2 可交换债券交易结构

资料来源：作者自制。

（一）发行条件放松，可交换债券市场松绑

时下，可交换债券市场的蓬勃发展吸引了无数人关注的目光，但是回顾可交换债券

的历史可以发现，可交换债券仍然是一个创新的金融工具。图3-3从法律法规的角度梳理了可交换债券的发展过程。

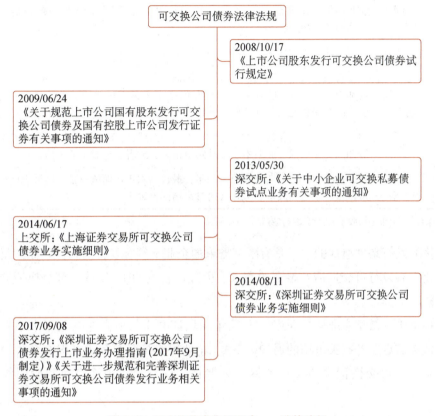

图 3-3　可交换债券发展历史——法律法规

资料来源：根据网络公开资料整理。

我国在可交换债券市场上的尝试自2008年开始。2008年中国证券监督管理委员会发布《上市公司股东发行可交换债券试行规定》，持有上市公司股份的股东，可以经保荐人保荐，向中国证监会申请发行可交换公司债券。

此时，对于上市公司股东发行可交换债券的行为，证监会对于申请人和标的股票有严格的规定。表3-1整理了《上市公司股东发行可交换债券试行规定》中，对于发行申请人在净资产、利润，以及标的股票的净资产收益率等方面的规定。

表 3-1　《上市公司股东发行可交换债券试行规定》摘录

申请人	资质	申请人应当是符合《公司法》《证券法》规定的有限责任公司或者股份有限公司。
	制度	公司组织机构健全，运行良好，内部控制制度不存在重大缺陷。
	净资产	公司最近一期期末的净资产额不少于人民币3亿元。
	利润	公司最近3个会计年度实现的年均可分配利润不少于发行债券一年的利息。

续表

申请人	债券发行量	本次发行后累计公司债券余额不超过最近一期末净资产额的40%；本次发行债券的金额不超过预备用于交换的股票按募集说明书公告日前20个交易日均价计算的市值的70%，且应当将预备用于交换的股票设定为本次发行的公司债券的担保物。
	信用评级	经资信评级机构评级，债券信用级别良好。
标的股票	净资产及净资产收益率	该上市公司最近一期期末的净资产不低于人民币15亿元，或者最近3个会计年度加权平均净资产收益率平均不低于6%。扣除非经常性损益后的净利润与扣除前的净利润相比，以低者作为加权平均净资产收益率的计算依据。
	股票种类	用于交换的股票在提出发行申请时应当为无限售条件股份，且股东在约定的换股期间转让该部分股票不违反其对上市公司或者其他股东的承诺。
	发行期限和价格	可交换公司债券的期限最短为一年，最长为六年，面值每张人民币100元，发行价格由上市公司股东和保荐人通过市场询价确定。

资料来源：《上市公司股东发行可交换债券试行规定》。

严格的发行条件造成的结果是有融资需求的企业不符合发行的条件，而满足发行条件的企业没有发行可交换债券融资的需求。因此，直到2013年首支可交换债券才姗姗来迟，登陆债券市场。

为拓宽中小微型企业融资渠道，2013年深圳证券交易所发布《关于中小企业可交换私募债券试点业务有关事项的通知》。中小企业可交换私募债券的发行条件没有上市公司股东发行可交换债券的发行条件那么严格，仅对预备用于交换的股票作出如下规定：

（1）预备用于交换的股票应当是在深交所上市的A股股票；

（2）预备用于交换的股票在本次债券发行前，除为本次发行设定质押担保外，应当不存在被司法冻结等其他权利受限情形；

（3）预备用于交换的股票在可交换时不存在限售条件，且转让该部分股票不违反发行人对上市公司的承诺。

2014年6月和8月，上交所和深交所相继出台了可交换公司债券业务实施细则，对可交换公司债券上市交易、信息披露及持续性义务、换股赎回回售与本息兑付等作出进一步明确的规定，进一步规范了可交换公司债券的业务运作，维护市场秩序，从而促进了可交换债券市场的发展。参照可交换公司债券业务实施细则，可交换债券一般包含换股、赎回、回售和下修等条款（见表3-2）。

2017年9月，深圳证券交易所出台《可交换公司债券发行上市业务办理指南》，明确了发行可交换公司债券网上发行业务操作流程。可交换债券发行流程包括发行前的准备工作与发行期间的工作两个部分。发行期间的工作又可区分为非公开发行和公开发行可交换债券两类。

表 3-2　可交换债券条款

条　款	内　容
换股条款	包括换股价格、换股期等设计。
赎回条款	包括换股期内的赎回条款与换股期前的赎回条款，赎回条款是发行人的权利，为保护投资者权益，债券赎回时一般会有补偿利率，给予持有人一定的利息补偿。
回售条款	回售条款是持有人的权利，保护正股股价持续低于换股价情况下投资人的收益。
下修条款	正股股价低迷，下修条款触发，换股价下降，促使债券持有人换股。

资料来源：《上市公司股东发行可交换公司债券试行规定》。

图 3-4　可交换债券发行上市流程（发行前部分）

资料来源：《深圳证券交易所可交换公司债券发行上市业务办理指南》（2017 年 9 月）。

2013 年后的关于可交换债券的法律法规放松了可交换债券的发行要求，发行主体扩大至中小微企业。同时，不设财务指标，强化了对于发行的信息披露需求。又由于可交换债券存在融资成本低、间接方便股东减持、盘活股东存量股票等特点，因此，2013 年以后可交换债券发行市场的规模与日俱增。

（二）资产荒下可交换债券市场蓬勃发展

随着可交换债券市场法律规章的逐步完善，我国可交换债券市场逐步发展。资产荒

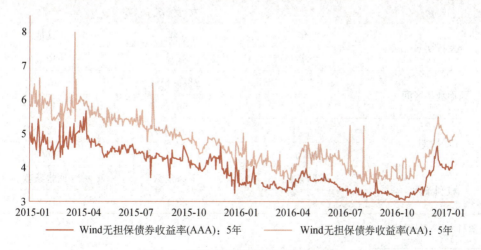

图 3-5　资产荒时期债券利率持续走低

资料来源：Wind。

的蔓延也促进了市场对可交换债券的需求。2013年以来,货币政策宽松造成资金供给充沛,实体经济乏力导致资金需求下降。高收益低风险的资产稀缺使得内嵌看涨期权的可交换债券成为市场上的"香饽饽"。

2013年10月,首支私募可交换债"13福星债"由福星药业发行,这也是我国首支可交换债。2014年12月,在上交所与深交所相继出台可交换公司债券业务实施细则后,首支公募可交换债"14宝钢EB"在上交所发行上市。截至2018年2月8日,可交换债券已发行196支,共募集资金2 478.57亿元(见表3-3)。

表3-3 可交换债券发行情况统计

年度	发行总额(亿元)	发行支数	最大值发行额(亿元)
2013	2.57	1	2.57
2014	59.76	5	40.00
2015	259.85	32	50.00
2016	674.29	71	53.50
2017	1 172.84	80	160.00
2018	309.27	7	200.00
总计	2 478.57	196	

资料来源:iFind。

从可交换债券发行情况统计表来看,2013—2017年可交换债券发行支数不断增加,发行规模增长更快。尤其是在发行额上,五年间可交换债券发行额由最初的2.57亿元增加至200亿元。发行总额与最大发行额的猛增展现出可交换债券市场的活力。

表3-4 可交换债券(私募)发行要素统计

要素	发行情况		
发行期限	2年	3年	其他
	28%	61%	12%
票面利率区间	<2%	2%—6%	>6%①
	26%	56%	18%
转股期	6个月	6—12个月	>12个月
	65%	19%	16%
权利条款	赎回条款	下修条款	回售条款
	91%	85%	70%

资料来源:Wind。

---

① 3年期AA级公司债券的利率在6.5%左右。

可交换债券的发行要素如表3-4所示,主要包括发行期限、利率水平、转股期和权利条款。在发行期限上,可交换债券主要集中在3年。但是可交换债券持有人开始获得债换股权利的时点则主要集中在债券发行6个月后,也就是债券持有人在6个月后就被授予了发行人所质押的股票的看涨期权。在利率水平上,可交换债券由于内嵌看涨期权,因此利率水平普遍在2%—6%。此外,大部分可交换债券都包含赎回条款、下修条款和回售条款,债券发行人可以灵活设置不同条款来满足不同的发行目的。

关于可交换债券的最终退出情况如图3-6所示。从数量上来看,共有34支私募EB完成退出,占总发行数量的19%。其中完全转股的EB 15支,部分转股的EB 5支,合计占总退出债券的59%;从最终退出的资金规模上来看,已退出私募EB总规模约194亿元,其中123.14亿元通过转股方式退出,35.92亿元被提前赎回,33.54亿元到期兑付,剩余1.34亿元通过回售实现退出。因此,转股是可交换债券的主要退出方式。

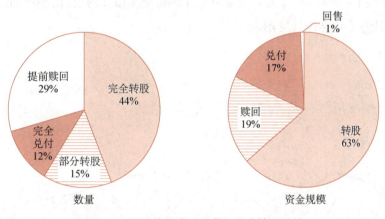

图3-6 可交换债券(私募)退出情况统计

数据来源:Wind。

(三)发行可交换债券实现低成本融资、减持套现、并购交易等多重目的

可交换债券发行人基于不同的意图发行可交换债券。一般来说,最基本的目的包括低成本融资、减持套现、股权调整、市值管理和并购交易等。

由于可交换债券内嵌看涨期权,因此与其他质押融资方式相比,发行人所需支付的利率水平更低。以私募EB和股权质押融资作对比,如表3-5所示,可交换债券能够更好地实现发行人低息融资的目的:在股票质押率方面,同样数量的股票质押用于发行可交换债券能够融到更多的资金;而股权质押融资募集资金数量需要按市价打3—5折;在利率水平上,私募EB所需支付的利率水平更低;在融资期限上,私募EB的期限范围选择更加灵活;在资金监管和补仓要求上,对于私募EB的监管要求也相对更加宽松。在不考虑发行可交换债券能导致公司持股比例缩减的情况下，发行私募可交换债券融资无疑是比股权质押融资更好的融资手段。

表 3-5 私募 EB 对比股权质押融资

	私募 EB	股权质押融资
股票质押率	100%，无需打折	一般按市价打 3—5 折
利率水平	一般 3%—6%	7.5%—9%
融资期限	一般 1—3 年	一般不超过 2 年
资金监管	无	严格的资金监管
补仓要求	可设置较为宽松的补仓线	严格的补仓条款

资料来源：Wind。

对比三年期 EB 发行时的票面利率与三年期 AA 公司债券平均发行利率，可以发现，2015 年 9 月—2017 年 11 月，大部分三年期可交换债券的发行利率均低于同期发行的 AA 公司债券平均利率（见图 3-7）。

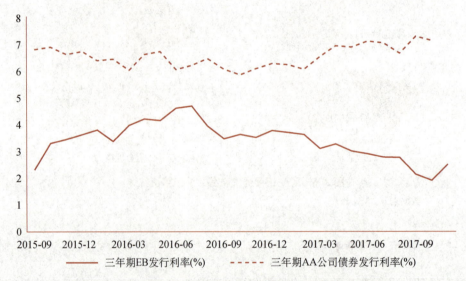

图 3-7 三年期 EB 发行利率与三年期 AA 公司债券发行利率

数据来源：Wind。

可交换债券为公司大股东提供了减持套现的通道。相较于直接通过大宗交易减持，可交换债券减持股票存在转股价格这一名义锚，因此对二级市场股价的冲击比大宗交易减持小。同时，大宗交易减持，减持价格通常打折，而可交换债券甚至可以通过转股价格条款实现溢价减持。

此外，借助可交换债券，结合其他金融创新手段，发行人可以实现员工持股计划、市值管理、并购换股等目的。久其科技控股股东通过发行"15 久其科投 EB"可交换债券成功实现了员工持股计划。上市公司股东也可通过"可转债＋可交债"的模式，一面低价认购上市公司配售的可转债，另一面溢价发行可交换债来融资或减持。在首旅集团的并购交易中，首旅集团控股股东通过发行"15首旅EB"可交换债券使得如家创始人沈南鹏成功获得了上市公司首旅酒店8%的股份。

三、美克集团如何使用可交换债券

（一）美克集团可交换债券发行情况

2016年8月，美克国际家居用品股份有限公司发布《非公开发行A股股票预案》，向包括控股股东美克投资集团有限公司在内的不超过10名特定对象非公开募集资金不超过16亿元人民币，扣除发行费用后的募集资金净额将全部用于美克家居天津制造基地升级扩建项目。公司控股股东美克集团拟以现金认购本次非公开发行股票，认购金额不低于2亿元且不超过6亿元。公司控股股东所认购的股份自股票上市之日起36个月内不得转让，其他发行对象所认购的股份自股票上市之日起12个月内不得转让（见表3-6）。

表3-6 美克家居非公开发行前后股东权益变化

股东名称	本次发行前		本次发行		本次发行后	
	持股数量（股）	持股比例	认购数量（股）	认购比例	持股数量（股）	持股比例
美克集团	267 719 014	41.51%	16 474 465	12.50%	284 193 479	36.59%
其他股东	377 241 184	58.49%	115 321 252	87.50%	492 562 436	63.41%
合计	644 960 198	100%	131 795 717	100%	776 755 915	100%

资料来源：美克家居公告。

值得注意的是，美克家居在2015年10月曾发布公告称，控股股东美克集团拟以其所持本公司部分股票为标的非公开发行可交换债券，可交换债券发行期限不超过36个月，采取非公开方式分期向合格投资者发行，拟募集资金规模不超过10亿元人民币，首期发行规模不超过6亿元人民币。在本次可交换债券的换股期内，投资者有权将其所持有的本次可交换债券交换为本公司股票。2015年12月和2016年1月，美克家居分别发布关于控股股东美克集团质押9.28%和6.19%公司股份的公告（见表3-7）。

表3-7 美克集团可交换债券发行情况

代码	137004.SH	137001.SH
名称	16美克EB	15美克EB
发行总额（亿元）	3.8	6.0

续 表

代码	137004.SH	137001.SH
期限（年）	3	3
票面利率（%）	4.30	4.50
发行日期	2016/01/15	2015/12/07
起息日期	2016/01/15	2015/12/08
转股起始日	2016/07/20	2016/06/20
初始转股价	20.00	22.00
特殊条款	转股价格向下修正条款	有条件回售条款，有条件赎回条款，转股价格向下修正条款
历史评级		AA-（2015-07-21）
担保方式		质押担保
发行人		美克投资集团有限公司
交易市场		上交所
特殊条款说明	下修条款：在本期可交换债券换股期内，当标的股票在任意连续20个交易日中至少10个交易日的收盘价低于当期换股价格的85%时，发行人董事会有权决定换股价格是否向下修正。修正后的换股价格应不低于董事会决议签署日前1个交易日标的股票收盘价的90%以及前20个交易日收盘均价的90%（若在该20个交易日内美克家居发生过因除权、除息引起股价调整的情形，则对调整前交易日的收盘价按经过相应除权、除息调整后的价格计算）。回售条款：在发行人本期发行的可交换债券到期前180天内，当标的股票在任何连续15个交易日的收盘价格低于当期换股价的80%时，债券持有人有权将其持有的可交换债券全部或部分按面值加上当期应计利息的价格回售给公司。赎回条款：换股期内，当下述两种情形的任意一种出现时，发行人有权决定按照债券面值加当期应计利息的价格赎回全部或部分未换股的可交换债券：①在换股期内，如果标的股票在任何连续30个交易日中至少15个交易日的收盘价格不低于当期换股价格的130%（含130%）。②当本期可交换债券未换股余额不足3 000万元时。当期应计利息的计算公式为：$A=B\times i\times t/365$，A指当期应计利息；B指本期可交换债券持有人持有的可交换债券票面总金额；i指可交换债券当年票面利率；t指计息天数，即从上一个付息日起至本计息年度赎回日止的实际日历天数（算头不算尾）。若在前述30个交易日内发生过换股价格调整的情形，则在调整前的交易日按调整前的换股价格和收盘价计算，调整后的交易日按调整后的换股价格和收盘价计算。	

资料来源：iFind 和 Wind。

（二）美克集团如何应用可交换债券

在围绕美克家居非公开发行股票的资本运作中，美克集团巧妙地运用可交换债券，用借来的钱给上市公司美克家居增资；先质押股票授予债权人看涨期权，紧接着又获得新发行的股票。一进一出，似乎让人摸不着头脑。但是，结合可交换债券内嵌看涨期权的特征，我们认为，美克集团应用可交换债券的目的主要有二：一是低息融资，二是减持套现。

1. 发行可交换债券实现低息融资

美克集团在公布定增预案之前率先通过发行可交换债券以较低的资金成本募集到了定增所需资金。从 2016 年 8 月美克家居发布的《非公开发行 A 股股票预案》来看，美克集团承诺的认购金额为 2 亿—6 亿元。而仅通过质押股份发行可交换债券，美克集团就能募集 9.8 亿元的资金，可以完全满足定增的募集资金需求。

从美克集团发行可交换债券情况与三年期 AA-公司债券利率走势对比来看，美克集团通过发行交换债券成功实现了低息融资。2015 年 12 月—2016 年 1 月，与美克集团处于同一信用评级的 AA-公司债券的利率走势曲线始终位于 15 美克 EB 与 16 美克 EB 上方（见图 3-8）。

图 3-8　美克集团通过发行可交换债券实现低息融资

资料来源：iFind。

相比发行普通公司债券，美克集团应用可交换债券的融资成本更低。这一方面是由于可交换债券中内含看涨期权；另一方面，2015 年发行的 15 美克 EB 有条件回售条款，回售条款的存在保护了可交换债券债权人的权益，使得美克集团能够以较低的利息率发行可交换债券。

2. 发行可交换债券实现减持套现

2017 年 9 月 14 日，美克家居发布《非公开发行股票发行情况报告书》，非公开发行新增股份于 2017 年 9 月 12 日在中登上海分公司办理完毕登记相关事宜。此次发行共募集资金 16 亿元，发行价格为 5.20 元/股。其中控股股东美克集团至少认购 2 亿元新股，其认购新股为有限售条件流通股，限售期为36个月。

根据可交换债券发行时的转股条款，由于标的股票美克家居存在派送股票股利、转增股本、配股、派送现金股利等情况，15美克EB的转股价由20元相应调整为8.43元。16美克EB的转股价由22元相应调整为9.30元。两者的转股起始日分别为2016年6月20日和2016年7月20日。根据美克家居股票行情走势图（见图3-9），由于转股起始日后美克家居的股票价格始终低于转股价，因此到目前为止，15美克EB和16美克EB仍然不存在换股退出的情况。

图 3-9　美克家居行情走势

资料来源：iFind。

然而，我们回顾美克集团可交换债券的发行条款可以发现，15美克EB和16美克EB当中包含下修条款，即：在本期可交换债券换股期内，当标的股票在任意连续20个交易日中至少10个交易日的收盘价低于当期换股价格的85%时，发行人董事会有权决定换股价格是否向下修正；修正后的换股价格应不低于董事会决议签署日前1个交易日标的股票收盘价的90%以及前20个交易日收盘价均价的90%。

可交换债券中设置下修条款意味着发行人美克集团存在减持套现的意图。美克集团认购美克家居的定增价格为5.20元/股。若15美克EB和16美克EB在不触发下修条款的情况下换股退出，按照15美克EB和16美克EB调整后的转股价格8.43元/股和9.30元/股，美克集团可以实现62.12%和78.85%的收益。若触发下修条款，美克集团仍然可实现45.90%和60.96%的收益。"可交换债券＋低价定增"的模式，使得美克集团在保证控制权的情况下实现中间套利。尽管在不发行可交换债券的情况下仍然可以通过大宗交易减持原有股份实现低价定增后的减持套利，但是可交换债券换股减持与大宗交易减持相比，对于二级市场的冲击相对较小，在减持价格上也可以实现不打折的溢价减持。因此,"低价定增＋可交换债券"实现减持套现是一种更为有效的模式。

"低价定增＋可交换债券"实现减持套现的模式是否存在可交换债券发行人也就是标的公司股东损害其他股东利益的可能性？在这一点上,《上市公司证券发行管理办法》(证监会令第 30 号)对于非公开发行股票价格的规定是：上市公司应按不低于定价基准日(非公开发行股票发行期首日)前 20 个交易日的均价发行股票,且发行对象认购的股份自发行结束之日起 12 个月内不得转让。若可交换债券发行人通过操纵可交换债券转股期内的证券价格,使得债券持有人换股退出,则"低价定增＋可交换债券"模式中就存在侵害其他股东的情形。因此,在可交换债券的操作实践中,必须密切关注可交换债券发行人在债券转股期间是否有操纵股价的可能性。

四、可交换债券的其他用途

由于可交换债券具有低成本融资、减持套现便利等优势,因此随着可交换债券市场的发展,除了美克集团"低价定增＋高价减持"的模式之外,可交换债券在员工持股计划、兼并收购中也得到广泛应用。

(一) 久其软件应用可交换债券实现员工持股计划

2015 年 7 月 14 日,久其软件发布《2015 年员工持股计划(草案)》,以进一步完善公司的法人治理结构,促进公司建立、健全激励约束机制,充分调动公司董事、监事、高级管理人员及核心员工的积极性。员工持股计划分为优先级和普通级两个部分,其中普通级部分即用于认购公司控股股东北京久其科技投资有限公司发行的可交换债券。

2015 年 7 月 21 日,久其软件发布《关于控股股东发行可交换私募债券暨办理股权质押的公告》。根据 Wind 的统计数据,15 久其科投的发行情况如表 3-8 所示。

表 3-8　15 久其科投 EB

发行公告日	2015-11-18
网下发行日期	2015-07-17
转债代码	S72466.IOC
转债名称	15 久其科投 EB
代码	002279.SZ
发行方式	私募
发行规模(亿元)	0.500 0

续 表

期限（年）	3
票面利率（%）	10.00
利率类型	固定利率
最新余额（万元）	5 000.000 0
付息频率	2
付息说明	本期可交换债券利息每六个月支付一次，最后一期利息随本金一起支付。
上市日期	2015-07-20
起息日期	2015-07-17
到期日期	2018-07-17
转股起始日	2018-02-19

资料来源：Wind。

15久其科投EB作为员工持股计划实现的工具，使员工获得了对于公司股票久其软件（002279.SZ）的看涨期权，实现了员工利益与股东利益的一致性。值得注意的是，15久其科投EB与其他可交换债券不同，其票面利率高达10%。这也与15久其科投EB作为员工持股计划工具的目的相符，较高的票面利率保障了员工持有债券期间的收益。

（二）中珠控股、一体医疗应用可交换债券作为并购补充支付手段

2015年9月22日，中珠控股发布《购买资产并募集配套资金暨关联交易报告书（草案）》，公司发行股份购买一体集团、一体正润、金益信和合法持有的一体医疗合计100%股权。标的的交易对价为人民币19亿元，全部以上市公司发行股份的方式支付。根据公告中的股份锁定安排，一体集团等投资者认购的股份自发行结束之日起十二个月内不得转让。有关股票在限售期满后，可以在上交所交易（见表3-9）。

表3-9 中珠控股股份发行情况

发行对象	发行数量（股）
一体集团	96 071 607
一体正润	28 020 843
金益信和	6 671 485
合计	130 763 935

资料来源：中珠控股公告。

由于并购方支付的股份存在限售期，一般情况下标的公司股东接受股份的意愿会下降。此时若应用可交换债券，即使标的股票仍然处于限售期，标的公司仍可通过发行交换债券实现减持套现退出。借助可交换债券，兼并收购交易双方成功地绕过了新发行股票限售期的约束。

表 3-10　一体集团可交换债券发行情况

发行公告日	2016-08-25	2016-09-02
网下发行日期	2016-08-25	2016-09-02
转债代码	137012.SH	137013.SH
转债名称	16体EB01	16体EB02
代码	600568.SH	600568.SH
发行方式	私募	私募
发行规模（亿元）	4.000 0	6.000 0
期限（年）	3	3
票面利率（%）	6.10	8.00
最新余额（万元）	40 000	60 000
付息频率	1	1
上市日期	2016-10-19	2016-10-18
起息日期	2016-08-25	2016-09-02
到期日期	2019-08-25	2019-09-02
转股起始日	2017-02-27	2019-02-25
初始转股价	21.27	21.27
最新转股价	7.58	7.58
利率说明	票面利率6.10%	票面利率8.00%

资料来源：Wind。

（三）首旅集团应用可交换债券完成对如家的并购交易

2015年12月6日，北京首旅酒店（集团）股份有限公司、首旅酒店集团（香港）控股有限公司、首旅酒店集团（开曼）控股有限公司与如家酒店集团共同签署了《合并协议》，首旅集团拟向如家酒店集团非主要股东支付现金对价，实现如家酒店集团的私有化。完成交割后，如家酒店集团将从Nasdaq Global Market退市，成为首旅酒店的控股子公司。

首旅酒店并购如家的方案主要包含三步。第一步，首旅酒店以现金方式收购由非买方集团（买方集团指首旅酒店、Poly Victory、携程、沈南鹏、梁建章、孙坚）持有的全部流通股股份并实现私有化。第二步，首旅酒店与买方集团其他成员签署换股协议，收购买方集团中其他成员或其关联人士以及关联投资主体合计持有的如家约35%的股份，并发行股份募集配套资金。第三步，首旅集团向沈南鹏等人发行私募可交换公司债券，沈南鹏等人可通过换股获得首旅酒店8%股份①。

15首旅EB可交换债券的目的在于使沈南鹏等人获得首旅酒店8%的股份，因此票面利率不超过0.1%。鉴于可交换债券内含看涨期权的特点，这一交易设计将如家核心团队与首旅酒店的利益牢牢地捆绑在一起（见表3-11）。

表 3-11 首旅酒店发行可交换债券情况

发行公告日	2015-12-22
网下发行日期	2015-12-22
转债代码	137003.SH
转债名称	15首旅EB
代码	600258.SH
发行方式	私募
发行规模（亿元）	3.4340
期限（年）	3
票面利率（%）	0.10
最新余额（万元）	34 339.900 0
付息频率	1
上市日期	2016-03-10
起息日期	2015-12-23
到期日期	2018-12-23
转股起始日	2016-06-23
初始转股价	18.55
最新转股价	15.33
利率说明	票面利率不超过0.1%

资料来源：Wind。

---

① 数据来源：环球资讯《首旅收购如家后，涵盖全产业链酒店品牌诞生》，2015年7月23日，http://www.travendaily.cn/article/94137。

 **术语解析**

简要解析本案例中与兼并收购领域相关的常见术语。

非公开发行（non-public offering）

根据证监会《上市公司证券发行管理办法》的规定，上市公司可以向特定对象非公开发行股票。非公开发行股票的特定对象应当符合股东大会决议规定的条件且不超过十名。上市公司非公开发行股票，发行价格不低于定价基准日前二十个交易日公司股票均价的百分之九十；发行的股份自发行结束之日起，十二个月内不得转让，控股股东、实际控制人及其控制的企业认购的股份，三十六个月内不得转让；募集资金使用还应当符合数额不超过项目需要量，不会与控股股东或实际控制人产生同业竞争或影响公司生产经营的独立性等规定。

根据《上市公司非公开发行股票实施细则》的规定，上市公司非公开发行股票应当有利于减少关联交易、避免同业竞争、增强独立性；应当有利于提高资产质量、改善财务状况、增强持续盈利能力。

在本案例中，美克家居在2016年8月通过《非公开发行预案》披露向包括控股股东美克集团在内的特定对象募集资金不超过16亿元，募集资金全部投入美客家居天津制造基地升级计划。美克家居的这一操作，相当于在兼并收购中通过非公开发行募集资金来收购资产。《上市公司非公开发行股票实施细则》也提到，非公开发行股票募集资金可以用于收购资产，但应当明确交易对手、标的资产、作价原则等事项。

本案例中，美克家居的控股股东美克集团用于认购美克家居非公开发行股票的资金来自两方面：一是质押美克家居股票获得的资金，二是发行可交换债券募集的资金。美克集团的资本操作充分盘活了持有的股票资产，同时又利用了可交换债券低息融资的特点。同时，可交换债券中设置的高于当前股票价格的转股价格，又为美克集团未来高价减持股票提供了可能。

减持套现

指上市公司控股股东和持有5%以上股份的股东、董监高减持股份，以及股东减持其持有的公司首次公开发行前发行的股份、上市公式非公开发行的股份。

2017年5月，证监会在回答规范上市公司股东有关股份减持行为时指出，上市公司股份减持制度是资本市场重要的基础性制度，对于稳定上市公司治理、维护二级市场稳定、保护投资者特别是中小投资者的合法权益具有十分重要的作用。但是随着市场情况的不断变化,现行减持制度也暴露出一些问题,上市公司股东和相关主体利用"高送转"推高股价配合减持,以及利用大宗交易规则空白过桥减持等行为时有发生。这些无序减持、违规减持等问题,不但严重影响中小股东对公司经营的预期,也对二级市场尤其是对投资者信心造成了负面影响。

因此《上市公司股东、董监高减持股份的若干规定》要求,上市公司大股东在3个月内通过证券交易所集中竞价交易减持股份的总数,不得超过公司股份总数的1%。

在本案例中,美克集团运用的可交换债券毫无疑问为大股东减持股票提供了新工具。在《上市公司股东、董监高减持股份的若干规定》中也有条款指出上市公司股东、董监高可以通过可交换债换股减持股份。借助可交换债券,大股东可以在股票限售期前通过发行可交换债券"提前"实现高价减持。因此,市场上也有对此的担忧情绪,认为可交换债券在发行之初就确认了大股东有减持套现的选择权,从而使大股东未来在减持套现与对公司持续投入之间获得了充分的主动权。

员工持股计划(employee stock ownership plan, ESOP)

中国证监会在2014年《关于上市公司实施员工持股计划试点的指导意见》中这样定义员工持股计划:员工持股计划是指上市公司根据员工意愿,通过合法方式使员工获得本公司股票并长期持有,股份权益按约定分配给员工的制度安排。一般来说,员工持股计划的用途包括保持公司的控制权同时获得免税的流动性,获取税收优惠,作为接管防御手段,也可作为并购融资手段。员工持股计划从类别上主要有不带杠杆的员工持股计划和带杠杆的员工持股计划。在设立流程上,不带杠杆的员工持股计划由公司提供资金购买股票、员工持股信托基金持有股票,员工退休或离开公司时按照工作年限取得股票或现金。带杠杆的员工持股计划在设立流程上首先要成立员工持股信托基金,在公司担保的前提下信托基金向银行贷款购买股票,通过股票分红等资金归还银行资金本息;根据贷款归还的进程,股票将逐步转入职工账户。

久其软件用于实施员工持股计划的中介工具是15久其科投EB。15久其科投EB有较高的票面利率,在可交换债券进入转股期后又可以转化为股票,给予了员工持股信托基金和员工充分的选择权。

五、思考与分析

本部分针对案例提出问题，你可以在案例的基础上进行更广泛的资料收集，并尝试回答这些问题。

(1) 美克集团通过发行可交换债券配合美克集团股票非公开发行间接实现"提前减持"。2017年证监会发布的"减持新规"是否会给发行可交换债券的"减持行为"带来不确定影响？

(2) 私募可交换债券由于在审批程序、发行人资质、质押股票要求、担保评级、换股期限和换股价等方面相对于公募可交换债券监管要求更为宽松，因此在兼并收购中应用范围更广。那么，私募可交换债券又存在什么样的投资风险？

(3) 可交换债券同可转换债券一样由于内嵌看涨期权，因此同时存在股性和债性。那么偏股型的可交换债券与偏债型的可交换债券在条款设置、转股价格等方面各有什么样的特点？

(4) 除了低息融资、配合定增提前减持、员工持股计划、并购补充支付手段等，可交换债券在兼并收购中还可以有哪些应用空间？

参考资料

[1] 凯夫. E并购2.0时代，可交换债井喷 [J]. 英才，2016 (10)：72-73.

[2] 潘爱玲，邱金龙，等. 可交换债券在并购中的应用：驱动因素、衍生风险与防控机制 [J]. 经济与管理研究，2017 (6)：137-144.

（任云涛　张剑宇）

第二章

我要上市：过独木桥的各种"姿势"

随着企业的发展壮大，光靠内源融资已经满足不了自身的需求，企业于是转向外源融资。银行贷款多需要企业进行抵押，而企业的资产规模往往不足以支撑自身对资金的渴求，上市成为每家企业的最终"梦想"。由于我国仍实行新股审核制，IPO之路漫漫，让等待的企业错失了许多投资机会。心急的企业在衡量成本与收益后，也许会选择借壳上市来走过这一段"独木桥"，借壳的对象往往是业绩不佳、濒临退市、市值较小的上市企业。于是，这些本该被淘汰的企业一下成为了让所有资本炒作者趋之若鹜的香饽饽，这扭曲了市场估值体系，恶化了投资环境。2016年，正是在借壳上市如日中天之时，证监会发布《上市公司重大资

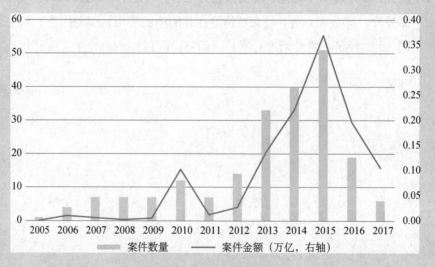

图　借壳上市案件数量与并购金额

资料来源：Wind。

产重组管理办法》,被称为"史上最严借壳新规"。在市场看来,这是促进资本市场健康有序发展的有力信号。本章介绍的圆通借壳大杨创世案例便是在这个背景下发生的。

案例 4

圆通借壳大杨创世
——占据中国快递第一股

导言

> 一个悄然进入万家的行业——快递业，二十年来经历了飞跃式的传奇发展。快递行业具有直接面向消费者、品牌运营、现金流充裕、增长快等突出特点。行业中的顺丰和中通快递曾宣称不上市，但是，随着行业竞争的加剧，快递行业毛利率下滑，企业需要利用资本市场强化竞争力。究竟是选择排队 IPO 上市还是迅速借壳上市？这成为圆通速递董事长喻会蛟的艰难选择。2016 年 7 月，圆通速递宣布借壳大杨创世上市，这使圆通拥有资本市场运作平台，未来可积极运用资本市场各类工具，获得更加充足的可调配资源、实现更加广泛的网络覆盖，为公司长远发展奠定良好的基础。本文对圆通快递借壳大杨创世上市进行案例研究，理清其借壳上市的来龙去脉，挖掘其如何设计重组要素，并探讨相比 IPO 上市，资产重组上市的可借鉴之处。

一、事件发展，时间脉络

2016 年 1 月 15 日	A 股公司大连大杨创世股份有限公司披露大杨创世将与圆通速递有限公司进行资产重组。
2016 年 3 月 22 日	大杨创世发布重组预案：公司将通过重大资产出售、发行股份以及募集配套资金的一系列交易，置出现有全部资产及负债，整体作价 175 亿元。圆通启动借壳上市以来，重组过程十分顺利。
2016 年 4 月 8 日	大杨创世晚间公告：拟将全部资产与负债出售予圆通速递的控股股东蛟龙集团和云锋新创，拟向圆通速递全体股东非公开发行 A 股股份。

续表

2016年4月20日	证监会受理圆通借壳上市的申请，发布公告《中国证监会行政许可申请受理通知书》予大杨创世。
2016年7月28日	大杨创世重大资产重组事项获证监会并购重组委有条件通过。
2016年9月20日	大杨创世已完成资产置出、股权过户手续及相关工商变更登记事宜。
2016年10月20日	"大杨创世"更名为"圆通速递"，公司证券代码"600233"不变。经营范围变更为国内、国际快递；从事道路、航空、水路国际货物运输代理业务；普通货物仓储；国内航空运输代理；汽车租赁服务；供应链管理服务。这标志着圆通速递正式登陆资本市场。

表 4-1 交易前大杨创世股权结构

股东名称	持股数量（股）	持股比例（%）	股本性质
大杨集团有限责任公司	66 250 000	40.15	流通A股
北京千石创富资本管理有限公司（代表千石资本—道冲套利共8个资产管理计划）	10 606 006	6.43	流通A股
大连大杨创世股份有限公司—第1期员工持股计划	6 330 994	3.84	流通A股
全国社保基金一零七组合	3 599 900	2.18	流通A股
全国社保基金一零九组合	2 487 139	1.51	流通A股
深圳前海惠民博盛投资企业（有限合伙）	1 995 200	1.21	流通A股
全国社保基金一一四组合	1 624 800	0.98	流通A股
周志坚	1 503 337	0.91	流通A股
深圳前海麒麟鑫泰投资企业（有限合伙）	1 385 350	0.84	流通A股
深圳惠民盈盛投资企业（有限合伙）	1 021 716	0.62	流通A股
合计	96 804 442	58.67	—

资料来源：Wind。

表 4-2 交易后圆通速递股权结构

股东名称	持股数量（股）	持股比例（%）	股本性质
上海圆通蛟龙投资发展（集团）有限公司	1 443 961 053	51.18	受限流通股
杭州阿里创业投资有限公司	312 996 335	11.09	受限流通股
上海云锋新创股权投资中心（有限合伙）	181 347 150	6.43	受限流通股
喻会蛟	133 450 083	4.73	受限流通股
大杨集团有限责任公司	132 500 000	4.70	流通A股
张小娟	98 127 852	3.48	受限流通股

续 表

股东名称	持股数量（股）	持股比例（%）	股本性质
平潭沣恒投资管理合伙企业（有限合伙）	58 536 585	2.07	受限流通股
上海圆翔投资管理合伙企业（有限合伙）	45 336 787	1.61	受限流通股
上海圆欣投资管理合伙企业（有限合伙）	45 336 787	1.61	受限流通股
上海圆越投资管理合伙企业（有限合伙）	45 336 787	1.61	受限流通股
合计	2 496 929 419	88.51	—

资料来源：Wind。

随着2016年10月"大杨创世"更名"圆通速递"，历时八个月的圆通借壳也终于尘埃落定。"上榜""上天""上市"——这是圆通董事长喻会蛟给圆通设下的"三上"目标。圆通在短短十五年里一路狂奔，业务量节节攀升，成为国内外响当当的快递品牌，实现了"上榜"的目标。除"上榜"之外，圆通的"上天"梦也在"十二五"的收官之年梦想成真，其不仅成立了航空公司，两架自有飞机也已成功运营。而对于"上市"，喻会蛟透露，圆通从准备上市那一天起，就准备了两个方案：IPO或者借壳。"至于什么时候，以什么样的方式来实现上市，是公司的上市团队根据公司的发展战略来最后决定的。"在喻会蛟看来，上市只是结果，准备过程同样重要。

过去，中国快递行业保持着一种相对稳定的竞争态势。目前来看，整个行业竞争非常激烈，行业集中度逐年下降，行业利润呈现下降的趋势。在国家的政策鼓励下，资本开始追逐快递行业，大家都不想在资本市场的起跑线上落后于其他公司。资本市场必须进，上市之路必须走，金融浪潮迭起，为何选择借壳？如何走借壳之路？要想品味这条路里的细节，要从圆通的"前世今生"说起。

16年前，他向朋友借款5万元到上海搞快递；16年后，他已身价300亿，成为"快递之王"。16年前，他只有17个员工；16年后，他要对26万员工负责。16年前，他生意失败，负债182万；16年后，他受邀与马云、马化腾、刘强东等互联网领袖一起出席中国电子商务创新发展峰会，并成为李克强总理当天接见的唯一快递业代表。16年前，他最大的理想是把桑塔纳换成丰田佳美；16年后，他打算买下8架飞机了。16年前，他只是打算做区域性的快递；16年后，他的快递业务做到了全中国，还扩大到了全球范围。16年前，他只有几辆破自行车送快递；16年后，他的企业超过申通坐上快递行业的"头把交椅"，并成功上市，成为中国快递行业第一股。

他就是圆通速递掌门人喻会蛟。喻会蛟是小木工出身，21岁开始自己接单做装修，几年里，收入微薄维持过活，又因合作问题赔了个"底朝天"。1996年，喻会蛟走到了自己装修事业的拐点，29岁的他接了一个560万元的装修大单，然而三年后，生活却再次戏弄了他，客户倒欠他 182 万元，喻会蛟痛定思痛决心转行。2000 年 5 月 28 日，喻会蛟带着四处凑到的 5 万元钱成立了上海圆通速递，17 个人，几辆破自行车，每天在上海火车站接货，日子艰辛还要每天"打游击"。民营快递尴尬的身份没有阻碍喻会蛟前进的道路，他坚信快递业的春天一定会到来。

喻会蛟在创业过程中做出了几个"狠心"决定：2003 年提出快递全年无休；2005 年将本就比邮政低的异地快递派送费用降到每单 12 元，第一个入驻淘宝派送平台；2009 年，力排众议，与 IBM 合作斥巨资建立信息化平台；2015 年引入阿里巴巴投资，同年收入超 350 亿元，此次股权变更也加速了圆通冲刺上市的进程。

目前，圆通航空投入的自有全货机数量已达 10 架，基本搭建起覆盖各大区域的航线网络，腹舱航线总数超千条，覆盖国内城市 120 多个。在国内，圆通现拥有 40 余万名员工，118 个转运中心，68 000 余个派送网点，县级以上城市网络覆盖率达 98%，日均快件量已超 2 000 万，市场占有率居行业前列；在国际，圆通国际网络覆盖四大洲，拥有国际直营站点 60 余个，覆盖 50 多个国家和地区，开通国际航线 2 000 多条，海外网络代理点突破 1 000 家。

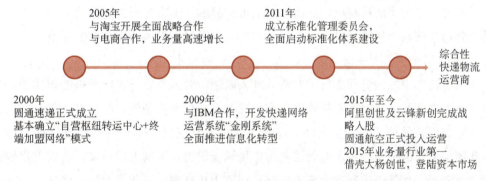

图 4-1　圆通速递发展标志性事件

资料来源：公司公告。

圆通采取"自营的枢纽转运中心和扁平的终端加盟网络"的运营模式。枢纽转运中心自营模式便于圆通速递根据全网络的业务量情况、快件时效、运营成本等情况进行全网协调，持续优化转运中心规划布局、中转路由等。终端网络的加盟模式则使圆通总部在较少投入的情况下，可实现网点的迅速扩张。此种模式下公司快递收入主要来源为："面单费＋派送费＋中转费"。圆通合理的运营模式，再加上优化的公司治理结构，使其业务指标在上市前三年保持了较快的增速。公司在 2013—2015 年的三年时间中，快递业务量实现了翻番，业务收入也实现了年均 20% 以上的增长。公司的财务指标也呈现出较为良好的增长态势，近三年公司营业收入的复合增速为 20.7%，净利润的复合年增速为 6.5%。与此同时，圆通速递也在积极引入战略投资者，阿里创投、云锋新创于

2015 年以 25 亿元取得圆通速递 20% 股份。双方的合作不仅将深化圆通在产品创新、国际化、农村物流等方面的拓展,也将助推圆通未来转型发展的进程。

随着快递业近年来的竞争逐渐激烈,入驻资本市场、发挥资本优势便成为喻会蛟眼里圆通的必然趋势,2015 年两会期间,政府工作报告不再提"注册制改革","十三五"规划纲要提出要"创造条件实施股票发行注册制"。另外,证监会新闻发言人表示,设立战略新兴产业板的具体问题还要做深入研究论证。这表明,注册制近期推出可能性不大,战略新兴产业板推出的可能性也很小,这样一来,企业要想快速上市就只能通过借壳。2016 年 10 月 20 日,圆通快递借壳大杨创世正式登陆 A 股市场,成为中国快递行业首家上市公司。

二、圆通是如何成功借壳大杨创世的

(一) IPO or 借壳上市?

借壳上市是指一家企业将资产注入一家特定的上市公司,通过资产置换、权益互换等方式取得上市公司的控制权,从而达到上市的目的。上市公司为壳公司,非上市公司为借壳公司。圆通为何选择借壳上市而非 IPO? 下面我们深入分析其中的缘由。

1. 外部环境因素

我国对证券市场的管理实行了严格的准入限制,对证券发行实行严格的审核制,即证券发行人在发行证券时,不仅要以真实状况的充分公开为条件,而且必须符合有关法律和证券管理机关规定的必备条件。证券主管机关有权否决不符合规定条件的发行申请。我国拟上市的公司较多,监管层考虑市场承受能力,限制上市规模,造成上市资格成为稀缺资源。尽管上市制度由原来的审批制改为核准制,简化了程序,降低了上市的门槛,可种种限制使得直接上市仍有很大的难度。与 IPO 相比,借壳上市有时间周期比较短,法律、法规约束较少等优势,是企业进入资本市场的捷径之一。尤其对民营企业或限制性行业来说,在 IPO 上市受阻的情况下,可通过借壳的方式,达到进入资本市场的目的。

在当今资本市场的大环境下,对于快递公司来说,排队等候 IPO 的时间成本过于高昂,如果按照正常流程,从申请到挂牌至少需要两年。而想迅速上市占据资本优势,借壳无疑是最好的选择。

2. 壳交易双方的成交动因

在我国,借壳上市是在特定的制度背景和市场环境下形成的对"壳"这种具有稀缺性和收益性虚拟资源的利用方式。近年来,借壳上市风靡于企业并购重组,越来越多的企业通过借壳上市达到了上市融资的目的(见表 4-3)。这种现象是我国资本市场持续发展的产物，也是使借壳方和卖壳方"双赢"的最佳策略。

表 4-3 2014—2016 年借壳上市案例

年份	借壳公司	壳公司（上市公司）	交易金额（亿元）	重组预案披露后一年内个股最高涨幅	重组实施后一年内个股最高涨幅
2014	完美影视	金磊股份	27.26	292.28%	61.95%
2014	绿地集团	金丰投资	655	112.10%	11.42%
2015	分众传媒	七喜控股	457	355.7%	61.04%
2015	东源电器	国轩高科	33.51	434.37%	55.67%
2016	众泰汽车	金马股份	116	72.58%	10.89%
2016	圆通速递	大杨创世	175	63.87%	10.29%

资料来源：搜狐财经、同花顺。

对于借壳方圆通速递，通过借壳上市，就可以充分快速利用证券市场的筹资优势，只要资本运作得当，财务指标达到一定水平后，企业就有增发、配股、发行债券的机会，这样可以迅速扩大生产规模，增加市场占有率，实现多元化发展，壮大自身实力。同时，控股一家上市公司的行为本身就能够产生很大的广告效应，注入优质资产，与壳方公司获得协同效应，有利于企业内部资源配置的优化。

对于壳公司大杨创世来说，其主营业务为服装制造。近年来，纺织服装业的用工成本持续上涨，我国纺织产业逐步向东南亚国家转移，这对纺织服装企业的发展前景和成长空间形成了一定制约。受我国持续上升的人力成本及环境保护政策的影响，未来纺织服装行业仍将面临众多挑战和不确定性。为了提高上市公司持续盈利能力和抗风险能力，保护全体股东特别是中小股东的利益，大杨创世拟通过本次重大资产重组，购买盈

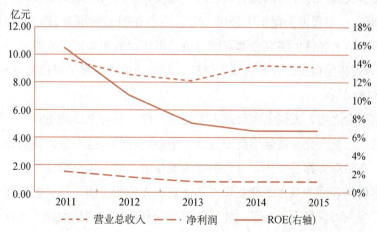

图 4-2 大杨创世 2011—2015 年相关财务数据

数据来源：Wind。

利能力较强的优质资产，提升公司核心竞争力，实现主营业务整体转型。

(二) 圆通借壳之路如何走

1. 挑选壳公司

对于壳公司精准的定位是企业借壳上市成功的关键，只有寻找的对象适合自身借壳上市情况，以及壳公司内部状况符合借壳方除并购重组外的更多需求，才能使借壳上市的整个过程顺利完成，并在最大程度上增加并购重组的收益。圆通速递为何在众多上市公司中选择了大杨创世作为上市的"垫脚石"呢？

在选择壳资源时，首要考虑小市值的公司。在利润增速相同的情况下，小市值公司的市值弹性更大，泡沫成分小。截至 2015 年末，大杨创世市值约 41 亿元，净资产约 8 亿元，壳价值约 33 亿元，是较为理想的借壳对象。另外，相比国有上市企业，借壳民营上市企业的难度更小，大杨创世就是一家民营企业，且第一大股东持股比例超过 40%，股权较为集中。股权集中会使借壳交易更容易成立：一是大股东更愿意进行兼并重组，从并购中获利。如果大股东持股比例低，其重组意愿会大大降低。二是大股东持股比例较高的公司在重组后更利于管理，股权分散不利于重组快速推进。

此外，借壳方还关注壳公司是否应通过置出原有资产被处理为"净壳"，壳公司的股权结构是否清晰明了，以及在借壳上市过程中，并购重组壳公司的成本是否会形成上市后公司巨大的债务负担。其中，借壳方对于壳资源是否被处理为"净壳"尤为在意。纵观我国借壳上市案例，不难发现多数壳公司被置出全部资产与负债成为"净壳"。这是因为借壳方会在连年负盈利或处于经营危机的 ST 公司中寻找那些股本较小、股权结构相对单一、财务陷阱较少且资产复杂度较低的上市公司作为壳公司。这样的壳资源总股本不大，便于收购。另外，因壳公司已陷入连续亏损或财务危机的境地，将其处理为"净壳"后，就在一定程度上保证了公司上市后不存在明显的财务漏洞，有利于未来发展。在本案例中，大杨创世将其全部资产与负债出售给蛟龙集团、云锋新创，成为"净壳"。这是因为大杨创世主营业务为服装制造，与圆通的物流服务难以实现有效整合。

2. 壳的交易阶段

交易对象确定之后，买壳上市就进入了交易阶段。买壳上市的重点在于取得壳公司的控制权，因此，整个交易就是围绕股权这一中心进行的。这一阶段是买壳上市中最为关键的环节，交易双方都是在作了充分的前期准备的基础上进行博弈，双方的关系既是对手又是合作伙伴，因为双方的利益焦点都体现在壳公司上面，而关键又在于利益的再分配和平衡，当壳资源做大做强了，才能使双方的利益都达到最大化。在这一阶段，双方都应该充分考虑法律、税收以及监管问题。只有在法律法规的约束下，交易才能有序地进行。双方都需要聘请专业的律师和会计师以提高交易效率并保证交易在合法合规的情况下进行。

(1) 发行股份购买资产。

上市公司大杨创世拟通过向圆通速递全体股东非公开发行 A 股股份，购买圆通速递 100％股权。本次交易完成后，上市公司将持有圆通速递 100％股权。

根据东洲资产评估就拟购买资产出具的《拟购买资产评估报告》，截至评估基准日，拟购买资产的评估价值为 1 752 700.00 万元，以该评估价值为基础，经交易各方协商确定，本次交易拟购买资产的交易作价为 1 750 000.00 万元。

(2) 反向收购与业务整合。

这是买壳上市至关重要的一个环节，因为它直接影响到壳公司的发展和买壳上市收益的实现。圆通借壳大杨创世上市采用的是反向收购的并购方式，反向收购在国际会计准则中的定义如下：根据《国际会计准则 22 号——企业并购》，上市 A 企业获得非上市 B 企业股份的所有权，同时，A 企业发行有表决权的股票给 B 公司的股东作为对价，最终使得上市 A 企业的控制权转移到非上市 B 企业的股东手中，实质是将买壳方的优质资产注入壳公司，实现壳公司的重生。圆通借壳大杨创世上市的案例实际上构成了反向收购形式下的间接上市（图 4-3）。反向收购作为借壳上市的一种形式自然有借壳上市的优势，如节约上市成本、缩短上市时间等。此外，反向收购还具有保留收购方的资产及人员、维持该公司原有经营以及无需非上市企业注资的优点。本案例中大杨创世向借壳方圆通速递共发行 226 683.94 万股，发行后圆通速递持有大杨创世股权比例超过51％，成为上市公司大杨创世的实际控制人。

图 4-3　反向收购示意图

资料来源：作者自制。

(3) 募集配套资金。

除了借壳交易，上市公司还通过定增募集资金，为企业未来的项目投入做好准备。圆通速递的募资说明书指出，本次交易中，上市公司大杨创世拟向喻会蛟、张小娟、阿里创投、光锐投资、圆鼎投资、沣恒投资和祺骁投资共计 7 名特定对象非公开发行股票募集配套资金，拟募集配套资金总额不超过 230 000.00 万元，募集配套资金将用于转运中心建设和智能设备升级项目、运能网络提升项目、智慧物流信息一体化平台项目建设。

值得一提的是，在新的股权结构中，阿里系公司阿里创投、云锋新创将合计持有公司 17.52% 股权。由于电商件占我国快递行业总量的 60% 左右，阿里系公司持股圆通速递将有助于公司获得淘宝、天猫电商客户资源，未来几年快递业务量能得到保障。公司有望进一步接入阿里菜鸟网络，数据处理能力提升，进一步降本增效。阿里作为强有力的外部驱动力，助推公司标准化运营管理，对圆通战略发展方向有重要影响（图 4-4）。

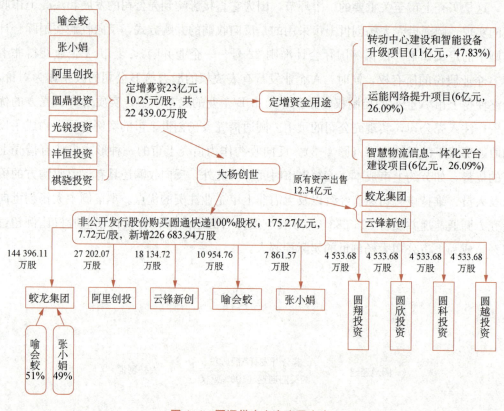

图 4-4　圆通借壳上市交易方案

资料来源：公司公告。

（三）借壳之后：开源节流，借力资本以图制霸

2016 年 10 月 20 日，"大杨创世"更名为"圆通速递"，公司证券代码"600233"不变。经营范围变更为国内、国际快递；从事道路、航空、水路国际货物运输代理业务；普通货物仓储；国内航空运输代理；汽车租赁服务；供应链管理服务。这标志着圆通速递正式登陆资本市场。

表 4-4　交易前后主要财务指标（单位：万元）

	股权交易后	股权交易前	增减幅度（%）
总资产	1 021 228.22	620 339.77	64.62
归属于上市公司股东的净资产	784 712.86	343 134.71	128.69
经营活动产生的现金流量净额	88 513.76	50 443.80	75.47
营业收入	1 139 535.24	793 910.04	43.53
归属于上市公司股东的净利润	97 585.11	51 161.01	90.74
归属于股东的扣除非经常性损益的净利润	89 781.80	51 551.24	74.16
加权平均净资产收益率（%）	25.14%	20.02%	5.12 个百分点
基本每股收益（元/股）	0.430 5	0.267 3	61.05
稀释每股收益（元/股）	0.430 5	0.267 3	61.05

资料来源：Wind。

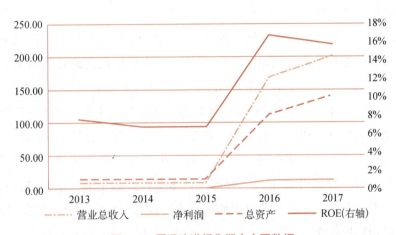

图 4-5　圆通速递报告期内主要数据

资料来源：Wind。

圆通重组过程中募集配套资金 23 亿元，目的主要可以概括为开源和节流两方面。开源，即通过扩充陆路干线运输车辆、航空货运飞机，为拓展高端商务和国际快递市场打下坚实基础；节流，即通过加强自营转运中心、智能设备升级以及物流信息一体化平台建设，提升全网智能化转型，提高全网运营效率。

运能网络提升项目总投资 8.6 亿元，主要用于干线运输车辆购置和航空货运飞机购置，项目预计耗时 30 个月，将拓展公司运能网络，提高自有车辆比例，提升自有航空运能网络，为拓展高端商务市场、国际市场奠定基础。运能提升后，第一年将为圆通速递节省运输成本 1.16 亿元。

转运中心建设和智能设备升级项目总投资 31.9 亿元,主要用于公司在上海、杭州、合肥、天津、武汉、金华新建 6 处转运中心,其中上海和杭州配置自动化智能分拣设备。项目预计耗时 2 年,将显著提高圆通的中转操作能力和运营效率,增强快递服务网络的稳定性。

智慧物流信息一体化平台建设项目总投资 6.1 亿元,主要用于智慧快递平台升级建设、智能移动客户端建设、数据中心建设、智慧物流信息一体化平台整合。项目耗时 3 年。投产之后将进一步提升圆通信息处理能力和信息化管理水平。

1. 加盟制飞向境外,深入农村

快递加盟制是具有中国特色的快递模式。快递加盟制伴随申通快递 1993 年成立以来,已经运行了 20 多年。尽管加盟制在服务质量管控、信息流通等方面存在一些不足,但不可否认的是,时间和市场已经肯定了加盟制在快递网络拓展、市场规模扩张初期表现出的可行性和高效性。同时,快递加盟制符合国家"大众创业、万众创新"的政策,带动了就业和经济发展。圆通速递是国内加盟制快递的典型代表,加盟制将会在圆通的境外、农村市场成功复制。

加盟制在快递境外网络扩张方面具备以下三点优势:(1)轻资产,通过境外代理形式可以迅速构建境外基础配送网络;(2)低成本,本土代理商熟知当地法律、运作方式,可以有效降低公司法律成本和学习成本;(3)本土化,通过筛选优秀本土代理商,迅速融入当地文化,理解本地客户需求,实现本土化运营。这或许可以有效解决当年四大国际快递企业入华所遭遇的"本土化"难题。目前,圆通已经开通港澳台、东南亚、中亚和欧美快递专线,并开展中韩国际电子商务业务。2009 年 5 月,澳门圆通、香港圆通成立;2014 年,圆通开通上海—韩国快件服务,开通上海—东京航线;2015 年,圆通速递联合亚、美、欧等多个国家和地区快递企业发起成立"全球包裹联盟",开通上海浦东—韩国仁川航线。

对于以圆通为代表的本土快递商而言,通过将境内加盟模式的经验复制到特定条件下的境外区域市场,逐步建立起区域性的营运体系,变单点为网络布局,从内地与境外之间的点对点市场入手,再逐步深入境外的本土市场,这样的战略是具有可行性的。

农村地区人口分布较城市稀疏,运营成本较高。通过轻资产的加盟制建设农村快递网点,将使圆通具备直营快递企业所不具备的成本优势。加盟制或许是目前拓展农村快递网络最合适的途径。圆通速递利用加盟制加快完善西部地区、三四线城市、乡镇农村地区快递服务网络建设。2015 年度圆通华中地区、西南地区结算加盟商数量达到 779 家,较 2013 年度增加 316 家,增幅达 68.25%;占总体结算加盟商的比例由 2013 年度的 22.93% 上升至 2015 年度的 29.85%。

反观海外快递公司，UPS、FedEx 均是在各自上市之后开始大规模并购以实现规模扩张，产业链外延发展，并从单一的第三方快递公司转型为综合性物流供应商。圆通速递借壳上市，将使得圆通具有更广大的平台进行并购重组以及产业链的整合，促进圆通速递成为全球领先的综合性物流运营商和供应链集成商。

2. O2O、供应链服务成为物流行业新动力

O2O 服务的兴起为物流行业带来了一片新的市场。随着饿了么、美团外卖等外卖平台的不断发展壮大，以及商超 O2O、生鲜 O2O、鲜花 O2O 等新型 O2O 服务的兴起，实现商品和服务从商家到用户交付的同城 O2O 物流需求快速增长。对于大多数 O2O 平台运营商而言，如果完全依靠线下商家自己提供配送服务，不仅无法有效保证服务质量，也很难进行推广。如果自建物流配送平台，不仅前期投入巨大，而且很难达到规模经济。

在此背景下，从 2014 年开始，大量服务于 O2O 平台的同城 O2O 物流企业应运而生，例如达达配送、云鸟配送、速派得、蓝犀牛等等。O2O 物流一度也成为 PE、VC 市场追逐的热点。达达成立不到 2 年的时间内便获得了四轮融资，成长为估值超过 10 亿美元的"独角兽"。

3. 供应链管理领域空间巨大

基于供应链运作规律产生的供应链管理实质上是一种管理理念和一套管理模式。供应链管理强调通过供应链上的企业之间的协同配合与流程优化，完成将最适合的产品以最合理的价格，最及时准确地送到消费者手中的过程，从而缩短供应链响应时间、降低总体交易成本，实现整条供应链价值的最大化。

物流是供应链管理的重要组成部分和实施载体，物流环节是各个行业供应链上的重要环节和关键节点。以快递公司为代表的物流转型供应链服务的优势便在于其先天拥有完善的网络资源和丰富的客户资源，这两项都是其他后发企业难以复制的。目前，向供应链服务转型已经成为我国物流行业一个重要的发展趋势。

圆通目前也在尝试向供应链领域的延伸。同国内其他快递龙头企业相同，仓配一体业务是圆通转型供应链领域的重要支点。截至 2018 年 6 月，圆通已在全国 25 个主要城市建立起了 56 座现代化仓库，总面积超过 17 万平方米，能够满足客户分仓需求，支持异地入仓操作，支持电子面单、逆向物流和货到付款。此外，基于基础的仓储服务和配送服务，圆通还为客户提供仓配全生命周期监控，实现和另类电商平台的对接，同时支持系统自动抓单并回传发运数据，为客户提供各类仓配分析报表。

（四）浅析借壳上市风险及监管

借壳上市为非上市公司提供了弯道超车快速上市的机会，既能够节省时间成本、快

速打入资本市场,又能够提升企业形象重组资产优势。相比漫长的 IPO 而言,这种方式必然会受到许多公司的青睐。然而,借壳之路并非总是一帆风顺,重组失败的案例也不胜枚举,在借壳过程中,也存在内幕交易、财务造假等问题。那么,对借壳上市严格监管、维护资本市场秩序,就成为监管层任务清单上的优先事项。本节简要讨论我国借壳上市的市场风险、潜在问题,以及证监会对借壳上市的监管趋势。

1. 借壳上市的潜在问题

许多企业为了快速进入资本市场而选择借壳上市,这样一来,相对较少的壳来源就十分抢手了,但由于壳公司大多都是经营不善才需要卖壳的,很可能存在一些隐形负债或者拖欠税务,甚至进行财务造假包装自己。对于借壳公司来讲,如果选壳不当,将会对公司未来的发展产生重大的负面影响。

市场投机者抓住优质壳资源稀缺这一现状,借机进行价格炒作。如何确定借壳上市的"壳价",避免高炒作、不合理估值的现象存在,一直是监管该领域的重点。随着监管细则中对壳公司的质量要求越来越严格,借壳市场的虚高价格渐渐回落下来。

借壳市场还存在内幕交易问题。一般来讲,公司借壳重组之后股价会上涨,而如果有管理层或其他人提前知道了这些消息,不仅可以进行内幕信息交易,还可以利用市场的预期和投机行为操控股价获取非法收益。

2. 借壳上市的监管趋势

借壳上市虽属于资产重组类交易,但却与一般的重组交易有很大不同。一般的重组交易不涉及控制权的变更,而大部分的借壳上市都涉及了实际控制人的变更。变更目的不仅是为了控制上市公司,而且是为了将资产注入上市公司,达到最终上市的目的。借壳上市的特殊性由上述交易的复杂性导致,因此证监会对于借壳上市也一直在完善监督管理办法(表 4-5)。

表 4-5 我国借壳上市监管趋势

时间	监管趋势
2011 年之前	借壳上市属于资产重组方式的一种,不单独监管
2011 年	明确借壳上市定义
2012 年	确定借壳上市与 IPO 趋同的审核标准
2013 年	将借壳与 IPO 审核标准由"趋同"升级为"等同",且规定创业板不可借壳上市
2014 年	规章层面明确借壳上市与 IPO 同等标准
2016 年	"史上最严借壳规定"出台:《上市公司重大资产重组管理办法》

资料来源:中国证监会。

随着越来越多的公司选择借壳上市这一"捷径",中国证监会对于这一领域的监管也是逐步趋严,严格控制风险,引导借壳上市逐渐向IPO靠拢。2016年修订的《上市公司重大资产重组管理办法》(以下简称为《办法》)被称为"史上最严借壳规定"。《办法》用"资产总额、营业收入、净利润、资产净额、主营业务"取代单一的"资产总额"作为财务指标的认定资格;在判断控制权是否变更时,使用股本比例、董事会构成、管理层控制三个维度同时进行判定。《办法》还在借壳上市的认定标准上做了更加完善、明确的定义。随着监管政策趋严,借壳上市的案例数量也在2015年达到峰值后呈现下降的趋势(图4-6)。

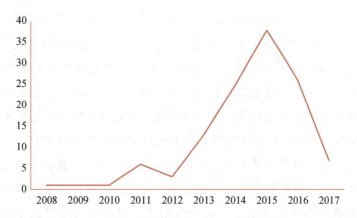

图4-6　2008—2017年核准借壳上市案件数量

数据来源：Wind。

(五) 案例小结

本案例分析了圆通速递借壳上市的原因、对壳的挑选以及借壳流程,并结合物流行业的前景介绍了圆通的发展战略。最后,简要探讨了借壳上市中存在的问题以及日渐趋严的借壳上市监管条规。圆通借壳大杨创世正好发生在监管政策的转变期,因而具有一定的特殊性和参考价值。

当今资本大环境下,IPO之路荆棘遍地且长路漫漫,借壳上市成为越来越多公司进入资本市场的选择。能挑选到一个合适的壳资源,不但为借壳公司铺下一条快速抢占资本市场的捷径,也为壳公司资产重组和转型发展提供了良好契机。

圆通借壳大杨创世上市采用的是反向收购的并购方式。在不同的条件下,企业并购重组财务状况优良的"实壳"公司时,可以巧妙地设计收购形式,利用不同制度下规定的会计准则及核算方法,为并购方带来额外的利益,降低并购所付出的成本。

不同的公司也有不同的借壳方式,其中资产的运作和重组的方式取决于市场背景和公司特质,研究比较不同的借壳重组方式,必将发现更多有趣的案例。

术语解析

简要解析本案例中与兼并收购领域相关的常见术语。

反向收购（reverse takeover）

在反向收购中，A公司（收购方）购买B公司（被收购方）新发行的股份，A公司通常以股份或资产作为对价。若以股份作为对价，A公司就成为B公司的子公司；若以资产作为对价，A公司就实现了资产注入。无论是以股份还是资产作为对价，都实现了A公司与B公司的合并。需要注意的是，A公司的规模一般远比B公司大，因此当A公司完成购买B公司发行的新股份时，也就实际控制了B公司。若A公司是非上市公司，B公司是上市公司，且交易的主要目的是让A公司实现上市，则反向收购又称为借壳上市。称A公司为借壳方，B公司为卖壳方。

反向收购一般包括两个阶段：第一阶段是资产置换，B公司以其净资产与A公司的100%股权或者总资产进行交换，但由于通常B公司的净资产价值远远小于A公司的股权或总资产价值，需要补上差价，也即第二阶段。第二阶段是发行股份购买资产，B公司发行新股份补足第一阶段的差价，A公司股东收受B公司发行的新股份后，通常就可以控制B公司。反向收购的两个阶段只是完成了两个企业的合并，资产的交易发生在两个企业之间，没有从外部进行融资。在借壳上市中，除了完成反向收购的两个阶段，还会进行配套融资，即合并后的企业发行新增股票融资，为企业未来的项目发展筹集资金。

三、思考与分析

本部分针对案例提出问题，你可以在案例的基础上进行更广泛的资料收集，并尝试回答这些问题。

（1）分析圆通的发展脉络，结合物流服务行业的发展历程，探讨圆通速递进行借壳上市的背景、深层原因及动机。

（2）分析IPO和借壳上市的优势和劣势。什么样的公司适合选择IPO？什么样的公司适合选择借壳上市？

（3）圆通速递通过何种方式实现了上市过程，采取的主要交易手段是什么？有何借鉴意义？

（4）从商业模式角度分析圆通速递的主要盈利模式及其优越性。这种经营模式是否具有可持续性和发展空间?

(5) 圆通速递为什么选择大杨创世作为其壳公司?结合我国资本市场其他借壳上市的经典案例,分析应如何对壳公司进行价值评估。

参考资料

[1] 邵新建,贾中正,赵映雪,等.借壳上市、内幕交易与股价异动——基于 ST 类公司的研究 [J].金融研究,2014 (5):126-142.

[2] 徐炜,裴哲辉.民营企业借壳上市的动机、问题与对策 [J].现代管理科学,2011 (8):99-100.

[3] 连燕玲,贺小刚,高皓.业绩期望差距与企业战略调整——基于中国上市公司的实证研究 [J].管理世界,2014 (11):119-132.

[4] 帅晓林.我国推行股票发行注册制的路径选择与制度建设 [J].新金融,2015 (3):55-58.

[5] 帕特里克·A. 高根 (Patrick A. Gaughan).兼并、收购和公司重组 [M].北京:中国人民大学出版社,2017.

(沈红波　关悦　张剑宇　题佳睿)

第三章

控制权争夺战——"攻"篇

读者也许已从本书开篇的宝能 VS 万科一案中感受到了资本市场中"野蛮人"入侵的手段之繁杂、程度之激烈。一旦企业上市后,企业管理层的头顶上就悬着一把"达摩克利斯之剑",随时面临着被外部人夺取控制权以至被扫地出门的风险。对于"野蛮人"来说,运用资本市场的各种工具和方法"强夺"目标公司,是发出自身经营情况良好、资金充裕、前景一片光明的最佳信号。然而,在攻占城池的过程中,如果没有掌握好弹药的使用程度,如果没有及时对敌方行动做出反应,如果没有意识到除自己和目标企业外的多方力量,就会在这场战争中迷失自我,最终玉石俱焚。本章的两个案例既有收购方与竞价方博弈的盈科数码收购香港电讯,也有收购方与企业管理层对立的敌意收购——浙民投收购 ST 生

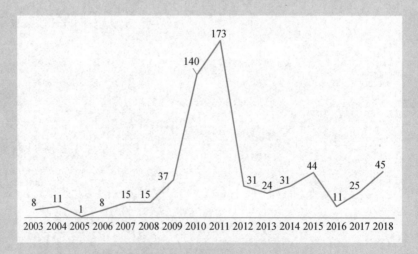

图　要约收购案件数量

资料来源:Wind。

化，其中后者运用的要约收购，是我国资本市场逐步走向市场化的见证者。收购方通过要约收购，让目标公司的股东作为这场战争的评判者，无疑提高了上市公司的治理质量。

案例 5

电讯盈科：神话的塑造与破灭

导言

　　2018年3月16日，年届九十的香港首富李嘉诚正式宣布退休，由长子李泽钜接棒长和系公司，对于幼子李泽楷，李嘉诚表示会以资金支持其进行收购新业务。李泽楷商业生涯最为著名的收购战，便是在世纪之交鲸吞百年蓝筹香港电讯，并一度创造了超过5 800亿港元的市值，李泽楷"小超人"之名响彻香江，被认为继承了其父高超的财务手段和收购技巧。互联网泡沫破灭之后，电讯盈科却迅速衰败，至今市值不足400亿港元，落得个一地鸡毛的下场。香港电讯收购战的前前后后，电讯盈科的前世今生，充满了值得品味的诸多细节。我们剖析的重点在于：（1）探索盈动数码能够从新加坡电讯狮口夺食，蛇吞象收购香港电讯的筹码；（2）分析合并后的电讯盈科迅速衰败、一蹶不振的原因。从这两点中，读者可以看到市场在极度不理性时产生的机会与陷阱，学习企业杠杆收购抵押贷款的典型方式，分析杠杆收购这一方式带来的收益与代价。

一、事件发展，时间脉络

第一阶段：猎物出现，大东出售香港电讯	
1999年7月2日	英国大东电报局决定出售其拥有的香港电讯54.1%股权。
2000年1月24日	英国大东和新加坡电讯同时宣布，双方将就香港电讯与新加坡电讯的合并进行洽商，但具体方案并未达成协议。
2000年1月25日	香港电信管理局指出，香港没有法律限制外国公司拥有当地电信公司股权比例。

续表

2000年1月26日	新加坡电讯宣布已就合作拿出初步的模式与方案。
2000年1月27日	香港特区行政长官办公室新闻统筹专员林瑞麟证实,新加坡政府已接触香港特区政府商讨合并计划。
2000年2月3日	香港媒体曝光英国大东与新加坡电讯在权益分配与估值上的分歧。
第二阶段:盈动出手,成功收购香港电讯	
2000年2月11日	英国大东证实收到李泽楷掌控下的盈科数码动力(以下简称"盈动")关于盈动与香港电讯合并的建议。
2000年2月15日	盈动公告其以23.5港元/股的价格配售旧股而筹资78.7亿港元;香港电讯独立董事李国宝、钟士元及冯国经反对合并,导致盈动和香港电讯谈判陷入僵局。
2000年2月17日	李泽楷、香港电讯行政总裁张永霖同时前往北京。特区政府声明,没有收到中央任何有关香港电讯合并计划的指示。
2000年2月20日	盈动向汇丰银行为首的银团提交贷款协议建议。
2000年2月22日	盈动获得银团130亿美元贷款承诺。
2000年2月28日	香港电讯公告母公司英国大东已接纳盈动收购建议,将于48小时内签署收购协议;新加坡电讯向香港法院控告其财务顾问汇丰在事件中有利益冲突,并公告已获得默多克新闻集团10亿美元的资金支持。
2000年2月29日	盈动宣布已与英国大东电报局达成协议,成功收购香港电讯;新加坡电讯宣布放弃收购。
2000年8月3日	公布香港电讯与盈科数码动力有限公司合并后,新公司更名为"电讯盈科",保留香港电讯编号"008"。
2000年8月8日	香港电讯最后一天在联交所挂牌。
2000年8月9日	盈动取代香港电讯成为香港恒生指数成分股。
2000年8月17日	盈动与香港电讯合并协议计划生效,收购完成。
第三阶段:分拆抛售,电讯盈科惨淡收场	
2000年8月8日	李泽楷的"太平洋世纪集团"以15.811港元/股的价格抛售2.40亿股电讯盈科股票,套现了38亿港元。
2000年8月17日	盈动两位副主席袁天凡、杜彼得和一位执行董事钟楚义,以2.4港元/股的价格执行股票买卖特权,并以每股15.3港元/股的价格抛售了共1 360万股股票,套利达2.4亿港元左右。
2000年9月	盈动之前的同盟伙伴CMGI、GigaMedia均宣布终止合作。
2000年10月13日	电盈正式与澳大利亚Telstra完成业务转让交易,电盈获得现金28.05亿美元,但以Telstra获得电盈盈利良好的移动业务控制权为代价。

续表

2000年10月23日	电盈面向股东发行香港规模最大的优惠权证，对股东以6.5港元/股的价格、每1 000股配售30股的基准配售，每股配股股份同时获得2份执行价格为7.5港元的认股权证，最终共配股约5.03亿股，筹集现金4.19亿美元。同时公告将发行11亿美元可转换债券，年息3.5%，2005年到期。
2002年7月	电盈将CSL（移动通讯公司）剩余股份出售给Telstra。
2003年7月	李泽楷辞任电盈行政总裁，仅留任董事局主席。
2004年1月	电盈分拆了具有丰厚盈利、收入占综合收益1/5的房地产业务，借壳东方燃气上市，并改名为盈科大衍地产发展。
2005年1月20日	中国网通公司宣布购入电盈两成股份，成为第二大股东。
2006年6月	意图向麦格理银行及美国新桥基金出售电讯，最终因第二大股东中国网通的反对和触及向外资转让电讯股权的红线而失败。
2008年6月10日	电讯盈科被剔出恒生指数成分股。
2011年11月	电盈将其固话、移动通讯和互联网业务重新分拆为香港电讯信托上市。

世纪之交的全球股票市场，正沉浸于互联网高烧的泡沫之中。微软、IBM等互联网巨头的崛起，使得市场对于高科技股趋之若鹜，也让投机者窥见可乘之机。一批盈利能力低下的互联网企业通过公关包装和美好未来的虚假蓝图，利用市场盲目的逐利热情，在股票市场疯狂融资，导致科技股股价产生了极端的虚高。市场的每一次非理性繁荣，带来的机会与陷阱都是平时难以想象的。盈动数码并购香港电讯这场"世纪大收购"，正是在市场的极端情绪中，抓住了一次百年难遇的机会。

未有盈利、依靠互联网概念包装与股市融资扩张的盈动，是新经济的代表和市场热捧的对象，而失去专营权、扩张亦艰难但却有稳定盈利的香港电讯，则被大股东英国大东视为弃子，急于抛售套现。盈动视香港电讯为天上掉下的馅饼，是做实公司业绩的极佳选择。

但在盈动对香港电讯垂涎三尺之际，新加坡电讯早已向其伸出了橄榄枝。李光耀之子李显扬执掌下的新加坡电讯欲借此次收购踏出其海外扩张的步伐。英国大东与新加坡电讯已开始眉来眼去，但"新娘"香港电讯的"监护人"香港特区政府对"新郎"的外国背景有所顾忌，双方在"嫁妆""聘礼"的多少上亦存在分歧，盈动便趁机横插一脚。

2000年2月11日，盈动正式向新加坡电讯宣战，向"新娘"提出"求婚"。但"穷小子"盈动囊中羞涩，手头可动用的现金只有240亿港元，而竞争对手新加坡电讯则有930亿港元。对于见钱眼开的香港电讯"家长"英国大东，盈动认定给出更多现金是获胜的关键。为了增加本钱，盈动一方面进行配股，以每股23.50港元配售2.05亿股，筹集10亿美元，这项配股于2月14日的两个小时内即售罄，效率令人咂舌；另一方面则在"监护人"香港特区政府的撮合下，48小时内融资130亿美元（最终实际提取120亿美元），2月22日签署贷款协议——这是亚洲金融风暴以来，香港银团组织的最大规模的贷款。

备足了超过150亿美元的"聘礼"，盈动便底气十足地"上门提亲"，新加坡电讯在2月28日向香港法院控告其财务顾问汇丰在事件中首鼠两端，又公告获得新闻巨擘默多克10亿美元的资金支持，但其并购方案所能提供的50亿美元的吸引力远不如盈动的方案，最终香港电讯花落盈动数码的结局也就不足为奇。这场扣人心弦的收购战，从正式开战到硝烟散去，只用了18天时间。

一家上市仅十个月的互联网公司收购了有百年历史的大蓝筹企业，成为亚洲仅次于软银（Softbank）的第二大网络公司，而且在香港上市公司中跃居市值第三位。盈动成了真正的神话！

香港证券业资深人士、南华集团副主席张赛娥曾对此并购案发表评论道："这个并购我认为有三点不可思议：首先，一家完全未有市盈率的公司（一直未有盈利），尝试收购举足轻重的大蓝筹；其次，一家近乎火箭速度发展的信息科技公司，意图手起刀落地收购一家已有近一个世纪传统优势的电讯龙头；再次，盈动的市值是靠股票资产迅速膨胀支持的，收购计划会有部分用换股进行，对盈动真是有利至极。归根结底，都是信息科技带来的神话，以前不可想象的事情，现在都有可能发生了。"①

但"是非成败转头空"，究竟是神话还是噩梦，当时仍处于互联网美梦中的人们恐怕很难真正分辨清楚；如今回头看电讯盈科，在高额债务的重压下依靠不断分拆和售卖业务才得苟延残喘至今，并购成功时赫赫扬扬的5 800亿港元市值只余360亿，在市场极端情绪中获得的成功，最终也付出了惨重的代价。

在本案例中，我们将先介绍这场收购战的三位主配角背景，着重关注李泽楷如何运用高超的财务手段建造起"盈动数码"这座虚幻的高楼，之后分析盈动凭借何种筹码赢得香港电讯建立起神话，又是为什么跌下神坛一蹶不振，而互联网泡沫这一极端的市场环境又在其中扮演了何种角色。

二、神话的建立与破灭

（一）蛇、象与狮——神话的主配角登场

1. 蛇——盈动的"本钱"

1993年，李泽楷创立"太平洋世纪集团"，该集团由在收购案中名声大噪的"盈科数码动力"和一些控股性质的新加坡公司及在中国香港地区上市的"太平洋世纪保险控

---

① 香港电讯收购战内幕，刊于2000年4月5日《财经》杂志。

股"组成。此后李泽楷积极通过收购扩展集团规模,直至1999年获得"数码港"项目之前,该集团的主业一直是保险和房地产投资。

"数码港"项目是盈科借壳上市之前所获得的最大资源。1998年6月亚洲金融危机时,李泽楷提出将地产与新科技结合运作的思路,开始游说香港特区政府建立"数码港"。1999年3月3日,在没有公开招标的情况下香港特区政府宣布将"数码港"项目授予盈科。这曾惹来许多争议,因为盈科在此前没有任何科技和电信的背景,是一家几乎所有营业额都来自设备出售和出租的小公司。

"数码港"项目旨在为香港创造一个专于信息技术及信息服务的战略性公司群落,并造就一大批相关的专业人员。该项目主要包括数码港、辅助住宅两部分。数码港部分包括大量的智能办公室、一个智能购物广场、一家酒店、数幢服务公寓和住宅,这部分将完全归香港特区政府所有,特区政府将得到所有的租金收入。而辅助住宅部分,其住宅单位将推向市场公开发售,以筹集整个项目的建设基金。盈科将设计、建设整个数码港项目,并为其筹资。作为回报,它将分享发售住宅部分创造的利润。数码港项目的住宅部分占整个地面开发区域的比例超过70%,而办公空间占整个地面开发区域的比例仅仅为17%左右(见图5-1)。

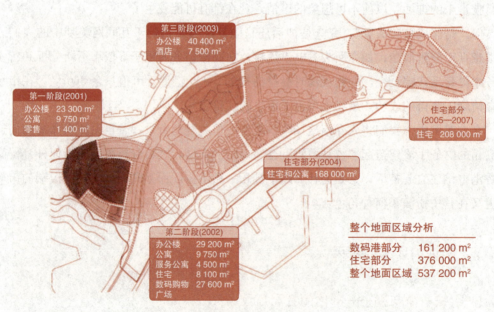

图5-1 数码港的阶段计划

资料来源:郎咸平,"李泽楷的财务故事:'盈动'的本钱",《新财富》,2001年第5期,第25页。

起初,"数码港"是一个130亿港元的开发项目,但后来被修改为158亿港元。按照计划,香港特区政府将提供26公顷土地作为资产投入,而盈科将耗资130亿港元,其中包括盈科投入的70亿港元股本及出售住宅回笼的资金。据Cyber Villas by the Sea

保守估计,"数码港"项目价值高达 740 亿港元左右,保守地看,该项目将带来总计约 93 亿港元的利润。

盈科和香港特区政府在起初和修改之后估计的投入如表 5-1 所示。

表 5-1 数码港的投入和利润分成比例

	香港政府		盈科集团	
	投入	利润分成	投入	利润分成
起初估计	价值 60 亿港元的土地	46%	资本投入 70 亿港元	54%
修改后的估计	价值 78 亿港元的土地	49%	资本投入 80 亿港元	51%

资料来源:朱宝宪,"软着陆:盈科并购案简析",《资本市场》,2002 年 9 月,第 36 页。

在取得"数码港"项目后,1999 年 5 月,李泽楷将数码港和部分物业项目作价 24.6 亿港元出售给得信佳,获得信佳 240 亿股权,占其总股本的 75%,拥有绝对控股权,这便是李泽楷真正投入的身家。

当时全球金融市场正处于互联网"高烧"之中,盈动作为有"数码港"项目加持的"高科技"概念股,借助互联网的疯狂涨势,在市场中被热烈追捧。得信佳原股 4 月底的报收价为每股 0.136 港元。1999 年 5 月 4 日盈科在借壳上市后第一天复牌,股价当天最高升至每股 3.23 港元,收盘于 1.83 港元,股价一天上涨 12.5 倍,公司的市值则由 3 亿余港元增加到 590 亿港元,涨幅达 187 倍,一举成为香港第 11 大上市公司。盈科集团所拥有的 240 亿股的价值已升至 439.2 亿港元,是其出资额 15 亿港元的 29 倍。而此时盈动尚未有盈利,其 1999 年中期报表显示亏损 3 970 万港元。

股票的市价对盈动十分重要,因为李泽楷和他的盈动可以用股票换取目标公司的股票,并募集到必要的资金来维持进一步扩张。盈动上市后配售股票的情况见表 5-2。

表 5-2 盈动上市以后的筹资活动

日期	筹资活动	配售股份(股)	配售价格(港元)	集资额(港元)	是否现金
1999 年 8 月 1 日	盈科注入 60%PCC 资产	7.52 亿	5.00	37.6 亿	否
1999 年 8 月 1 日	英特尔现金认购	7 780 万	5.00	3.89 亿	是
1999 年 9 月 13 日	配售新股	4.14 亿	5.55	23 亿	是
1999 年 9 月 23 日	与 CMGI 换股	4.48 亿	8.05	27 亿	否
1999 年 9 月 28 日	入股东方魅力咨询科技	1 100 万	6.9	8 180 万	否
1999 年 10 月 7 日	新股与现金收购 SILKROUTE	2 300 万	6.6	1.5 亿	否
1999 年 10 月 12 日	配股	7.275 亿	6.10	44.37 亿	是

资料来源:荆林波,《中国企业大并购》,社会科学文献出版社,2002 年 7 月,第 51 页。

与此同时,盈动又宣布与多家领先的 IT 和互联网企业进行股票置换。在两次重要的股票置换中,盈动以 9% 的股份换得 CMGI 3.5%、日本光通信 1.65% 的股份。1999 年 12 月,市场甚至谣传其将与 IT 巨人微软进行股票置换。那个月里,其股价疯涨近两倍,市值也从 610 亿港元飙升至 1 640 亿港元。到 1999 年底,盈动已成为香港第 8 大公司。

经过一连串的集资活动,盈动在短短几个月内便筹集了大量资金,仅现金便达 71 亿港元,为 2000 年的香港电讯收购案打下了资金的基础。它的资产净值从 1998 年的 1.17 亿港元剧增至 1999 年的 113 亿港元,一年的增幅达 100 倍。截至 2000 年 3 月 31 日,其资产净值和账面现金分别已达到 227 亿港元和 136 亿港元。

尔后,盈动利用所筹部分资金进行了 40 余项投资(主要投资项目见表 5-3)。该 40 余项投资只占盈动所筹资金的 28%,其余 72% 的资金花在了另一项重大收购——对"香港电讯"的收购上。

表 5-3 盈动上市截至 2000 年 2 月使用资金的情况

主要投资	股份	区域	现金支付(百万港元)
CMGI 亚洲公司	50.0%	亚太	2 945
软网系统(SoftNet Systems Inc.)	22.5%	美国	998
光焰公司(Outblaze Ltd)	46.2%	中国香港	263
完全电子商务(Total E-Commerce Ltd.)	50.0%	中国香港	235
香港城市电讯(City Telecom HK Ltd.)	7.9%	中国香港	215
金能英特控股(Golden PowerInt Holding Ltd.)	20.0%	中国香港	210
其他投资			353
合计			5 218
使用资金之后 2000 年 2 月持有的净现金			13 697

资料来源:郎咸平,"李泽楷的财务故事:'盈动'的本钱",《新财富》,2001 年第 05 期,第 26 页。

事实上,盈科集团在互联网高峰时的投资,截至 2001 年 9 月总亏损达 6.67 亿美元;在已上市的投资组合中只有 TOM. COM 产生了 1 300 万美元的收益,其余的都在亏损。但这些投资为盈动制造了"互联网"概念,将盈动包装成新世纪领先的信息科技公司,使盈动的股价飙升,对股权置换起到了十分有利的作用。同时加上数码港的运作,继而衍生出了鲸吞香港电讯的奇案。

可以看出,在盈动的发家史上,"数码港"项目扮演了至关重要的角色,可以说没有"数码港",就没有盈动。但自盈动借壳上市至追求香港电讯时,数码港仅仅是一份概念 PPT 而已。上市后盈动也并未进行大笔实体资产投资,股价与市值主要依赖数码港概念和高科技概念支撑，凭借一系列包装性质的换股与投资进行炒作，盈动庞大市值的根基极其脆弱。

一系列高超的财技操作将盈动的股价送上巅峰，也将李泽楷塑造成亚洲互联网神话缔造者和新世纪财富英雄，而且神话还在持续升温——市场看多互联网、看空传统产业的情绪持续发酵且愈演愈烈。

但要将盈动数码的蓝图变成现实，不但需要漫长的时间，而且充满不确定因素，一旦市场回归理性，一旦股民质疑其前景及回报时，盈动的股价就会调头向下，市值就会迅速收缩。互联网的资本神话和泡沫很快就会破灭，到时盈动可能是竹篮打水一场空。

图 5-2　盈动 1999.3—2000.2 股价变动

资料来源：作者由公开资料整理。

互联网泡沫破灭之后，股票炒作或者股权置换将不切实际，扩张所需的额外资金须经由发行债券或者举债的渠道筹集，发债则需要有切实的资产和现金流作为担保。如何抢在潮水退去之前，利用巨大的市值优势和互联网蓝图吸引力，把盈动数码做成有实实在在的资产和业务的公司？这一难题摆在了李泽楷与盈动面前。

2. 象——香港电讯的价值

香港电讯（HKT）成立于 1987 年，在 2000 年 5 月 31 日位列全球最大上市公司第 195 名，总市值 278 亿美元，为香港第 4 大公司，中国乃至亚洲最大的通信公司之一。在香港市场的占有率高达 97%，经营超过 370 万条固定线路，即每两名香港居民便有一条以上线路。

香港电讯在交出专营许可证之后失去了其在香港的国际电话服务垄断地位，在本地电话线路方面的主导地位也遭遇新的竞争威胁，深受价格战之苦。大股东英国大东电报局（持有54.1%的股份份额）利用香港电讯作为同中国政府谈判的工具以寻求在华投资机会，数年来看也未有实质进展。因此，香港电讯对于"英国大东电报局"不再是具有吸引力的工具或业务，英国大东有意出售其在香港电讯54%的股份，换取现金以支持在另外方向的新战略。

而对于盈动来说，香港电讯是做"实"公司的绝好目标。从财务方面来看，香港电讯给股东创造了丰厚的总资产和净资产回报。1999财年香港电讯总营收超过320亿港元，净利润高达115.07亿港元，现金流充足且没有长期负债。在1996—1999年，总资产和净资产回报保持在高水平上，2000年的回报是相对最低的。营业利润率在1996—1999年一直保持稳定，在2000年也仅仅下降了6.6%，为29.9%（见表5-4）。如能成功收购，香港电讯将为建立在虚拟互联网经济中的盈动带来货真价实的稳定的现金流。即便未来互联网高烧退去，盈动利用股票市场集资的手段不再奏效，在收购蓝筹股香港电讯之后，盈动获得信用增级进而继续发行债券也会容易得多。

表5-4　香港电讯1996—2000年财务数据

年份	2000	1999	1998	1997	1996
营业额（百万港元）	28 310	32 411	35 041	32 578	29 405
税后利润（百万港元）	1 156	11 543	17 065	11 219	9 963
每股收益（港元）	0.095	0.964	1.438	0.972	0.888
流动比率	1.5%	1.5%	1.5%	1.2%	0.9%
总资产收益率	23%	21.3%	31.4%	23.5%	27.2%
净资产收益率	24%	30.3%	46.1%	36.9%	44.9%
营业利润率（营业利润/营业额）	29.9%	36.5%	37.8%	37.5%	37.7%

资料来源：郎咸平，"收购'香港电讯'的筹码"，《新财富》，2001年第05期，第29页。

从业务协同性来看，盈动曾公开声明有意成为世界上最大的宽带营运商，还号称"将传统行业今天的业务转变为明天的业务"。盈动的附属公司PCC正在开发名为NOW（network of the world）的多媒体服务，盈动将其作为未来重要的发展方向，而香港电讯广大的网络资源、庞大的客户基础和互联网技术方面的人才支持有助于NOW的更快速推出。从盈动的长期战略来看，并购香港电讯也利益颇丰。

3. 狮——新加坡电讯的实力

新加坡电讯是新加坡规模最大的电讯公司，由新加坡政府透过旗下的淡马锡控股持有约79%股权。其CEO为新加坡前总理李光耀的次子李显扬。1999年新加坡电讯的营业额为 225 亿港元，税后盈利达 94 亿港元。无论从公司财务实力或是人脉关系网络来看，盈动绝不是新加坡电讯的对手。

在双方合并的谈判中，新加坡电讯将与香港电讯合并组成新的上市公司。双方的交易将包括现金及股份，而非纯粹的一对一换股。合并后英国大东将收取部分现金从而令其对新公司的持股量从 27％减至 20％；而新加坡政府旗下的淡马锡控股所持新公司股权亦低于 30％①，避免触发全面收购香港电讯。

新加坡电讯方面宣称，合并形成的控股公司将采取新港双总部制度，设立双总裁，分别由来自新加坡电讯和香港电讯的人士出任，新加坡方面亦仅占一半董事局议席。这次合并并非新加坡电讯吞并香港电讯，而是双方合作共建一家国际级公司，从而与西方电讯企业抗衡，亦可避免日后被西方企业吞并的命运。合并后的新公司市值介乎 600 亿至 800 亿美元，在亚洲（除日本外）的排名仅次于中国电信。这些措施主要是为了平息香港舆论对于两家公司合并后，新加坡政府控制香港电讯业的担忧。

（二）神话的建立——盈科收购电讯的筹码

1. 新经济 VS 旧经济——分秒必争

在盈动起意收购香港电讯的同时，李泽楷和他的顾问袁天凡就明白，以盈动薄弱的财务实力，要想吞下香港电讯这样的庞然大物，必须采用杠杆收购的方式完成。而盈动手中拥有的用于撬动杠杆的筹码，只能是其在互联网泡沫中被高估的股票，因为除此之外，他们几乎一无所有。首先摆在李泽楷和袁天凡面前的难题有两个：第一，如何让英国大东放弃蓄谋已久、实力出众的新加坡电讯？李显扬执掌下的新加坡电讯雄心勃勃欲开拓海外市场，从狮口夺食的难度很大。第二，如何让意图套现投资新产业的英国大东接受"股票＋现金"的交易，接受虚高于实际价值的盈动股票？

表 5-5　盈科数码动力 1996—2000 年财务数据

年份	2000（收购完成）	1999	1998	1997	1996
营业额（百万港元）	7 291	131	115	353	277
税后利润（百万港元）	−129 297	346.8	−62.0	−5.0	12.8
每股收益（港元）	−44.50	0.54	−0.67	−0.06	0.14
总资产收益率	−310.71％	4.86％	−15.68％	−1.31％	4.02％
净资产收益率	／	6.05％	−43.01％	−2.82％	7.25％
营业利润率	6.35％	272.38％	36.21％	−1.78％	2.98％

资料来源：Bloomberg。

---

① 根据香港证券交易所《收购准则》第 26 条，一次性取得 30％以上的股份将触发全面要约收购。

在当时的情势下，两个问题在同一个答案下迎刃而解：英国大东乃至当时的金融市场，都处于互联网"高烧"之中，市场普遍看多互联网，看空实体经济。英国大东本身便是互联网经济的看好者，希望加快速度向互联网奔跑，决议出售香港电讯获得现金后，欲专注于向欧美和日本的商业客户提供基于传输数据和互联网协议的服务。

在新加坡电讯收购香港电讯的消息披露后，两家公司及英国大东的股票表现都很不尽如人意。特别是香港电讯股价持续不振。2000年2月11日，盈动宣布参与竞争香港电讯后，"用脚投票"的资本市场表达了最积极的回应。仅在开市之初，连日低迷的香港电讯便连升三成，带动蓝筹股股价持续飙升。至下午收市，恒生指数劲扬535点，成交329亿港元，创出17 380点的新高。次日，《香港信报》发表社论："新贵再胜老店，电讯花落谁家？"——在观察家眼中，这正是一场新经济与传统经济的争夺战。2月15日盈动透过BNP百富勤、中银国际与瑞银华宝配售2.5亿股旧股以募集收购资金时（配售价格为每股23.5港元，盈动停牌前收市价24.65港元，折让不足5%），市场表现得相当热情，超额认购，最终配售额提高至3亿3 000万股，盈动因而集资78亿7 000万港元，且在两小时内便完成了此次配股，可见市场对于盈动未来及此次收购的看好情绪。

袁天凡在之后接受杂志访谈中透露，面对新加坡电讯的竞争，首先对香港电讯做思想工作："我告诉他们，新加坡电讯和你们一样面临向新经济转型的问题，两家传统企业合在一起，一定是先从节流而不是开源方面整合业务。如果新加坡电讯成为你们的老板，必然会裁员和压缩业务成本，触及你们的利益。盈动数码已经占据新经济的高点，自己也不会经营电讯业务，如果我们收购你们，不会在业务和人事上有什么变化，大家的利益可以得到最大的保障。"

之后，盈动便利用英国大东对于互联网的极端看多情绪，使其愿意接受盈动的股票：与英国大东关于是否接受股票的谈判，在袁天凡的描述中惊心动魄："和大东财务顾问谈判时，对方第一句就问，你可以出多少钱？我回给他的第一句则是，你可以接受多少股票？"袁天凡回忆："他的第二句是，我们一股盈动数码都不会要的；而我也直接告诉他，我绝对不会完全出现金来收购。然后，大家待在那边差不多半个小时，没有话可以再往下说。"双方僵持不下，除了用互联网美好蓝图下盈动股票的未来价值不断游说之外，连袁天凡也只能听天由命："很多事情就是这样，做足了准备工夫，就只能看幸运之神是否眷顾了。"一阵对峙与冷战后，大东终于愿意在交易中接受盈动的股票。

事后来看，利用好高估的股票对于盈动的此次并购至关重要，盈动自上市以来便依赖于股票炒作来筹集现金并换取目标公司的股票，从而维持进一步的扩张。2000年初是李泽楷的盈动被高估的黄金时刻，在此时将股票作为收购香港电讯的部分筹码，对于现金流匮乏的盈动来说非常关键。

盈动的这场收购也是一场与时间的赛跑。大东一定只会在继续对互联网绝对乐观，对传统业务绝对悲观,同时还对盈动数码的股票价格持续看好的情况下,愿意接受盈动数码虚高的股票。这种对互联网绝对乐观,对传统业务绝对悲观的时机,以及盈动股票持续走高的时机,一定是稍纵即逝。必须争分夺秒抓紧时间,在互联网概念依然狂热时就敲定交易。一旦互联网"高烧"退去,盈动股票就会立刻一文不值。事后来看,李泽楷从2月11日提出收购到2月22日获得银团贷款承诺、最终在2月28日贷款120亿美元与香港电讯签下收购协议,整个收购过程只用了短短18天,正好抓住了这个宝贵的机会。

2. 香港地区 VS 新加坡——政府的支持

从经济实力来看,盈动远不及新加坡电讯,但从政治因素考虑,盈动则比新加坡电讯有利得多。自香港电讯传出与新加坡电讯有关收购事宜以来,香港社会舆论始终忧虑重重:两家公司一旦合并,是否意味着新加坡政府控制了香港的电讯业。即便新加坡电讯在收购部署中采用双总部、双总裁制、维持新加坡政府股份不过半等安排,但市场仍担心在近两三年来新加坡和香港两地公开竞争亚洲"金融中心""资讯中心"地位的大背景下,长期掌握在英国人手中的香港电讯即将落入新加坡之手,有可能拖慢香港在电讯业的发展,从而令新加坡取代香港成为亚洲电讯业的领导者。

对于香港特区政府来说,电讯业是一个敏感且重要的行业,如此重大的收购事件可能会导致电讯资产移入外资之手,未来可能牵涉许多政治问题,甚至涉及国家安全问题。从这方面来考虑,任何国家或地区的政府都不可能袖手旁观,香港特区政府也不例外。社会舆论对于香港电讯与新加坡电讯合并的反对声浪,亦引起了香港特区政府甚至中国政府的高度关注。但香港特区法例并没有限制外资拥有本土的信息公司,政府并不能出面阻止合并进行。除非有香港财团愿意担任"白衣骑士",出面介入收购行动,否则香港特区政府并无办法。

而此时盈动作为一家注册在香港的公司宣布参与香港电讯的竞争,肯定比新加坡电讯更容易取得香港社会的认可,以及香港特区政府和中国政府的支持。盈动选择中银国际作为财务顾问之一,除了可为盈动提供融资外,也有出于在政治层面的考虑,认为中银有助于其在收购香港电讯过程中取得中方支持。自2月11日至2月29日,仅仅18天的并购过程之内,李泽楷居然可以谈定并购价格并调动120多亿美元巨款,若没有政府作为后盾,估计也很难做到。

反观新加坡电讯,尽管在提出收购香港电讯前已向北京"打招呼",新加坡总理吴作栋亦亲自致电香港特首董建华作过沟通,但国籍的先天劣势难以挽回。在竞争过程中又走出伙同澳大利亚传媒大亨梅铎联手收购这一步棋,被港媒形容为"挟洋自重",犯了大忌。

3. 最重要的——现金!现金!现金!

李泽楷团队在最终呈现给英国大东的投标书中给出了两套方案:纯股票置换和综合

置换（股票＋现金）方案。但事实上李泽楷和袁天凡非常清楚，此次收购的关键在于现金，英国大东最终向谁出售，其着眼点在于新加坡电讯和盈动哪一方能够给出更多的现金，绝对不会接受第一方案（纯股票置换）。盈动明知不会成功却仍然给出两套方案的目的，是为了增加大东对于第二方案的好感，同时迷惑新加坡电讯，使其低估盈动能够给出的现金规模。

李泽楷团队在尽量确保出价高于新加坡电讯的前提下，确定投标方案所需要现金的数额，从而确定此次收购的杠杆。在第二方案中，我们可以看到实际上盈动所须筹集的现金数额为 122 亿股×7.23 港元/股＝879 亿港元（约 113.2 亿美元），其余的 1 917 亿港元（245.8 亿美元）则由盈动股票作抵。英国大东从中一次性套现 0.929 美元/股×54％（英国大东的控制比例）×122 亿股＝61 亿美元。

表 5-6　盈动的投标方案

1. 股票置换（每股香港电讯兑换 1.1 股盈动股票）	
每股香港电讯股票估值	24.36 港元
香港电讯所有发行股票价值	2 960 亿港元（约 381 亿美元）
每股盈动股票价值	22.15 港元（盈动 2/25 日股票价格）
2. 综合置换（每股香港电讯兑换现金 0.929 美元或 7.23 港元和 0.711 6 股盈动股票）	
每股香港电讯股票估值	22.99 港元（24.36÷1.1×0.711 6＋7.23）
香港电讯所有发行股票价值	2 796 亿港元（约 359 亿美元）
每股盈动股票价值	22.15 港元（盈动 2/25 股票价格）

资料来源：郎咸平，"收购'香港电讯'的筹码"，《新财富》，2001 年第 05 期，第 30 页。

有李嘉诚声誉作保和香港特区政府的助力，盈动选择全部通过银行过桥贷款来筹集这部分资金。2 月 20 日盈动正式向以中国银行、汇丰银行为首的银团提交协议形式的贷款建议：银团贷给盈动一笔专用于收购香港电讯的款项。如果收购未成功，则不会动用该笔资金，银行还可以收取手续费用；如果收购成功，盈动便可使用香港电讯充沛的现金流进行还款。在提交协议 48 小时后，2 月 22 日盈动便与银团正式签订高达 120 亿美元的贷款协议。其中，中国银行占 50 亿元，汇丰银行占 40 亿元。盈动以香港电讯股份作为抵押，整项过渡性贷款分为 6 个月和 1 年两部分。

说服银行将上百亿美元贷给上市仅 8 个月、没有钱、没有市盈率也没有资产的盈动数码是难以想象的，袁天凡在事后接受采访时也对此颇为自得，认为："我们是用香港电讯作抵押去买了香港电讯，这个生意，我至今想不出为什么有人会这样做。"如今回看，盈动用贷款资金完成收购，以收购对象香港电讯的资产作为抵押，以收购对象未来现金流作为还款来源，是非常典型的杠杆收购操作。

香港电讯拥有充足现金流、稳定收益和丰厚资产，且没有长期负债，是值得放款的对象；而盈动在此次贷款中给予银行的手续费就达贷款额的0.8%—1%，息差亦有1%，相比其他贷款高出许多，稳赚不赔且获利颇丰的生意，银行怎么会不做呢？

盈动此次收购只使用了一层杠杆，且调用资金全部为杠杆收购中较优的银行短期贷款，如果自有资金以盈动方案中的盈动股票市值为计算标准，那么自有资金与银行贷款资金比例为1∶0.46，与欧美的经典杠杆收购案例相比是很低的杠杆比例。但由于自4月起盈动股价便不断下跌，此次收购实际的杠杆比例远不止于此。

表5-7 不同股价下盈动实际运用的杠杆

日期	盈动股票价格（港元/股）	自有资金（亿港元）	杠杆比例
2000/2/25	22.15	1 917	1∶0.46
2000/8/8（电讯最后一日挂牌）	16.3	1 414	1∶0.62
2000/8/18（协议完成前最后一个交易日）	15.35	1 328	1∶0.66
2000/10/3	8.55	740	1∶1.19
2000/12/1	5.4	467	1∶1.88
2001/2/24	4.4	381	1∶2.32

资料来源：Wind。

（三）神话的破灭——电讯盈科为何落得一地鸡毛的结局

盈动与银团最终签订的120亿美元（并非当初承诺的130亿美元）短期过渡性贷款中，30亿美元必须于提取后90日内偿还，其余须于提取后180日或2001年2月28日（以较早日期为准）偿还。2000年8月17日，盈动在该笔贷款中提取113.2亿美元以支付并购香港电讯的现金部分，8月22日再提取6.8亿美元作为营业资金。

完成杠杆收购之后，第一要务是解决如何在偿还巨额借贷的同时实现盈利的问题。一般而言，杠杆收购的盈利来源为估值倍数的增加、企业收入与利润的增加，杠杆则起到放大收益率的作用。但反之，如果现金流的增加不足以覆盖巨额偿贷压力，企业则会因为负债过高而前行艰难。

1. 互联网泡沫破灭，估值大厦倾覆

倘若电讯盈科仍能够维持较高的股价与估值，李泽楷则可故技重施，在股市募得足够的资金偿还贷款，甚至有余裕支撑公司业务的整合、运营与扩张，之后便可通过丰厚的业务利润偿还债务。

然而，盈动与香港电讯达成收购协议后，便立即遭遇了股价无休止的下跌。2000年3月纳斯达克指数达到顶峰之后，互联网泡沫破灭，全球科技股股价狂跌的风潮旋即席卷香港。经济形势没有给李泽楷任何缓冲时间就开始恶化。8月之前，盈动股价的下跌主要受互联网泡沫破灭的影响，其下跌趋势与纳指趋同（见图5-3）。

市场开始对盈动成功收购香港电讯的前景产生怀疑。英国大东电报局不肯透露是否有第三者参与并购，而新加坡电讯则表示仍未放弃努力，这两者消息的刺激使得盈动与香港电讯的股价在4月26日出现并购交易公布以来最严重的背驰。当日盈动股价跌破13元大关，跌幅达34%；而香港电讯则逆市上升，收市报每股17.85元，升44%。此时盈动股价相比最高点已大幅下跌54.6%。盈动提出的股票加部分现金的收购价亦已比香港电讯的市场价大幅折让7.9%。

图5-3　纳斯达克指数与盈动（右轴）1999.12—2000.12 股价变动
资料来源：Bloomberg。

8月以后，盈动的股价跌幅开始明显陡于纳指。8月份的下跌主要源于李泽楷及盈动高层率先抛售盈动股票。李泽楷的"太平洋世纪集团"于2000年8月8日以15.811港元的价格抛了2.40亿股（将近1%的权益）——就在8月17日合并生效之前，此举套现了38亿港元。8月17日，盈动两位副主席袁天凡、杜彼得和一位执行董事钟楚义，以大约2.4港元/股的价格执行他们的股票买卖特权，并以每股15.3港元左右的价格抛售了总共1 360万股股票，此举实现利益估计达2.40亿港元左右。李泽楷等人的举动被市场认为是对盈动缺乏信心，不愿长期持有，盈动股价在8月份下跌约11%。

9月盈动的股价大幅下跌了38.9%，这与盈动的联盟关系破裂相关。盈科数码动力最初是披着互联网概念表皮进行炒作的地产公司，之后李泽楷通过与运营经验丰富的国际互联网公司结盟以进行业务扩张,本身在互联网技术方面并不具有核心竞争力。这一之前埋下的地雷由于互联网泡沫的破灭被引爆,盈动的联盟者对科技股相关投资变得慎重,开始怀疑甚至是不认同盈动股票的真实价值。于是,在2000年9月,李泽楷接连遭受联盟者的背弃(见表5-8)。李泽楷为合并后的电盈业务所绘制的蓝图,包括互联网基金公司和亚洲资讯互动服务,都因合作方失去合作兴趣或能力不足而流产。电讯盈科放出与CMGI、GigaMedia两项战略联盟失败的消息后,其股票随后在9月20日跌至10.75港元。李泽楷却将此归咎于另一个大股东C&W抛售造成股价表现恶劣,似乎浑然忘记了自己在8月时的疯狂抛售。

表5-8 电讯盈科成立初期互联网业务运营情况

业务	开始	结局
投资光电信股份	2000年1月,以盈动高达10亿美元的股票和日本光电信公司进行换股交易	2000年3月,光电信公司股价一落千丈,李泽楷蒙受6亿美元损失
与CMGI合作	2000年1月,李泽楷称将与美国网络投资公司CMGI合作高达15亿美元的风险投资基金	2000年9月,CMGI宣布取消这一计划
世界网络NOW	2000年5月,李泽楷称电讯盈科旗下的世界网络(NOW)将与中国台湾的GigaMedia成立合资公司	2000年9月,GigaMedia单方面终止追加投资

资料来源:公司公告,公司新闻。

互联网泡沫的破灭带来的短期股票市场震荡束缚了李泽楷通过外筹资金偿还贷款本息的能力,通过估值倍数的增长实现收益这一条路因此被封死。同时,泡沫破灭带来的一系列连锁反应打击了电盈进一步扩张的计划,因为它一直严重依赖于"像印钞票一样印股票"的扩张。

2. 业绩无增长,为还债不断分拆

开源节流创造新的业绩增长点,是电盈战胜贷款压力的关键。若回头审视这场收购,香港电讯是不是一个合适的收购标的仍值得商榷。杠杆收购的标的公司一般具有以下特征:充足的现金流、价值被低估、业务存在新的增长点能够实现现金流增加,而香港电讯只满足第一条。

首先,盈动为了确保高于对手报价以获得电讯付出了120亿美元贷款的代价,而新加坡电讯实际给出的方案为50亿美元现金+股票,在此次博弈中盈动对于电讯的估值与出价过高,也为后来电盈不堪债务重负埋下祸根;其次,作为英国大东的弃子,香港电讯在交出专营许可证之后在电话服务方面失去垄断地位,从表5-4可知香港电讯1996—1998年利润增长了71%,到2000年下降了93%。香港电讯虽是现金流丰厚的百

年老店，但作为夕阳产业，实际已处于下坡路，本身的业务已经并不具备新的增长点。

盈动在收购之前向投资者宣传可能产生的协同效应，在合并之后也并没有实现。图 5-4 为合并之后公司重新搭建的业务框架。电讯服务为收购的香港电讯，全球通讯服务部分则在香港电讯资源的基础上与澳大利亚 Telstra 合作成立全球性 IP 骨干网公司，网络事业部分主要由数码港项目和"世界网络"（net of the world）构成。

图 5-4　合并后电盈的主要业务框架

资料来源：郎咸平，"重整电盈"，《新财富》，2001 年第 5 期，第 35 页。

李泽楷在收购时指出收购香港电讯将给盈动带来 411 000 位客户和宽带基础设施（覆盖香港 80% 以上的家庭和所有商业区）以及投资超过 10 亿港元的宽带网络技术平台，盈动将利用香港电讯的平台和资源优势构建"世界网络"，该网络集宽带、互联网和数字电视内容服务于一体，将电视机、个人电脑、万维网和无线装置紧密联系在一起，这是电盈合并之后保证将来最重要的增长项目，在收购前后被李泽楷大肆鼓吹。然而，旨在创造新利润增长点的全球通讯服务与网络事业在之后合并公司的运营中均折戟。

2000 年 9 月，盈动用 30 亿美元现金偿还了部分债务后，与澳大利亚 Telstra 的交易被认为是电盈偿还剩余 90 亿美元债务的关键。在 2000 年 4 月 13 日签署合并谅解备忘录、引入澳大利亚 Telstra 作为策略性联盟伙伴后，电盈于 10 月 13 日正式与 Telstra 完成交易，但交易条件中盈动做出了让步，在双方共同投资建立的 IP 骨干公司所占股权由 60% 降为 40%，也就意味着将这部分盈利良好的全球通讯服务业务的控制权交易给了 Telstra。2002 年 7 月，盈动向 Telstra 沽清手中合营公司股份。

表 5-9　预计从 Telstra 交易中获得的现金流

	电盈预期获得的现金流量（百万美元）	
	2000 年 4 月	2000 年 10 月
向 Telstra 发行的可转换债券	1 500	750
Telstra 收购电盈的移动服务	1 500	1 680
IP 骨干业务合资公司	—	1 125
合计	3 000	3 555

资料来源：公司公告。

互联网泡沫的破灭和国际商业同盟者的接连撤退，使李泽楷丧失了在全球范围内扩展"世界网络"的机会，而 Gigamedia 在退出合作后，甚至与电盈的竞争对手星视成立了类似的合营公司，使得电盈在香港范围内也面临严峻的竞争。这一系列消息使得市场认为电盈鼓吹的世界网络的前景并不明朗。即便李泽楷能够在之后找到新的同盟，他也很难再获得客户的认可。在当时的香港，"世界网络"（NOW）甚至被嘲笑为"No One Watching"，电盈在 2000 年前 9 个月已在世界网络上投资了 1.3 亿美元而未见盈利。电盈显然已失去了用户口碑。

电盈在发行优惠权证和可转换债券集资之后，已经将账面上的债务减少到 40.7 亿美元，而这笔钱需要在 2001 年 2 月 28 日之前偿还，电盈需要向银行进行再融资。为了取悦银行和投资者以获得再融资的最有利条款，电盈宣布将减少对世界网络的投资，至此世界网络业务基本被宣判了死刑。

对于电盈而言，剩下的前景明朗、收入稳定的业务部门只剩下香港电讯的固定线路与光纤网络，事实上直至今日，香港电讯仍然是电讯盈科绝大部分的盈利来源（见图 5-5）。而伴随着传统盈利业务的萎缩，意图发展的互联网业务前景灰暗，电讯盈科利用自筹资金还款的压力始终未有缓解，电盈的长期贷款占总资产比例始终居高不下，高昂的利息与长期还贷压力使得电讯盈科举步维艰，自成立至今的 10 余年间，市场表现一直乏善可陈，不到两年的时间，其市值便从 5 800 亿跌到 200 多亿。

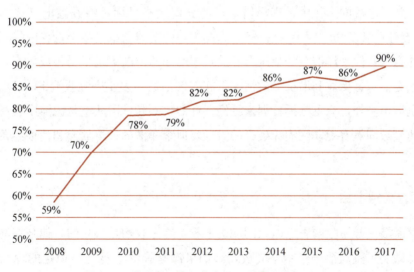

图 5-5　香港电讯收入占电讯盈科营业收入比重

资料来源：Wind。

李泽楷似乎也无心长期持有，十余年资本运作中不断分拆和售卖拥有稳定现金流的资产。在 2002 年出售具有稳定现金流的移动通讯业务，在 2003 年分拆了具有丰厚盈利、收入占综合收益 1/5 的房地产业务，2006 年意图向麦格理银行及美国新桥基金出

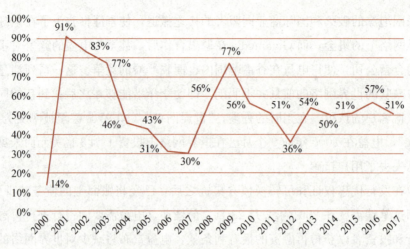

图 5-6　电讯盈科长期贷款占总资产比重

资料来源：Wind。

售电讯，最终因第二大股东中国网通的反对和触及向外资转让电讯股权的红线而失败；2009年意图私有化电盈失败，直至2011年分拆电讯业务以企业信托形式单独上市；2011年11月，电讯盈科将其固话、移动通讯和互联网业务重新分拆上市。新上市公司恢复启用了历史悠久的"香港电讯"这一名称，仿佛暗示着：历经风云变幻之后，一切终究会回到过去的轨道上。

在合并后电盈的运作中，李泽楷做出的长期战略目标是将香港电讯这一传统行业"今天的业务"转变为"明天的业务"，为此规划的全球通讯网络与世界网络项目符合战略目标的要求，但李泽楷在贷款压力和前景不明朗的情况下过早出售或放弃，之后在市值已失十之七八、无盈利增长点的情况下亦态度消极，多年来除收购SUNDAY重返香港移动电话市场外，只见分拆计划未见经营计划，不断试图从电盈泥潭中脱身。电讯盈科的迅速衰败固然有互联网泡沫破灭的时运，但李泽楷的过早放弃和消极经营也须负很大责任。

（四）案例小结

从李泽楷一开始收购香港电讯的动机来看，这一收购是成功的，他赶在泡沫破灭的前夕成功做实了盈动数码这个空壳公司，如果没有香港电讯这一稳定的现金流来源支撑，电盈的股票面临的不是暴跌而是一文不值。

但若以杠杆收购成败与否的标准来看，这次并购是失败的，时至今日回首看电讯盈科，其市值依然不到400亿港元，盈动利用杠杆鲸吞香港电讯之后，自己也被沉重的债务压弯了腰，并购的协同效应并不理想，当年收购的香港电讯，如今依然是电讯盈科几乎唯一的生意和利润来源。在整个过程中，李泽楷表现得更像一个典型的投机者而非企业的经营者,看到的是买卖套利带来的短期利益,而非踏实经营可能带来的长久稳定现金流,考虑的是自己的身家而不是企业的利益。

这场波澜壮阔的并购案还有一个彩蛋:1999年,彼时正扶摇直上的盈科数码为了打造其"互联网概念",以区区220万美元买下一家初创互联网企业腾讯20%的股权,如今腾讯已经成长为市值超过5 000亿美元的庞然大物,而李泽楷手中的20%股权早在2001年便被他迅速转手。李泽楷对待腾讯与他对待电盈的态度如出一辙,短期未见价值便弃之如敝屣,却不想由于种种原因难以出售的电盈让他深陷泥潭,而轻易转卖的腾讯让他错失超越父亲成为首富的机遇。

术语解析

简要解析本案例中与兼并收购领域相关的常见术语。

股权置换(equity swap)

股权置换是指两家或两家以上企业互换一定比例的股权,有纯股权置换、股权+现金/资产置换等多种方式。当不涉及企业控制权变更时,股权置换的目的通常在于实现公司控股股东与战略伙伴之间的交叉持股,以建立利益关联。

企业之间亦可通过股权置换实现并购,收购公司将目标公司的股票按一定比例换成本公司股票,目标公司被终止,或成为收购公司的子公司。根据具体情况可分为增资换股、库存股换股与母公司、子公司交叉换股(三角并购)三种情况。

本案例中,盈动为炒作互联网概念以抬高股票价格,曾在并购之前与多家领先的IT和互联网企业进行股票置换(日本光电信、美国CMGI),达成联盟关系。

配股(right issue)

配股是指上市公司向原股票股东按其持股比例、以低于市价的某一特定价格配售一定数量新发行股票的融资行为,是一种常用的上市公司再融资方式。

当上市公司公告进行配股后,股东可有三种选择:一是行使认股权,在规定的期限内交纳配股资金,认购新发行的股票,股东所持的股票比例将会与公司的股票同步增加。二是放弃配股权,一般出现在股东无力参加配股或不愿对公司进一步追加投资时,或是正股价已低于配股价,在二级市场购买股票比配股更合算。三是股东认为出售配股权将比采取前两条措施更为有利,股东就可根据规定在有效日期内将配股权出售转让。

本案例中,配股是盈动多次使用的筹资手段。盈动正受市场追捧时,为收购进行的配股曾在 2 小时内即完成且超额配售；但盈动的股价处于节节下跌之时，其于 2000 年 10 月 23 日发行的优惠权证仅获得 78.9% 的股东认购，其中大部分为李泽楷控制下的公司认购。可从这两次配股中看到不同市场环境对配股销售的影响。

三、思考与分析

本部分针对案例提出问题，你可以在案例的基础上进行更广泛的资料收集，并尝试回答这些问题。

（1）盈动提出的并购方案中现金比例是否过高？如果是，减少到什么程度能够使得之后的盈动维持合理的负债水平？

（2）盈动收购香港电讯过程中面临着哪些风险？

（3）如果你是李泽楷，并已知互联网泡沫破灭时间的条件，会采取何种措施避免电盈重蹈覆辙？

（4）从盈科数码/电讯盈科、李泽楷与英国大东的角度，分别评价此次收购的成败得失。

参考资料

[1] 唐纳德·德帕姆菲利斯. 兼并、收购和重组：过程、工具、案例和解决方案综合指南 [M]. 北京：机械工业出版社，2004.

[2] 荆林波. 中国企业大并购 [M]. 社会科学文献出版社，2002.

[3] 张秋生，王东. 企业兼并与收购 [M]. 北京：北京交通大学出版社，2001.

（秦 晴）

案例 6

中国敌意要约第一案
—— 浙民投要约收购 ST 生化

导言

中国资本市场发展至今，经历了从野蛮生长到有序发展的阶段，诸如股权分置改革等制度的推行真正激发了资本市场的活力，也引来了众多资本对于实体企业的"狙击"。从宝能系举牌万科再到前海人寿增持格力电器，资本入主企业谋求管理从未被看好，甚至被监管层斥为"妖精"，要背上搞垮中国企业的骂名，这一现象直到我们今天所讲的案例的出现才有所改善。2017年12月5日，浙民投针对ST生化的要约收购结束，历时168天的要约大战正式落幕。这大概是中国资本市场上第一次成功以公开竞价方式取得上市公司控制权的案例。它向中国的投资者、上市公司及监管部门展示了市场有能力剔除不受股东欢迎的控股方，为中小投资人提供了制约控股股东实际可行的方案，为控股方敲响了漠视中小股东利益就可能下台的警钟。在此意义上，这个案例可谓打开了中国上市公司治理的新篇章。有学者称，本次交易的意义甚至超过"宝万之争"。这个要约收购无疑是2017年中国资本市场最受关注的交易事件之一，而成立于2015年的浙江财团"浙民投"也因此一战成名，同样，这个案例值得我们进一步学习研究的地方也有很多。本次交易的双方充分应用诸多策略展开攻防，基本竭尽现有法律框架内的各种手段，既富有创造性，又大体符合规范要求，可谓一场基于法律制度的有序竞争，体现出中国上市公司控制权争夺日益步入法制轨道。那么，交易双方到底是如何出牌的呢？ST生化缘何被资本牢牢盯住？资本狙击上市公司旨在谋求控制权的逻辑是什么？另外，在现有的法律体系下，浙民投真的赢了吗？

一、事件发展，时间脉络

时间	事件
2016年11月1日	浙民投从二级市场买入ST生化普通股股份。
2017年6月21日	ST生化公告重大资产重组申请停牌。
2017年6月28日	浙民投公告要约收购报告书摘要。
2017年9月13日	ST生化股东振兴集团向收购方浙民投发起收购诉讼。
2017年9月21日	ST生化终止筹划重大资产重组并复牌。
2017年11月3日	浙民投公告要约收购报告书，要约期开始。
2017年11月29日	振兴集团引入佳兆业接盘。
2017年12月5日	要约期结束，浙民投获要约收购成功。
2017年12月8日	佳兆业表示将继续推动受让ST生化股权事宜。
2018年1月17日	ST生化公告，佳兆业高管全面接管ST生化。
2018年1月25日	振兴集团举报民生银行向浙民投违规贷款。
2018年4月14日	ST生化公告增选董事，双方握手共谋上市公司未来发展。

资料来源：公司公告。

从整个要约收购流程上来看，如果将浙江民营企业联合投资股份有限公司（以下简称"浙民投"）前期布局时间也计算在内，时间跨度超过一年，动用资金数十亿，可见其是有备而来。双方在控制权争夺中也几乎穷尽了现有法律框架下的所有方法，使得整个收购结果的走向扑朔迷离。值得关注的是，2018年2月，本次要约收购（更确切地说应该是控制权争夺战）还在持续中，"后来者"佳兆业也看好ST生化这一优质资产，并高溢价收购控股股东振兴集团持有的上市公司股份。来自佳兆业和控股股东振兴集团的持续发难对浙民投行使股东权利产生障碍。为了了解要约收购的整体逻辑，本案例将整个事件发展分为四个阶段梳理如下。

（一）第一阶段：前期布局——浙民投二级市场买入ST生化股票

敌意收购在中国资本市场上是十分少见的，原因不仅在于它对于资金和时间的耗费十分巨大，更在于它的操作难度也是很高的，需要有对于整个收购流程、市场规则十分了解的"掌舵人"把控才可能成功。

前期来看，收购人仅在外围观察公司的质地和所处行业的情况，对于整体的收购战略进行安排和调整。当前期工作积累到一定程度，就需要有渠道进入到公司内部获取相关信息，毕竟要投入如此巨大的成本去博弈，对于公司里里外外的彻底了解当然是十分必要的。而了解公司最好的途径就是成为这家公司的股东，去了解公司经营的实际状况，这也是浙民投前期布局在二级市场买入 ST 生化股票的原因。那么，如何得知浙民投何时盯上 ST 生化了呢？

表 6-1　2016 年末 ST 生化十大股东名单

排名	股东名称	方向	持股数量（股）	持股数量变动（股）	占总股本比例（%）	持股比例变动（%）
1	振兴集团有限公司	—	61 621 064	0	22.61	0.00
2	中国建设银行股份有限公司—华夏医疗健康混合型发起式证券投资基金	—	10 794 798	0	3.96	0.00
3	浙江民营企业联合投资股份有限公司	新进	6 529 358		2.40	
4	天津红翰科技有限公司	—	6 090 000	0	2.23	0.00
5	招商银行股份有限公司—兴全轻资产投资混合型证券投资基金（LOF）	比上期减少	5 060 962	−520 400	1.86	−0.19
6	中国光大银行股份有限公司—兴全商业模式优选混合型证券投资基金（LOF）	新进	3 768 783		1.38	
7	招商银行股份有限公司—兴全合润分级混合型证券投资基金	比上期减少	3 637 086	−564 200	1.33	−0.21
8	兴业银行股份有限公司—兴全全球视野股票型证券投资基金	比上期减少	3 523 244	−1 176 756	1.29	−0.43
9	兴业银行股份有限公司—兴全新视野灵活配置定期开放混合型发起式证券投资基金	比上期减少	2 828 940	−218 400	1.04	−0.08
10	李欣立	—	2 800 000	0	1.03	0.00
	合计	—	106 654 235		39.13	

资料来源：Wind。

根据上市公司披露的 2016 年年度报告显示，上市公司前十大股东明细中浙民投赫然在列，以持股 6 529 358 股，占上市公司总股本的 2.4%，位居第三，而此时大股东振兴集团持有上市公司 22.61% 的股份。查看 2016 年三季报所披露的股东明细，浙民投还未在其中，可见其在第四季度开始买入 ST 生化。从 2016 年第四季度成交量来看，可以进一步推测其在 11 月 23 日—12 月 5 日买入的可能性最大，上市公司股价在此期间一度涨到了历史最高价 37.67 元/股。股价上涨过高会极大增加收购方浙民投收购 ST 生化的成本，《上市公司收购管理办法》第三十五条：收购人按照本办法规定进行要约收购的，对同一种类股票的要约价格，不得低于要约收购提示性公告日前 6 个月内收购人取得该种股票所支付的最高价格。这也解释了浙民投本次买入后沉寂半年以上才开始

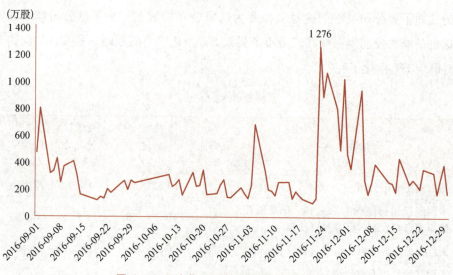

图 6-1 ST 生化 2016 年第四季度日成交量

资料来源：Wind。

有要约收购进一步动作的原因。此外，我们从上表列示的 ST 生化股东情况来看，除了第一大股东振兴集团之外没有持股超过 5% 的机构或个人，说明 ST 生化的股权结构还是十分分散的。

（二）第二阶段：公布要约收购计划与筹划重组

如果说第一阶段只涉及浙民投一方，那么第二阶段就是收购与反收购双方的攻防互动了。2017 年 6 月，浙民投正式向监管部门和上市公司递交要约收购相关文件，拉开了本次要约收购的序幕。那么，ST 生化的控股股东振兴集团将怎样应对来势汹汹的"浙江财团"呢？

表 6-2 并购双方初期攻防时间表

时间	事件
2017 年 6 月 21 日	ST 生化收到浙民投的要约收购相关材料，并在下午开市起停牌。
2017 年 6 月 28 日	浙民投披露《要约收购报告书摘要》。
2017 年 7 月 7 日	振兴集团向交易所举报浙民投信披违规，要求终止其收购行为。
2017 年 7 月 19 日	ST 生化公告重组预案为收购山西康宝，但协议最后终止。
2017 年 8 月 15 日	ST 生化公告改选维克生物为新的重组标的。
2017 年 9 月 13 日	振兴集团向山西高院起诉浙民投，要求判决其停止收购并赔偿损失，并连带起诉 ST 生化。
2017 年 9 月 20 日	ST 生化公告终止上述的资产重组筹划。
2017 年 9 月 21 日	ST 生化复牌。

资料来源：公司公告。

1. 策略一：万事先停牌

上市公司当然不会眼看着公司控制权易主，好在上市公司有一条好用的缓兵之计——停牌。2017年6月21日，ST生化发布公告，以该事件会引起股价剧烈波动为由申请停牌，股票停牌之后不能交易，自然无法实现要约收购的进一步推进。其实停牌这一招在上市公司应对敌意收购的策略中已经屡见不鲜，"万宝之争"时万科为应对宝能系的收购曾经在2015年12月18日至2016年7月4日停牌逾六个月之久，王石这才有足够的时间去寻找愿意接盘的"白衣骑士"。证监会也发现，停牌变成了上市公司万能的挡箭牌，后者无理由停牌的次数逐年增多，证监会于是规定上市公司停牌应作出相关解释，不能无理由停牌、扰乱交易秩序。

显然，这难不倒ST生化"求生心切"的大股东和管理层，他们很快找到了一个合适的理由——重大资产重组。公司公告：拟通过本次重大资产重组收购同处于血液制品行业标的资产，发挥协同效应，提高本公司采浆量，进一步提升公司盈利能力，做大做强血液制品业务，增强公司的综合实力。但是，本次重组过程中重组标的中途发生变更，可以看出这条路ST生化走得并不容易。

2. 策略二：行政投诉

按照《要约收购报告书摘要》显示，除了一致行动人浙民投持有上市公司2.51%股份之外，其他关联方均不持有上市公司股份。但后期调查显示，浙民投天弘（有限合伙）管理人配偶及浙民投合伙人子女在报告书摘要公布的前六个月内有买入ST生化股票的情况，上市公司由此向监管部门投诉收购方信息披露不实。

3. 策略三：法律诉讼

在重组终止、停牌无望、投诉结果未出的情况下，大股东振兴集团向法院提起诉讼，以信息披露不实为理由希望法院要求收购方立即停止收购并赔偿相关损失，甚至不惜连带起诉ST生化，主张ST生化未及时发现浙民投天弘及其一致行动人操纵股票价格、内幕交易以及利益输送的情况，未对浙民投天弘的违法行为进行制止，也应承担相应的损害赔偿责任。这就让收购方浙民投背上了重大诉讼的包袱，显然上市公司大股东方面已经表示要和收购方死磕到底。虽然法院已经受理该案，但是距离调查结果公布还有很长时间，远水解不了近渴，ST生化也会谋求其他方式先解决燃眉之急。

(三) 第三阶段：浙民投拉开正式要约序幕，"白衣骑士"入场

9月份ST生化股票复牌后至11月要约收购报告书正式公告有两个月的空档期，在此期间"攻守双方"没有作出进一步的动作，但是事实是否像市场表面上看起来的那样风平浪静呢？有人士称，浙民投还在就要约收购一事征求监管层的意见。在险资对于优质企业纷纷举牌后，监管层曾明确表露出对于资本扰乱实体经济运转的担忧，对于资本

控股上市公司亦不看好。与此同时，大股东振兴集团也在抓紧准备"筹码"与寻找接盘方。

11月1日，要约收购报告书发布，ST 生化当天收盘价为 29.22 元，要约溢价 23.2%。

表 6-3　要约收购主要信息

收购价格	36 元/股
收购数量	74 920 360 股
占总股本比例	27.49%
支付方式	现金支付
资金来源	自有或自筹资金
收购对象	全体流通股股东
收购期限	2017 年 11 月 3 日—2017 年 12 月 5 日
收购生效条件	接受要约股数不低于 61 320 814 股（占股份总数 22.50%）
收购失败处置计划	浙民投将减持所持有的 ST 生化 2.51% 股份

资料来源：公司公告。

要约期刚开始时，市场反应还是比较平静的，大家还处于观望的态度，并不急于接受预受要约。时间来到 11 月 29 日，ST 生化发布公告，信达深圳与佳兆业集团子公司航运健康、振兴集团、振兴有限于 2017 年 11 月 28 日签署了《债务重组三方协议》；振兴集团与航运健康签署了《股份转让协议》《投票权委托协议》；信达深圳与航运健康签署了《投票权委托协议》。我们分别来看看这三份协议的内容，振兴集团真的找到白衣骑士了吗？

《股份转让协议》规定，振兴集团拟通过协议转让的方式，将其持有的 ST 生化 50 621 064 股无限售流通股转让给航运健康，占 ST 生化已发行股份的 18.57%，价格为 43.2 元/股。转让价款为人民币 10 亿元及航运健康代振兴集团向信达深圳偿还的承接价款约 11.87 亿元。价款支付条件包括 ST 生化剥离唯康药业。

《债务重组三方协议》规定，振兴集团拟将其持有的 ST 生化 11 000 000 股股份以符合法律法规和深交所相关监管规则的方式转让给信达深圳，以补偿信达深圳于 2016 年 12 月 14 日与振兴集团、振兴有限签订的《债务重组合作协议》中未能实现的投资收益（即未收回的债权及收益）。

《投票权委托协议》规定，信达深圳拟将其持有的 ST 生化 11 000 000 股股份的投票权委托给航运健康，占 ST 生化股份总额的 4.04%。本次权益变动完成后，航运健康在 ST 生化中拥有投票权的股份数量合计 61 621 064 股，占上市公司股份总额的 22.61%。

航运健康将成为 ST 生化控股股东，其实际控制人郭英成先生和郭英智先生将成为 ST 生化新的实际控制人。同日，ST 生化发布公告，称 2017 年 11 月 8 日，公司实际控制人史珉志将其所持振兴集团 98.66% 的股份转让给其子史跃武，已于 2017 年 11 月 9 日完成工商变更登记手续。公司实际控制人由史珉志变更为史跃武。

关于以上三份协议的合理性与合法性，深交所于 11 月 30 日发布《关注函》，对协议中提到的股份转让合规性进行了质询：《收购管理办法》规定，在上市公司收购中，收购人持有被收购公司的股份，在收购完成后 12 个月内不得转让。显然，ST 生化实际控制人已经于 11 月 9 日发生变更，其于 11 月 29 日再次发生变更是不合规的；《上市公司股东及董事、监事、高级管理人员减持股份实施细则》规定，大股东减持或者特定股东减持，采取协议转让方式的，单个受让方的受让比例不得低于公司股份总数的百分之五，而此次振兴集团拟转让股份为 4.04%，低于规则要求；而且，振兴集团所持有的 ST 生化股份处于质押冻结状态，相关债权人不限于信达，且上述股权转让相关协议均存在终止条款，存在较大的不确定性。

深交所的问询无疑让市场更加怀疑此次股份转让能否完成，而上文提到的终止条款更是埋在协议中的一个地雷：《股权转让协议》约定，在发生下述情形之一时，航运健康有权单方面立即解除本协议。其中一个情形为振兴集团持有的振兴生化（即 ST 生化）股份占振兴生化已发行股份比例可以确定其将失去振兴生化第一大股东地位。

振兴集团已然意识到控股权即将旁落的威胁，如果要约成功，振兴集团无法获得现金，且在 ST 生化中处于二股东的尴尬位置。于是，振兴集团将控制权出让给佳兆业，一方面，联合佳兆业向中小股东释放一个积极信号、避免要约收购成功；另一方面，假设要约收购失败，振兴集团可以出让控制权实现现金退出，同时摆脱了高额的债务。公告发布后，ST 生化股价大幅上涨，从 33.6 元涨至最高 35.19 元，逼近要约价格。事后看，振兴集团最终还是出局了，但是各方并没有终止此次转让协议。那么，佳兆业葫芦里到底卖的什么药呢？

（四）第四阶段：要约收官战

要约最后关头，佳兆业进场"搅局"，在其来意不明的情况下，市场并不会盲目相信其愿意接盘的"真心实意"。那么市场相信什么呢？要约收购是否成功的关键因素到底在哪？答案其实很简单，就是股价。面对股价的波动，股民有两种套利策略：(1) 若股价低于 36 元时，且股价与要约收购价格存在明显价差，持有 ST 生化的股民应接受预受要约赚取差价，未持有 ST 生化股票的股民也可以在二级市场买入股票后再接受预受要约进行套利。但是，因为本次要约收购属于部分要约收购，所以该种套利模式其实存在一定风险，而风险的来源就是股份预受存在超额的情况。按照要约报告书的规定，本次股份预受超过规定数额后,应对所有接受预受要约的股东按比例成交(均不能全部成交),剩余股票退回原有账户。也就是说,其余股份股东仍旧只能持有或在二级市场交易。要约收购期结束后,ST生化的股价可能会发生暴跌,所以这部分风险损失是需要投资者警惕的。由此来看,在股价接近36元时,在二级市场全部直接卖出可能才是最好的方案。(2)若股价高于36元,显然直接在二级市场卖出是最好的选择。除了股民,这里的交易对手还有基金经理,而手握这只股票的基金经理在作出决策时除了考虑以上因素外,更加要考虑临近年末基金考核压力较大,可能会出现股价冲高后直接在二级市场抛售的情况。这种情况在图6-2中也可以直接看出,当股价逼近36元/股时,预

图6-2 要约期内股价与预受股份的关系

资料来源:Wind,深证交易所网站。

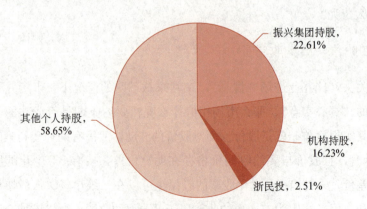

图6-3 2017年11月ST生化股东构成

资料来源:Wind。

受股份数量呈现下降趋势,而当股价回落且临近要约期结束时,预受股份开始暴增。所以,浙民投更想让股价低于甚至远低于36元/股,而振兴集团则有动力将股价拉高从而逼近或超过要约价格,以免让股份落到浙民投手中。我们也可以看一下ST生化的股东构成,除去大股东振兴集团与浙民投自身持股之外,个人持股达到58.65%,机构持股达到16.23%。

表6-4 主要机构持有ST生化股票明细

基金公司	持股数(股)	持仓市值(元)	占总股本比	占流通股比
华夏	20 875 241.00	645 671 204.10	7.66%	10.42%
兴全	11 911 892.00	368 434 819.60	4.37%	5.95%
鹏华	4 501 140.00	139 220 260.20	1.65%	2.25%
工银瑞信	3 062 422.00	94 720 712.46	1.12%	1.53%
新华	960 074.00	29 695 088.82	0.35%	0.48%
嘉实	804 500.00	24 883 185.00	0.30%	0.40%
汇添富	693 578.00	21 452 367.54	0.25%	0.35%
易方达	626 634.00	19 381 789.62	0.23%	0.31%
博时	577 643.00	17 866 497.99	0.21%	0.29%
上投摩根	130 377.00	4 032 560.61	0.05%	0.07%
融通	64 243.00	1 987 035.99	0.02%	0.03%
华安	27 800.00	859 854.00	0.01%	0.01%
合计	44 235 544.00	1 368 205 376.00	16.23%	22.08%

资料来源:Wind。

深交所网站公开资料显示,ST生化要约收购最终净预受数量为1.46亿股,为要约目标的1.95倍,占可要约股东的73%,绝大多数股东投出赞成票。由于预受数量超过要约数量,浙民投按照比例收购预受股份,向每个股东收购其预受的1/1.95=51.28%股份,其余股份需要投资者自行在二级市场交易。本次要约收购以浙民投获胜告终。

表6-5 要约收购结果

预受日期	股份性质	截至当天净预受		净预受
		户数	股数	股份比例
2017年12月5日	流通股	3 870.00	146 549 753.00	195.61
2017年12月5日	非流通股	—	—	—

资料来源:深圳交易所网站。

二、浙民投为何"盯"上 ST 生化

从本次收购标的 ST 生化来看，应该说是经过收购方浙民投"精挑细选"的。那么我们自然要问，浙民投选择 ST 生化并下"重金"收购的原因在哪？A 股上市公司三千多家为何偏偏是它呢？在之前的分析中，我们已经看到一些答案，比如：ST 生化的股权不集中，除了控股股东持股超过 20% 之外就没有持股超过 5% 以上的机构或个人了，这样在二级市场收购时就更容易获得股票筹码；再者，ST 生化市值较小，收购所需的资金整体上来说是可承受的，这在筹资上较为可行，也在后期监管问询中易于通过。除了股权与市值因素，浙民投大费周章入主 ST 生化是有其战略意义的，以下从行业、收购方和被收购方角度分析 ST 生化为何会成为资本的"猎物"。

（一）血制品行业前景良好，增长确定

我们站在收购方浙民投的角度，去选择战略投资标的时首先考虑的就是标的所处的行业，这直接决定了标的所处的赛道是否有发展空间。我们发现 ST 生化所处的血制品行业是一个十分有特色的赛道。

1. 行业景气度良好

生物制品是以微生物、细胞、动物或人源组织和体液等为原料，应用传统技术或现代生物技术制成，用于人类疾病的预防、诊断和治疗。血液制品属于生物制品范围，主要指以健康人血浆为原料，采用生物学工艺或分离纯化技术制备的生物活性制剂。血制品行业属于医药健康的一个细分行业。

血制品行业因为原材料的特殊性，长期以来都处于供不应求的情况，目前我国血制品产出远远不能满足需求。据统计，2015 年全国采浆量不到 6 000 吨，而保守需求约为 12 000 吨。行业内的主要企业都拥有超过 60% 的毛利，在投资者看来无疑是一个很好的赛道：高天花板、高壁垒、高毛利。

2. 政策壁垒巩固行业格局

许多技术壁垒较高的行业都拥有高毛利和高增长的情况，但是这无疑会引来竞争者的觊觎，想要快速进入这个行业分一杯羹。但是，进入血制品行业的大门早已经关闭了，这也就是该行业的第二个特点——难以逾越的政策壁垒。

在血制品行业历史上，无论是国内还是国外，都出现过多次严重事故和丑闻。因此，目前这一行业在国际和国内都受到相关政策和法律的严格限制，我国有关部门也针对血液制品行业出现的问题出台过多项法规和管理办法。

案例6 中国敌意要约第一案——浙民投要约收购ST生化

图 6-4 血制品行业整体产量现状

资料来源：Wind，中检院，公司公告。

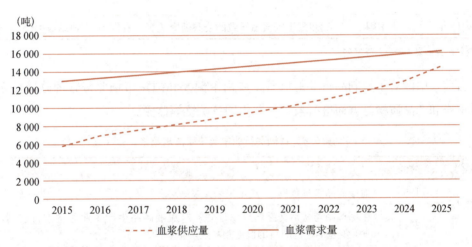

图 6-5 血制品行业供需现状

资料来源：Wind，中检院，公司公告。

图 6-6 主要血制品企业毛利对比

资料来源：Wind，中检院，公司公告。

表 6-6　血制品行业重大安全事故举例

时间	地点	事件
20世纪80年代	美国	大量患者因输血和使用血液制品感染艾滋病。
1985年	法国	有1 200名血友病患者因使用全国输血中心被感染的污血而染上艾滋病，40万人染上肝炎。
20世纪80年代	日本	超过1 800名血友症患者感染了艾滋病。
20世纪80年代	加拿大	有1 100人因输入了污血而感染上艾滋病毒，另有2万人因污血感染而患上丙型肝炎。
20世纪80年代	中国	血液制品导致大量患者感染丙肝，进口凝血因子导致使用者感染艾滋病。这一事故也导致卫生部和海关总署签署血液制品进口禁令。
20世纪90年代	中国	河南部分地区因卖血导致艾滋病爆发。
1998年	中国	在全国发现有血友病人因使用上海生物制品研究所生产的血制品而感染艾滋病。
2011年	中国	贵州发生因卖血导致的公共健康危机，省内16家血站被关停12家。

资料来源：案头研究，互联网。

目前，中国对于血制品行业的监管主要由卫健委和国家市场监督管理总局在立法、资质审查和产品质检等方面进行监督，并由国务院统筹监管。

表 6-7　血制品行业主要法律法规政策

部门	时间	政策
国务院管行业	1996	《血液制品管理条例》，规定单采血浆站对发行人进行"一对一"供应血浆。
	2001	《中国遏制与防治艾滋病行动计划》对血液制品生产企业总量进行控制，从2001年起不再批准新的血液制品生产企业。
卫健委管浆站	1985	《关于禁止Ⅷ因子制剂等血液制品进口的通知》全面禁止了除白蛋白和重组凝血因子外其他所有血制品的进口。
	2008	发布《单采血浆站管理办法》。
	2012	发布《关于单采血浆站管理有关事项的通知》明确要求"三个大类，六个产品"是开设新站的必要条件。
市监局管企业	1999	血液制品全行业通过GMP认证，原料血浆的采集过程和血制品的生产过程受到严格的监管。
	2004	发布《生物制品批签发管理办法》，设立每批血制品出厂上市或者进口时进行事先强制性检验、审核的制度。
	2007	发布《关于实施血液制品生产用原料血浆检疫期的通知》，血液制品生产企业应当建立原料血浆投料前的90天检疫期制度。

资料来源：CFDA，中检院。

行业不再有新进入的玩家确保了行业内的有序竞争，也就是说不会有竞争者打价格战来分享高毛利，先发优势能够持续维持。

3. 行业洗牌整合开始，机会所剩无几

既然行业内没有增量玩家，那么企业除了自身做好研发与产品销售外就会注重存量博弈，即兼并收购其他血制品企业，行业集中度表现出快速提升的趋势。

表 6-8　血制品行业一级市场投资案例

日期	收购方	标的	股权比例	交易金额（万元）	估值（万元）	最新进度
2017 年 4 月 1 日	高特佳及其组建的基金	丹霞生物	100.00%	450 000.00	450 000.00	完成
2015 年 9 月 1 日	中珏资本	丹霞生物	4.00%	10 000.00	250 000.00	完成

表 6-9　血制品行业二级市场并购案例

日期	收购方	标的	股权比例	交易金额（万元）	估值（万元）	最新进度
2017 年 8 月 29 日	科瑞天诚	同方莱士	30.00%	62 439.00	208 130.00	董事会预案
2017 年 6 月 13 日	—	武汉瑞德	80.00%	226 911.00	283 638.75	完成
2016 年 12 月 12 日	博晖创新（300318.SZ）	卫伦生物	21.00%	11 000.00	52 380.95	完成
2016 年 11 月 26 日	上海莱士（002252.SZ）	浙江海康	90.00%	—	—	完成
2016 年 11 月 2 日	上海莱士（002252.SZ）	安徽同路	10.23%	55 000.00	537 634.41	完成
2016 年 3 月 29 日	沃森生物（300142.SZ）	大安制药	1.65%	16 534.80	1 002 109.09	完成
2015 年 7 月 28 日	沃森生物（300142.SZ）	卫伦生物	21.00%	10 500.00	50 000.00	完成
2014 年 12 月 9 日	博晖创新（300318.SZ）	大安制药	48.00%	66 240.00	138 000.00	完成
2014 年 12 月 6 日	博晖创新（300318.SZ）	卫伦生物	30.00%	15 000.00	50 000.00	完成
2013 年 6 月 14 日	沃森生物（300142.SZ）	大安制药	35.00%	33 691.00	96 260.00	完成

资料来源：Wind。

对于这样一个壁垒高且趋于垄断的行业，赢者通吃是基本准则。一些本来不具备血制品生产资格的生物制药企业通过并购有资质的企业开始快速涉足这一领域，市场上可供选择的标的已经越来越少，这也可能是浙民投选择在现在快速下手、收购 ST 生化的

原因之一。从收购成本来看,我们选取了主要血制品企业包括 ST 生化、华兰生物、博雅生物、博晖创新和卫光生物(上海莱士正在重组停牌),用市值对股价进行加权平均得到图 6-7。我们发现血制品行业估值已经出现下调,收购期间整体价格较顶峰期下降约 30%,可见这已经是一笔比较合算的买卖了。

图 6-7　血制品行业二级市场估值情况(以主要血制品企业市值加权股价)
资料来源:Wind。

(二) 从浙民投战略布局角度分析

因本次敌意要约收购而进入媒体视野的浙民投,其强大的资金实力开始受到各方关注,机构本身的投资策略与实力也是主导这次收购的重要因素。

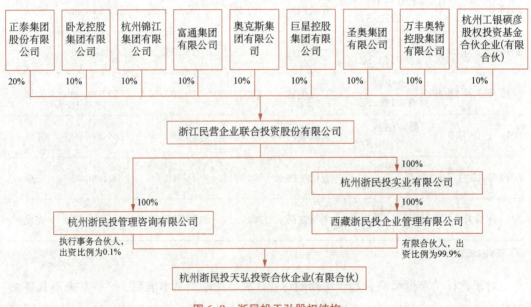

图 6-8　浙民投天弘股权结构
资料来源:要约收购报告书。

浙民投是一家集聚浙江省优秀民营企业资本、金融资源的大型股份制产融投资公司。由浙江省工商联牵头,浙江省金融办指导,工商银行浙江分行配合落实,由八家浙江民营龙头企业和机构于2015年4月发起创立,首期注册资本50亿元(实缴)。浙民投发起方包括正泰集团股份有限公司、富通集团有限公司、巨星控股集团有限公司、卧龙控股集团有限公司、万丰奥特控股集团有限公司、奥克斯集团有限公司、圣奥集团有限公司、杭州锦江集团有限公司等,涵盖智能电器、新能源、通信、机械制造、工业自动化、汽配、通用航空、家电家具、环保、医疗、金融等多个领域。

从其官网的介绍中可以看出其有这样的底气去做要约收购是有原因的,虽然尚且不能和行业巨头中民投相提并论,但作为浙江最大的民营投资机构,浙民投真正的实力不容小觑。

浙民投作为专业的投资机构,其为了锁定投资标的已经完成了前期二级市场买入,也做了十分详尽的行业分析和梳理,但这还远远不够。真正体现其有备而来的是早在此次要约收购之前,浙民投已经在血制品领域有投资布局了。

此前浙民投已经通过借款方式投资哈尔滨派斯菲科生物制药股份有限公司,并获得后者的独家排他投资权,派斯菲科原有股东包括实际控制人付绍兰及其关联方占股70%,而弘毅投资占股30%。之后浙民投行使投资期权,认购派斯菲科新增注册资本,从而实现参股派斯菲科,目前通过关联方持有后者25%的股份。浙民投也通过公开渠道表示,未来在取得ST生化实际控制权后会将已有投资企业的优质资源并入从而达到经营协同的效应,这一点也是监管层较为喜闻乐见的事情。

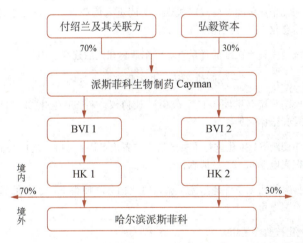

图6-9 哈尔滨派斯菲科生物制药股份有限公司股权结构
资料来源:案头研究。

哈尔滨派斯菲科生物制药股份有限公司前身是1986年成立的中科院系统下属黑龙江微生物研究所制药厂(全民所有制)。1992年和香港世亨洋行合资成立哈尔滨世亨生物工程药业有限公司,2012年更名为哈尔滨派斯菲科生物制药股份有限公司。公司是东北三省目前唯一一家血制品生产企业。2016年5月派斯菲科赴港上市受阻,这也是其后来牵手浙民投并谋求国内上市的重要原因之一。

(三) ST 生化本身的管理混乱,大股东不作为

接下来我们从被收购方角度思考为何浙民投选中了 ST 生化。现有的血制品企业有28家,其中上市公司8家(包括境外上市和非主要业务),所以选择的余地较多,看来唯独选中 ST 生化还是有原因的。

1. ST 生化发展史

表 6-10 振兴集团主要发展历程

第一阶段 从宜工机械到三九生化	
1969 年	ST 生化前身系宜春工程机械厂,主营业务为装载机以及配件的生产和销售。
1995 年	广东双林生物制药有限公司建立,前身是海军海耀生物制品研究所(又称海军后勤部供血站)。
1996 年	宜春工程机械股份有限公司在深交所上市。
1998 年	三九企业集团入主宜工机械,上市公司更名为"三九生化"。广东双林执行中央有关政策,并入三九集团,隶属三九生化。
2002 年	三九企业集团将其持有的广东双林国家股转让给三九医药股份有限公司(现在的华润三九),后者成为其控股股东。
2003 年	由于三九企业集团发展战略失误,集团进入债务重组。三九生化受其影响,财务状况加速恶化。三九生化被戴上"ST"的帽子。
2004 年	在国家全面整治血站的背景下,广东双林在此后连续亏损3年。
第二阶段 从三九生化到振兴生化	
2005 年	三九医药与振兴集团签订了股份转让协议,将 ST 生化 29.11% 的股份(6 162 万股)转让给振兴集团。
2006 年	振兴集团为 ST 生化进行了资产置换,置出 ST 生化持有的白马制药股权及债权,并置入振兴电业 65.21% 股权。
2007 年	由于振兴集团无条件地豁免了振兴电业债务,使得 ST 生化在2007年扭亏为盈,避免了直接退市。
2007 年 4 月	ST 生化被暂停上市。
2007 年 12 月	股权转让事项正式完成,振兴集团正式入主 ST 生化。
2008 年	振兴集团承诺注入上市公司的优质资产山西振兴亏损4 658万元。部分股权已注入 ST 生化的振兴电业开始停产。
2009 年	振兴集团拥有的煤矿资源被收购,旗下煤、电、铝产业被迫停产。
2012 年	振兴集团所持的 ST 生化 29.11% 股权被司法冻结并拍卖,最终拍卖未能成功。

续表

	第三阶段 股改成功，恢复上市
2009 年	ST 生化子公司广东双林业绩持续恢复提升，实现净利润 1.13 亿元。
2013 年 1 月	ST 生化完成股改，恢复上市。
	第四阶段 债务重组失败，未能摘帽
2007 年	信达从深圳商业银行、光大银行深圳分行处购买了对 ST 生化的债权，债权本金合计 1.65 亿元。
2009 年	ST 生化未能偿债被信达起诉。
2012 年 9 月	ST 生化与信达签订了《债务重组合同》。
2013 年 3 月 12 日	ST 生化收到证监会《监督检查通知书》：ST 生化不能在被调查之后的一年内实施定向增发，债务重组计划无法实施。
2013 年 8 月	信达向法院申请，冻结了 ST 生化持有的广东双林 100% 股权、振兴电业 65.21% 股权。
2015 年 3 月	ST 生化披露了控股股东振兴集团所持的 ST 生化股权被司法冻结的情况。

资料来源：公司公告。

ST 生化前身系宜春工程机械厂，始建于 1969 年，主营业务为装载机以及配件的生产和销售，于 1996 年在深交所上市。

1998 年，三九企业集团入主宜工机械，上市公司更名为"三九生化"。宜工集团将持有的 4 928.8 万国有股转让给三九企业集团，后者遂持有三九生化 38.11% 的非流通国有股，为三九生化的控股股东。这一时期，三九生化从单一机械制造的业务形式转变为高科技生物制药龙头，兼以精细化工和工程机械为发展主干，依托股东优势发展生物制药和化工业务。广东双林生物制药有限公司始建于 1995 年，前身是海军海耀生物制品研究所（又称海军后勤部供血站）。1998 年执行中央有关政策，并入三九集团隶属三九生化，上市公司持有其 96% 的股份，于 1998 年 6 月更名为三九集团湛江开发区双林药业有限公司。2002 年，三九企业集团将其持有的国家股转让给三九医药股份有限公司（现在的华润三九），后者成为其控股股东。2003 年，由于三九企业集团发展战略失误，集团进入债务重组。ST 生化受三九企业集团债务问题影响，无法获得银行新增贷款，财务状况加速恶化，陷入一连串债务纠纷中。加上在国家整治血站的背景下，影响广东双林的经营利润下滑，ST 生化从 2004 年开始亏损，之后连续亏损 3 年，于 2007 年 4 月被暂停上市。

ST 生化连年亏损，三九集团自身难保，就在这个时候，振兴集团看中 ST 生化所拥有的上市"壳资源"，希望入主上市公司并实现自有资产的上市。振兴集团为山西民营企业，实际控制人为史珉志，主营业务为煤炭采掘与发电。三九医药于 2005 年与振兴集团签订了股份转让协议，将 ST 生化 29.11% 的股份（6 162 万股）转让给振兴集团。转让价格为 2.55 元/股，定价依据为 ST 生化 2004 年年末经审计每股净资产价值。

振兴集团为取得 ST 生化股权的出资为 1.57 亿元。之后，振兴集团于 2006 年为 ST 生化进行了资产置换，置出 ST 生化持有的白马制药股权及债权，并置入振兴电业 65.21% 股权。由于振兴集团无条件地豁免了振兴电业欠振兴集团的 1.07 亿元的长期应付款，振兴电业在 2007 年实现净利润 1.09 亿元。振兴电业极大地挽救了 ST 生化的业绩，使得 ST 生化在 2007 年扭亏为盈，避免了直接退市。股权转让事项于 2007 年 12 月 26 日正式完成，振兴集团正式入主 ST 生化。振兴集团取得 ST 生化控股权的目的是买"壳"，以实现旗下煤电资产的整体上市。在当时，煤电资产为优质资产。振兴集团在取得 ST 生化控股权时承诺，将为 ST 生化进行股改，并在股改之后注入振兴集团持有的煤电资产。假如股改、注入资产事项顺利完成，ST 生化可顺利恢复上市。不曾想，2008 年全球金融危机来袭，世界经济局势大变，这一计划的推进遇到了重大阻碍。

2008 年国家开始整治煤炭、有色金属行业。振兴集团拥有的煤矿资源被收购，旗下煤、电、铝产业于 2009 年被迫停产。振兴集团承诺注入的优质资产山西振兴 2008 年亏损了 4 658 万元。同时，部分股权已注入 ST 生化的振兴电业也开始停产，在 2008 年实现的净利润仅为 256 万元，在 2009 年亏损了 6 877 万元。拟注入的资产出现大幅亏损，注入之后不利于上市公司改善业绩。振兴集团无力实现股改承诺，ST 生化恢复上市的事项就这样被搁置。这一时期，振兴集团由于子公司全面停产，陷入债务危机之中。振兴集团所持的 ST 生化 29.11% 股权被司法冻结，并于 2012 年 12 月被司法拍卖，但最终拍卖未能成功。

此时我国血制品行业已步入整治之后的稳定发展阶段，ST 生化子公司广东双林业绩持续恢复提升，在 2009 年实现净利润 1.13 亿元。ST 生化不断剥离亏损资产，解决历史遗留的债务问题，净利润稳定增长。为了使 ST 生化恢复上市，振兴集团提议修改股改承诺。振兴集团取消原来注入资产的承诺，新的承诺为根据自身资金状况分阶段收购 ST 生化持有的振兴电业 65.21% 的股权。这一提案获得了 ST 生化股东大会的高票通过，ST 生化得以在 2013 年 1 月成功完成股改。ST 生化的股改方案为以公司资本公积中的 6 089 万元向流通股股东定向转增股本，每 10 股流通股股东获得转增 6 股。股改之后，ST 生化总股本由 2.12 亿股上升为 2.62 亿股。控股股东振兴集团的持股数量不变，持股比例由 29.11% 下降为 23.48%。

恢复上市后，振兴集团只需向 ST 生化回购振兴电业 65.21% 股权即可完成股改承诺，使 ST 生化摘帽，但这一承诺直到今天也未能实现。原因为 ST 生化陷入一系列债务、合同纠纷，所持有的振兴电业 65.21% 股权被冻结。信达从 2007 年开始从深圳商业银行、光大银行深圳分行处购买了对 ST 生化的债权，债权本金合计 1.65 亿元。由于 ST 生化未能偿债，信达在 2009 年起诉 ST 生化。2012 年 9 月，ST 生化与信达签订了《债务重组合同》，重组债务金额为 3.01 亿元，包括本金 1.65 亿元。ST 生化承诺在恢复上市之后，将自筹资金 1 亿元用于偿债，并以定向增发的方式向信达资产增发 1 500 万股股票，用以偿付剩余债务。ST 生化必须在 2013 年 12 月 30 日前将前述义务履行完毕，前述现金及股票均必须到达信达资产的指定账户。

但是，意外的反转又出现了。2013 年 3 月 12 日，ST 生化收到证监会《监督检查通知书》。根据有关规定，ST 生化不能在被调查之后的一年内实施定向增发。债务重组计划无法实施，信达于 2013 年 8 月向法院申请，冻结了 ST 生化持有的广东双林 100% 股权、振兴电业 65.21% 股权。截至 2013 年年底，ST 生化应付信达的债务本息合计 3.37 亿元。ST 生化所持的振兴电业 65.21% 股权被冻结，导致 ST 生化控股股东振兴集团未能向 ST 生化回购振兴电业少数股权，无法实现股改承诺，使得 ST 生化自始至终都无法摘帽。

表 6-11 振兴集团所持股份司法冻结情况

序号	持有人名称	司法冻结执行人名称	司法冻结数量（股）	司法冻结日期	解冻日期
1	振兴集团有限公司	山西省运城市中级人民法院	61 621 064.00	2017 年 7 月 31 日	2019 年 7 月 30 日

序号	持有人名称	轮候机关	轮候冻结数量（股）	委托日期	轮候期限（月）
1	振兴集团有限公司	山西省运城市中级人民法院	61 621 064.00	2017 年 8 月 1 日	24
2	振兴集团有限公司	河南省郑州市中级人民法院	1 100 000.00	2017 年 10 月 18 日	36

资料来源：公司公告。

2. 融资困局

债务方面，2015 年，振兴集团负债总额 22.5 亿人民币；2016 年，深圳信达认购振兴集团债券，实际支付金额高达 10.07 亿元，预计年化率在 13%，因此振兴集团 2018 年债务利息将高达 1.31 亿元。巨额债务问题不仅让振兴集团轮番质押上市公司股票，并可能对 ST 生化存在"掏空"诉求。

表 6-12 振兴集团所持股份质押情况

公告日期	被质押方	质押方	质押股数（万股）
2017 年 5 月 18 日	振兴集团有限公司	中国信达资产管理深圳市分公司	6 162.11
2017 年 5 月 18 日	振兴集团有限公司	华夏银行广州分行	5 000.00
2017 年 7 月 21 日	振兴集团有限公司	深圳三九药业	500

资料来源：公司公告。

2016年ST生化年报披露其对深圳信达逾期借款利息2.24亿元，逾期理由是资金紧张，可见不仅大股东振兴集团，就连ST生化自身也有严重的现金流问题。2012年，深交所对ST生化违规担保昆明白马制药和上海维科生物制药进行公开谴责和处罚。目前，ST生化持有的广东双林股权遭到法院冻结至2020年（债权人：深圳信达，南昌齿轮锻造厂）。

股权融资方面，由于上市公司董监高多次违规受到监管部门处罚，其融资渠道基本都被堵死。在2016—2018年间：ST生化收到证监会行政处罚1起，关注函1起；深圳证券交易所公告16起，其中公开通报批评1起；山西证监局额外文件6起；债务诉讼多达60多起，累计诉讼金额10.99亿元。这些处罚极大影响上市公司的再融资和并购重组事宜。

3. 经营不善

血液制品行业的核心竞争力是血浆的采集能力，即单采血浆站的数量和分布，以及对血浆的综合利用水平。ST生化从采浆能力上来说表现尚可，但单站收入和净利润都显著偏低，可见ST生化盈利能力和对于浆站的管理能力存在一定问题。在行业对比分析中，对于血制品企业这种依赖资源生产的企业，估值的核心在于资源的获取量即采浆量，从这一点可以看出ST生化的价值是严重低估的。只要管理水平提升、释放业绩后，就会迎来市场对其价值重估。

从可比公司来看，可以发现本来可以成为血制品行业龙头的ST生化错过了行业发展的黄金十年。早在2008年，ST生化已能依靠旗下优质的血制品资产——广东双林实现持续盈利。当时由于血液制品业务基础较好，其医药行业的收入突破4.5亿元大关，远超江西博雅（0.9亿元）、上海莱士（3.1亿元）和山东泰邦（3.2亿元），具有成为血制品行业龙头企业的潜质。受益于血制品市场供需关系的失衡和药品零售价的放开，在过去的十年间，我国血液制品行业进入高速发展阶段，行业的发展空间充满想象力。江西博雅在十年内销售收入快速增长13倍，2017年实现了14亿元的收入目标，而上海莱士、山东泰邦和天坛生物的经营业绩也均在2016年大举突破20亿大关。在同行血制品公司业绩均呈指数型增长的同时，ST生化的经营业绩却处于停滞。2016年，ST生化销售收入5.7亿元，平均年化增长率仅为3%，个别年份甚至出现了严重的倒退，未能抓住血制品行业快速发展的黄金时期并痛失行业领头羊地位。从费用结构来看，ST生化期间费用占比一直较高且保持一定增速，需要进一步优化管理降低成本。2016年销售费用较2015年增长3843万元，同比上升357.33%；管理费用率和财务费用率分别为30.37%和5.43%，基本持平但仍处于高位，同期公司净利率同比下降至7.81%。

4. 大股东不作为，需要一位积极股东入场

ST生化的公司治理结构在中国上市公司中普遍存在，即控股股东一家独大，可以

图 6-10 血制品行业主要企业销售费用率对比

资料来源：Wind。

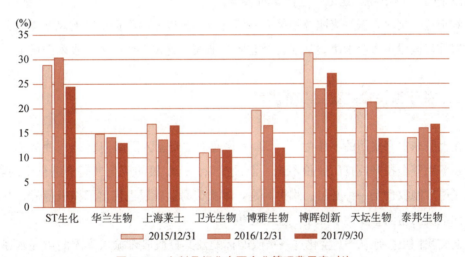

图 6-11 血制品行业主要企业管理费用率对比

资料来源：Wind。

完全左右公司发展，而其他中小股东因为持股较少而不能参与到公司的日常治理中，从而形成"内部人控制"而缺乏外部监督。振兴集团取得 ST 生化的最初目标就是为了资本运作，其对于上市公司业务发展、技术进步和战略提升都没有很大贡献。在大股东振兴集团的"一手烂牌"下，被振兴集团依赖的煤电、酒店服务等重资产行业变成烫手山芋，而广东双林成为其旗下唯一产生正现金流的公司，这就会产生大股东对于上市公司的"掏空"诉求。ST 生化在振兴集团的管理下，融资渠道堵塞且债务水平较高，股改无法完成导致不能摘帽，这都体现了作为大股东的不作为。

所幸，之后入场的机构资金已经开始行使股东权利，让这种情况有所改变。从

2016年一季度开始,兴全旗下的基金大举买进ST生化股份。截至2016年9月底,兴全旗下的4支基金持股比例达到了6.43%。ST生化的董事会两度推出修改公司章程的议案。新章程主要有两个大的变化:第一,新章程规定控股股东持股比例在30%以上时,股东大会选举公司董事、监事应使用累积投票制;第二,新章程规定股东大会在审议关联交易事项时,关联股东可在征得监管部门同意后,按正常程序进行表决。这一议案最终被股东大会否决,兴全旗下的4支基金投下了关键的反对票。这样就打消了振兴集团想要继续在上市公司"呼风唤雨"的美梦,为新股东进入创造条件。

下面来计算一下新股东进入并纾解ST生化目前的困境所需花费的成本。假如出现一位积极股东,拟收购ST生化23%股权,须出资21.39亿元。如此一来,积极股东持股比例即可超过振兴集团,成为新的控股股东。假设这位积极股东在持股23%之后,出资解决ST生化与信达的3亿元债务纠纷,即可解除广东双林、振兴电业的股权质押问题,令ST生化距离摘帽再近一步。这样算下来,成本不到25亿元。在当前控制权溢价高企的A股市场,这是一笔合算的买卖。

对于这一情况,振兴集团并不是没有考虑过,所以才两度提出以上议案修改公司章程,但是都被股东大会否决。就在这个时候,浙民投这位潜伏已久的股东登场了。

三、关于浙民投"获胜"的思考

在大股东振兴集团的不作为下,ST生化迎来"野蛮人"敲门已是一种必然。撇开双方私下用资金拉升或打压股价不论,浙民投以36元/股的历史最高价进行要约收购,成功获得控制权也是一种必然。难得的是,本次交易监管层也传出了积极信号,甚至有学者称本次交易的重要性不亚于"宝万之争"。

上文我们更多地从ST生化这一被收购标的及其控股股东振兴集团的角度阐述其遭遇本次敌意收购的原因,那么从本次交易各方——发起要约的浙民投、要约期内介入竞争的佳兆业和监管层等角度来看,还有进一步思考的必要。

"宝万之争"最终收场和监管层及时叫停不无关系,那么从浙民投发起要约收购和监管层的态度来看,为何本次要约收购能够成功而不是被及时叫停呢?再者,宝能被叫停的一个主要原因就是其用于收购万科的资金存在层层嵌套的结构化安排,万能险产品是否合规以及杠杆风险也是监管层考量等因素,那么浙民投用于此次收购的资金如何安排也是监管层能否点头的重要依据。

浙民投的交易对手是振兴集团和佳兆业,此次浙民投要约收购成功ST生化,振兴集团是否还有进一步的"防御措施"呢?振兴集团是真心实意想要持有ST生化这一优质资产还是在等待佳兆业开出更高的"离场价格"呢?从已披露的信息来看,佳兆业接盘振兴集团付出了较为高昂的代价，那么佳兆业仍旧不肯罢休的原因是什么？未来两位大股东会带着 ST 生化走向何方呢？这些都是我们依然要思考的问题。

（一）浙民投为什么可以成功？

1. 采取部分要约收购，尊重中小股东利益

本次要约收购完成后，深圳证券交易所投资者服务中心随即发布报道称：ST 生化要约收购的成功意义重大。浙民投获得本次要约收购的胜利主要归功于中小投资者的认可及支持。数据显示，除去原控股股东振兴集团持有的股份、其他限售流通股以及浙民投与一致行动人原持有 ST 生化的 2.51% 股份，可参加本次要约收购的全部流通股数量为 1.94 亿股，而本次有效预受股份达 1.47 亿元，股东出席比例高达 75.5%。要约收购作为上市公司股东的一次重大事项表决，是中小股东积极参与公司重大决策、公司治理的有效体现，如此之高的出席比例也创下了中小股东进行集体行权的纪录。

长期以来，中小股东行权、维权意识较为单薄，常常怠于行使其享有的股东权利、不参与上市公司治理及决策，例如中小股东参与上市公司年度股东大会的人数通常较少，造成重要决策全部由大股东、实际控制人或管理层制定等现象。此次 ST 生化中小投资者积极行权、自主选择，对要约收购的成功发挥了非常重要的作用，也成为了中小股东参与公司治理及决策人数最多、意义重大的典型案例。

要约收购、协议收购、场内市场集中竞价收购等是资本市场兼并收购的主要方式，成熟资本市场均比较青睐市场化的要约收购。市场化的要约收购具有公平、公正、公开等特点，要约收购方以市场化的方式、充分披露的原则向上市公司所有股东发出股份收购要约，中小投资者享有以与大股东相同的价格溢价出售股份的权利，获取投资收益。这一市场化的收购方式符合中国资本市场的发展趋势，有助于优化上市公司股权结构及资源整合，有利于市场资源的合理配置，有利于改善上市公司治理水平并引导市场进行合理价值投资。自 1993 年"宝延风波"以来，中国资本市场少有市场化要约收购的成功案例，本次要约收购的成功将成为中国资本市场公开要约收购的标杆，进一步推进要约收购在中国资本市场的广泛运用。

2. 产业与资本的充分结合

本身没有与上市公司相同业务的投资机构，向上市公司发起收购，除了遭到被收购公司管理层的强烈抵抗外，监管层往往也不会对此有正面的评价。这一点在之前保险公司、资管公司大举进攻优质上市公司，旨在获取上市公司控制权，但均被监管层否决的案例中已经呈现。但浙民投在这一点上，其实已经做好了提前布局，从而规避了监管风险。

目前来看，本次收购资本并非"野蛮收购"这么简单，而是有在行业内整合资源、提高企业生产效率的作用。资方浙民投旗下已有血制品布局，通过对于派斯菲科的投资，已经掌握了血制品企业的业务逻辑和管理经验。浙民投也承诺未来会将已布局的血制品企业注入上市公司，这对于上市公司会产生资源协同效应，助力上市公司的主营业务进一步发展。

3. 完善现有法律体系，改善上市公司治理

这一案例也暴露出现有相关法律体制的一些漏洞，比如缺乏对上市公司反收购措施监管的基本法律原则，尤其是对将停牌制度用于抵御收购缺乏监管手段；又如对于强制要约的门槛过高，致使这项原本旨在保护中小投资人的制度难以发挥功效；再如有关要约修改的制度令攻防双方的竞争失衡，阻碍市场机制发挥力量；还有，关于信息披露的途径、内容未臻完备，延误竞争方的要约进程，未能起到让广大投资人及时掌握各当事方关键信息的作用。

对浙民投天弘而言，赢得这场战争着实不易，因为浙民投天弘面临的是一场不"公平"的战争。根据监管规则，浙民投天弘在要约期间不能修改要约条件，除非有竞争者出现。航运健康介入竞购的方式不是发起要约，而是直接与实际控制人进行协商，并以此向市场释放出未来股价上涨的预期，这对浙民投天弘的要约收购产生了干扰。上市公司监管的核心和要旨之一是维护中小股东的利益和竞争的公平，但在ST生化的竞购中，这个目的却被打破。浙民投天弘收购的对象是ST生化全体股东，具有公平性，而航运健康的收购只是针对大股东，ST生化的中小股东根本没有机会进行选择，更不可能享受收购带来的收益。

（二）资金来源安排

本此要约收购共需要的资金超过27亿元，如此大体量的资金使用必然引起监管层的关注，也会成为振兴集团攻击的方向之一。在"宝万"之争之后，监管层对收购资金来源进行重点核查，及时叫停了一些高杠杆比例的收购。本次要约收购方案中，收购方浙民投天弘仅披露了资金来源为"自有或自筹资金"，其中主要来源为关联方浙民投的无息贷款，根据披露的审计报告显示，浙民投合并财务报表中货币资金、短期理财产品及可供出售金融资产余额约29亿元；浙民投合并资产负债表中净资产约51.24亿元。浙民投具有较强的资金实力，有能力为收购人履行本次要约收购义务提供资金支持。

但从振兴集团向相关媒体披露的信息显示，浙民投向民生银行贷款14亿元作为本次要约收购的资金安排，在要约收购完成后，浙民投、浙民投实业、浙民投天弘已将持有的共29.99%的ST生化股票质押，质权方就是本次资金的提供方民生银行。

表 6-13 浙民投所持股份质押情况

公告日期	股东名称	质押方	质押股数（万股）	质押起始日
2018年1月3日	杭州浙民投天弘投资合伙企业（有限合伙）	中国民生银行杭州分行	7 492.04	2017年12月28日
2018年1月3日	浙江民营企业联合投资股份有限公司	中国民生银行杭州分行	652.94	2017年12月28日
2018年1月3日	杭州浙民投实业有限公司	中国民生银行杭州分行	32.35	2017年12月28日

资料来源：Wind。

（三）佳兆业的意图

本案例中，还有一点值得关注的是信达资产、佳兆业和振兴集团的三角关系。在ST生化的发展史中我们可以看到信达已经深度介入了上市公司债务重组和不良资产处置中。佳兆业和信达资产的关系更是渊源已深。信达资产曾经深度参与过航运健康投资人佳兆业的债务重组，佳兆业也因此脱胎重生。为实施重组，信达资产联合中信银行、中信信托、平安银行分别与佳兆业签订了合作协议，给予了佳兆业大额的资金支持和授信额度，金额近千亿元。信达资产还与佳兆业设立了两家合伙企业：一个是以旧改项目为投向的芜湖信东圳投资中心，信达资产出资37亿元，旗下投资公司华建国际实业出资3亿元；在另一家宁波梅山保税港区信穗投资合伙企业中，信达资产的出资也高达68亿元。仅这两笔投资，信达资产投入的资金额就超过100亿元。信达资产通过上述运作，取得了位于深圳观澜、占地面积近13万平方米旧改项目的多数权益。佳兆业在债务重组的时候，深圳的楼市经历了一轮快速上涨，地产资产的价值已大幅攀升。以旧城改造为主业的佳兆业，无疑成为这一轮楼市暴涨最直接的受益者之一。这些地产项目也成为佳兆业得以脱离债务困境的重要筹码，并成为获得金融机构青睐的关键因素。

在此次收购案中，首先可以排除信达资产入局的动机。信达资产持有的是债权，主要集中在ST生化和振兴集团两家。对ST生化而言，无论谁成为其实际控制人，所欠信达深圳的债务还是要依据借款协议予以偿还。考虑到ST生化的盈利能力，偿还3.74亿元债务的难度应该不大，而且信达还拥有ST生化核心子公司广东双林100%股权的质押权。对振兴集团而言，虽然自身的资金链比较紧张，但信达也拥有其所持ST生化6 162万股的质押权，这些股份若按浙民投天弘每股36元的要约价格计算，价值在22亿元以上。因此，信达的债权偿还具有充足保障。更何况浙民投天弘入主后，ST生化和振兴的现金流会更加充裕。所以，信达深圳应该有理由相信其对振兴集团的债权具有较高的安全边际。我们这里主要关注佳兆业入局的意图。

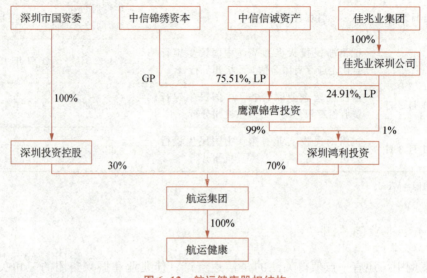

图 6-12 航运健康股权结构

资料来源：详式权益报告书。

航运健康在这次控制权争夺战中的角色最为"暧昧"。市场认为航运健康是佳兆业控制的公司，但实际情况并非这样简单。通过对股东结构的层层剥离，航运健康的最大股东似乎另有其人。航运健康是一家成立于 2017 年 7 月的新公司，截至目前尚未发生一笔对外投资，其设立的目的似乎就是为受让 ST 生化控制权而来。航运健康是深圳航运集团有限公司（以下简称"航运集团"）的全资子公司，而航运集团是一家设立于上世纪 80 年代的老牌国企。航运集团现在的股东有两家，一家是由深圳市国资背景的深圳投资控股，持有其 30% 股权，另一家是由中信集团控股的深圳鸿利金融投资，持有其 70% 股权，而佳兆业仅持有深圳鸿利金融投资 1% 股权，并在深圳鸿利金融投资的股东鹰潭锦营投资管理企业作为 LP 持有 24.91% 的份额。在这样的股权架构安排之下，佳兆业应该很难完全主导航运集团和航运健康的投资行为。然而，从航运健康及航运集团的高管安排来看，佳兆业都极大程度介入了二者的日常管理之中，可见，中信集团在持有深圳鸿利金融投资绝对控股权的时候并没有深度介入该公司的经营管理。那就存在这样一种可能：中信集团在深圳鸿利金融投资的投资采取了明股实债的结构化安排，约定了相应的保底收益和超额收益，中信集团的最终目的是完成土地开发后全身而退，佳兆业实际上把控了这家公司重大事项的决策权。

在收购结束之前，振兴集团、信达及佳兆业的三方协议规定若要约收购成功，则本次股份受让协议不生效。但是，在收购结束之后，佳兆业仍然决定推进此次股份受让交易，实施此次收购的决心似乎也很大。航运健康成立于 2017 年 7 月，虽然成立时间要晚于浙民投天弘发出要约的时间，但航运健康的注册资本只有 500 万元，要完成 20 余亿元的收购，势必需要股东更多的资金支持。我们猜测佳兆业或许准备在健康医疗领域拓展新业务，当初并未确定是 ST 生化，但佳兆业的这一需求恰好被信达深圳知晓，于是由信达深圳撮合，航运健康与振兴集团由此达成了一系列的合作协议。

（四）控制权的争夺还在继续

目前，要约收购战已经以浙民投获胜而尘埃落定，但这是否意味着浙民投已经"获胜"了呢？其实不然，本次交易最终目的在于获得 ST 生化控制权，只有浙民投成功行使股东权利并改组董事会，这一目的才能实现。但就目前来看，这一目标距离达成还有一定距离，主要原因就是目前董事会由大股东牢牢把持，且本次交易的第二战场——法律诉讼仍未结束。

虽然中国市场中采取要约收购的方式十分少见，但是以二级市场增持的方式对于上市公司发起敌意收购的案例还是较多的。从成功拿下大股东地位的案例中，可以发现新任大股东入主董事会往往十分艰辛，而且原大股东和上市公司也会千方百计谋求在司法系统内判定此次交易无效从而剥夺后来者的投票权。

我们可以通过一起典型的"京基集团敌意收购康达尔事件"去了解大股东的强势，以及现有法律框架下敌意收购对于收购方的权益保护是很有限的。京基集团及其一致行动人买入康达尔股票，后披露其共持股 15.08%。之后，自然人股东均把上市公司股票转让给京基，京基将股票质押后继续增持直到成为公司第一大股东，持股 32%（原股东持股 29%）。但此后，京基进入董事会受阻，上市公司董事会以其一致行动人关联背景未披露为由指责其为内幕交易，剥夺京基的股东权利，并向监管部门举报和发起公开质询，之后向人民法院起诉。审理结果是康达尔败诉，并且再审仍然败诉，但上市公司拒不履行法院判决，拒不受理京基提案，拒不计入京基股东大会表决票数。之后，京基集团再次发起诉讼，要求上市公司撤销其所做出的 2016 年、2015 年股东大会决议和部分董事会决议，并恢复其股东合法权益，该案目前还在审理。

如出一辙的是，振兴集团早前已经起诉收购方浙民投信息披露违规，甚至不惜连上市公司一同起诉要求赔偿损失。之后振兴集团又向监管部门举报民生银行向浙民投发放的用于本次收购的贷款违规。目前两起诉讼都还在调查审理中。看来，本次要约收购还远远没有结束，可以说下半场才刚刚开始。

我们不妨做这样一个美好的假设：浙民投天弘在要约收购完成后就已表示欢迎各方一同努力助力上市公司未来发展，如果其在入主 ST 生化后能将其带入一个全新的发展时期，这场要约收购必将成为我国资本市场极具标杆意义的收购案。尤其是在竞争方佳兆业获得振兴集团所转让 22.61% 股权，成为 ST 生化第二大股东后，浙民投天弘如果能与其同心协力共同促进ST生化的发展,无疑将为这起要约收购再添上浓墨重彩的一笔。

(五)案例小结

愿望总是美好的,但在资本市场中,如果愿望是符合各方利益的,这样的愿望总会实现。这一场旷日持久的股权争夺战在2018年4月13日落下帷幕,佳兆业最终与浙江财团"浙民投"握手言和,这与市场最初的预期是一致的,各方都希望ST生化这块潜力资产尽快改善经营状况,这一共同利益让股东们重回谈判桌。

4月13日晚间,ST生化发布公告称,公司6名非独立董事、3名独立董事集体辞职,并提议浙民投与佳兆业方面提请召开股东大会,申请改选董事会、监事会及修改公司章程。新的公司章程建议,董事会由7名董事组成,其中4名非独立董事,3名独立董事。

浙民投方面提名了2名非独立董事,2名独立董事,其中浙民投总裁陈耿、管理合伙人袁华刚为非独立董事;佳兆业方面提名了2名非独立董事,1名独立董事,其中佳兆业执行董事郑毅、原佳兆业副总裁罗军为非独立董事。从非独立董事的席位来看,浙民投与佳兆业的席位相等,双方未来将共掌ST生化。上述一系列议案已经在5月2日召开的股东大会中获得通过。

这一局面也依赖于双方"在商言商"的精神。佳兆业董事长郭英成在不久前的业绩发布会上公开表示,与浙民投方面不打不相识,大家现在已经是朋友,彼时囿于保密原因,并不能向外界透露太多。公告当日,佳兆业与浙民投联合发布的声明称,浙民投曾多次公开表达看好血制品行业的发展前景以及上市公司的发展潜力,希望帮助上市公司提升管理效率,促进上市公司稳定发展的愿景;而佳兆业也称正在积极布局大健康领域,包括生物医药、医疗器械、精准医疗三大体系。

这一表态意味着双方谈判成功,此前"剑拔弩张"的局面已经结束,对于三方而言都是和平过渡。这打消了市场最大的疑虑,也为之前历经重重磨难的ST生化带来新的曙光。

术语解析

简要解析本案例中与兼并收购领域相关的常见术语。

要约收购(tender offer)

要约收购是指收购人向被收购的公司发出收购的公告,待被收购上市公司股东确认后,方可实行收购行为。这是各国证券市场最主要的收购形式,通过公开向全体股东发出要约,达到控制目标公司的目的。要约收购是一种特殊的证券交易行为,其标的为上市公司的全部依法发行的股份。

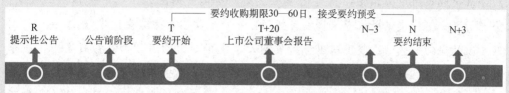

图 6-13 要约收购流程(1)

资料来源:《上市公司收购管理办法》。

在我国,要约收购的实施分为以下几个阶段。

提示性公告日:即要约报告书摘要的公告日,系确定是否满足价格相关要求(不得低于前 6 个月最高收购价格,低于前 30 交易日均价的财务顾问应说明)的基准日,2 个交易日内,收购人需向登记公司办理履约保证手续(20%现金,对价证券托管,银行保函或财务顾问承诺)。

要约报告书全文公告前阶段:收购人可以自行取消收购,但取消公告后 12 个月内不得再收购同一上市公司。全文公告前要取得前置性审批,如国资委、商务部、反垄断申报等;但自 2014 年 10 月起,要约无需再取得证监会核准。个别情况如国有股东发起,仍需取得国资委审批。若提示性公告后 60 日内无法取得前置审批并公告要约收购报告书全文,则其后每 30 日公告一次进展。

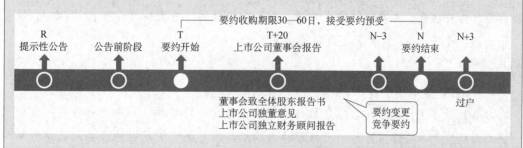

图 6-14 要约收购流程(2)

资料来源:《上市公司收购管理办法》。

上市公司董事会报告:要约开始后,被收购公司董事会要对收购人主体资格、资信情况、收购意图进行调查。要约报告书公告 20 日内,被收购公司董事会要披露全体股东报告，就要约条件是否可接受提出建议，同时应披露被收购公司独立董事意见和独立财务顾问报告。

预受要约：自要约开始日起，被收购的上市公司股东可以向收购人申报预受要约，限售股不得申报预受，私有化项目及交易所认可的除外。已申报预受的股票，当日仍可卖出；次日确认申报后临时托管，不得再卖出，除非撤回申报。

预受要约的撤回：股份未出售给收购人以及距要约期满3个交易日之前，股东可通过券商自行撤回已申报预受的股份，包括已确认申报并托管的。在要约期最后三天，可撤回当日申报尚未确认的股份，但已确认申报并被登记公司托管的股份不得撤回。

本次要约收购为浙民投天弘提出的自愿要约收购。以往我们见到的要约收购，通常都是投资者协议收购上市公司控股权，但因为持股比例超过30%，不得已引发了强制要约收购义务。浙民投天弘发出的是部分要约，收购上限为27.49%。投资者发出部分收购要约的，收购比例在5%以上即可。因此，不少上市公司大股东会发出收购上市公司5%股份的部分要约，用来稳定股价。假设最终有超过27.49%股份的股东接受要约，浙民投天弘将等比例从股东手中收购股份，最终收购的比例还是27.49%。全面要约则是无上限的。如果全部股东都接受要约，上市公司就会面临退市。

《上市公司收购管理办法》规定：收购人的要约收购价格不得低于要约收购提示性公告日前6个月内收购人取得该种股票所支付的最高价格。要约价格低于提示性公告日前30个交易日该种股票的每日加权平均价格的算术平均值的，财务顾问应分析定价合理性。本次要约收购报告书摘要提示性公告日前30个交易日内，ST生化股份的每日加权平均价格的算术平均值为28.10元/股。本次要约收购报告书摘要提示性公告日前6个月内，收购人未买入ST生化股票。浙民投天弘提出的36元/股的价格，几乎与ST生化历史最高价持平。

累积投票制（cumulative voting）

累积投票制指股东大会选举两名以上的董事或者监事时，股东所持的每一股份拥有与应选董事或者监事总人数相等的表决权，股东既可用所有的表决权集中投票选举一人，也可分散投票选举数人，按得票多少依次决定董事或监事入选的表决权制度。这一投票制度较好地保护了中小股东的权益。

这种权利的特别之处主要表现在表决权的数额。在实行累积投票时，股东的表决权票数是按照股东所持有的股票数与所选举的董事或监事人数的乘积计算，而不是直接按照股东所持有的股票数计算。简单地说,股东的表决权票数等于股东所持有的股票数乘以所选举的董事或监事人数。

累积投票权计算公式:

可得席位数＝股份比例×总股份数×席位数/(总股份数/席位数)

举例:某公司要选5名董事,公司股份共1 000股,股东共10人,其中1名大股东持有510股,即拥有公司51%股份;其他9名股东共计持有490股,合计拥有公司49%的股份。若按直接投票制度,每一股有一个表决权,则控股51%的大股东就能够使自己推选的5名董事全部当选,其他股东毫无话语权。但若采取累积投票制,表决权的总数就成为1 000×5＝5 000票,控股股东总计拥有的票数为2 550票,其他9名股东合计拥有2 450票。根据累积投票制,股东可以集中投票给一个或几个董事候选人,并按所得同意票数多少的排序确定当选董事,因此从理论上来说,其他股东至少可以使自己的2名董事当选,而控股比例超过半数的股东也最多只能选上3名自己的董事。

四、思考与分析

本部分针对案例提出问题,你可以在案例的基础上进行更广泛的资料收集,并尝试回答这些问题。

(1) 结合已有案例来看,夺取上市公司控制权的方法主要有哪些?

(2) 请解释说明为何本次要约收购是"中小股东"的胜利?要约收购获取上市公司控制权与二级市场增持获取上市公司控制权的优缺点各是什么?

(3) 相比中国市场而言,敌意收购在国外市场非常常见,请比较说明出现这一情况的原因。

(4) 请结合公司治理的相关理论,说明敌意收购是否是公司外部治理的有效手段,并进一步思考敌意收购的发展对于当下中国资本市场有什么现实意义。

参考资料

[1] 历史性胜利!ST生化:小股东联手"卖壳",控制权收购新篇章?[Z]"并购汪"微信公众号,2017-12-10.

[2] ST生化、振兴集团、信达的三角关系,这个局怎么破?[Z]"并购汪"微信公众

号，2016-11-23.

[3] 一触即发！ST 生化敌意收购"双战线"，要约收购＋诉讼大战？[Z]"并购汪"微信公众号，2017-09-21.

[4] 投服中心：ST 生化要约收购的成功意义重大 [Z]"中国证监会"微信公众号，2017-12-06.

[5] 浙民投要约 ST 生化的意义 [Z]"比较公司治理"微信公众号，2017-12-06.

[6] 90 亿市值上市公司遭三方抢夺，ST 生化控制权之争背后佳兆业的盘算 [Z]"新财富杂志"微信公众号，2017-12-05.

（温从进　张剑宇）

第四章

控制权争夺战——"守"篇

对于企业管理层来讲,被"野蛮人"入侵可谓生死攸关的大事,所以管理层有足够的动机对一切不怀好意的收购者说"不",这会产生两方面的影响。一方面,管理层的呼声会使股东意识到企业长期独立存续的价值会比收购者提供溢价所带来的短期收益更大,促使股东往长远考虑。管理层的这一呼声对于股东结构较为分散的企业极其重要,因为散户通常更关心短期收益,这点在万科一案中已有体现。另一方面,管理层的抵御会让企业失去原本可以获得巨大协同效应的收购机会,使股东利益遭受损失。管理层可动用的武器也十分丰富——停牌、白衣骑士、拆分、发行大量债务,但这些武器往往"伤敌一千、自损八百"。本章介绍一种较低成本的抵御方式——毒丸计划,其尽管已被美国特拉华法院承认,但在中国本土较少见,新浪盛大攻防战可谓中国企业使用毒丸计划案例中的典型,值得读者仔细品味。

案例 7

中国公司的华尔街式收购战
——新浪对盛大的反收购

导言

盛大与新浪的收购与反收购战是 2005 年两家中国互联网公司之间的精彩对决。两家公司均为纳斯达克上市，在收购与反收购的过程中遵循美国的法律，可以说是一场华尔街式收购战。这次博弈的精彩之处在于新浪聘请的财务顾问——摩根士丹利（Morgan Stanley）抛出的"毒丸计划"。本案例将着眼于盛大收购新浪的目的以及该"毒丸计划"的细节，通过这次经典的华尔街式反收购案例向读者展示反收购策略之一——"毒丸计划"。这例中国公司在美国的博弈对我国应有所启发，读者可以对中国本土市场上的敌意收购与反收购行动进行思考。

一、事件发展、时间脉络

	第一阶段：二级市场购股
2005 年 2 月 19 日	盛大发布公开声明，截至 2 月 10 日，已经通过公开市场收购新浪 19.5% 的股份，成为新浪第一大股东，并根据美国相关法律规定，向美国证券交易委员会（SEC）提交了受益股权声明 13-D 文件。
2005 年 2 月 20 日	新浪声明称，盛大的行为是单纯的股票购买行为，新浪无需对此采取行动。
	第二阶段：新浪的"毒丸计划"
2005 年 2 月 22 日	新浪董事会抛出"毒丸计划"——股东购股权计划，抵御盛大的敌意收购。
2005 年 3 月 7 日	新浪除盛大之外的每位股东都获得了与手中持股数相同的购股权。若盛大继续增持至 20%，其余股东可以以半价购买股票，稀释盛大的股份。

	插曲：传闻频现，白衣骑士，雪上加霜
	传闻：雅虎欲收购新浪的传闻一直在网上流传，有消息称雅虎有望成为新浪的"白衣骑士"；四通股份此时将出售其持有的新浪股份，人们认为四通的商人本质暴露，抛售股份会使得新浪此时雪上加霜。
2005年2月23日	四通集团董事长澄清：四通集团不会伤害新浪，不会出售全部新浪股份。

	第三阶段：套现股份，退出收购
2006年11月	盛大向花旗环球金融转让370万股新浪股份，价值9910万美元，盛大持新浪股份减至11.4%。
2007年2月	盛大再次向花旗环球金融出售400万股新浪股份，价值1.296亿美元。
2007年5月	盛大出售剩余210万股新浪股份，价值7640万美元，不再持有新浪股份。

新浪网公司（纳斯达克代码：SINA；以下简称"新浪"）和上海盛大网络有限公司（纳斯达克代码：SNDA，现已退市；以下简称"盛大"）在当时是两家在美国纳斯达克上市的中国互联网公司。新浪是一家在线媒体及增值资讯服务提供商，业务包括提供新闻及内容服务、无线增值服务、社区及游戏服务、搜索及企业服务、网上购物与在线旅行与酒店预订服务。盛大在2005年是中国最大的网络游戏运营商，提供自主研发及代理运营的网络游戏产品。盛大收购新浪的目的是利用新浪提升自身业务水平，盛大可以借助新浪的门户网站，提高其游戏服务的影响力。顾客黏度是游戏行业的生命线，门户网站有利于游戏产品的宣传及顾客的留存。

在2005年2月19日，即盛大宣布持有新浪19.5%的股份之前，盛大就已经开始在二级市场增持新浪的股份（图7-1）。新浪的股权分散，在盛大大举买入之前，除四通股份持有新浪4.96%的股份外，其余股东持有的股份比例都低于1%。这给盛大在公开市场上收购股票带来了便利条件，没有单一大股东能控制盛大的这一行动。此外，公开市场上的股票买卖操作公开透明，符合法律法规约束，避免在日后的收购审查中被判处违规操作而功亏一篑。

截至2005年2月18日，两家公司的股本结构分别为：新浪总股本5047.8万股，内部人和管理层持股12.64%，四通公司持股4.96%，前十大机构投资者中有三家股权比例超过5%，前十大共同基金投资者中仅前两家持股比例超过5%，十家机构投资者和十家共同基金合计持股63%。

图7-1 新浪的股本结构

资料来源：作者由公开资料整理。

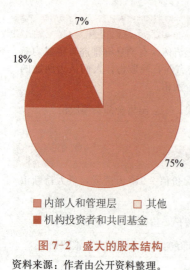

图 7-2　盛大的股本结构

资料来源：作者由公开资料整理。

盛大总股本 1.6 亿股，内部人和管理层持股达 75%（图 7-2）。十家机构投资者和十家共同基金合计持股 18%。两家公司对比，可见新浪的股权较为分散，内部人和管理层持股较少。而盛大的股权较为集中，内部人和管理层持股占多数，因此公司在二级市场上的持股行为就可以反映内部人和管理层的意愿和经营策略。

2 月 19 日，盛大公开声明成为新浪第一大股东，持股 19.5%，并向美国证券交易委员会（SEC）递交了 Schedule 13-D 文件。13-D 文件中的交易记录显示，盛大及其关联方从 1 月 6 日开始分四次买入新浪的股份，且交易目的中声称："这是一次战略投资并意图取得新浪的所有权，未来的投资情况还不确定，可能继续在公开市场购股，可能进行私下交易，也可能通过获取董事会席位或发起并购等方式进行业务整合。"

新浪对这一消息似乎显得有些慌张，因为之前的股权结构过于分散，这次盛大却一股独大，对新浪来说是一个巨大的变化。新浪过了一天才发布声明称盛大的这一行动是单纯的投资，不涉及收购，新浪董事会仍会继续为股东利益最大化而服务。但是紧接着，新浪聘请摩根士丹利为财务顾问，两天后，即 2005 年 2 月 22 日，新浪董事会抛出了"毒丸计划"，即股东购股权计划。关于这份"毒丸计划"，将在下一节详细介绍。

这时盛大还没有进一步的动作，但是市场上的传闻却越来越多。早在这件事情之前，关于雅虎欲收购新浪的消息就不断传出。雅虎是美国著名的互联网门户网站，与新浪的业务相似。雅虎一直想开辟潜力无穷的中国市场，收购新浪可以降低竞争成本并提高在中国的知名度。于是在盛大成为新浪第一大股东后，就有了关于雅虎成为新浪的"白衣骑士"的传闻。有消息认为雅虎会成为新浪更乐意接受的收购者，且已经发起要约收购，承诺收购之后不会干涉新浪的独立运营与管理。相比于盛大想要利用新浪改善自身单一的游戏业务而言，保持被收购方的业务独立性是一个有诱惑力的收购条件。但是盛大已经持有新浪 19.5% 的股份，雅虎在此时进行收购的难度较大。几天后雅虎高层出面否认这一传闻，最终市场期待已久的"白衣骑士"在此次事件中并没有出现。

另一个传闻是新浪的大股东四通集团会与盛大联手，在收购新浪的事件中分一杯羹。四通集团持有新浪 4.96% 的股份，有传言认为四通会向盛大出售股份，在自身赚取收益的同时，也是在推动盛大收购新浪的进程，这对新浪来说无异于雪上加霜，四通对新浪持股的属性也将被定性为套利而非战略性投资。但随后四通高层出面否认，称四通不会做有损于新浪的事情，传闻又一次被戳破。

两则传闻,前者对于新浪来说,有"白衣骑士"来护卫,是抓住了救命稻草,而另一则大股东背叛的传闻则是将本就处于悬崖边的新浪再往下推了一把。市场上关心盛大与新浪的命运的人的心情也随着传闻跌宕起伏。

关于盛大与新浪高层会面的消息不断传出,结合新浪推出的"毒丸计划"以及市场上不断抛出的"白衣骑士"传闻、"新浪大股东与盛大联盟"的传闻,扔在人们眼前的烟雾弹越来越多,难辨真假,让人难以猜测两家公司的真实行动。事情发展的两种可能性都存在:一种可能是新浪不反对被收购,扔出烟雾弹是为了取得更多的谈判时间,以期达成双方都满意的收购价格;另一种可能是新浪真正在反对被收购的命运,但是"毒丸计划"一旦发挥作用,会让自己和盛大的股份都遭到严重的稀释,双方均损失惨重,于是抛出烟雾弹想让盛大知难而退,放弃收购。

最终,盛大分三次抛售了持有的新浪的 984 万股股份。根据公司年报披露,从 2006 年 11 月开始,盛大开始出售新浪股份,由于新浪股价上涨,盛大此举共获利 7 000 万美元。"毒丸计划"没有真正实施,避免了两败俱伤的结局。盛大与新浪的收购与反收购战结束,盛大虽然没有收购成功,但是持有股票获得了收益,新浪也免于被吞并的命运。

盛大和新浪博弈的精彩之处就在于"毒丸计划"的推出,新浪是中国企业中第一个真正抛出"毒丸计划"的互联网公司。下文我们将分析盛大收购新浪的意图,并详细解读新浪的"毒丸计划"。

二、详解新浪的"毒丸计划"

(一)盛大收购新浪的意图

2005 年,中国的互联网用户数量仅次于美国,排名世界第二。但是互联网的普及率只占人口总数的 6%,处于世界较低水平。中国的经济正处于飞速发展阶段,企业渐渐开始使用互联网,人民对信息、娱乐的需求正在加大,互联网、网络游戏和无线服务的发展势头强劲。2004 年 5 月,盛大在美国纳斯达克交易所上市,是国内首支网络游戏概念股。这段时间盛大的发展驶入了快车道,进行了一系列的并购及投资行动。

盛大收购及投资的领域包括游戏开发、游戏运营、游戏相关技术开发及运营。在将游戏行业做大做强的同时,盛大开始涉足全方位的娱乐媒体,发展平台型业务,2004 年收购了起点中文网——一家娱乐文学门户网站,2005 年成为新浪第一大股东。这说明盛大不光局限于游戏行业,也要通过娱乐行业等从多方位将业务做大做强,通过门户网站扩大游戏产业的影响力、提高客户留存率。一系列的并购及投资行动后,盛大初步形成了完善的网络娱乐运营模式。

表 7-1 盛大的收购、投资之路

2003 年 2 月	收购上海数龙科技有限公司——一家全国性移动应用服务供应商。
2003 年 3 月	投资成立上海盛品网络发展有限公司,致力于网络游戏开发。
2003 年 6 月	与新华控股共同投资成立上海盛大新华,开发网络游戏周边产品。
2003 年 9 月	收购成都吉胜科技有限公司——一家网吧管理软件公司。
2003 年 10 月	投资成立上海盛锦,致力于网络游戏开发。
2004 年 1 月	收购美国 ZONA 公司——一家网络游戏引擎核心技术开发企业。
2004 年 7 月	收购杭州边锋软件技术有限公司——一家棋牌休闲游戏开发运营商。
2004 年 7 月	战略投资上海浩方在线信息技术有限公司——一家在线对战游戏平台运营商。
2004 年 9 月	收购北京数位红——一家移动设备游戏开发商。
2004 年 10 月	收购原创娱乐文学门户网站——起点中文网。
2004 年 11 月	收购 Actoz 公司——一家韩国网络游戏开发商的控股权。

资料来源:根据公开资料整理。

在游戏行业的发展过程中,与门户网站等一些可以留住玩家、提升顾客黏度的业务结合,更有利于游戏产品的推广及留存。在 2004 年,网易和腾讯两家公司已经融合了游戏与门户网站两块业务。在中国,网易在游戏板块排名第二,在门户网站板块继新浪、搜狐之后排名第三,实力相当雄厚。腾讯的游戏业务和门户业务排名在当时虽然都没能进入前三,但是总体发展势头较好,极具潜力。盛大在当时位居游戏行业的老大哥地位(见表 7-2 和图 7-3),2004 年营业收入 13.67 亿元人民币,其中网络游戏收入达 12.76 亿元,占比 93%(见图 7-3)。

表 7-2 2004 年中国在线游戏经营商排行榜

公司名称	在线游戏收入 (百万美元,2004 年)	市场份额
盛大	154	39%
网易	72	19%
九城	4	1%
在线游戏销售总额	391	100%

资料来源:Morgan Stanley,《中国互联网报告》,2004 年 4 月 14 日。

新浪从 2002 年推出新浪无线,收购讯龙和网兴,其无线增值业务发展迅猛,使公司 2003 年扭亏为盈(见图 7-5)。无线增值收入占公司 2004 年营业收入的 62%(见图 7-4)。无线增值业务是建立在移动通信网络基础上的,包括短信、彩信、彩铃、数据流量等业务。新浪在该领域处于领先地位(见表 7-3),为用户实现网上冲浪、移动办公、网页浏览、文件传输等功能，在加强网络深度覆盖、提高网络运行质量、增加数据业务和全面增强数据业务支持能力等方面也遥遥领先。

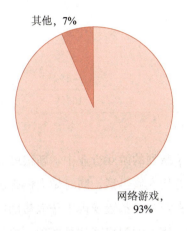

图 7-3　2014 年盛大营业收入构成

资料来源：艾瑞市场咨询，《盛大新浪业务研究报告》，2004 年。

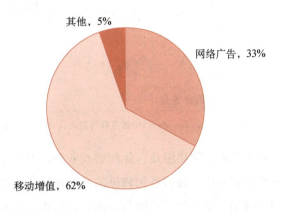

图 7-4　2004 年新浪营业收入构成

资料来源：艾瑞市场咨询，《盛大新浪业务研究报告》，2004 年。

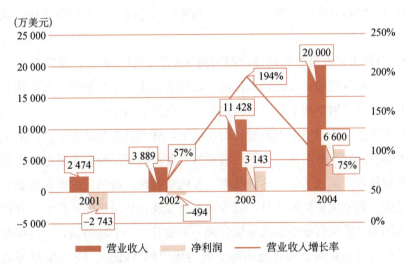

图 7-5　2001—2004 年新浪营业收入及其增长率、净利润

资料来源：艾瑞市场咨询，《盛大新浪业务研究报告》，2004 年。

表 7-3　2004 年中国无线增值业务提供商排行榜

公司名称	无线增值业务收入（百万美元）	市场份额
新浪	124	16%
TOM 在线	113	15%
腾讯	77	10%
掌上灵通	50	7%

续 表

公司名称	无线增值业务收入（百万美元）	市场份额
空中网	48	6%
华友	43	6%
搜狐	38	5%
网易	17	2%
C-to-P 无线增值业务合计	770	100%

资料来源：Morgan Stanley，《中国互联网报告》，2004 年 4 月 14 日。

新浪也拥有网络游戏、休闲游戏业务，但是在竞争激烈的游戏行业中，新浪的业务表现没有很突出，而网易和腾讯的门户网站及游戏业务均发展迅猛，同时做大做强游戏和门户网站已经成为互联网行业的一大趋势。相比于在两方面都表现得十分强势的网易和稳步发展两块业务的腾讯，新浪的游戏板块是弱项，盛大的门户网站是弱项。要想不被竞争激烈、日新月异的互联网行业淘汰，两家公司就应该尽快补齐短板，对于盛大来说这一改进更加迫切。面对已经在门户网站取得优异成绩的游戏行业内的竞争对手，网易、盛大在门户网站方面应该加快发展，提高客户留存度，才能稳固其在游戏行业的王者地位。

盛大 CEO 陈天桥在当时有建造"网络迪士尼"的宏大愿景，那时新浪正居于门户网站行业第一，是最佳的在线内容提供商，其网络媒体、无线增值业务的优势及强大的网民影响力都会对"网络迪士尼"的构建起到积极的推动作用。

在当时手机及互联网用户不断增长的环境下，盛大若能与新浪结合，那么新浪的无线增值业务的发展就会推动盛大的手机游戏的发展，盛大的游戏业务也能为新浪的门户网站带来附加收入，强强联合，达到共赢。若成功收购，新公司的商业与盈利模式将更加完整与稳定，竞争优势更加明显，随着业务的发展、公司规模的扩大，并购后的公司在中国乃至国际互联网行业中的地位也会进一步提升，一个新的结合了网络游戏、无线服务、网络广告的互联网公司将与国际上实力雄厚的 Yahoo、Google 展开竞争，盛大将由在线游戏经营商转变为主流数字媒体公司，这会是中国互联网界的一大骄傲。

盛大似乎看到了这一契机，从 2005 年 1 月 6 日就开始在二级市场上买入新浪的股份，在 2005 年 2 月 19 日向美国证券交易委员会（SEC）递交了 Schedule 13-D 文件，宣布持有新浪 19.5% 的股份，成为第一大股东。但是随着新浪抛出"毒丸计划"，盛大并没有进一步增持新浪股份的动作，而是在 2006 年和 2007 年抛售了所持有的新浪股份，退出了对新浪的收购战。被市场认为合并后将"强强联合"的局面最终没能达成。

那么盛大最终为何选择退场而不继续进攻呢？根据盛大提交的 13-D 文件和之前的公开文件，我们可以发现盛大已经快要弹尽粮绝了。文件披露，盛大及其关联方斥资

2.3亿美元收购了新浪19.5%的股份。其中2.1亿美元来源于盛大的运营资本、2004年发行优先可转换债券留存的资金和在纳斯达克发行美国存托凭证（ADS）获得的资金。还有一部分股票由盛大的三家关联公司——Skyline、SCIL和SML代表盛大持有，购股资金0.2亿美元全部来源于这三家公司的现金。盛大在2004年10月20日发行了总金额为2.75亿美元的优先可转换债券，用于补充营运资金和潜在的收购与投资等企业常规用途。盛大拥有现金4.42亿美元，其中有1.667亿美元需要预留用于支付，因此只有2.753亿美元可以自由使用。由于已经发行了2亿美元的债务，在2007年10月15日之后可选择赎回，面临一定的偿债压力。对于新浪的管理层来说，一旦被盛大收购，自身的管理地位就岌岌可危——盛大将根据自己的业务需要对新浪进行控制，因此抛出"毒丸计划"保护自身业务的独立性。随着新浪股价的上涨以及"毒丸计划"一旦发挥功效后带来的稀释作用，盛大继续增持股份以达到收购的目的显得十分困难。

（二）新浪的"毒丸计划"

1. 新浪的"毒丸计划"

表7-4 新浪的"毒丸计划"

触发条件：
　　盛大及其关联方再购入0.5%的新浪股份，即盛大及其关联方持有新浪股份达到20%，或其他股东持股达到10%。

内容：
　　2005年3月7日为股权登记日，当天记录在册的所有普通股股东（除盛大外）有权按照其所持的普通股获得一份购股权，以半价的价格购买新浪增发的股票，一份购股权的执行价为150美元。
　　2005年3月7日，新浪除盛大之外的每位股东都获得了与手中持股数相同的购股权，之后若不存在被收购的危险，新浪可以以每份购股权0.001美元或调整的价格赎回购股权。

计算与分析：
　　新浪总股本为5 048万股，盛大持股984万股，占总股本的19.5%。以2005年3月7日新浪股份收盘价32美元为准，半价即16美元。

触发条件：
　　盛大持股比例达20%，即5 048×20%=1 009.6万股

其余股东行权后：
　　每份购股权可购买150÷16=9.375股
　　增加的股本为（5 048−1 009.6）×9.395=37 860万股
　　稀释后盛大的持股比例为1 009.6÷（5 048+37 860）=2.4%
　　由此可见，毒丸计划对股权的稀释作用明显，若购股权被股东充分行使，则盛大的持股比例将由20%降至2.4%。
　　如果新浪董事会决定赎回购股权，需要支付0.001×（5 048−1 009.6）=4.038万美元，赎回成本较低。

资料来源：新浪于2005年2月24日在美国证券交易委员会（SEC）备案的8-K文件。

2. "毒丸计划"的来源和历史背景

1981年至1989年，美国正处于第四次并购浪潮。这次并购浪潮规模空前，资本市场发展、金融工具创新、垃圾债大量发行，杠杆收购成为主要方式，"小鱼吃大鱼""空手套白狼"成为现实且变得容易，敌意收购热潮达到了新的高度。一些大公司和知名公司的地位不再安全，反收购策略被广泛应用，"毒丸计划"便是反收购策略之一。

1982年，美国著名并购律师马丁·利普顿（Martin Lipton）使用毒丸计划帮助埃尔·帕索电力公司（El Paso Electric）抵御了通用美洲石油公司（General American Oil）的收购。1983年，他在帮助陶瓷企业雷那克斯公司（Lenox）抵御酿酒厂百富门公司（Brown-Forman）的收购时再次使用毒丸计划：针对Brown-Forman极度注重Brown家族对企业的控制权的弱点，利普顿设计了"优先股计划"（preferred stock plan），即目标公司向普通股股东发行优先股，一旦公司被收购，这些优先股就可以转换为一定数量的收购方股票，达到稀释收购者股权的目的。之后"毒丸计划"的形式得到了不断的修改与发展。

这一新生事物需要法律的承认才可以广泛运用。1985年，美国特拉华法院在一项诉讼中判决了"毒丸计划"的合法性，这之后，美国大公司的"毒丸"反收购体系普遍建立起来，就像建起了城墙，抵御外来侵略者的敌意收购。

"毒丸计划"是一种反收购手段，目标公司通过股权结构重组，降低收购方的持股比例或表决权比例，可以达到两个结果：第一，公司以牺牲自身利益为代价，增大收购方的收购成本，使得收购行为难以完成或耗资巨大；第二，降低收购方的兴趣，也避免了其他潜在收购方的进攻。

20世纪80年代，面对收购方攻击性的增大，美国广泛采用"毒丸计划"。在本案例中，新浪为了抵御盛大的敌意收购，使用了"毒丸计划"，一旦达到触发条件，新浪会以半价发行新股，若股东的购股权被充分行使，则盛大的持股比例由20%降至2%，反收购效果明显。

3. "毒丸计划"的发展

在介绍"毒丸计划"的来源[①]时，我们提到了其最初形式为"优先股计划"，它能对敌意收购方产生震慑作用，但是其存在不足：发行方要经过相当长甚至十几年的时间才能赎回发行的优先股，对管理层来说，这种方式的灵活性太差；发行优先股会对公司的资产负债表产生负面影响，优先股可能会被纳入长期负债，提高公司的财务杠杆和风险。由于"毒丸计划"的最初形式有巨大的缺点，随着金融市场的发展以及涉及的法律

---

① 在有些教科书中，毒丸计划的分类及发展命名与此处稍有不同，有将毒丸计划的最初简单形式"优先股计划"称为第一代毒丸计划，外翻式毒丸和内翻式毒丸分别称为第二代、第三代毒丸计划。我们对毒丸计划的主要发展形式都做了介绍，不论其名称如何，内涵是一样的。

问题，金融界及律师界精英对"毒丸计划"进行了不断的改进，"毒丸计划"经历了以下三代发展。

(1) 第一代"毒丸"：外翻式。

"外翻式毒丸"（flip-over pill），又称"弹出式毒丸"，是指恶意收购方持有目标公司的股份达到一定比例后，在进行吸收合并时，除恶意收购方之外的股东均可以优惠的价格购买合并后公司的股票，稀释恶意收购方的持股比例。不同于"优先股毒丸计划"，外翻式毒丸不涉及优先股的发行，于是避免了优先股对公司财务杠杆的影响。

但是第一代"毒丸"也有明显的缺点：只有当收购者完全并购目标公司时，"毒丸计划"才会真正发挥毒性。假如收购者只是想取得对目标公司的控制权，而不完全合并两家公司，此时"外翻式毒丸"不会真正发挥毒性，敌意收购者的股权不会被稀释。典型的案例是克朗·泽勒巴克公司（Crown Zellerbach Corporation）用来抵御詹姆斯·戈德史密斯（James Goldsmith）收购的外翻式毒丸被攻破：戈德史密斯收购克朗·泽勒巴克公司的股票，在达到毒丸计划的触发点时停止买入。此时购股权已经发行，股份可能被严重稀释的后果也难以引起潜在的"白衣骑士"的收购兴趣。克朗处于一个不上不下的阶段，詹姆斯想要收购公司但是却在触发点的持股比例上停留，不进行下一步动作，克朗也等不到更合适的收购者了。最终，克朗公司无奈同意被詹姆斯收购。

(2) 第二代"毒丸"：内翻式。

"内翻式毒丸"（flip-in pill），又称"弹入式毒丸"，是在"外翻式毒丸"的基础上改进而来的。

当敌意收购方的持股达到一定的比例时，目标公司中除敌意收购方之外的股东有权以优惠的价格购买目标公司增发的新股，从而降低敌意收购方对目标公司的持股比例，这一做法区别对待了收购者和收购者以外的目标公司股东。"内翻式毒丸"常伴有赎回权，目标公司可以灵活掌握毒性，当与收购方的谈判取得进展且达到合适的收购价格时，目标公司董事会可以赎回"毒丸计划"，使得收购方顺利完成并购行动。目标公司也可以增加附属条款，让"毒丸计划"更加灵活，比如通过董事轮换制、保护董事会控制权等方式增强对目标公司控制权的保护。

在本案例中，新浪采用的是"内翻式毒丸"，方式更加灵活。当盛大的持股比例达到20%，即在原先持股19.5%的基础上再增持0.5%的情况下，除盛大及其关联方之外的普通股股东有半价购买股票的权利，一旦这些权利被充分实施，盛大的持股比例将显著下降至2%。新浪还可以以0.001美元/份的低成本赎回购买权。盛大在新浪董事会抛出"毒丸计划"后没有进一步的购股行为，在一年之后进行了抛售，最终新浪的"毒丸计划"没有真正发挥毒性，但是起到了震慑敌意收购者的作用，成功击退盛大。

(3) 第三代"毒丸"：死手＋无手。

第三代"毒丸"有两种形式："死手毒丸"（dead hand pill）和"无手毒丸"（no hand pill）。"死手毒丸"又称"永久性条款"，指"毒丸"被激活后，只有目标公司的留任董事（指在毒丸计划产生前就在职的董事）可以赎回或取消；"无手毒丸"又称"限时性条款"，指在目标公司董事会的控制权发生变化之后的一定时间段内"毒丸"不能被赎回。遗憾的是，第三代毒丸没有得到美国特拉华法院的认可。

目前常用的"毒丸计划"是前两代，即"外翻式毒丸"和"内翻式毒丸"。我们已经分析过，新浪的"毒丸计划""内翻"的特点更明显。

4. 与"毒丸计划"搭配的其他反收购措施

在本案例中，与新浪抛出的"毒丸计划"搭配的反收购措施为新浪的董事会制度。

一般情况下，收购者可以通过先参加目标公司的股东代表大会，进一步改选进入董事会，再慢慢获得对目标公司的控制权，最终达到合并两家公司的目的。

新浪的招股说明书中提到：公司被第三方收购是公司经营的一大风险，可能会影响公司的控制结构、股东权益等，董事会有权在无需股东大会批准的情况下发行优先股。在董事选举方面，新浪采用分期分级董事会制度，也称轮换董事会：董事由每年的股东大会选举，每次要更换三分之一的董事，一般更换任期最长的董事，如果连选可以连任。根据新浪2004年年报，公司有9名董事，按照每年更换三分之一的规定，盛大在一年之内最多只能派3名董事进入新浪，而剩余的6名董事仍为新浪内部人员，因此盛大一年之后在新浪仍然得不到足够的话语权，无法重组新浪的董事会和管理层，也就无法顺利进行盛大方面期待的战略决策。

这样的董事会制度与"毒丸计划"配合起来，更能有效震慑敌意收购者，加大收购难度，即使收购成功，对公司取得绝对的控制权也需要很长一段时间。

5. "毒丸计划"的触发条件

"毒丸"，顾名思义，就像一粒胶囊，外皮是没有药性的，胶囊内部的粉状是有药性的，只有将外部的胶囊壳融化掉，药效才可以显示出来。将外壳融化掉的这一步，就是"毒丸计划"的触发条件。

本案例中，新浪在2005年3月7日已经抛出了"毒丸计划"，即除了盛大及其关联方以外的普通股股东，都按每股获得了一份购买权，每份价值150美元，可以以半价购买新浪新发行的股票。但是在盛大及其关联方的持股比例达到20%或其他某个股东持股10%之前，购股权不能行使，不能交易，只有在盛大及其关联方再增持0.5%后，其余股东才可以行使购买权。这个"毒丸计划"的本质是意欲撬起股东的资金来抵御恶意收购。"盛大及其关联方在目前持股比例19.5%的基础上再增持0.5%，持股比例达到20%，或者其他某个股东持股超过10%"就是新浪抛出的"毒丸"的触发条件。在之后的发展中，盛大没有进一步增持新浪股票，而是在一年多以后逐步抛售新浪股票获利，因此，"毒丸"没有被触发，毒性也就自然没有发挥。

6. "毒丸计划"的实施成本

新浪在抛出"毒丸计划"时，规定公司可以以0.001美元/份的低成本赎回购买权，按照表7-4的计算，公司若要取消该"毒丸计划"，只需支付约4万美元。伴有赎回权是"内翻式"毒丸的特点之一，新浪可以灵活把握局势，在与盛大达成一致协议或者在盛大退出收购时，可以以低成本撤销"毒丸"，避免扔出"毒丸"后无法收回、后续局势不在掌控范围之内、进而将自身置于不利环境的尴尬境地。

7. "毒丸计划"的效果

新浪抛出了"毒丸计划"后，盛大没有后续的购股动作，"毒丸"未被触发。盛大在2006年和2007年分次对持有的新浪股份进行了抛售套现。新浪保护了自己，没有被盛大收购；盛大也从新浪股价的上涨中大赚了一笔，两者都没有遭受巨大损失。可以说新浪的"毒丸计划"及其附属条款成功阻挡了盛大的收购步伐。

8. 对"毒丸计划"的思考

在美国，实施"毒丸计划"的决定权掌握在管理层的手中，董事会无需经过股东大会的批准就可以抛出"毒丸计划"，这会产生"内部人控制"的问题。内部人控制，即在公司的所有权和经营权分离的情况下，公司的各项权利可能集中在管理层手中，股东无法有效监督管理层的行为，从而可能造成管理层做出有损股东利益的决策。

在美国的法律体系下，"毒丸计划"的抛出是管理层的自我保护机制，防止公司被收购后自己的管理权丧失。但是股东的潜在利益可能会被损害，因为"毒丸计划"的实施意味着拒绝了高的收购价格、新进入的优秀的管理层等等，会给股东带来当下及长远利益的机会。

"毒丸计划"是一把双刃剑，一方面可以保护公司的独立性，防止敌意收购者的短视行为，一方面又可能带来损害股东利益的"内部人控制"问题。本案例中，由于在美国纳斯达克上市，新浪的董事会抛出"毒丸计划"不需要经过股东大会的批准。如果按照当时互联网行业的发展趋势，像网易和腾讯融合了门户网站和游戏板块，两块业务优势互补，门户网站加大游戏业务的用户黏度，游戏板块丰富门户网站的收入来源，盛大和新浪的结合对两家公司的业务发展可能都有利，中国的互联网公司会更大更强。如果董事会仅仅基于对自身控制权的考虑而反对被盛大收购，则该"毒丸计划"就体现了"内部人控制"问题，有损股东的长远利益。另一种可能是，管理层对公司的实际情况了解得更清楚，对公司的发展战略有更清晰的规划，暂时并不想与游戏产业结合，或者盛大并不是新浪理想的合作者。

(三) 对中国市场的启示

1. "毒丸计划"在中国

在上文中分析的"毒丸计划"是在美国法律体系下的产物，"毒丸计划"的决定权由管理层掌控，而在中国，法律模式的不同导致"毒丸计划"在中国没有被广泛应用于反收购。《上市公司收购管理办法》第33条规定："收购人作出提示性公告后至要约收购完成前，被收购公司除继续从事正常的经营活动或者执行股东大会已经作出的决议外，未经股东大会批准，被收购公司董事会不得通过处置公司资产、对外投资、调整公司主要业务、担保、贷款等方式，对公司的资产、负债、权益或者经营成果造成重大影响。"可见，公司的重要决定仍由股东大会掌控，虽然没有明确禁止"毒丸计划"，但是管理层执行"毒丸计划"可能会遭到股东大会的反对，尤其是当收购方的出价高、股东有利可图时，且"毒丸计划"会摊薄股份，严重稀释股东利益。典型的案例是2013年大商股份（600694）遭到黄茂如的举牌，停牌后管理层亮出了"毒丸计划"，但是需要等待股东大会的批准，最终由于股权分散，中小股东的否决票较多，"毒丸计划"没有通过。可见，在中国，股权分散的公司实施"毒丸计划"遭受的阻碍较大。

"毒丸计划"在中国市场上受到了法律层面的制约，导致其成功实施的阻碍较大，应用自然不像美国那样广泛。但是相较于美国，中国的"毒丸计划"需要股东的批准，带来的"内部人控制"问题较轻。

2. 其他反收购措施

与反收购措施有关的法律规定除了在上述《上市公司收购管理办法》第33条体现之外，还有第7条："被收购公司的控股股东或者实际控制人不得滥用股东权利损害被收购公司或者其他股东的合法权益。"和第8条："被收购公司的董事、监事、高级管理人员对公司负有忠实义务和勤勉义务，应当公平对待收购本公司的所有收购人。"

目前我国常用的反收购策略有"金色降落伞计划"、分级董事会制、超级多数条款、股东一致行动条款、"白衣骑士"、与关联公司或友好公司相互持股、管理层持股、员工持股、提起控告、申诉或者诉讼。

其中"金色降落伞计划"、分级董事会制、超级多数条款、股东一致行动条款需要在公司章程中提前有所规定，和"毒丸计划"都属于预防性措施。"金色降落伞"的金额的制定既不能太小而对敌意收购者不构成威胁，又不能太大而被认为损害公司和股东的利益。分级董事会制在本案例中也得到了应用，可以延缓收购方对目标公司董事会的控制。股东一致性条款要求大股东的行动应一致，可以使股权分散的公司在面临恶意收购时拥有足够的反击余地。

"白衣骑士"、与关联公司或友好公司相互持股、管理层持股、员工持股、提起控告、申诉或者诉讼是公司在面对敌意收购时可以采取的主动性措施。"白衣骑士"是目标公司更愿意接受的买家,但是寻找白衣骑士并不容易。相互持股可以让公司的股权结构更加复杂,不利于敌意收购方进行收购,但是这一举动会占用公司的资金,可能会拖累多方,使多家公司都被敌意收购者拿下。管理层和员工持股计划虽然可以减少股份外流,但是管理层和员工购买股票的资金来源有限,会约束这一方案。

相较于"毒丸计划",中国常用的这些反收购措施较温和,大多在公司章程中就约定了防止敌意收购的一些手段,这些措施没"毒丸计划"对敌意收购方的杀伤力大。

(四) 案例小结

盛大收购新浪 19.5%的股份,依靠美国股票二级市场的完善、公开透明,而当时我国股票市场上存在股权分置的现象,上市公司的股票分为公众股、国有股和法人股,其中法人股和国有股的比例高但是不能流通,即同一上市公司的股份分为可流通股与非流通股。像盛大这样将二级市场购入作为收购战切入点的做法在当时的中国可能较难实现。正因如此,一些发展迅猛的公司会失去好的投资机会,阻碍了公司进一步的发展,自然就不利于我国产业、经济的发展。

2005 年,A 股市场进行了股权分置改革,目的就是让这部分非流通股通过合理的定价,变为可流通股,能够上市交易,平衡股东之间的利益,解决同股不同权的问题。

目前,我国 A 股上市公司基本完成了股改。股票的全流通可以让上市公司更好地受到市场的监督,内外部的监督结合起来可以推动公司的健康发展。像新浪这样业绩好的公司,容易成为并购的目标公司被收购方盯上,其股权分散的特点使得收购方容易在二级市场上进行购股操作。公司应该健全反收购机制,未雨绸缪,修建起抵御敌意收购者的"万里长城"。市场化会让管理层注重对公司的责任,多为企业奉献,少一些搜刮公司利益的行为。不再将企业保护在摇篮里,让"温室里的花朵"去野外经历阳光的滋润、风雨的洗礼,学会"优胜劣汰"的自然法则,才能让企业管理者拥有更强的责任心,推动公司更好地成长。让每一家公司学会不仅对自己负责,更是对所有股民、整个社会负责,中国的资本市场才会越来越完善,资本才能更好地推动实业的发展。

对于一家公司来说,如果担心自己会成为敌意收购的目标,密切关注公司股票的交易情况是需要进行的一项早期反收购工作。异常交易量的增长有可能是潜在的敌意收购方在大量囤积股票。一般收购消息传出后,被收购方的股价会大幅上涨,对潜在收购者来说,在消息宣布之前、股价还未大幅上涨时囤积股票是有利可图的。在本案例中,盛大向美国证券交易委员会递交 13-D 文件之后的一天,在"盛大欲收购新浪"的传闻满天飞时，新浪董事会才针对"盛大成为新浪第一大股东"事件做出了声明，起先认为这只是盛大单纯的投资行为，并不涉及收购，几天之后才启动了"毒丸计划"。显然，新浪在之前股权分散的情况下，没有及时监控到股票的交易情况，面对突如其来的第一大股东有些手足无措。

 术语解析

简要解析本案例中与兼并收购领域相关的常见术语。

13-D 表（13-D schedule）

针对在美国上市的公司。13-D 表又称"受益所有权报告"，"受益所有权"包括个人直接或间接享有选举权或投资权利，即卖掉股票的权利。潜在购买方持股达到目标公司流通股总数的 5% 时，应该在 10 天内向美国证券交易委员会（SEC）提交 13-D 表格，并及时更新事件的重大变化。需要披露的内容包括：股票发行者信息、购买的证券类型、购买方信息、实际拥有的股票数量、交易目的、购买资金来源等。

13-D 表可以让公众知晓公司的大股东和公司的潜在收购者。

反收购措施（anti-takeover measures）

公司面对敌意收购者，用来抵御攻击的措施，分为预防性措施（preventative measures）和主动性措施（active measures）。预防性措施用来抵御潜在的敌意收购行为，主动性措施为在敌意收购方采取报价行动时进行的防御。"毒丸计划"是典型的预防性措施，也是最常用的一种预防性措施。修改公司章程、轮换董事会也属于预防性措施。当预防性措施没能抵挡敌意收购方时，目标公司就要使用主动性防御措施，包括绿票讹诈和中止协议。

本案例中，新浪采取的"毒丸计划"和轮换董事会制就属于预防性措施，抵挡了盛大的敌意收购。

"毒丸计划"（poison pill）

一种反收购措施，正式名称为"股权摊薄反收购措施"。指潜在的目标公司发行的、意在降低公司在敌意收购方眼中的价值的新证券。"毒丸计划"是一种可能有效的防御措施，任何敌意收购方不得不严阵以待。

本案例在"新浪的'毒丸计划'"一节中已详细介绍了"毒丸计划"的起源、发展、分类等相关内容。

白衣骑士（white knight）

白衣骑士指一家公司在面临敌意收购，或者潜在收购方的威胁时，更愿意接受的买家。白衣骑士通常因为有更高的出价、承诺在并购后不会解散目标公司或者辞退高管和员工等行为而被目标公司友好接受。

但是寻找白衣骑士不是一件容易的事情，需要接触大量的行业和公司并借助投资银行家的帮助。

在本案例中，雅虎曾被传言是"白衣骑士"，收购新浪会帮助雅虎开拓中国市场。传闻称面对盛大对新浪的恶意收购，雅虎可能会在合并后不对新浪的业务进行过多干涉，不合并报表，这种善意的行为可能更易于被新浪接受。但是之后雅虎的管理层对该传闻进行了澄清，"白衣骑士"在本案例中实际上并不存在。

三、思考与分析

本部分针对案例提出问题，你可以在案例的基础上进行更广泛的资料收集，并尝试回答这些问题。

（1）盛大为何如此容易对新浪持股19.5%成为第一大股东？如果你是新浪的管理层，你会如何改进公司的股权结构和管理措施，防止公司被敌意收购者突袭？

（2）盛大如果成功收购新浪，你认为会对中国乃至国际市场上互联网及相关行业有何影响？对行业内的其他公司有何影响？

（3）"毒丸计划"是否适用于中国市场上的反收购？我国资本市场在这方面有哪些需要改进的地方？

参考资料

［1］帕特里克·A.高根，顾苏秦、李朝晖译. 兼并收购和公司重组（第四版）［M］. 北京：中国人民大学出版社，2010.

［2］Morgan Stanley. 中国互联网报告［R］，2004.

［3］艾瑞市场咨询. 盛大新浪业务研究报告［R］，2004.

（杨丹璐）

第五章

有钱就是任性：企业怎么从公家的变成了私人的？

自2013年以来，市场掀起了一股中概股回归的热潮，无论是从中国香港市场，还是从美国市场，大家投向中国内地市场大多都是奔着A股的高市盈率。为了实现"回归"，企业首先要将所有股票进行回购，而这势必会给企业带来不小的债务负担。除此之外，企业的管理层担任此次回购的买家，却又是卖家（企业股东）的建言者或咨询者。这样一来，企业股东，特别是股权分散企业的中小股东，就成为了刀俎上的鱼肉，任由管理层宰割。因此，如何对企业进行合理估值，是企业私有化过程中的重要一环。本章介绍的私有化案例中，既有曲折反复的万达私有化，也有出其不意的奇虎360借壳上市。其中，我们特意将奇虎360的案例拆解为"上篇"与"下篇"，"上篇（案例9）"专门介绍企业估值，"下篇（案例10）"则展示中概股企业回归的传奇经历。读者除了可以了解本土企业前往海外上市的资本运作及其拆解方式，也可以感受企业在选择上市目的地时，所考虑的不仅仅是跨市场套利，更是企业发展的战略转移。

企业私有化的背景不仅局限于市场套利，其买方也不仅局限于管理层。在本章介绍的最后一个案例中，濒临绝境的百丽鞋业通过高瓴资本和百丽管理层的联合收购（investor-led buy-out模式）重获生机，读者可从该案例体会到企业私有化更丰富的内涵。

案例 8

万达私有化
——解密背后的原因和资本运作

导言

2016年3月30日,大连万达商业股份有限公司发布从港交所退市的公告。2 000多亿港元的总市值,万达商业在港交所退市的消息无论对H股还是A股市场而言都是一颗重磅炸弹。回顾万达集团的历史,继2014年万达商业在A股上市失败之后,王健林立刻转战港股并顺利上市,然而万达商业在港股的上市对于王健林来说或许仅仅是权宜之计。在港股上市仅1年多之后,2016年3月,万达商业对外宣布了在港交所退市的公告。很显然,万达商业从港股退市的根本目的就是将来在A股的上市。究竟是什么原因导致王健林如此热衷于让万达在A股上市?其背后巨大的资本如何运作?除退市之外,万达集团的经营模式也正在面临着从重资产向轻资产的转型,2016年万达集团的服务业收入首次超过地产,占集团总收入的55%。万达集团的退市和转型之间又是否存在着某种联系?本案例将带着这些问题展开讨论。

一、事件发展,时间脉络

时间	具体事件
2014年7月1日	证监会终止审查万达上市的申请资料,万达集团A股首次上市失败。
2014年12月23日	大连万达商业地产股份有限公司在港交所主板挂牌上市。
2015年11月15日	万达商业发行A股说明书,第一次表示A股上市意愿。
2016年3月30日	万达商业公布了从港交所退市的公告。
2016年5月30日	万达商业发布公告,将与联合要约人有条件全面收购已发行H股。
2016年6月30日	H股要约开始。

续 表

时间	具体事件
2016年8月15日	万达集团在北京召开临时股东大会以及H股类别股东大会,对退市决议进行投票,会议以85%以上的赞成率通过了该决议。
2016年9月20日	万达商业正式从港交所摘牌。
2016年9月27日	H股联合要约收购截止,已收购股份占全部H股的99.03%。
2016年11月21日	绵石投资发布公告称,将终止重大资产重组事项,宣告万达第一次借壳上市失败。

资料来源:公司公告。

(一)A股碰壁,香港联交所抛来橄榄枝

早在2009年,王健林就已经开始筹备万达商业在A股的上市事宜,但在2010年之后,由于资本市场的低迷和国内对房地产行业融资的严格把关,万达商业的上市受到了很大的阻碍,2014年中国证监会发布的报告宣告万达商业在A股上市以失败告终。

尽管从2011年到2014年上半年万达商业的销售收入一直保持稳步上涨,但在其光辉业绩的背后隐藏的却是单一的收入结构和逐年下降的毛利率。

图 8-1 万达商业 2013—2015 年收入、毛利率及 2015 年各项收入占比

资料来源:万达商业(03699)2015年年报。

万达商业在物业租赁方面的收入逐年降低,维持公司高增长的唯一来源就是房地产销售业务,但由于国内房地产市场的政策把控逐渐收紧,尽管销量逐年上升,万达商业手中的房地产存货却日益增加。房地产企业本身就存在负债率高的弊端,存货的滞销更是给万达商业带来了巨大的债务压力。一方面是主要收入依赖于房地产销售带来的高负债率,另一方面是A股市场上市的重重阻碍。为了获得融资,从而降低高负债率带来的极大风险,王健林选择首先在港股上市。

此前万达集团已经成功在港股市场上获得融资。早在2002年,万达集团旗下的万

达酒店发展有限公司就已经在香港联合交易所主板上市,这次万达商业的上市同样非常顺利,仅仅半年时间,在 2014 年 12 月 23 日,万达集团就成功在港交所主板挂牌上市,首发价格 48 港元/股。

(二)股价持续走低,王健林怒发退市公告

尽管万达商业已经创下了当年港股 IPO 最大规模的纪录,但同时,万达商业首发当天就跌破发行价,并在以后的时间里持续下跌,截至万达商业宣布下市计划前,也就是 2016 年 3 月 30 日,万达商业的股票价格已经下跌到 38.8 港元/股,相较于其 6.62 港元的每股收益来说,市盈率为 5.86 倍。对于热衷于在 A 股上市的王健林来说,高估值必然是他所考虑的首要因素。虽然万达的市盈率在港股中还是高于行业平均水平的,但相比于万达商业良好的盈利能力和收入较快的增长速度,王健林表示"我们觉得价值被严重低估"①。一方面,万达商业面临的高负债的困境已经得到暂时的缓解;另一方面,香港恒生指数在 2016 年 3 月探底 19 000 点,创造 4 年来的最低价格,在这个时间点退市无疑是最佳的选择。于是在 2016 年 3 月 30 日,仅上市 15 个月的大连万达商业地产股份有限公司公布了从香港联交所退市的公告。万达集团计划以每股不低于 48 港元的价格收购全部的 H 股流通股。

一旦王健林决定要让万达退市,退市就已经是板上钉钉。联交所规定,出席股东大会的股东中 75% 以上同意,公司才能退市。从万达商业的股权结构来看,王健林持有万达商业 50.815% 的投票权,再加上其公司内部持股的一致行动人,王健林集团的控股比例达到 70% 以上,另外万达商业实行 AB 股制度,8 月 15 日的股东大会上同意万达商业退市的股东比例高达 85%。

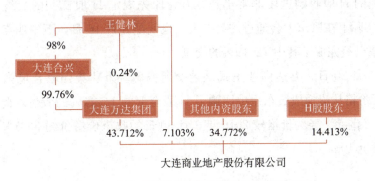

图 8-2 大连万达商业股份有限公司股权结构图
资料来源:万达商业(03699)2015 年年报。

2016 年 5 月 30 日,万达商业发布联合公告,宣布将与联合要约人全面收购已经发

---

① 央视《对话》,20160522,谜一样的万达收购。

行的 H 股股票。6 月 30 日，万达发布联合公告，将由中国国际金融香港证券有限公司牵头代表其他联合要约人，提出全面收购万达商业全部 H 股的联合要约。

在这个时间点，万达商业已经搭建好了海外收购的 SPV 架构，并且已经筹集到了用于收购的大部分资金，将通过过桥贷款全面收购万达在 H 股流通的全部股票。我们可以看一下万达贷款的时间线（表 8-1）。

表 8-1 万达私有化贷款信息表

时间	债券类型
2015 年 8 月 28 日	第一期境内债券 50 亿，期限 5 年，利率 4.09%
2015 年 10 月 15 日	第二期境内债券 50 亿，期限 5 年，利率 3.93%
2016 年 1 月 18 日	第一期境外债券 50 亿，期限 5 年，利率 3.20%
2016 年 5 月 10 日	第二期境外债券 80 亿，期限 5 年，利率 3.95%
2016 年 5 月 25 日	第三期境外债券 50 亿，期限 5 年，利率 3.95%
2016 年 6 月 13 日	第四期境外债券 30 亿，期限 5 年，利率 3.88%
2016 年 7 月 12 日	第五期境外债券 20 亿，期限 5 年，利率 3.45%
2016 年 7 月 27 日	第六期境外债券 20 亿，期限 5 年，利率 3.36%

数据来源：万达商业（03699）公司公告。

可以看到，万达商业在 2016 年 6 月 30 日之前已经获得了收购 H 股所需的 350 亿港元中的绝大部分（310 亿港元），当年的 7 月 27 日，万达商业获得了全部所需的 350 亿港元资金。值得注意的是，在此次私有化计划中，身为最大股东的王健林自己实际上一分钱也没有掏。

万达商业的 H 股收购进度非常迅速。万达原先规定 H 股交割的最终截止日期是 9 月 13 日，实际上在股东大会通过的第二天，也就是 8 月 16 日，下午四点时，H 股全部流通的股票已经完成了其中 72.19% 的交割。

2016 年 9 月 20 日，万达商业正式从港交所摘牌。万达集团联合境内外投资者以 344.5 亿港元价格从流通股股东手中回购了 H 股全部的 14.41% 的股份，此次要约收购价格每股 52.8 港元，要约价格较 2016 年 3 月 30 日的收市价溢价约 36.1%，较发行价 48.00 港元溢价 10%。

二、万达退市的商业秘密

（一）高质量加快增长，万达商业被香港市场低估了吗？

在宣布退市后，王健林在第一次公开回应中表示："我们觉得价值被严重低估。万达商业不同于一般的房地产公司，注意看财报，去年净利润构成中35%来自固定租金业务，就是来自租赁业务。再往前年看是30%，那就意味着每年增长5.2%，2016年至少超过四成的净利润超过租金行业，不能用简单的房地产公司估值，我们香港股指只有不到5倍，市值还低于净资产，所以这种低估值让我们无法忍受。"很显然，王健林在H股退市的最重要原因就是万达的股票在香港市场被低估了。导致王健林做出这种判断的，不外乎两个原因。

首先是万达商业的高增长率。2016年上半年，房地产调控政策的频繁出台在一定程度上抑制了地产业的景气度，但万达仍然保持了较高的收入增长速度。2016年上半年，万达商业综合收入734.1亿元，完成上半年计划的101%，同比增长12%；万达文化集团上半年收入同比增长30%，远高于房地产业务增速；万达院线上半年收入34.8亿元，完成上半年计划的135%，同比增长41%；万达旅业上半年收入同比增长147%。万达集团在2015—2016年迅速地搭建起了一个以服务业为主要收入来源的商业模式，完善了以文化、电影、旅游、体育、网络等一系列产业为支柱的商业生态圈，加强了企业的盈利能力。

其次，万达集团正在面临收益模式的转型。2016年万达集团正在面临一个重要的转型期，即由重资产向轻资产的转型，或者说由房地产业向服务业的转型。以2016年为分水岭，此前，万达集团地产业的收入在其总收入中占据绝对比重，在2015年，万达的物业销售收入（其中主要是商业地产的租赁收入）占其总收入的比重超过80%；2016年，万达第一次实现了服务类收入超过地产收入，服务类收入占比为55%左右。万达的转型快速而且有力，仅仅用了一年的时间，万达就实现了收入主体从房地产业向地产服务业的迅速转型，并且万达的转型是成功的。在这种情况下，仍然将万达视为一家房地产公司，用房地产企业的估值模式来评价市场对万达的定价是否公正显然是失之偏颇的。

表8-2　2018年7月10日沪深两市上市公司市盈率

行业	公司数量	静态市盈率（倍）		滚动市盈率（倍）	
		加权平均	中位数	加权平均	中位数
房地产业	60	10.73	16.62	9.93	14.55
租赁和商务服务业	31	26.72	41.03	25.86	36.23
租赁业	2	14.3	39.13	13.64	67.04
商务服务业	29	29.51	41.03	28.65	36.23

资料来源：国证指数。

在沪深市场，房地产业公司的加权平均静态市盈率为10.73倍，而租赁和服务业的加权平均静态市盈率则为 26.72 倍。两个行业的市盈率相差两倍以上，在这种情况下，忽视万达商业经营状况的改变而仅仅将万达简单地归入房地产业，并运用房地产业的一套估值方法，显然是不公平的。在万达的转型期间，万达商业的经营范围从房地产业转向服务业，万达的股价理应上涨，但是万达商业的股价从 2015 年开始就一直处于下跌的趋势，万达的股价一度从最高点 78.00 港元下跌到 2016 年的最低点 31.10 港元，股价表现极不理想。

不管是从公司当年的收益上，还是从企业发展的战略上讲，2015 年到 2016 年万达商业的经营都是大获成功的，然而由此得出万达商业的股价被低估的结论并不公道。当我们将万达商业退市前的市盈率与同行业公司进行对比，就会发现香港的投资者已经充分意识到万达商业在经营上较好的表现，并且反映在了万达的股价上。

表 8-3　2016 年 4 月 H 股同类公司市盈率对比

公司	总市值（亿港元）	市盈率（倍）		
		2014A	2015E	2016E
万科	3 097	10.6	9.9	8.4
恒大地产	782	21.0	12.1	8.5
中国海外发展	2 352	8.2	7.8	7.1
华润置地	1 356	9.7	9.3	8.2
碧桂园	670	4.9	5.6	5.4
世茂房地产	370	3.7	5.0	4.3
融创中国	170	3.7	4.5	4.4
富力地产	348	6.5	5.3	4.8
绿城中国	129	4.5	9.6	5.3
龙湖地产	643	7.3	7.7	6.8
雅居乐	170	3.1	5.9	5.1
远洋地产	267	5.9	7.7	6.3
新城控股	57	6.4	n.a	n.a
首创置业	63	3.0	2.9	5.1
保利置业	77	20.4	−4.4	28.1
旭辉控股	125	4.4	4.6	4.0
越秀地产	136	5.9	9.2	9.2
合景泰富	150	4.5	4.6	4.0
中国金茂	228	5.4	7.4	6.5

续表

公司	总市值（亿港元）	市盈率（倍）		
		2014A	2015E	2016E
时代地产	53	3.3	n.a	n.a
禹洲地产	78	5.5	3.8	3.7
龙光地产	157	6.4	6.2	5.0
深圳控股	230	11.2	10.2	7.1
亿达中国	67	5.3	n.a	n.a
中国海外宏洋	59	4.6	6.9	4.2
万达商业	2 060	9.8	10.1	8.6
均值		6.0	6.8	5.0
中值		5.4	6.5	4.6
市值加权平均		7.2	6.0	4.5

数据来源：《万达商业私有化募资推介书》。

从表8-3看，相比于同行业公司，无论是以市盈率均值还是以市盈率市值加权平均为口径，万达的市盈率9.8倍都高于港股市场的平均市盈率。王健林始终对A股市场情有独钟的原因，只能是因为A股市场对万达商业股票能给出更高的估值。

表8-4 2016年4月A股同类公司市盈率对比

公司	总市值（亿元人民币）	市盈率（倍）		
		2014A	2015E	2016E
万达商业	1 721	—		9.8
万科A	2 582	16.4	14.3	12.3
绿地控股	1 628	20.1	18.0	14.7
保利地产	1 018	8.3	7.6	6.4
华夏幸福	734	20.7	15.2	11.6
招商蛇口	1 233		19.5	14.2
金地集团	542	13.6	12.4	10.7
金科股份	176	19.4	13.8	11.6
荣盛发展	331	10.3	9.8	8.3
中南建设	187	19.5	19.2	15.2
首开股份	232	14.1	10.8	8.7

续 表

公司	总市值 (亿元人民币)	市盈率(倍)		
		2014A	2015E	2016E
泰禾集团	271	34.5	21.3	14.0
华侨城A	579	12.1	11.2	8.4
金融街	282	9.6	10.7	9.0
滨江集团	238	28.7	19.5	14.3
京投银泰	71	284.3	37.6	18.1
新湖中宝	368	34.0	25.9	20.9
鲁商置业	62	30.3	28.6	31.8
华发股份	150	23.2	21.5	18.0
均值		35.2	17.6	13.8
中值		19.5	16.6	13.1
市值加权平均		19.5	15.4	12.3

数据来源:《万达商业私有化募资推介书》。

不难发现,A股市场房地产业公司的平均市盈率达到20倍以上,然而万达在港股的市盈率只有10倍不到,同样的股票在两个市场的价格相差一倍以上,王健林想要在港股退市转战A股也是情理之中的了。

(二) 左右手互倒,市值却凭空增加

万达商业还没有在A股上市,王健林却又玩起了资本游戏。除了不断将万达集团手里重资产的项目转移之外,2017年8月9日,王健林将万达旗下的文化旅游创意集团有限公司和万达酒店管理(香港)有限公司分别以63亿元和7.5亿元的价格注入万达集团旗下的香港上市公司万达酒店发展,并将万达酒店发展手中的桂林、伦敦、芝加哥和悉尼及黄金海岸的地产项目股权出售给万达商业。看似只是左右手互倒的资本游戏,背后却蕴含着巨大的商业智慧。

与A股市场注重的高增长率不同,港股市场注重的是公司的现金流。在香港市场,较为认可的是轻资产、重运营的公司治理模式,因此轻资产公司在H股市场将会获得更高的估值。当大量优质轻资产被注入万达酒店发展而重资产被剥离之后,万达酒店发展的股票价格应声大涨。

想要理解王健林在这笔资产交换背后的商业逻辑,我们必须关注到,在香港市场和沪深市场,投资者对轻资产和重资产的相对偏好程度是不同的。

表 8-5　2018 年 7 月 10 日房地产公司在两市场市盈率对比

公司	总市值	市盈率（倍）		
		2017A	2018A	2019E
香港（9 家）				
恒基地产	1 562（亿港元）	6.08	8.20	9.59
新鸿基地产	2 935（亿港元）	6.42	10.25	9.81
中国海外发展	2 363（亿港元）	6.87	6.43	5.53
长实集团	1 951（亿港元）	7.67	7.46	7.67
华润置地	1 542（亿港元）	7.93	6.87	5.82
万科企业	2 643（亿港元）	8.31	7.31	6.17
碧桂园	2 434（亿港元）	9.25	7.24	5.45
长和	2 778（亿港元）	9.37	8.39	7.97
中国恒大	2 365（亿港元）	9.61	5.43	4.68
最高值		*9.61*	*10.30*	*9.86*
中位值		*7.80*	*7.38*	*6.92*
沪深（10 家）				
金地集团	437（亿元）	6.18	5.42	4.61
绿地控股	780（亿元）	7.92	7.02	5.76
保利地产	1 339（亿元）	8.57	6.71	5.41
华夏幸福	807（亿元）	8.67	6.93	5.34
招商蛇口	1 432（亿元）	9.02	9.26	7.49
陆家 B 股	460（亿元）	9.17	8.80	7.62
万科 A	2 643（亿元）	9.44	7.46	5.98
新城控股	669（亿元）	10.54	7.70	5.79
陆家嘴	460（亿元）	15.36	14.75	12.77
海航基础	436（亿元）	17.13	—	—
最高值		*17.13*	*14.75*	*12.77*
中位值		*9.09*	*7.46*	*5.79*

数据来源：Wind。

表 8-6　2018 年 7 月 10 日旅游、餐饮及休闲业公司在两市场市盈率对比

公司	总市值	市盈率（倍）		
		2017A	2018A	2019E
香港（10家）				
星巴克-T	4 563（亿港元）	4.11	3.19	—
金沙中国有限公司	2 827（亿港元）	26.72	19.51	17.00
银河娱乐	2 237（亿港元）	25.23	20.53	18.10
永利澳门	1 068（亿港元）	34.20	18.26	15.33
美高梅中国	533（亿港元）	27.19	20.93	14.07
澳博控股	448（亿港元）	27.01	22.20	23.32
香格里拉（亚洲）	433（亿港元）	41.51	24.29	20.68
新濠国际发展	292（亿港元）	72.94	15.76	12.80
金界控股	266（亿港元）	15.82	13.62	11.72
大酒店	150（亿港元）	15.39	—	—
最高值		72.94	24.29	23.32
中位值		26.72	19.51	16.17
沪深（10家）				
中国国旅	1 287（亿元）	43.31	36.92	30.31
华侨城A	525（亿元）	5.83	4.88	3.97
宋城演艺	344（亿元）	30.07	25.16	23.16
锦江B股	297（亿元）	16.23	13.19	10.67
锦江股份	297（亿元）	35.65	28.97	23.43
首旅酒店	246（亿元）	36.71	28.20	22.13
中青旅	136（亿元）	23.28	19.98	17.29
凯撒旅游	104（亿元）	45.96	27.14	21.35
腾邦国际	79（亿元）	26.80	22.37	17.53
众信旅游	77（亿元）	31.19	23.88	18.47
最高值		45.96	36.92	30.31
中位值		30.63	24.52	19.91

数据来源：Wind。

从表 8-5 和表 8-6 可以看到：酒店经营等轻资产公司在 H 股和 A 股市场的市盈率分别为 26.72 倍和 30.63 倍，A 股市场比 H 股市场的市盈率高 14.6%。而房地产类的重资产企业在两个市场的市盈率中位数分别是 7.80 倍和 9.09 倍，A 股市场比 H 股市

场的市盈率高 16.5%。如果将对比口径转换为最高值,则差距会更大。相比之下,轻资产企业在香港市场的相对估值更高,而重资产企业在沪深市场的相对估值更高。对于万达集团而言,公司内部的资产并没有变化,但让重资产从万达酒店发展转移到万达商业,市场将给出完全不同的估值。一旦日后万达商业在 A 股市场上市成功,只要将万达集团旗下的轻资产和重资产在万达商业和万达酒店发展之间进行转移,将轻资产注入万达酒店发展,将重资产注入万达商业,仅仅通过资产的左右手互倒,王健林就能够让万达集团手里的资产升值。

综合来说,A 股市场对商业地产的高估值显然是万达商业退市的最主要的理由,同时王健林也把握好了让万达商业退市的最佳时机。一方面,万达的股票在 2016 年前半年下跌到了 30 多元的低价,王健林这个时候买进自己的股票实际上是最划算的行为;另一方面,A 股上市政策常常摇摆不定。万达 2014 年没有成功上市的一个重要原因,就是当时房地产业过热,房地产政策趋严,因此证监会对房地产业公司的审核也会相对更加严格。2015 年年底政府提出"三去一降一补",对地产政策调控力度有所放松。与此同时,万达正在面临从房地产业转向服务业、从重资产转向轻资产的重大变革,万达在这个时间选择在 A 股上市将会有极大的可能性搭上政策的顺风车,这个时间应算是万达想要回归 A 股的最好时机。

尽管万达 2016 年 11 月在 A 股上市的初次尝试以失败告终,但是万达的经营状况仍然十分良好,并且向服务业转型也在稳步推进中。整个市场对万达在 A 股上市表现出极大的乐观态度。

(三) 搭建 SPV 架构,实现零出资私有化

万达商业此次从 H 股退市,可以说是在全球范围内创造了一个全新的模式。在整个私有化过程中,王健林以及其他内资股股东没有出一分钱,所有资金都来源于集团外部的银团贷款。万达最终收购全部流通的 H 股花费了 344.5 亿元,而在此之前,万达已经筹集到了 350 亿元的贷款,将整个退市所需要的资金全面覆盖。

万达商业这次私有化并没有耗费公司资本或现金流,也没有做资产抵押融资,全部要约收购 H 股股份的资金来自财团投资者或备用融资的银团贷款。当万达商业顺利完成私有化之后,这些要约收购 H 股股份将分配至财团投资者名下,等待万达商业在中国内地重新 A 股 IPO 上市。

收购 H 股的银团是由 SPV,即特殊目的载体组成的。按照万达商业此前发布的公告,联合要约人由八家分别以 WD Knight 加罗马数字命名的公司,以及一家名为 Red Fortune Global Limited 的公司,共九家境外机构组成。该九家公司背后的出资人如图 8-3 所示。

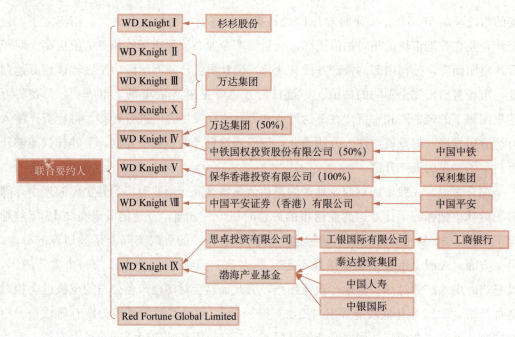

图 8-3 万达私有化 SPV 联合要约人结构

资料来源：公司公告。

其中，WD Knight III 和 WD Knight X 两家公司用作备用融资，作为在其他联合投资人的资金没能按时到位情况下的备用资金来源。两家公司的资金来源分别是招商银行和 CICC Hong Kong Finance（Cayman）Limited 的贷款，贷款资金最高分别不超过 90 亿港元和 37.8 亿港元。另外，这两笔贷款的使用存在先后顺序。万达商业私有化设立的 4 个投资实体签署的备用融资协议安排了财团投资者无法按时履约支付承诺投资余额时的拨付顺序，待与招商银行约定最高备用融资金额 90 亿港元拨付后，CICC Hong Kong Finance（Cayman）Limited 才会履行 37.8 亿港元的备用融资贷款责任；WD Knight II 虽然由万达商业自己直接出资，但是最终其收购的股份将让与上海持睿投资管理中心及上海褚骅创业投资合伙企业，相当于真正出资人为后两家企业。根据联合要约收购的协议，要约收购完成后，这些公司持有万达流通 H 股的比例如表 8-7 所示。

表 8-7 各联合要约人计划持 H 股流通股比例

联合要约人名称	实际控制人	H 股分配占 H 股要约总比例	
		计划持股比例	收购后实际持股比例
WD Knight I	杉杉股份	15.47%	15.0%（96 986 580 股）
WD Knight II	万达集团	19.18%	12.6%（81 241 409 股）
WD Knight III	万达集团	—	20.8%（134 237 559 股）
WD Knight IV	万达集团（50%）、中国中铁	4.15%	4.4%（28 559 173 股）

续 表

联合要约人名称	实际控制人	H股分配占 H 股要约总比例	
		计划持股比例	收购后实际持股比例
WD Knight Ⅴ	保利集团	16.95%	—
WD Knight Ⅷ	中国平安	21.19%	22.6%(146 065 098 股)
WD Knight Ⅸ	工商银行、泰达投资集团、中国人寿、中银国际	16.81%	18.0%(116 006 005 股)
Red Fortune Global Limited	Red Fortune Global Limited	6.25%	6.7%(43 105 843 股)
总计		100%	100.0%(646 201 644 股)

资料来源：公司公告。

可见保利集团和上海持睿投资管理中心及上海褚骅创业投资合伙企业并没有兑现自己最初的诺言，如约收购合同规定的股份数量，这一部分的资金亏空全部都由 WD Knight III 公司向招商银行贷款获得。

那么这些提供资金的企业最终将从何获利呢？我们可以看到在万达签订的贷款合同中有这样的条款：如果公司在退市满 2 年或 2018 年 8 月 31 日前（以孰晚为准）未能够在境内主板市场上市，则：万达集团以每年 10% 的单利向 A 类（境外）投资人回购全部股权，以每年 8% 的单利向 B 类（境内）投资人回购全部股权；A（境外）、B（境内）类投资人按投资金额分摊境外退市费用，B 类（境内）投资人还需另外承担过桥贷款的相关费用；B 类（境内）投资人就过桥贷款融资成本、资金出境期间汇率成本等承担补充出资义务[①]。

可见，如果万达能够在 A 股重新上市，那么在港股提供融资的这些公司所持有的股票将能够在 A 股市场重新卖出，从而获得丰厚的套利收益；如果万达不能够在 A 股上市，那么在合约到期后，也就是 2018 年 8 月 31 日，万达将回购这些联合要约人手中的全部股票，并且支付每年 8% 到 10% 不等的利息。该对赌协议保证了投资人的收益。

（四）私有化方式的选择：要约收购更受资本市场青睐？

谈到筹资架构，还有一个重要的问题就是为何本次收购会被处理成要约收购而非协议收购？

公司收购可大致分为两种形式：要约收购和协议收购。通常来说，前者主要发生在

---

① 《万达商业私有化募资推介书》，2016 年 4 月。

目标公司股权较为分散、公司的控制权与所有权极度分离的情况下；后者则多发生在目标公司股权比较集中、存在控股股东的情况下，收购人可通过协议方式实现控制权的转让。

万达的股权架构中超过半数股份被王健林直接或通过控股公司持有，其他高管和内资股股东持股35%，H股股本仅占总股本的14.4%，按理说应该更适合协议收购的方式，但本案例中采用的是全面自愿要约收购，其原因可以从港股收购的法律程序中进行解释。

在港股中，要约收购和协议收购（香港称协议安排）的主要区别体现在以下几个方面：第一，相比要约收购，协议收购的审核需要通过法院听证会以及特别股东大会的表决，其审核更为复杂；第二，要约收购的收购方可以在要约中设置要约生效的先决条件，也可以对先决条件进行豁免，比如本案例中的要约先决条件有一条为接受要约的H股达到75%，并且联合要约人有全部或部分豁免该条件的权利；第三，在要约价格上和要约收购的时间表上，要约方都有一定灵活性。

此外要强调的一点是，在要约公告中有一条——无权强制性收购，所以如果独立股东不接纳要约，一方面要约人无权强制收购剩余H股股票，另一方面独立股东手中的H股将会变成未上市股票，流动性剧降。

最终，临时股东大会收到的赞成票占88.49%，反对票占7.33%；H股类别股东大会收到的赞成票占88.45%，反对票占7.33%，满足了至少75%表决权批准，以及反对票不超过10%的要约条件。尽管第三大股东贝莱德和第六大股东荷兰APG基金由于高位入市投了反对票，但由于第一大股东科威特投资局和第二大股东中国人寿接受了要约，所以私有化决议还是顺利通过。

从本次收购的要约溢价来看，在公布的要约公告中，万达商业提出的要约价格为每股52.8港元，比IPO价格48港元溢价10%，比停牌价格38.8港元溢价36%，并且明确表示不会提高要约价格。要约发出后，万达集团旗下的《华夏时报》发布评论称这一要约价格"尽显万达对港股投资者的诚意和感恩"。其实为了获得股东支持，提高方案通过的可能性，港股退市公司的要约价格溢价都很高。从过去两年港股私有化的公司溢价来看，平均溢价水平达到43%，最高的物美商业甚至达到了90%的溢价水平；相比之下，万达36%只能算是合理，也能看出王健林对要约的成功通过还是信心十足。

就A股市场而言，要约收购相比协议收购来说数量相对较少，从2003年复星收购南钢到现在，要约收购案例只有近百起。但是随着2014年11月证监会取消对要约收购的前置审批程序以及对常规收购方式的监管趋严，2016—2018年要约收购案例的数量显著上升（见表8-8）。

表8-8 2016—2018年A股市场要约收购事项及收购进度（截至2018年12月）

公司	收购进度	要约事件
上海家化	达成转让意向	家化集团要约收购上海家化20%股权。
中兴通讯	进行中	中兴通讯要约收购Netas 51.96%股权。
万科A	董事会预案	万科A子公司组成财团收购普洛斯21.40%股权。
中远海控	董事会预案	中远海控要约收购东方海外国际。
希努尔	完成	雪松文旅要约收购希努尔50股股权。
供销大集	完成	供销大集要约收购顺客隆25.62%股权。
莫高股份	完成	甘肃农垦要约收购莫高股份5%股权。
爱尔眼科	完成	爱尔眼科要约收购CB S. A 86.83%股权。
云南旅游	完成	华侨城云南公司要约收购云南旅游。
云南白药	进行中	白药控股要约收购云南白药58.48%股权。
海南海药	进行中	刘悉承要约收购海南海药10%股权。
银鸽投资	完成	鳌迎投资要约收购银鸽投资。
泛海控股	进行中	泛海控股要约收购华富国际23.31%股权。
玉龙股份	完成	知合科技要约收购玉龙股份20%股权。
海能达	完成	海能达拟要约收购Sepura plc 100%股权。
万通地产	完成	嘉华控股要约收购万通地产28.94%股权。
中国天楹	完成	乾创投资联合员工持股计划要约收购中国天楹12.17%股权。
美的集团	完成	美的集团要约收购库卡集团。
大康农业	失败	达康牧业拟要约收购Kidman公司80%股权及ARC收购Kidman公司20%的股权。
奥佳华	完成	蒙发利拟收购MEDISANA约75.31%股权。
广汇汽车	完成	广汇汽车要约收购宝信汽车。
风华高科	完成	风华高科约2.72亿收购光颉科技40%股权。
中弘股份	完成	中弘股份收购香港上市公司KEE公司72.789%股权。
双成药业	失败	双成药业2亿收购两德国医药公司各74.9%的股权。
紫金矿业	完成	紫金矿业拟以3 300万澳元收购诺顿金田17.57%股权。

数据来源：Wind。

相比以往传统的因触发了30%控制权而发生强制性的全面要约收购，最近的要约收购案例出现了一些新特征，部分要约的数量上升，其目的也更加灵活。例如，中国天楹的部分要约就是为了ESOP安排；又如，玉龙股份的要约价格甚至比市价高，部分要约在此被用作控制权转移而避免触发全面要约的一种手段。全面收购也不一定是强制性，如2013年的金马集团和2015年的ST二重就是为私有化发起的自愿全面要约，和本次案例有相似之处。总之，有理由相信，在其他并购方式受到从严监管的大背景下，要约收购这种方式会在未来的市场交易中被更多地使用和创新。

（五）案例小结

万达商业的私有化，只是万达集团整个战略蓝图中的一部分。从2016年开始，万达卸下集团内部的重资产，未来的万达要做旅游业、餐饮业、文化和服务产业，成为一个旅游业的管理集团。尽管目前王健林将一部分重资产并入了万达商业，但从万达目前的转型趋势来看，完全剥离重资产，聚焦于轻资产，解决集团资产负债率太高的弊端，形成一整条轻资产模式下的资金链，将是万达未来的发展目标。因此，将万达酒店管理整合为优质的轻资产公司后，王健林的下一步动作很可能就是将万达商业旗下的重资产也进行转移。在未来，万达在A股上市后很有可能不是归入房地产板块，而是被归入商业服务类板块，作为一个文化产业巨头而活跃在A股市场。

术语解析

简要解析本案例中与兼并收购领域相关的常见术语。

协议收购（privately negotiated transaction）

协议收购是指由收购人与上市公司特定的股票持有人就收购该公司股票的条件、价格、期限等有关事项达成协议，由公司股票的持有人向收购者转让股票，收购人支付现金，达到收购的目的。协议收购是上市公司收购的特殊形态。我国上市公司中大量的非流通股股份，包括国家股、法人股是通过协议收购进行转让的。因此，国家对协议收购的监管比较严格，尤其是国家股股权的转让更要遵循国家主管部门关于股份转让的相关规定。协议收购兼具场内场外交易的属性，必须遵守证券交易所的一般交易规则和场外交易及大宗交易的特殊规则，并遵循特殊监管方式的监管。协议收购采取个别协议方式进行，不必对全体股东发出收购要约，并可对不同股东采取不同的收购价格和收购条件。

特殊目的载体（special purpose vehicle, SPV）

在证券行业，SPV指特殊目的载体，也称为特殊目的机构，其职能是在离岸资产证券化过程中，购买、包装证券化资产并以此为基础发行资产化证券，向国外投资者融资。SPV 的原始概念来自"中国墙"(Chinese Wall) 的风险隔离设计,它的设计主要是为了达到"破产隔离"的目的。

SPV(特殊目的载体)的业务范围被严格地限定,所以它是通常不会破产的高信用等级实体。SPV 在资产证券化中具有特殊的地位,它是整个资产证券化过程的核心,各个参与者都将围绕着它来展开工作。SPV 有特殊目的公司(special purpose company, SPC)和特殊目的信托(special purpose trust, SPT)两种主要表现形式。一般来说,SPV 没有注册资本的要求,一般也没有固定的员工或者办公场所,SPV 的所有职能都预先安排外派给其他专业机构。SPV 必须保证独立和破产隔离。SPV 设立时,通常由慈善机构或无关联的机构拥有,这样 SPV 会按照既定的法律条文来操作,不至于产生利益冲突而偏袒一方。SPV 的资产和负债基本完全相等,其剩余价值基本可以不计。SPV 可以是一个法人实体,可以是一个空壳公司,同时也可以是拥有国家信用的中介。

三、思考与分析

本部分针对案例提出问题,你可以在案例的基础上进行更广泛的资料收集,并尝试回答这些问题:

(1) 为什么万达商业不选择在 H 股市场和 A 股市场同时上市的策略(例如万科),而选择首先在 H 股退市,再在 A 股上市的策略?

(2) 万达商业从 H 股转战 A 股,将无法再实行 AB 股制度,王健林应该怎么安排股权结构,才能使他对万达商业的绝对控股权不受动摇?

(3) 房地产企业的融资利率一般为 6%—7%,而万达 SPV 架构中银团贷款对赌协议的利率高达 8%—10%,这部分的溢价来自哪里?

(4) 万达商业对赌协议即将到期,万达上市失败的可能性如何?如果上市失败,万达可能会选择哪几种补偿债权人的方式?

参考资料

[1] 马静如. 中外股票市场市盈率比较研究 [J]. 南开经济研究, 2004 (04): 85-88.
[2] 刘晓. 中国股票市场的合理市盈率及泡沫研究 [D]. 对外经济贸易大学, 2007.
[3] 颜安. 我国股票市场市盈率与收益率风险关系的实证研究 [D]. 重庆大学, 2006.
[4] 陈占锋. 上海股票市场 A 股泡沫问题: 市盈率测量与综合解释 [J]. 世界经济,

2002（07）：63-70.

[5] 万达商业私有化募资推介书.

[6] 万达私有化境内投资人股权投资协议 20160420.

[7] 万达集团股份有限公司 2016 年财务报表.

[8] 万达集团股份有限公司 2017 年三季度财务报表.

[9] 万达商业关于私有化发布的历次公告.

[10] 万达私有化要约收购方——A 股上市公司重点分析.

（宋晓东）

案例 9

奇虎 360 回归的光和影——
中概股投资价值评估

导言

2016 年，注定是奇虎 360 最不平凡的一年。在这一年中，周鸿祎带领公司人员，迅速组建中资财团，顺流而退，退出美国股票市场，谋求资本市场新一轮的变革。奇虎 360 回归的整个过程，速度之快、决策之多、操作之复杂让人咋舌，这是当今 Internet＋大环境下，我国技术创新企业资本运作发展史的重要篇章，也是我国资本市场国际崛起的见证。Internet＋是赢者通吃的自然垄断时代，当 2013 年兴起中概股回归浪潮时，在互联网技术创新行业闯荡多年、深谙此道的周鸿祎是如何重新评估自己公司的投资价值的？奇虎 360 能通过在中国这个互联网平台经济市场的重新认知和估值，实现周鸿祎从"负翁"到"富翁"的华丽转身吗？本案例将首先回顾公司作为一家互联网高科技企业的发展历史，然后采用"Internet＋平台经济"这一新的投资价值评估思路来对奇虎 360 进行估值。基于平台经济的估值思路将有助于读者更好地把握奇虎 360 私有化并在 A 股上市的动机，为读者理解并评估大数据时代互联网创新企业的未来投资价值提供参照。

一、事件发展，时间脉络

	第一阶段：被视为流氓软件起家
1998 年	周鸿祎建立 3721，推出"网络实名"的前身——中文网址，并在不久后用插件捆绑的方式推广 3721。
2001 年	由于当时还没有太多人意识到恶意软件的厉害，很多用户觉得好用便开始使用 3721，很多企业也都选择 3721 作为推广方式。 2001 年，3721 宣布盈利，是当时国内第一家宣布盈利的搜索公司。

续表

2003年	2003年4月16日,3721网站上刊出了"3721针对CNNIC发表声明,呼吁营造健康市场经济秩序"的专题新闻,并在该专题中链接了《周鸿祎出语惊人:CNNIC 私刻公章是"非法机构"》等文章。CNNIC(通用网址)随后以侵害其名誉权为由起诉至法院。 9月,又收到来自法院的起诉书,百度搜霸状告3721恶意竞争,导致用户不能正常运行百度搜霸。 9月,雅虎1.2亿美元并购3721,周鸿祎出任雅虎中国CEO。
2005年	10月,阿里巴巴宣布完成对雅虎中国全部资产收购,3721业务随之并入马云手中。

第二阶段:转型安全卫士,成立360

2005年	阿里巴巴收购雅虎中国之后不久,3721创始人兼董事长周鸿祎出走,带着一群雅虎中国的老员工自立门户。 9月,奇虎公司开始正式商业化运作,推出 BBS 搜索。同月,周鸿祎老部下、原雅虎中国副总裁齐向东在开曼群岛注册有限责任公司,成立奇虎网。
2006年	周鸿祎加入奇虎公司,彻底改变公司主营业务。 7月,正式推出360安全卫士,并与全球顶级杀毒厂商卡巴斯基结成战略合作伙伴,正式推出新闻搜索。 11月,奇虎获得美国高原资本、红点投资、红杉投资、Matrix、IDG 的联合投资。
2008年	顺应安全已成为网络基础服务这一潮流,与国际知名杀毒厂商合作推出了免费的杀毒软件——360杀毒,全方位保护网民上网安全。9月,360安全中心针对微软 GDI+图片漏洞第一时间发布专用补丁包,帮助网民修复系统及其他第三方软件漏洞。
2010年	1月,360杀毒用户规模突破1亿。360不仅推动杀毒软件进入免费时代,更推动了杀毒软件进入"双核"时代。 对外公布了中国互联网业第一份最为全面的《用户隐私保护承诺》,同时宣布了一项开创性的举措:将360源代码交由中国信息安全测评中心托管和检测,以便用户随时监督。 发布一款最新的免费隐私保护产品——360密盘,美国FBI曾经花费1年时间试图破解此加密算法,并未成功。

第三阶段:公司上市,业务领域拓宽

2011年	启动开放平台战略,并于纽交所上市。 同年杀毒水平再创高峰,获奖连连:第二次因率先发现 Windows 漏洞而受到微软致谢,也是迄今为止国内唯一获此殊荣的个人电脑安全厂商;360杀毒已经具备了全面查杀病毒、木马以及间谍软件的能力。
2012年	收购游戏门户网站游久网,进军游戏市场。 加入W3C联盟中最重要的 HTML 工作组,成为国内首家进入该工作组的互联网企业。 2012年2月29日,360杀毒以100%通过率的优异成绩,成为第一款获得 AV-Test 认证的国产杀毒软件。 与凤凰网宣布正式签订战略合作协议,双方将在内容以及平台方面展开深入合作。 获邀出席 SyScan 前瞻信息安全技术年会,作为中国最大的互联网安全服务商,360公司成为唯一获邀参加此国际顶级安全论坛的国内厂商。

	续表
2013 年	宣布推出"360 儿童卫士"手环，通过定位、安全预警和通话连接三个功能，保障儿童外出安全。至此，可穿戴终端产品已逐步涉及健身、医疗、儿童安全等民生领域。
2014 年	推出云服务。 与酷派集团成立一家合资公司，前者投入 4.090 5 亿美元现金，占有该合资公司 45% 股份。
2015 年	进军互联网智能路由器市场。
第四阶段：完成私有化，谢幕纽交所	
2015 年 6 月 17 日	奇虎 360 宣布接到由公司董事长周鸿祎等人发起的初步非约束性私有化要约。
2015 年 12 月	360 与买家联盟达成最终私有化协议，以 77 美元每股的价格，现金收购其尚未持有的奇虎已发行普通股，私有化交易估值约 93 亿美元。
2016 年 1 月	招商银行和另外两家股份制商业银行将作为牵头行，为本次 360 私有化交易提供总额为 34 亿美元的债务融资。
2016 年 3 月 30 日	奇虎 360 在集团总部召开特别股东大会，对公司之前达成的私有化协议进行投票表决，协议获得股东批准。
2016 年 4 月 19 日	奇虎 360 私有化项目获国家发展和改革委员会审批通过，进入公示阶段。
2016 年 4—5 月	周鸿祎牵头的私有化财团必须先从美元资金方手中买下 360 上市主体的其余股权，才能实现 360 退市交易。为确保交易进行，私有化财团在境内筹集的资金需要换汇出境。在这一过程中，奇虎 360 得到了国家的大力支持。
2016 年 6 月 28 日	奇虎 360 宣布已接到买家联盟关于私有化最新进展的通知函。买家联盟在通知函中称，正在积极采取措施以满足之前达成的私有化协议中所规定的尚未完成的条件。
2016 年 7 月 18 日	中信国安晚间发布公告，称奇虎 360 拟向美国证监会提交相应文件完成纽交所退市，其境外股权交割事项也已完成。至此，奇虎 360 完成私有化，停止了在纽交所的一切交易活动。

"（企业）估值的思维过程是小儿科；内在价值很简单，就是未来现金流的折现值之和。"

"如果我们能够洞悉任何企业的未来——比方说——100 年或者企业灭亡时在企业和股东之间的现金流入以及现金流出，然后以适当的利率……将其折现到现在，我们就会得到内在价值的数值。"

"……像高科技企业这样的公司，我们一点都不知道其未来的息票是多少。"

——沃伦·巴菲特（Warren Buffett）和查理·芒格（Charles Thomas Munger）

近几年，中概股回归一直是中国资本市场的热门话题，大量优质企业纷纷从境外回归，不仅受到业内人士的密切关注，更是引起了广大媒体和境内市场散户投资者的注目。其中，奇虎360格外引人注目，不仅仅因为周鸿祎本人的传奇性、奇虎360屡屡创下的佳绩，更是因为这次事件突出了不同区位资本市场差距扩大、中国资本市场日益崛起的态势。

在这个过程中，周鸿祎过五关斩六将，屡屡面临资本运作重要决策。这次事件中，资本市场的各种融资手段被充分运用，各种公司金融、资产评估的问题得到凸显。本次私有化再上市的投资价值评估，实是一本值得深入研究的教科书。

奇虎360私有化，不仅仅体现了融资策略的选择问题——管理层收购与反向收购借壳上市、退出股票市场与首次公开发行股票，同时还体现了跨境在不同区位的资本市场的套利，如何选择适合公司主体的资本市场，如何结合市场基本表现、历史特点等在合适的时期进行适当的资本运作策略，如何通过公司金融、兼并与收购中的手段高效进行资本运作。在当前强调脱虚向实、让资本市场更好服务实体经济的中国市场大环境下，以上问题展现了资产评估行业对Internet＋高科技企业投资价值评估革新面临的挑战。

Internet＋是赢者通吃的平台经济自然垄断时代，当2013年兴起中概股回归浪潮时，在互联网技术创新行业闯荡多年、深谙此道的周鸿祎将如何在资本市场"光"与"影"相随的复杂环境下，重新评估自己公司的投资价值？就连巴菲特和芒格也坦陈看不懂这样的高科技企业，周鸿祎对奇虎360的价值评估方法和思路又是什么呢？

本案例以Internet＋平台经济价值链的视角切入此次事件，以资产未来投资现金流价值估值为方式进行评价，围绕"奇虎360的价值被低估了吗"这一中心问题，形成了一个具有典型意义的案例分析，使得读者在Internet＋产业实际应用中体会到公司治理和资产评估之企业投资价值宏微观集成战略的评估视角，形成有普适意义的分析框架。

二、奇虎360的价值被低估了吗

（一）十余载互联网耕耘，私有化前的奇虎360交出怎样的答卷？

1. 被视为流氓软件起家，终成网络安全老大

奇虎360，1998年出身于被视为"流氓软件"的3721，自此浮浮沉沉17年，从软件恶意捆绑销售模式引起官司连连，被迫并入雅虎旗下；到寻求突破，再次独立、另立门户；到不破不立，推翻既有商业模式、主营业务类型，专攻安全软件；再到拓展业务范围，从单一软件产品到多种软件产品，从纯软件业务到硬件、软件双业务，公司不断

案例9　奇虎360回归的光和影——中概股投资价值评估

壮大，用户不断增加，用户黏性、渗透率不断提升，活跃用户数屡创新高。2015年底，奇虎360用户渗透率达到98%，活跃用户数达5.23亿人，目前已成为国内互联网公司第四，互联网安全行业龙头企业。

奇虎360的立足之本是其安全软件。从产品质量来看，360安全软件品质过硬，数次检测到微软软件漏洞，获得多项国际大奖，赢得用户广泛信任。从产品类型来看，360安全软件针对不同客户群体，研发出侧重不同的多重软件，覆盖更广的用户面，提高用户使用量和渗透率。从产品发展趋势来看，奇虎360安全卫士不断优化、创新，提高用户满意度，是公司可持续发展之本。

在深耕安全软件之外，奇虎360凭借平台经济超高的用户基础，开展了相关配套、增值业务，形成综合的互联网服务。其一，360浏览器在网页搜索细分行业中占据重要的一席，用户渗透率在70%以上。其二，360通过收购游戏公司，开展游戏业务。

通过以上业务的协同发展，奇虎360用户数量与日俱增，用户对公司的黏性愈发提升，活跃用户数量不断增长。在这样的环境下，奇虎360联手酷派，开始进军硬件市场，拓展企业产业链，进行上下游的纵向并购，提升公司价值，成为行业领头企业。目前，奇虎360研发的智能手机已经崭露头角，销量与日俱增。

奇虎360的上游供应商包括软件类和硬件类。由于奇虎360的核心产品均是自主研发设计，因此不存在绝对意义上的软件供应商。而硬件供应商主要是服务器、存储器等互联网基础设备，由于该类供应商较多，上游硬件供应商议价能力不强，且随着生产技术的不断提高和规模效应，硬件类设备成本会逐渐下降，有利于奇虎360降低生产成本。

奇虎360的下游购买方是软件用户，包括个人用户和企业用户。公司为C端个人用户研发免费版的360安全卫士，为B端企业用户研发保密性能更佳、反监控更优的软件，为国家、政府研发反间谍、高保密性的安全软件，同时接受政府部门监控。目前，奇虎360的活跃用户数超过5亿人，市场渗透率极高，用户渗透率达到98%（见图9-1）。

综上，目前奇虎360虽已迈入成

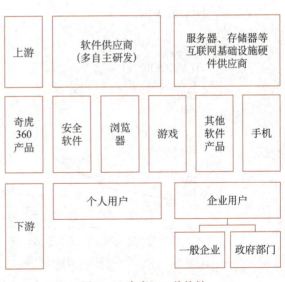

图9-1　奇虎360价值链

资料来源：作者由公开资料整理。

熟期，但仍呈现惊人的增长，2011—2015年收入增长几乎每年翻番，利润更是均呈现超过100%的增长。奇虎360在不断拓宽业务领域的过程中，实现了各项业务齐头并进的良好态势，各项收入均有较高的增长率。从2014年年报可以看出，奇虎360广告业务实现收入7.56亿美元，同比增长110%；移动游戏强劲增长，互联网增值服务营收为6.112亿美元，增长141.9%；另外2014年四季度推出的付费版企业安全解决方案软件，使奇虎360获得2000万美元的收入，占当季收入的4.6%，占全年收入的2%。

在周鸿祎的带领下，私有化前的奇虎360已经成为TMT行业的龙头企业，布局多领域平台，全方位谋利：安全领域地位无可撼动，企业安全前景广阔；移动搜索流量持续增高，变现指日可待；智能硬件重点布局，联手酷派打造入口。

图9-2　360活跃用户数一路攀升

资料来源：Wind。

图9-3　日均数量

资料来源：Wind。

图 9-4　360 超高的用户渗透率独占市场鳌头

资料来源：Wind。

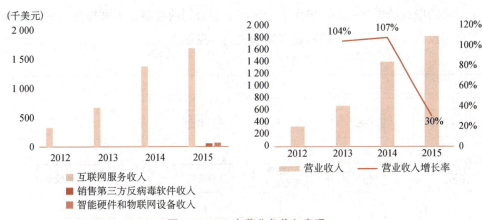

图 9-5　360 主营业务收入表现

注：360 主营业务互联网服务收入丰厚，其他业务开始崛起，且增速快；总营业收入连年上升，虽然 2015 年增速放缓，但之前几年一直呈现每年翻番的佳绩。

资料来源：Wind。

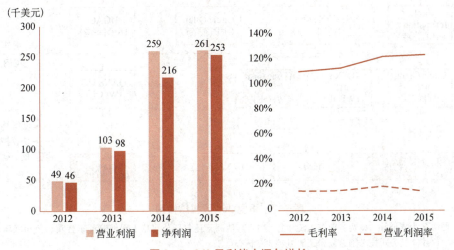

图 9-6　360 盈利能力逐年增长

资料来源：Wind。

2. 以周鸿祎为核心，奇虎360的股权结构

在奇虎360主要员工的眼里，周鸿祎对产品极致追求，为了一个小功能甚至不惜摔笔或与下属吵闹；在合作者眼里，周鸿祎是个性情中人，虽然让人很有压力，但并不怕人跟他吵，反而希望有人挑战他，如果你吵赢了他反而会受到欣赏。正是这样的周鸿祎带领整个团队，将"流氓软件"公司逐步发展成为奔赴美国上市的优质中概股企业。

在这个以周鸿祎为核心的团队中，人才济济。私有化前，360董事会成员包括360董事长兼CEO周鸿祎、总裁齐向东、首席工程师曹曙、红杉资本合伙人沈南鹏以及董事William Mark Evans、黄明、廖建文、Eric Chen等8名成员。为同时保证公司业务在华有效运行，公司在美顺利借力资本市场募集资金，奇虎360搭建了VIE结构，设计了精巧的股权结构，一方面确保了运营团队对公司的控制权不被摊薄，另一方面也保证了公司没有自我封闭，不向投资者紧锁大门（见图9-7）。

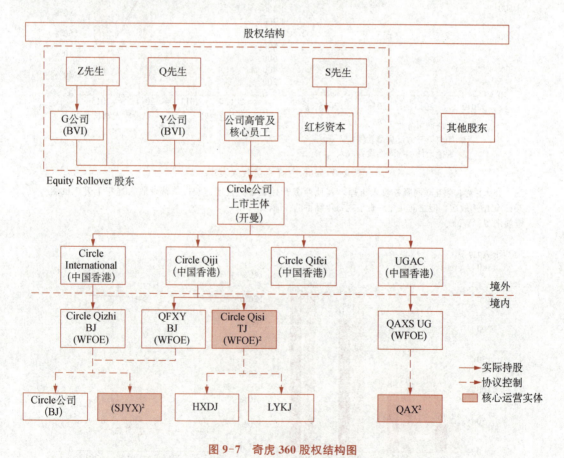

图9-7 奇虎360股权结构图

注：图中Z为周鸿祎、Q为齐向东、S为沈南鹏，其他高管还包括公司总工程师兼董事曹曙、公司联席首席财务官姚珏、徐祚立及公司技术副总裁和其他多名360核心员工。

资料来源：作者由公开资料整理。

3. 光与影：业务能力强大，资本运作表现不佳

周鸿祎本人是个技术控，对业务追求完美，但对资本运作、投融资事宜却缺乏经验，再综观奇虎360的管理团队，技术人才济济，但是具备充分投资经验、擅长资本运作的金融家却寥寥无几。这就导致奇虎360前进的步伐稍显颠簸，左脚业务大步向前，右脚资本运作却表现不佳。

一方面，周鸿祎连连与绝佳投资机会失之交臂。2012年初，360非常看好移动分发业务，而当时移动分发做得好的只有91手机助手这一家公司。在这样的市场环境下，奇虎360分管无线业务的副总裁李涛甚至与91无线母公司网龙董事长刘建成、91无线CEO胡泽民等人达成了成立合资公司的协议。但是，在推进过程中双方产生摩擦，周鸿祎产生了新想法，他打算自己也做一个手机助手，而不是把钱白白投给另一家公司。虽然360自己最后做出了应用分发，但百度买走了91助手，腾讯发展了应用宝，天下三分，360已毫无优势。接下来，周鸿祎又因为希望完全掌握新公司的控股权，错失了收购搜狗的机会；因为打算自己做浏览器，错过了投资UC；因为缺乏眼光，错失了与赶集网竞争激烈的58同城。

另一方面，远赴美国上市的奇虎360在美国股市不仅没有融到理想数量的资本，甚至自身价值还被市场低估，周鸿祎自己都说，公司很多人认为360公司80亿美元的市值并未体现公司价值。不过最近几年，周鸿祎在资本市场的表现开始变得老到，奇虎360也开始考虑中后期项目，如途牛、迪信通和天鸽互动等项目，都在上市前拿到360的基石投资，并且一旦遇到不错的项目，周鸿祎都会亲自上阵帮忙宣传。除了投资能力的进步，周鸿祎的融资能力也在不断提升。愈发有经验的周鸿祎面临中概股回归的热潮，将会带领奇虎360何去何从？

（二）中概股回归热潮，周鸿祎是坚守纽交所还是顺流回归？

1. 众人沸腾，中概股回归热潮风起云涌

中概股回归浪潮始于2013年，随后浪潮一浪更比一浪高，到了2015年，回归企业数量激增至33家之多。来自电商、游戏、医疗等众多行业的中概股上市企业纷纷谋求回归路径。美国大军中，中国顶级企业家的优质公司纷纷选择私有化回归A股，如分众传媒、巨人网络、如家等；香港大军中，私有化也开始蠢蠢欲动，万达商业、匹克体育、恒大等都开始相关动作。中概股回归先锋的惊艳表现让境外优质上市公司摩拳擦掌，意图抓住本轮巨大的投资机会回归A股。作为在美上市的优质中概股企业，奇虎360面临的诱惑巨大，曾经屡屡错失良机的周鸿祎这次将做出怎样的抉择？

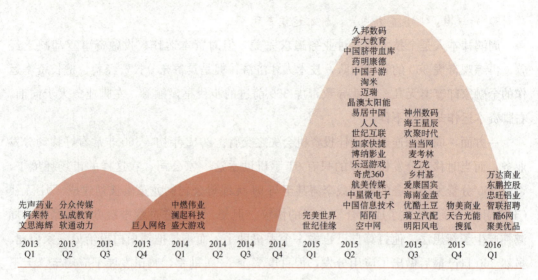

图 9-8　中概股回归一览

资料来源：作者由公开资料整理。

2. 决心回归，周鸿祎要怎么做？

周鸿祎看着发展势头迅猛的 A 股互联网公司——乐视网估值千亿、暴风科技创下 37 个连续涨停的佳绩，回想远赴境外的奇虎 360 发展却不尽如人意，不禁陷入了沉思。在审慎考量了全球及中国资本市场环境后，为了 360 未来更好的发展，给正在进行全面战略升级的 360 注入巨大的推动力，给充满激情的 360 人提供更多的机遇和更大的舞台，周鸿祎作出主动战略选择，启动 360 私有化战略计划。

做出了私有化的决定后，周鸿祎便带领奇虎 360 展开了紧锣密鼓的私有化系列操作，包括确定私有化方案，成立特别委员会评估方案，宣布收购协议并准备 SEC 要求的相关文件，召开股东大会投票，并正式完成退市，具体操作流程如表 9-1 所示。

表 9-1　奇虎私有化流程

时间	进程	详细过程
2015.6.17	发起私有化要约	• 奇虎 360 宣布接到由公司董事长周鸿祎等人发起的初步非约束性私有化要约。 • 由周鸿祎牵头的买方财团中还包括中信国安、金砖丝路资本、红杉资本、华晟资本等投资机构。
2015.12	360 私有化与买家联盟达成协议	• 360 与买家联盟达成最终私有化协议，周鸿祎、中信国安、金砖丝路资本、红杉资本中国、泰康人寿、平安保险、阳光保险、New China Capital、华泰瑞联和 Huasheng Capital 及其附属机构，以 77 美元每股的价格，现金收购其尚未持有的奇虎已发行普通股，私有化交易估值约 93 亿美元。 • 93 亿美元的收购款中，除了各成员自筹的资金外，还包括了高额的银行贷款。

续表

时间	进程	详细过程
2016.1	获得最大的私有化银团贷款	• 招商银行和另外两家股份制商业银行将作为牵头行,为本次360私有化交易提供总额为34亿美元的债务融资,构成迄今为止最大规模的中概股私有化交易以及最大的私有化银团贷款项目。 • 贷款包括价值30亿美元的7年期贷款和价值4亿美元的过桥贷款,借款人、担保人均为国内公司,贷款交易在中国完成。 • 同时,奇虎360披露项目计划:(1)计划2015年底确定私有化资金,2016年3月中旬资金全部到位,并完成360私有化退市;(2)7年期30亿美元贷款的偿还方式为分期偿还,第一笔偿还发生在贷款发放后第30个月的第21天,此后每六个月偿还一次;(3)每笔偿还金额应占总额的比例为:前3年每次偿还总额的5%,第4年至第5年每次偿还总额的15%,第6年每次偿还总额的12.5%,第7年每次偿还总额的2.5%。
2016.3.30	私有化协议获股东批准	• 奇虎360在集团总部召开特别股东大会,对公司之前达成的私有化协议进行投票表决,协议获得股东批准。 • 根据特别董事会批准的相关交易条款,除创始人翻转股票以及异议股东股票外,奇虎360全部已发行的普通股将以每股51.33美元(相当于每股美国存托股77美元)的价格被现金收购并注销。 • 在私有化完成后,周鸿祎持有的奇虎360股份将从17.3%提升到22.3%,此外还有消息称,在完成私有化后,在与360重组方案相协调的前提下,360或将新增发约15%的期权激励授予核心管理团队,而其中的80%将授予周鸿祎。
2016.4.19	私有化获国家发改委审批通过	• 奇虎360私有化项目获国家发展和改革委员会审批通过,进入公示阶段。 • 项目法人单位为天津奇信通达科技有限公司。公司经营范围包括:科学研究和技术服务业;信息传输、软件和信息技术服务业;商务服务业;批发和零售业。公司三大股东分别为自然人周鸿祎、自然人齐向东、企业法人天津奇睿众信科技合伙企业。 • 据工商信息显示,天津奇信通达科技有限公司成立于2015年11月16日,注册资本为1 000万元人民币,法定代表人为周鸿祎,三大股东分别为自然人周鸿祎、齐向东和企业法人天津奇睿众信科技合伙企业(有限合伙)。
2016.4-5	换汇	• 根据360此前提交美国证监会(SEC)的材料,360在美国上市的主体是在开曼群岛注册的控股公司,持有该开曼控股公司股权的多是美元资金方,因此周鸿祎牵头的私有化财团必须先从美元资金方手中买下360上市主体的其余股权,才能实现360退市交易。 • 为确保交易进行,私有化财团在境内筹集的资金需要换汇出境。 • 在这一过程中,奇虎360得到了国家的大力支持。虽然360买方团一开始与外汇局沟通存在不畅之处,但是由于奇虎360主营网络安全业务,且业务覆盖政府与军队,国家为保证网络安全,奇虎360后续换汇动作得到大力支持,速度明显提升。

续表

时间	进程	详细过程
2016.6.28	收到私有化最新进展通知函	• 奇虎360宣布已接到买家联盟关于私有化最新进展的通知函。买家联盟在通知函中称，正在积极采取措施以满足之前达成的私有化协议中所规定的尚未完成的条件。奇虎360预计，该私有化交易将在2016年8月中旬前完成。按照最初的计划，奇虎360预计该交易将于2016年上半年完成。
2016.7	完成境外股权交割事项，私有化完成	• 2016年7月18日，中信国安晚间发布公告，称奇虎360拟向美国证监会提交相应文件完成纳斯达克退市，其境外股权交割事项也已完成。 • 公告显示，目前奇虎360已要求纽交所向SEC提交相关文件，暂停其ADS股份在美国纽交所的交易。此后，奇虎360拟及时向美国证监会另行提交相关文件，以终止其在美国1934年证券交易法项下的报备义务，并完成正式从纽交所退市。 • 公告同时显示，奇虎360已完成私有化交割。目前奇虎360方已按照交易安排完成天津奇信志成科技有限公司以及天津奇信通达科技有限公司的境外股权交割事项。 • 至此，原本计划在8月中完成私有化的奇虎360提前了1个月完成私有化，停止了在纽交所的一切交易活动。

资料来源：作者由公开资料整理。

其中值得关注的是：首先，360采用双重股权结构，分为A类股和B类股；A类股每股享有一份投票权，B类股每股享有五份投票权。360买方团成员合计投票权约为67.6%，对360重大事项有较强的影响力。

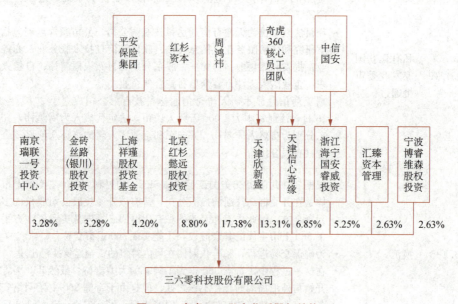

图9-9 奇虎360私有化后股权结构

资料来源：作者由公开资料整理。

其次，完成私有化后，在与360重组方案相协调的前提下，360或将新增发一个约15%的期权激励并授予核心管理团队，其中80%给360董事长周鸿祎，剩下20%给核心管理团队其他成员。此前，腾讯科技拿到的资料显示，这一次360私有化过程中，周鸿祎可能会套现1亿—2亿美元现金，齐向东可能会套现3亿—5亿美元。

(三) 谢幕纽交所，周鸿祎如何登场国内舞台？

1. 舞台选择：A股、H股、A+H股？

离开美国股市的周鸿祎长舒了一口气，可是新一轮的抉择又摆在了周鸿祎的眼前，回归境内后，奇虎360究竟要登陆哪个舞台，是发行A股、发行H股，还是同时登场？

首先，虽然登陆港股公司梳理VIE结构的难度将会小很多，但是港股市场和美股市场有着同样的问题：市盈率低（2014年A股达到49.33倍，而港股不到10倍），使得在香港上市的公司再融资规模小，不利于奇虎360后续资本运作。其次，港股的成交额远低于A股，2014年A股成交额73.77万亿元人民币，而港股成交额近10.1万亿元人民币；港股市场不如A股活跃，换手率甚至不及A股的四分之一。在这样的环境下，周鸿祎索性彻底拆除VIE架构，回归A股，回到最熟悉奇虎360的投资者身边。

图9-10 A股、H股成交量对比

数据来源：Wind。

2. IPO还是借壳？这是一个问题

奇虎360的资本运作策略渐渐清晰，目前还有一个重大决策等待着周鸿祎——谋求回归A股的途径是选择IPO还是借壳？对于这个问题，周鸿祎需要考量很多方面。从短期看，周鸿祎需要考虑上市前奇虎360面对的资金与时间的压力以及上市过程的政策风险、公司结构梳理风险等，寻求综合风险更小的上市方法。从长期看，周鸿祎需要慎重考量不同上市途径对公司长远发展带来的影响，不能让上市成为业务发展的拖累。彼时市场观点普遍认为，IPO 应是奇虎 360 回归 A 股的不二选择，原因有以下五点。

（1）最大负翁资金压力大，IPO 更减压。

私有化成功后的周鸿祎并不一身轻，为了支付私有化对价，周鸿祎已然负债累累，上市融到资金前的一切开销，都将是沉重的负担。

2016 年 7 月 29 日，奇虎 360 顺利在美国完成退市。成功退市背后的代价巨大——周鸿祎押注了一切，抵押了 360 大楼和一系列"360"商标，以获得招商银行等提供的 30 亿美金 7 年期银行贷款。周鸿祎甚至自我调侃，"现在我是中国最大的'负翁'了"。在奇虎 360 背负高额负债的同时，证监会在 2016 年 6 月出台了严格的借壳新规，禁止了借壳上市募集配套资金。与此同时，可对标奇虎 360 的壳资源壳价不断上升，甚至达到 130 亿之巨。这就意味着，若采用借壳的方式上市，周鸿祎将增加大额负债，违背其意愿。反观 IPO 方式上市，从奇虎 360 的发行主体资格、独立性、规范运行、财务状况来看，它已然具备 IPO 发行的标准。而周鸿祎只需在上市成功、融到大量资金后，支付一定比例的费用，上市成本低。

综上两者相较，IPO 更符合奇虎 360 目前的资产配置和融资需求，成本更低。这样一来，周鸿祎有了初步的倾向，更偏好通过 IPO 上市。

（2）奇虎业务稳定，具备跑上市马拉松的实力。

可是如果采用 IPO 上市，那么新的问题就将产生，周鸿祎需要等待更长的时间才能重新回归股市，他等得起吗？

从现有的政策趋势来看，虽然借壳速度快于 IPO，但是随着借壳政策趋紧，壳资源愈发紧俏，找壳、洽谈、资产置换等一系列必要的操作都增加了借壳所花费的时间成本。相反，自 2016 年开始，IPO 放行速度加快。同时，证监会高层也表示，要保证品质好的公司能够及时上市，用 2 到 3 年的时间解决 IPO 堰塞湖问题。由此观之，借壳相较 IPO 的时间成本优势在不断缩小。

然而从公司自身情况来看，奇虎 360 是一家等得起的公司。一方面，奇虎 360 的投资者都是长线投资者，并不急于要求公司快速上市，融资获利。另一方面，奇虎 360 业绩扎实，暂不存在激烈争夺资本市场资源的同业竞争者。根据奇虎 360 最后一次财报显示，2015 年净利润 3.06 亿美元，营业收入 18.05 亿美元，分别同比增长 37.80%、29.75%，运营状况良好，业绩稳健增长；经营活动产生的现金流量净额 4.32 亿美元，同比增长 13.66%，暂无快速融资需求。

经过审慎考量，周鸿祎等得起 IPO 比借壳多出来的一段时间。

（3）权衡风险，IPO 更低。

从短期看，当周鸿祎考虑了资金和成本的问题后，他还需要考虑不同途径将会面临的风险，包括政策的风险、拆 VIE 结构梳理公司结构的风险等。就政策风险而言，随着 2016 年下半年股市开始趋于稳定，IPO 放行数量和融资规模在稳速增长，监管层采取了加快新股发行速度与加强上市核查并举的策略，已达到引导资金"脱虚向实"的目的。因此从短期看，采用 IPO 方式上市面临的政策不确定性减小。对于 360 而言，其核心业务是网络安全，本次私有化中"国家队"的身影也处处可见。回归国内资本市场，不仅源自公司自身的融资需求，也承载着国家希望，奇虎 360 回归 A 股将有极大可能获得政府的支持，在国家的青睐下驶上快车道。反观借壳上市方式，借壳政策不断缩紧，相关监管全面趋严。若奇虎 360 仍然选择借壳上市，面临的政策风险将大幅上升，可谓不智之举。

就公司结构梳理风险而言，奇虎 360 私有化与拆红筹的进程一直没有减速，公司内部梳理进展有条不紊。按此趋势发展，奇虎 360 通过 IPO 上市需要面临的公司梳理阻碍难度可控。但若采用借壳方式上市，奇虎 360 不光要梳理内部结构与治理方式，还要对壳公司进行梳理，梳理难度增高。

这样看来，只考虑短期的各个因素，在当下市场环境、奇虎 360 运营状态下，周鸿祎会毫不犹豫地选择 IPO，但是从长期影响来看，周鸿祎是否还会做出相同的决定呢？

（4）IPO 让股权结构更稳定。

私有化后的奇虎 360 已完成股改，股权结构明晰，42 位股东出资额度与拥有股权份额对应。若奇虎 360 采用借壳上市，周鸿祎及其他私有化股东不光让利价值百亿元的壳费，更因为增发股份，稀释股权损失权益。况且根据重大资产重组新规的修订，借壳上市后股份锁定期从 1 年延长至 2 年，不确定性增强，股权稀释后续影响时间加长。再者，正如前所述，私有化股东中包括国安有关公司，若它们的股权被再一次稀释，不利于国家安全战略布局。

若奇虎 360 采用 IPO 上市，公司通过公开募集资金方式融资，单一新增股东持股比例低，对现有股东股权利益损害不如借壳严重，周鸿伟等控股股东更能掌控股权和公司控制权，有利于公司治理、长远发展。由此可见，从股权结构考虑，奇虎 360 通过 IPO 回归 A 股比通过借壳更优。

（5）IPO 更符合后续运营需要。

从奇虎 360 主营业务看，360 深耕互联网安全多年，已然成为国内互联网安全领域的龙头老大，主营业务具备竞争力，公司治理健康独立。从公司战略发展来看，周鸿祎既可能拆分业务，也有吸收并购优质标的、保持在行业中的竞争力的需求。若通过借壳上市，一方面，壳公司原始业务或与奇虎 360 主营业务关联性不大，无法发挥协同效应，甚至可能增加奇虎 360 清理壳资产负债的成本。另一方面，借壳上市复杂化公司结构，给公司下一步资本运作、战略发展带来麻烦。若通过 IPO 上市，奇虎 360 可避免上述问题，将注意力集中在巩固主营业务、提升公司竞争力、助力公司长期发展上。

然而，就在资本市场正翘首以盼奇虎 360 在证券交易所敲钟之日时，2017 年 11 月

2日上市公司江南嘉捷发布公告，正式揭晓了奇虎360回归的最终选择——借壳上市。也许正是因为背负着"负翁"这一身份，周鸿祎已经等不及IPO漫长的排队，决定用借壳后立马可获得的高市值减轻或许已不堪重负的公司债务。

（四）漫漫回归路，周鸿祎能收获什么

通过"私有化＋借壳"回归A股市场的奇虎360，将回到熟悉公司的投资者中，回到TMT行业估值高的A股市场，私有化成本可收回，股价将不再被低估，甚至收获超额溢价，公司的影响力也将提升。根据奇虎360私有化前相关业绩报表以及相关市场发展趋势作出11年（2015—2025）的相关营业收入预测、经营成本预测、营业支出预测、利润表预测、现金流量表预测及资产负债表预测参见正文附录中的表1—表6。

1. 市场溢价偏高，奇虎360收获超额溢价

我们首先采用可比公司相对估值法对奇虎360进行估值。需要注意的是，可比公司相对估值法采取的是市场估值倍数，因此反映的是公司市场价值，而非投资价值。A股市场TMT板块的高PE值特点还会赋予公司额外溢价。本案例通过可比公司相对估值法，发现公司回归A股市场后，估值可达184亿美元，价值为私有化成本的1.24倍，为公司实际价值的1.97倍。

由于A股市场没有可与奇虎360直接对标的企业，故本案例放弃传统的可比公司估值法，而是将奇虎360的主营业务进行拆分，分别将各行业业务与A股市场对应行业的市场指标进行比较。具体操作过程为：（1）计算各项业务的营业收入、营业成本以及分摊的营业支出；（2）找到各项业务公示的最新财务数据，以及各项业务对应市场的市盈率、市销率；（3）根据奇虎360业务之间的协同关系，对可比市盈率、市净率进行向上修正；（4）依据修正值对奇虎360进行估值。

2. 奇虎360价值超私有化价格，上市可收回私有化成本

奇虎360的主营业务一直保持增长，增速稳定，对未来收益可以进行合理的预测（详见附录）。与可比公司相对估值法不同，绝对估值法对公司未来现金流进行折现，从而得到的是公司的投资价值，而非市场价值。本案例采用DCF中的WACC（weight-average-capital-cost）法、APV（adust-present-value）法和CCF（capital-cash-flow）法来综合评估中概股互联网高科技企业奇虎360的企业价值。

需要指出的是，传统企业价值评估的成本法、市场法、现金流法，对于奇虎360这一独角兽公司来说需要创新使用：一是特别需要立足于平台经济的特点，如前期烧钱、后期赢者通吃的业务价值链模式展开分析；要掌握Internet＋环境下平台经济的自然垄断特性，如长尾理论（Long tail effect）等，这将是我们评估奇虎360这一类互联网平台公司的基础。二是企业投资价值评估要考虑其资金来源成本、方式和构成。

由此，本案例对奇虎360投资价值的评估不仅仅局限于市场价值评估如可比公司法，还使用了未来现金流折现法，分别用WACC法、APV法和CCF法来综合评估奇虎360的企业价值。

(1) WACC法。

首先，使用WACC法对奇虎360进行估值。

第一步，根据奇虎360年报等报告，拆分公司收入、成本来源，结合公司战略、历史增长率，预测未来10年的公司营业收入、营业成本等科目。

第二步，根据营业收入、成本等预测值，预测公司未来10年利润表。

第三步，根据利润表预测情况，以及历史现金流状况、资本负债表表现、公司投融资策略、应收账款周转率等财务比率，预测公司未来10年的现金流量表与资产负债表。

第四步，根据三表预测值、NOPLAT、资本支出变动、运营支出（息税前利润为专业词）变动等值，根据WACC确认折旧率，计算未来10年现金流现值。

第五步，加总历年现金流现值，确定公司市值。

(2) APV法。

其次，我们采用了APV法对奇虎360进行估值。

第一步，与DCF法一致，确定股权融资成本和债权融资成本。

第二步，利用与DCF法一致的10年财务数据预测，计算出了公司的股权自由现金流和税盾效应，并分别利用股权融资成本和债权融资成本进行贴现，获得10年内的自由现金流和税盾现值。

第三步，假定公司10年后的永续增长率，分别计算出股权自由现金流和税盾效应在永续阶段的现值。

第四步，对现值加总，并对现金、负债和少数股东权益项目进行处理，最终得到公司的股权价值和公司价值。

第五步，对永续增长率和股权要求回报率进行灵敏度分析，确定公司股权价值的区间。

(3) CCF法。

最后，作为私有化的公司，我们利用CCF法进行估值。

第一步，与上述两种方法的系数确定方法一致，确定税前WACC。

第二步，将股权自由现金流和税盾效应加总，得到各期的资本现金流，并利用税前WACC进行贴现，得到各期资本现金流的现值。

第三步，假定公司10年后的永续增长率，计算出资本现金流在永续阶段的现值。

第四步，对现值加总，并对现金、负债和少数股东权益项目进行处理，最终得到公司的股权价值和公司价值。

通过上述三种方法估值可以发现，奇虎360私有化作价93亿美元，虽相较市值已溢价32.7%，但是该价格仍然没有反映公司真实价值。通过重构三表，拆分公司收入增长点，预测未来财务状况，按照三种方法分别估算出公司价值为148.3亿美元、179.74亿美元和290.17亿美元，均大幅高出私有化价格。所以，奇虎360私有化属于低价管理层收购公司，若回归A股市场上市，周鸿祎等私有化后的股东将至少收回私有化成本。

3. 重回广大投资者视野，公司影响力增强

A股市场除大量机构投资者外，还有巨大规模只关注境内上市公司的散户投资者。回归A股市场，奇虎360将吸引这些境内投资者注意，扩大公司影响力，让A股市场发挥广告效应，进一步提升公司知名度，有利于公司收入增加、名誉增加。

（五）案例小结

在本案例中，我们首先回顾了中概股互联网高科技企业奇虎360从"流氓软件"到国民安全卫士直至业务全方位覆盖的发展历程，接着以奇虎360的价值评估为核心，围绕"奇虎360的价值被低估了吗"这一问题展开详细论述，最后运用多种方法来综合评估奇虎360的企业价值。

对一次资本市场重大事件的解读，不能脱离具体的时代背景。正如美国历史上曾经掀起过六次并购浪潮，每次浪潮都有自身的时代特点。谈及奇虎360的回归，自然避不开2013年以来的中概股回归浪潮，也不能不置身于当今Internet＋的大环境。诚如巴菲特和芒格所言，企业估值的思维过程并不复杂，但未来充满着不确定性，尤其是像高科技企业这样的公司，对其进行估值更为困难。不过，正是因为这种不确定性，企业估值才变得极具魅力。从某种意义上讲，企业估值既是一门科学，也是一门艺术。在价值评估的过程中，标准方法和硬性指标固然不可或缺，结合企业的自身特点创新使用不同的估值方法也至关重要。在本案例中，传统企业价值评估的成本法、市场法、现金流法等方法，对于奇虎360这一独角兽公司来说需要创新使用，既要考虑其资金来源的成本、方式和构成，又要立足于Internet＋时代平台经济的特点。

"横看成岭侧成峰"，资本市场的重大运作通常都有多种不同的解读思路。本案例从平台经济估值的角度解读奇虎360私有化以及在A股再上市的动机，对于我们理解并评估当今时代互联网技术创新企业的投资价值具有重要的参考意义。

术语解析

简要解析本案例中与兼并收购领域相关的常见术语。

管理层收购（management buy-outs，MBO）

也称管理者收购，公司的经理层利用借贷所融资本或股权交易收购本公司的一

种行为,从而引起公司所有权、控制权、剩余索取权、资产等变化,以改变公司所有制结构。通过收购,企业的经营者变成了企业的所有者。由于管理层收购在激励内部人员积极性、降低代理成本、改善企业经营状况等方面起到了积极的作用,因而它成为20世纪70—80年代流行于欧美国家的一种企业收购方式。国际上对管理层收购目标公司设立的条件是:企业具有比较强且稳定的现金流生产能力,企业经营管理层在企业管理岗位上工作年限较长、经验丰富,企业债务比较低,企业具有较大的成本下降、提高经营利润的潜力空间和能力。

有效市场假说(efficient market hypothesis)

有效资本市场假说包括三种形式。

其一,弱式有效市场假说。该假说认为在弱式有效的情况下,市场价格已充分反映出所有过去历史的证券价格信息,包括股票的成交价、成交量、卖空金额、融资金额等。

其二,半强式有效市场假说。该假说认为价格已充分反映出所有已公开的有关公司营运前景的信息。这些信息有成交价、成交量、盈利资料、盈利预测值、公司管理状况及其他公开披露的财务信息等。假如投资者能迅速获得这些信息,股价应迅速作出反应。

其三,强式有效市场假说。该假说认为价格已充分地反映了所有关于公司营运的信息,这些信息包括已公开的或内部未公开的信息。

Internet+平台企业估值理论基础

随着计算机、电信、互联网等技术的应用,许多依托于互联网技术的新金融模式逐渐兴起,如银行卡电子支付系统,淘宝等电子商务平台,以及新兴的P2P、众筹等互联网融资平台。这些新兴的金融模式都有一个共同特征:平台经济,即所形成的产业市场由两边或多边组成,每一边由不同的用户群构成,它们通过一个中介平台进行交互而获益,因此称为双边市场(two-sided markets)。互联网具有的网络外部性与近乎于零的边际成本,导致平台经济的潜在规律即为自然垄断(natural monopoly)。

关于双边市场的研究起源于21世纪初期,美国、欧洲等地兴起了一批关于国际信用卡反垄断事件的研究,2004年在法国图卢兹召开的"双边市场经济学"学术研讨会标志着双边市场理论的正式形成。2014年诺贝尔奖获得者Tirol认为,金融业与交通、电信等行业类似,都具有网络外部性:从正外部性来看,市场规模的扩大会引发流动性的大幅提高；从负外部性来看，随着市场规模的扩大，金融市场的价格发现功能可能会在一定的程度上失效。

（1）零边际成本——边际成本趋近于零。

"零边际成本"这一概念是由美国社会思想家、趋势经济学家杰里米·里夫金在其著作《零边际成本社会》中正式提出的。他指出物联网、协同共享以及零边际成本正在共同打造全新的第三次工业革命，社会将在"零边际成本"下出现"协同共享"这一新的经济模式，即分享经济，互联网技术的发展是分享经济的核心所在，也将在未来给社会中的诸多行业带来根本性的变革。

虽然目前看来，零边际成本还只是一种理念，但是现有的三个趋势为近乎零边际成本的社会创造了条件。第一，极致的生产力对传统生产模式与竞争体系的变革，长期以来被经济学家关注的两个生产要素——资本与劳动力，只能解释14%左右的经济增长，剩余的86%归功于技术增长或生产方式的变革；第二，物联网，包括通信互联网、能源互联网、物流互联网等，将所有人和物连接到一个类似神经系统的网络中，实现资源共享；第三，大数据和信息等其他可再生资源的加速发展，提高可再生能源的利用率，尽可能降低太阳能、风能、地热能、水能等可再生能源价格，电力资源将近乎免费。

Airbnb网站是酒店业中分享经济的先驱，是一个经营短期房屋出租业务的网络P2P平台。与Airbnb网站不盛行的地区相比，盛行Airbnb网站的Austin地区酒店业的平均收入下降了8%—10%，收入下降的主要原因是Airbnb网站提供的住宿替代了酒店中原先的低价宾馆业务。因此，零边际成本下的分享经济给行业带来的影响不容小觑，这一经济模式正在成功地获取成熟行业中的市场份额。

（2）长尾理论。

"长尾"（Long Tail）这一概念由Chris Anderson在2004年10月的《长尾》一文中最早提出，用来描述诸如亚马逊网站的商业和经济模式。长尾实际上是一条帕累托分布曲线，即使在很远的尾部，市场需求也不会完全降至零。长尾理论颠覆了传统的"二八定律"，即80%的收入来自20%的热门产品，强调品种的多样性。

（3）互联网思维。

虽然长尾并非互联网专有的特质，但互联网的低边际成本（趋近于零）特性必然带来长尾效应。在"Internet＋"背景下，那些被传统业态忽略的远尾客户将被分享经济所覆盖，这种以庞大客户基数为特性的商业模式就是互联网思维的基础。所谓互联网思维，就是在（移动）互联网、大数据、云计算等技术背景下，对市场、用户、产品、企业价值链乃至对整个商业生态进行重新审视的思考方式。

三、思考与分析

本部分针对案例提出问题，你可以在案例的基础上进行更广泛的资料收集，并尝试回答这些问题。

（1）Internet＋平台经济发展有什么特点，以及如何正确判断该类型高科技龙头企业的投资价值？

（2）奇虎360业务开展与资本运作策略之间有什么样的联系，产生了什么样的影响，以及带来了怎样的后果？

（3）奇虎360私有化前后的股权结构是怎样的，这样的股权结构给业务开展带来了怎样的优势和弊端？

（4）奇虎在美国上市采用的是何种模式？中国企业赴海外上市的模式有哪些？如何搭建相应的股权结构？中国企业有可能两地或者多地上市吗？多地上市对股权结构的搭建提出了怎样的要求？

（5）在中概股纷纷回归的背景下，奇虎360为什么决定退出纽交所，是随大流还是有自己特殊的原因？

（6）为什么奇虎360能够比预期计划提前完成私有化，它都进行了哪些操作？

（7）为什么奇虎360最终选择了借壳，而没有选择IPO？

（8）为什么奇虎360会在美股市场被低估？回归A股的奇虎360将被正常估值还是被高估？

参考资料

[1] 退市浪潮继续　360 CEO 周鸿祎发内部信称将启动私有化. 搜狐网. 2017-6-17. http://www.sohu.com/a/19254454_114790.

[2] 360 私有化完成交割　A 股资本大戏即将开演. 网易财经. 2016-7-19. http://money.163.com/16/0719/16/BSBNG0DE00253B0H.html.

[3] 招行牵头为奇虎 360 私有化交易提供 34 亿美元债务融资. 网易财经. 2016-7-20. http://money.163.com/16/0108/09/BCQ14KTS00253B0H.html.

[4] 360 私有化路线图曝光：欲 2016 年底 A 股借壳上市. 腾讯科技. 2015-12-29. http://tech.qq.com/a/20151229/009911.htm.

[5] 巴菲特和芒格对公司估值的精彩论述. 搜狐财经. 2017-08-21. http://www.sohu.com/a/166292985_466889.

（杨　青　黄　明　郦　可　黄俊杰　田汝彦）

附录

表 1 营业收入预测

百万美元	15	16E	17E	18E	19E	20E	21E	22E	23E	24E	25E
互联网服务	1 680	2 100	2 626	3 544	4 785	6 460	9 367	13 582	20 373	30 559	45 839
销售第三方反病毒软件	0	0	0	0	0	0	0	0	0	0	0
智能硬件和物联网设备	58	67	77	89	102	118	135	155	179	206	236
其他业务	66	66	66	66	66	66	66	66	66	66	66
营业收入	1 805	2 233	2 769	3 699	4 953	6 643	9 568	13 803	20 617	30 830	46 141

表 2 营业成本预测

百万美元	15	16E	17E	18E	19E	20E	21E	22E	23E	24E	25E
互联网服务	−333	−432	−560	−727	−944	−1 196	−1 517	−1 923	−2 437	−3 016	−3 643
销售第三方反病毒软件	−51	−57	−62	−69	−75	−83	−91	−100	−110	−121	−134
智能硬件和物联网设备	0	0	0	0	0	0	0	0	0	0	0
其他业务	−39	−39	−39	−39	−39	−39	−39	−39	−39	−39	−39
营业	−424	−528	−662	−835	−1 059	−1 319	−1 647	−2 062	−2 587	−3 177	−3 816

表 3 营业支出预测

百万美元	15	16E	17E	18E	19E	20E	21E	22E	23E	24E	25E
补贴收入	21	21	21	21	21	21	21	21	21	21	21
销售费用	−484	−629	−817	−1 063	−1 381	−1 796	−2 334	−3 035	−3 945	−5 128	−6 667
管理费用	−161	−242	−363	−545	−817	−1 225	−1 838	−2 757	−4 136	−6 203	−9 305
研发费用	−496	−605	−739	−902	−1 192	−1 574	−2 080	−2 955	−4 198	−6 385	−9 710
无形资产减值损失	0	0	0	0	0	0	0	0	0	0	0
营业支出	−1 141	−1 984	−2 561	−3 324	−4 428	−5 893	−7 878	−10 788	−14 845	−20 873	−29 477

表 4 利润表预测

百万美元	15	16E	17E	18E	19E	20E	21E	22E	23E	24E	25E
营业收入	1 805	2 233	2 769	3 699	4 953	6 643	9 568	13 803	20 617	30 830	46 141
营业成本	−424	−528	−662	−835	−1 059	−1 319	−1 647	−2 062	−2 587	−3 177	−3 816
补贴收入	21	21	21	21	21	21	21	21	21	21	21
销售费用	−484	−629	−817	−1 063	−1 381	−1 796	−2 334	−3 035	−3 945	−5 128	−6 667
管理费用	−161	−242	−363	−545	−817	−1 225	−1 838	−2 757	−4 136	−6 203	−9 305
研发费用	−496	−605	−739	−902	−1 192	−1 574	−2 080	−2 955	−4 198	−6 385	−9 710
营业支出	−1 141	−1 984	−2 561	−3 324	−4 428	−5 893	−7 878	−10 788	−14 845	−20 873	−29 477
营业利润	261	250	207	375	525	750	1 689	3 015	5 772	9 958	16 664
利息收入	24	24	24	24	24	24	24	24	24	24	24

续表

百万美元	15	16E	17E	18E	19E	20E	21E	22E	23E	24E	25E
利息支出	−33	−42	−55	−72	−93	−121	−157	−204	−266	−345	−449
其他收益	0.4	0.4	0.4	0.4	0.4	0.4	0.4	0.4	0.4	0.4	0.4
汇兑净收益	1	0	0	0	0	0	0	0	0	0	0
短期投资收益	78	0	0	0	0	0	0	0	0	0	0
长期投资的权益收益	39	0	0	0	0	0	0	0	0	0	0
出售附属公司收益	64	0	0	0	0	0	0	0	0	0	0
利润总额	434	232	177	328	457	653	1 557	2 835	5 531	9 637	16 240
所得税	−119	−46	−35	−66	−91	−131	−311	−567	−1 106	−1 927	−3 248
权益性投资收益	−62	0	0	0	0	0	0	0	0	0	0
净利润	253	186	142	262	365	523	1 245	2 268	4 425	7 710	12 992

表 5 现金流量表预测

百万美元	15	16E	17E	18E	19E	20E	21E	22E	23E	24E	25E
净利润	253	186	142	262	365	523	1 245	2 268	4 425	7 710	12 992
股权激励费用计提	133	133	133	133	133	133	133	133	133	133	133
折旧摊销	117	134	154	178	195	215	236	248	260	274	287
土地使用权摊销	3	3	3	3	3	3	3	3	3	3	3
处置物业及设备损失	1	0	0	0	0	0	0	0	0	0	0

续 表

百万美元	15	16E	17E	18E	19E	20E	21E	22E	23E	24E	25E
处置固定资产亏损	0	0	0	0	0	0	0	0	0	0	0
无形资产减值损失	5	0	0	0	0	0	0	0	0	0	0
商誉减值损失	8	0	0	0	0	0	0	0	0	0	0
坏账准备计提	13	8	8	8	8	8	8	8	8	8	8
短期投资之收益	−78	0	0	0	0	0	0	0	0	0	0
权益性投资损益	62	62	62	62	62	62	62	62	62	62	62
出售附属公司之亏损	−64	0	0	0	0	0	0	0	0	0	0
长期投资收益	−39	0	0	0	0	0	0	0	0	0	0
营运资本变动	20	111	233	323	861	−259	1 416	169	1 189	1 346	2 464
应收账款变动	−130	−33	55	95	−130	85	51	169	66	306	459
预付费用及其他流动资产变动	−97	−61	−117	−132	618	−778	753	−728	66	−352	58
应收关联方款项变动	5	0	0	0	0	0	0	0	0	0	0
土地使用权变动	−12	0	0	0	0	0	0	0	0	0	0
递延税项变动	−17	0	0	0	0	0	0	0	0	0	0
其他非流动资产变动	−14	7	9	4	−9	3	2	−0.3	−1	0.7	0.2
应付账款变动	58	63	70	77	84	93	102	112	123	136	149
应计费用和其他流动负债变动	180	198	217	239	263	289	318	350	385	424	466
递延收入变动	8	8	8	8	8	8	8	8	8	8	8

续表

百万美元	15	16E	17E	18E	19E	20E	21E	22E	23E	24E	25E
应付关联方款项变动	4.2	1.2	1.5	1.8	2.2	1.7	1.8	1.9	1.9	1.8	1.8
应交所得税变动	35	−73	−11	30	26	39	181	256	539	821	1 321
经营净现金流	432	637	736	970	1 629	685	3 105	2 892	6 081	9 535	15 949
受限制货币资金投资活动	−7	−7	−7	−7	−7	−7	−7	−7	−7	−7	−7
购买物业、厂房及设备和无形资产	−145	−146	−146	−146	−146	−146	−146	−146	−146	−146	−146
购买物业及设备	−120	−136	−136	−136	−136	−136	−136	−136	−136	−136	−136
购买无形资产	−25	−10	−10	−10	−10	−10	−10	−10	−10	−10	−10
出售物业及设备及无形资产所得项	0.2	0.1	0.1	0.1	0.1	0.1	0.1	0.1	0.1	0.1	0.1
处置物业及设备所得款	0.2	0.1	0.1	0.1	0.1	0.1	0.1	0.1	0.1	0.1	0.1
短期投资	−44	−44	−44	−44	−44	−44	−44	−44	−44	−44	−44
出售短期投资	176	0	0	0	0	0	0	0	0	0	0
投资注资	−726	0	0	0	0	0	0	0	0	0	0
出售子公司及长期投资	120	0	0	0	0	0	0	0	0	0	0
业务收购支付的现金	−19	0	0	0	0	0	0	0	0	0	0

续表

百万美元	15	16E	17E	18E	19E	20E	21E	22E	23E	24E	25E
已收股息	2	0	0	0	0	0	0	0	0	0	0
将附属公司解除综合入账	−28	0	0	0	0	0	0	0	0	0	0
投资净现金	−669	−341	−341	−341	−341	−341	−341	−341	−341	−341	−341
行使购股权	18	18	18	18	18	18	18	18	18	18	18
收购业务之递延付款	−44	0	0	0	0	0	0	0	0	0	0
非控股股东注资	55	0	0	0	0	0	0	0	0	0	0
购买附属公司的额外股权	−48	0	0	0	0	0	0	0	0	0	0
回购股份	−269	0	0	0	0	0	0	0	0	0	0
筹资净现金流	−288	18	18	18	18	18	18	18	18	18	18
汇率变动对现金的影响	−28	0	0	0	0	0	0	0	0	0	0
现金及现金等价物净增加额	−552	314	412	647	1 305	361	2 781	2 569	5 757	9 212	15 626
期初现金及现金等价物余额	1 645	1 093	1 407	1 819	2 466	3 771	4 132	6 913	9 482	15 239	24 451
期末现金及现金等价物余额	1 093	1 407	1 819	2 466	3 771	4 132	6 913	9 482	15 239	24 451	40 077

表6 资产负债表预测

百万美元	15	16E	17E	18E	19E	20E	21E	22E	23E	24E	25E
资产总计	3 655	3 981	4 577	5 459	6 007	7 230	9 312	12 778	18 535	28 405	44 432
流动资产合计	1 782	2 124	2 707	3 581	4 138	5 362	7 440	10 906	16 664	26 534	42 561
货币资金	1 093	1 407	1 819	2 466	3 771	4 132	6 913	9 482	15 239	24 451	40 077
受限制现金	9	9	9	9	9	9	9	9	9	9	9
短期投资	33	33	33	33	33	33	33	33	33	33	33
应收账款	261	228	283	378	248	332	383	552	619	925	1 384
预付款项与其他流动资产	382	444	560	692	74	852	99	827	761	1 113	1 055
应收关联方款项	3	3	3	3	3	3	3	3	3	3	3
递延税项资产	1	1	1	1	1	1	1	1	1	1	1
非流动资产	1 873	1 857	1 870	1 878	1 870	1 869	1 872	1 872	1 870	1 871	1 871
固定资产	275	275	275	275	275	275	275	275	275	275	275
土地使用权	130	130	130	130	130	130	130	130	130	130	130
购入的无形资产	53	53	53	53	53	53	53	53	53	53	53
商誉	313	313	313	313	313	313	313	313	313	313	313
长期投资	1 026	1 026	1 026	1 026	1 026	1 026	1 026	1 026	1 026	1 026	1 026
其他非流动资产	39	46	55	59	50	53	54	54	53	54	54
递延税项资产	37	14	17	21	22	18	20	20	20	20	20

续 表

百万美元	15	16E	17E	18E	19E	20E	21E	22E	23E	24E	25E
负债及股东权益总计	3 655	3 981	4 577	5 459	6 007	7 230	9 312	12 778	18 535	28 405	44 432
负债合计	2 382	3 191	3 311	3 339	3 767	4 020	4 370	4 800	5 236	5 744	6 304
流动负债合计	2 361	2 611	2 881	3 178	3 504	3 862	4 254	4 684	5 156	5 675	6 245
递延税项负债	16	16	16	16	16	16	16	16	16	16	16
递延收入	3	3	3	3	3	3	3	3	3	3	3
长期借款	0	559	409	140	242	137	95	95	58	48	38
其他非流动负债	3	3	3	3	3	3	3	3	3	3	3
股东权益合计（含少数股东权益）	1 273	790	1 266	2 120	2 240	3 210	4 941	7 978	13 299	22 661	38 129

案例 10

中概股回归三部曲
——奇虎 360 的 A 股上市之路

导言

作为中国网络安全第一股,奇虎 360 在 2017 年的回归几乎牵动了中国资本市场上每一个人的神经。随着 2017 年 11 月 2 日晚上市公司江南嘉捷发布的公告,360 借壳回归 A 股的谜底终于揭晓。从美股私有化、VIE 结构拆除、公司改制到 A 股借壳上市,360 回归的三部曲开创了中概股互联网巨头回归 A 股的先河。360 回归过程的的点点滴滴,不仅是我们学习私有化、VIE 结构以及借壳上市的教科书,更将成为巨型互联网企业回归 A 股的指路明灯。本案例将剖析 360 回归三部曲中的股权变动历程,重点着眼于分析 VIE 结构的搭建拆除以及借壳上市中的交易技巧。以 360 为鉴,读者也许可以窥探到中国巨型互联网企业近年来的发展背景和趋势。

一、事件发展,时间脉络

背景历程:境外上市		
时间	进程	详细过程
2005 年 6 月 9 日	拟境外上市主体设立	拟境外上市主体 Qihoo Technology Company Limited 在开曼群岛注册成立,设立时发行 1 股股票,由 Offshore Incorporations (Cayman) Limited(Offshore 公司)持有。
2010 年 12 月 22 日	公司更名	Qihoo Technology Company Limited 更名为 Qihoo 360 Technology Co. Ltd.。
2006 年 1 月—2011 年 3 月	股权转让及增资	2006 年 1 月 10 日,齐向东间接全资控制的 Young Vision 受让取得 Qihoo 360 的 1 股股票,同时 Qihoo 360 以 61 美元对价向 Young Vision 增发 61 股股票,以 38 美元对价向周鸿祎间接全资 Global Village 增发 38 股票。

续表

时间	进程	详细过程
		• 后续 Qihoo 360 分别向 Young Vision 和 Global Village 多次发行新股、拆股,并经过多轮融资及股权转让。
2011 年 3 月	境外上市	• Qihoo 360 向美国证券交易委员会(以下简称"SEC")报备了招股说明书的注册声明,其成分为美国证券法下的登记证券。 • 2011 年 3 月 30 日,Qihoo 360 的美国存托股份在纽约交易所正式挂牌报价。
2011 年 4 月		• Qihoo 360 在纽约证券交易所完成了 13 927 420 股美国存托股份的首次公开发行。

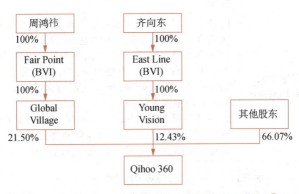

图 10-1　Qihoo 360 美股上市前的股权结构情况①

资料来源:华泰联合证券报告。

第一部曲:美股私有化		
时间	进程	详细过程
2015 年 6 月 17 日	发出非约束性 私有化要约	• Qihoo 360 董事会收到来自周鸿祎、CITIC Securities Co. Ltd.、Golden Brick Capital Private Equity Fund I L.P.、China Renaissance Holdings Limited 和 Sequoia Capital China I, L.P.等提出的初步非约束性私有化要约,以 51.33 美元/股(折合 77 美元/ADS)的价格购买非其持有的 Qihoo 360 全部普通股票。
2015 年 6 月— 2016 年 5 月	设立私有化 交易主体	• 根据私有化要约提案,周鸿祎牵头搭建了四层持股公司作为实施私有化的交易主体,从上至下分别是奇信志成、奇信通达、True Thrive、New Summit。
2015 年 12 月— 2016 年 3 月	合并协议签署	• 2015 年 12 月 11 日,Qihoo 360 私有化方案获得国家发改委的《境外收购或竞标项目信息报告确认函》。 • 2015 年 12 月 18 日,Qihoo 360 与奇信志成、奇信通达、True Thrive、New Summit、Global Village、Young Vision 签订了《合并协议》。

---

① 截至 2011 年 3 月末,周鸿祎通过信托方式间接持有 Fair Point International Limited〔Fair Point(BVI)〕100%的股权,从而间接持有 Global Village Associates Limited(Global Village)100%的股权;齐向东持有 East Line Holding Limited〔East Line(BVI)〕100%的股权,从而间接持有 Young Vision Group Limited(Young Vision)100%的股权。

续表

时间	进程	详细过程
		• 中信国安信息产业股份有限公司、深圳市平安置业投资有限公司等36家投资人作为买方团成员签署了 Equity Commitment Letter。 • 根据《合并协议》，私有化将通过 New Summit 和 Qihoo 360 合并的方式实施，合并后 New Summit 停止存续，Qihoo 360 作为合并后的存续主体成为 True Thrive 的全资子公司。 • 2016年3月30日，Qihoo 360 召开临时股东大会，审议通过了《合并协议》及其项下的 Qihoo 360 私有化交易。
2016年5月27日	获得私有化银行贷款	• 奇信志成向招商银行等六家银行贷款30亿美元等值人民币（折合人民币201.3亿元），借款期限为7年，贷款用途为 Qihoo 360 私有化。
2016年4月—2016年7月	私有化交割及境外退市	• 2016年4月8日，国家发展和改革委员会正式批复奇虎360私有化项目，并出具《项目备案通知书》。 • 2016年4月13日，天津市商务委员会出具《企业境外投资证书》。 • 2016年7月15日，开曼公司注册处核发了 Certificate of Merger，Qihoo 360 和 New Summit 完成有效合并，Qihoo 360 成为 True Thrive 的全资子公司。 • 2016年7月28日，Qihoo 360 向 SEC 报备 Form-15，正式注销了 Qihoo 360 的股份登记，并有效地终止了 Qihoo 360 作为纽约证券交易所上市公司向 SEC 提交报告的义务。

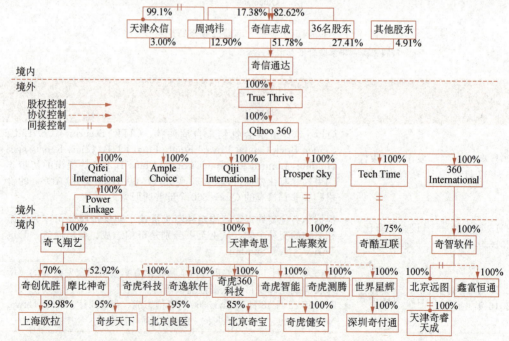

图 10-2 Qihoo 360 完成美股退市后的股权结构情况①

资料来源：华泰联合证券报告。

---

① 图中的"其他股东"指齐向东、天津聚信、天津天信；"36名股东"指除奇信志成、周鸿祎、天津众信及其他股东之外的股东，下同。

第二部曲：拆红筹，去 VIE		
时间	进程	详细过程
2016 年 7 月	天津奇思等 WFOE 变为内资企业	奇信通达受让 Qiji International 持有的天津奇思 100％的股权，天津奇思由外商独资企业变更为内资企业。
2016 年 7 月—2017 年 2 月	境内外架构重组	• 天津奇思变更为内资企业后，通过一系列的境内外重组，Qihoo 360 将鑫富恒通、北京远图等与天津奇思主营业务相关的主体重组至天津奇思架构下，同时拆除天津奇思子公司的 VIE 架构，并将奇步天下、Tech Time 等与天津奇思主营业务不相关的主体重组至天津奇思体系外，从而完成标的公司境内架构调整。
2017 年 2 月	天津奇思与奇信通达的吸收合并	• 天津奇思吸收合并奇信通达，奇信通达注销后的全部资产和负债由天津奇思承继，直接持有原奇信通达子公司 True Thrive 的权益，并通过 True Thrive 持有其境外股权资产、应收款项及现金等资产。 • 经过境内架构拆除、吸收合并及重组，天津奇思已变为内资企业并完成股改及名称变更，名称变更为三六零股份有限公司。

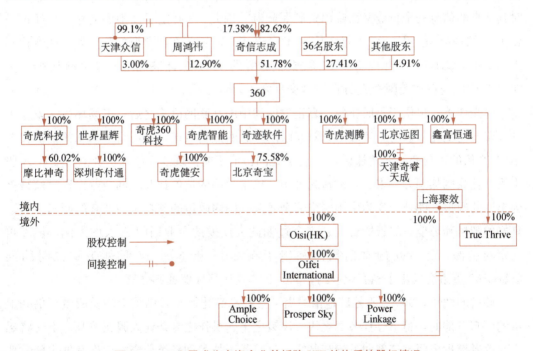

图 10-3　三六零成为内资企业并拆除 VIE 结构后的股权情况

资料来源：华泰联合证券研究报告。

第三部曲：登陆中国资本市场	
时间	详细过程
2017 年 6 月 12 日	• 江南嘉捷因重要事项未公告，全天紧急停牌。
2017 年 10 月 23 日	• 三六零股东大会通过决议，批准本次重大资产重组的相关议案。

续 表

时间	详细过程
2017年11月2日	• 华泰联合证券发布独立财务顾问报告,公开交易细节,置入江南嘉捷的三六零资产作价504亿元。
2017年12月29日	• 证监会晚间公告,江南嘉捷重组360事项获有条件通过。江南嘉捷将于1月2日复牌。

奇虎360的发家史伴随着中国互联网的普及史。1998年出身于被视为"流氓软件"的3721,此后八年浮沉。2005年9月,周鸿祎创立奇虎360,并定位为网络安全软件类公司。随后奇虎360发展迅速,推出拳头产品360安全卫士、360杀毒、360安全浏览器等,伴随着中国互联网用户的不断增加以及360一直以来的免费政策,用户渗透率不断提升,在我国网络安全领域市场占有率超过90%,成为无可争议的中国网络安全第一品牌。

发展达到一定规模后,360面临着上市的需求。然而与传统互联网企业境遇相同,在上市融资需求迫切的2010年前后,360不能满足严苛的A股上市连续盈利要求,同时其从事的信息安全行业又面临内资牌照限制。因此,360走了新浪的老路——通过搭建VIE结构赴美上市。2011年3月30日,奇虎360正式在纽交所挂牌交易(证券代码为NYSE:QIHU),奇虎360在美国纽交所的IPO总计获得40倍超额认购,为2011年中国企业在美国最成功的IPO交易之一。

时光荏苒,蛰伏于美股4年,真正发展为中国互联网巨头之后,市场环境又发生了翻天覆地的变化。彼时,美股市场对互联网概念的热情减退,市场给予360的估值仅有不到40倍的市盈率。周鸿祎说,80亿美元的市值不能体现360的真正价值。反观A股市场,互联网热潮方兴未艾,动辄超过100倍市盈率的估值让互联网企业投资者获得极为丰厚的回报。此外,作为中国网络安全龙头,国内政策的支持也为360的回归创造了良好的契机和环境。尽管历史上还未有过如此大规模的企业回归A股的先例,但多重因素的刺激,让360的掌门周鸿祎终于在2015年6月17日领头买方财团向Qihoo360董事会发出了私有化邀约,360正式踏上了A股回归之路。

此后的两年,360马不停蹄地谱写出了美股私有化、VIE结构拆除及股改、借壳上市的回归三部曲,整个过程节奏之快、决策之多、操作之复杂让人眼花缭乱,下文将尽力为读者梳理出回归三部曲的清晰脉络。这是我国技术创新企业资本运作发展史的重要篇章,也是我国资本市场崛起的见证。

二、"三部曲"是怎样谱写的

(一)美股私有化过程详解

在代表买方团发出私有化要约后,周鸿祎牵头按照要约提案搭建了各司其职的境内外共四层持股交易主体，在获得私有化银行贷款筹足资金后，完成了 360 境外全部上市股票的交割。360 回归的"三部曲"，就在这第一部曲的步步为营中拉开序幕。

1. 搭建私有化交易主体

提出私有化要约提案后，周鸿祎牵头搭建了四层持股公司作为实施私有化的交易主体，从上至下分别是奇信志成、奇信通达、True Thrive、New Summit。具体实施过程如下。

第一步：2015 年 11 月，周鸿祎受让 Offshore 公司设立的 True Thrive 100％股权；同月，True Thrive 受让 Offshore 公司设立的 New Summit 100％股权。

第二步：2015 年 11 月—12 月，周鸿祎与金明义设立奇信通达，其中周鸿祎持股 99％，金明义持股 1％；周鸿祎与金明义设立奇信志成，其中周鸿祎持股 99％，金明义持股 1％。

第三步：2015 年 12 月 10 日，金明义将持有的奇信通达 1％的股权转让给天津众信；周鸿祎将持有的奇信通达 16.95％的股权转让给天津众信，并将其持有的 11.75％的股权转让给齐向东。

第四步：2016 年 4 月，奇信通达受让周鸿祎持有的 True Thrive 100％的股权，True Thrive 成为奇信通达全资子公司。

第五步：2016 年 5 月，周鸿祎受让金明义持有的 1％奇信志成股权，海宁国安等 36 名新股东以增资方式成为奇信志成的股东，增资完成后 36 名新股东合计持有奇信志成 82.62％的股份。

第六步：2016 年 5 月，齐向东将持有的奇信通达 1.06％的股权（对应 105 553 元人民币注册资本出资额）转让给周鸿祎；天津众信将持有的奇信通达 1.11％的股权（对应 111 044 元人民币注册资本出资额）转让给周鸿祎；同时，天津奇信志成科技有限公司、浙江海宁国安睿威投资合伙企业（有限合伙）等 39 名新股东以增资方式成为奇信通达的股东。增资完成后，注册资本由 10 000 000 元人民币增加至 56 176 628 元人民币。

至此，私有化交易主体架构搭建完毕。360 的私有化主体包含 4 层控股架构（奇信志成、奇信通达为境内架构，True Thrive、New Summit 为境外架构）。具体而言，奇信志成作为最上层的控股公司，用于接受私有化买方团及贷款等注资，使各方股权结构明晰；第二层下设的奇信通达同样为境内架构，多设置这样一层境内架构，是为日后吸收合并拟境内上市业务做储备；最下层的 New Summit 是出于税收考虑、用于境外收购 360 美股上市股份完成私有化的主体；而中间的一层境外架构——True Thrive 则是出于回国上市后承接 360 境外资产的考虑。

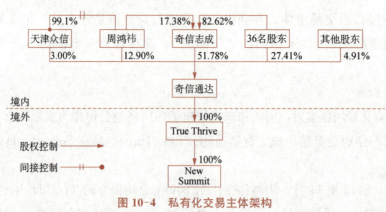

图 10-4　私有化交易主体架构

资料来源：华泰联合证券报告。

2. 获得私有化银行贷款

2016 年 5 月 27 日，奇信志成与招商银行等六家银行①签订《奇虎 360 私有化银团贷款合同》，贷款 30 亿美元等值人民币（人民币 201.3 亿元），借款期限为 7 年，贷款用于筹集 Qihoo 360 的私有化资金。该笔贷款预计偿还时间为 2018 年 12 月—2023 年 6 月，分 10 期每半年偿还本金。此后，经过与银团协商，拟变更偿还本金期限为 2020 年 6 月至 2023 年 6 月，分 7 期每半年偿还本金。

3. 私有化交割

根据 Qihoo 360 与奇信志成、奇信通达、True Thrive、New Summit 等签订的《合并协议》，私有化交易主体将按照私有化要约提出的 51.33 美元/股（折合 77 美元/ADS）的价格购买非其持有的 Qihoo 360 全部普通股票；而后私有化通过 New Summit 和 Qihoo 360 合并的方式实施，合并后 New Summit 停止存续，Qihoo 360 作为合并后的存续主体成为 True Thrive 的全资子公司。

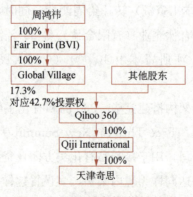

图 10-5　360 退市前的股权架构

---

① 包括：招商银行股份有限公司深圳分行、上海浦东发展银行股份有限公司深圳分行、兴业银行股份有限公司北京分行、中信银行股份有限公司总行营业部、北京银行股份有限公司深圳分行、北京农村商业银行股份有限公司。

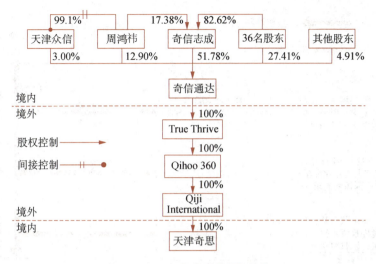

图 10-6　360 退市后的股权架构

资料来源：华泰联合证券报告。

(二) VIE 结构的拆除

1. VIE 协议控制为什么成为红筹上市追捧的手段？

21 世纪以来，以新浪（NASDAQ：SINA）、阿里巴巴（NASDAQ：BABA）、百度（NASDAQ：BIDU）、奇虎 360（NASDAQ：QIHU）等为代表的互联网 TMT 企业掀起了中国企业赴美上市的热潮，而这些企业在上市过程中，都无一例外地选择了"VIE"协议控制的方式。"VIE"结构对上市企业究竟具有怎样的"魔力"？

众所周知，互联网、TMT 等高新技术企业在发展和扩张的时期需要在研发、市场推广、维护等方面投入巨额的资本，而盈利在起步时期根本无法得到保证；同时，中国政府对外资投资行业有诸多限制，其中知识产权密集与信息安全相关的互联网行业很多执业牌照只能内资持有。在种种客观条件的限制下，融资难成为了中国互联网企业发展初期面临的重要问题，各种融资渠道纷纷受限：H 股、N 股或 S 股直接境外上市受制于外资占股限制；A 股上市不满足连续盈利的要求；一级市场融资同样由于外资限制而渠道有限。

为了实现海外融资需要，新浪率先找到了一条具有创造性的变通途径：由外国投资者和中国创始股东成立海外（离岸）上市公司，再由上市公司在中国境内设立一家外商独资企业（WFOE）从事外商投资不受限制的行业，例如最典型的技术咨询服务业，WFOE 公司对境内的运营公司提供实际出资、共负盈亏，并通过协议关系拥有控制权，最终实现外国投资者间接投资原本被限制或禁止的领域。

上述巧妙构想即大名鼎鼎的 VIE 模式。2000 年，新浪以 VIE 模式实现美股上市后，该模式被包括奇虎 360 在内的 250 多家企业效法，VIE 模式也因此被称作"新浪模式"。

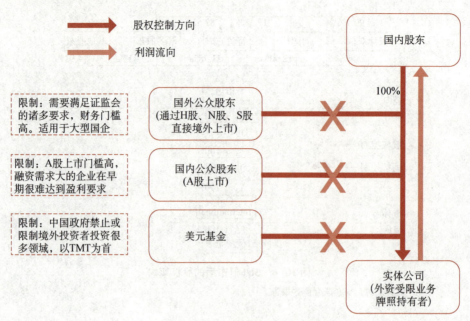

图 10-7 中国互联网企业融资难

资料来源：公开资料整理。

2. 如何设计相关结构？各部分的目的和好处有哪些？

如图 10-8 所示，一个典型的 VIE 结构的搭建，主要分为以下几个步骤。

第一步：创始股东在 BVI① 设立 BVI 公司-1，由于 BVI 注册离岸公司程序非常简单，且不需要董事会资料，可以实现隐匿股东的目的。

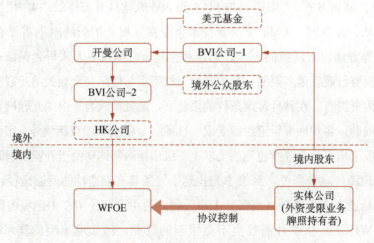

图 10-8 常见 VIE 结构设计

资料来源：公开资料整理。

---

① 英属维尔京群岛（The British Virgin Islands, BVI）是世界上发展最快的海外离岸投资中心之一，在此注册的公司就被称作 BVI 公司，常见于为在境外上市而搭建的 VIE 交易架构中。根据该岛的法律，所有在该岛注册登记设立的公司，除了法定每年计缴的登记费用（非常少）外，所有业务收入和盈余均免征各项税款。

第二步：由于 BVI 注册的公司透明度低，上市申请不易通过，需重新建立上市主体，通常由 BVI 公司-1 在开曼群岛①设立开曼公司，成为拟上市主体。

第三步（可选）：为便于下层的资产交易并节省交易成本，可由开曼公司再于 BVI 设立 BVI 公司-2。

第四步（可选）：BVI 公司-2（或开曼公司）在香港全资设立 HK 公司。通过 HK 公司控制 WFOE 可以进一步享受税收优惠②。

第五步：通过 HK 公司（或 BVI 公司-2/开曼公司）在境内全资设立 WFOE（外商独资企业），经营不受限的行业。该公司需要广泛的经营范围，一般需要涉及技术服务、管理咨询、信息咨询服务等行业。同时，在公司章程中对其法人治理结构和财务会计机制作出特殊的设计，利于外汇的进出和财务上的调配。

第六步：WFOE 与实体公司签订一系列协议，这些协议是 VIE 结构的核心。通过协议的方式控制境内运营实体的业务和财务，使该运营实体成为 WFOE 的最终控制者——开曼公司的可变利益实体。

跳过错综复杂的股权关系，仅仅通过一纸协议便成为公司的实控者，四两拨千斤的背后是一系列精思妙想。作为 VIE 结构的精华所在，常见控制协议的内容主要如下。

①贷款协议：WFOE 向 VIE 股东提供无息贷款；②看涨期权：WFOE 有权从 VIE 股东手中购买其股权，行权价为资本金或法律规定最低价；③代理合同：VIE 股东授权 WFOE 指定人作为其股权代理人，行使股东权利；④股权质押合同：VIE 股东将其股权质押给 WFOE 以担保其会履行前述合同；⑤技术服务合同：WFOE 向 VIE 提供技术服务，VIE 付款，以实现将 VIE 的利润转移到 WFOE。

360 于美股上市前的 VIE 架构如图 10-9 所示。创始股东周鸿祎、齐向东通过各自旗下的 BVI 公司联合其他创始股东设立开曼公司 Qihoo360；Qihoo360 在中国境内设立 WFOE 公司奇智软件；而奇智软件通过一系列协议实际控制奇虎科技、上海奇泰等七家内资牌照公司。

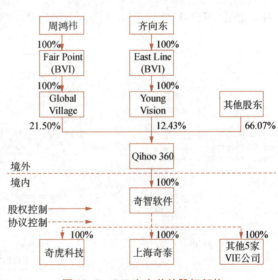

图 10-9　360 上市前的股权架构

资料来源：华泰联合证券报告。

---

① 同在 BVI 设立的公司相比，在开曼群岛设立的公司可以享受几乎同样的税收优惠；但是开曼法律对公司设立的要求较 BVI 稍严格，透明度更高。

② 中国香港与中国内地签有优惠税率协定，如：香港公司投资内地公司的股息预提所得税率为 5%，其余地区为 10%。

表 10-1　Qihoo 360 下属 WFOE 与 VIE 公司之间签署的控制协议

协议名称	核心内容
借款合同	Qihoo 360 或 WFOE 同意向自然人股东提供无息借款。
股权处置协议	自然人股东授予 WFOE 一项排他性的选择权，且同意 WFOE 在中国法律允许的前提下行使该项选择权，即以中国法律法规所允许的最低价格由 Qihoo 360 或其指定的第三方随时购买自然人股东所持全部 VIE 公司的股权。
业务经营协议	未经 WFOE 或其指定其他方的同意，VIE 公司不会进行任何实质影响 VIE 公司资产、业务、人员、义务、权利或公司经营的交易。同时，自然人股东分别签署《授权委托书》，同意将其作为 VIE 公司股东的权利委托给 WFOE 指定的人行使。
独家技术咨询和服务协议	VIE 公司同意 WFOE 作为其独家的技术咨询和服务提供者并接受 WFOE 提供的相关咨询和服务。
股权质押合同	为担保 WFOE 与 VIE 公司签署的《独家技术咨询和服务协议》《股权处置协议》《业务经营协议》的履行，自然人股东同意将其在 VIE 公司中所持全部股权质押给 WFOE。

资料来源：华泰联合证券报告。

360 所处的行业涉及高新技术及互联网安全，属于严格外资限制的行业，通过搭建 VIE 架构，规避了外资的直接持股，既避免了违反监管规定，又确保了自身获得发展需要的资金。

从上市到退市的几年间，360 迅速发展，VIE 结构进一步孵化。首先，除奇智软件外，新设 WFOE 公司奇飞翔艺、天津奇思、奇虎 360 科技等；其次，WFOE 公司不直

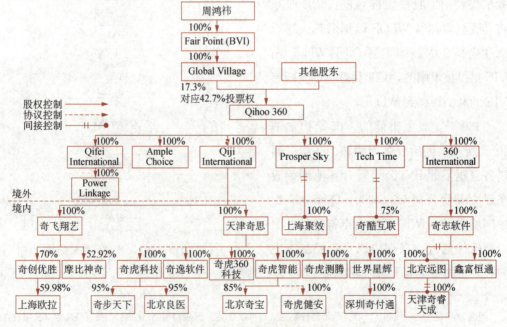

图 10-10　360 退市前股东架构

资料来源：华泰联合证券报告。

接由开曼公司设立，而是由开曼公司通过 Qiji International、360International 等设立于香港的子公司分别间接设立；最后，按照演艺、软件、科技等业务类别，360 原有的业务条线被重组至相应 WFOE 公司下。其中，没有外资限制的公司直接通过股权依附，内资牌照限定公司则通过新设 VIE 协议控制。

3. VIE 拆解的过程是怎样的？

奇虎 360 私有化完成后，其股权及 VIE 架构如图 10-11 所示。

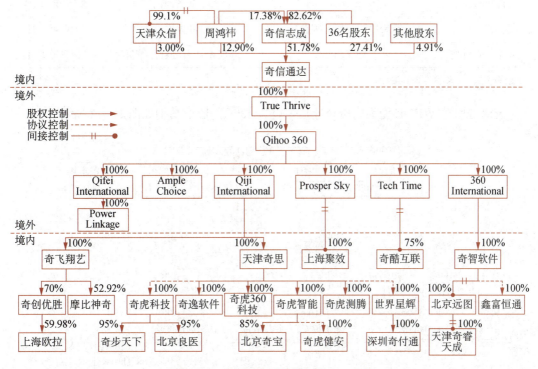

图 10-11　360 退市后的股权及 VIE 架构

资料来源：华泰联合证券报告。

境外私有化完成后，奇虎 360 同时进行了 VIE 结构的拆除和公司结构重组，以天津奇思为核心，将与其业务相关的主体重组至天津奇思架构下，其余则移至其架构外。整个过程分为三步。

（1）天津奇思等 WFOE 变更为内资企业。

2016 年 7 月 29 日，为清晰标的公司股权结构，Qiji International 同意将其持有的天津奇思 100% 股权转让给奇信通达。同日，Qiji International 与奇信通达签订了《股权转让协议》，经双方协商，股权转让对价为人民币 57 595.19 万元，天津奇思由外商独资企业变更为内资企业。除天津奇思以外，奇逸软件、奇虎智能、奇飞翔艺、奇智软件、奇虎 360 科技等 WFOE 纷纷通过受让方式转变为内资企业。

表 10-2　Qihoo 360 下属 WFOE 转内资情况

公司	原股东	受让方	外转内时间
天津奇思	Qiji International	奇信通达	2016 年 7 月
奇逸软件	Fortune Network Technology Co. Limited	天津奇思	2016 年 6 月
奇虎智能	Champ Asset Holdings Limited	天津奇思	2016 年 6 月
奇飞翔艺	Qiji International	标的公司股东	2016 年 10 月
奇智软件	360 International	奇飞翔艺	2016 年 10 月
北京美游乐	君威中国控股有限公司	世界星辉	2016 年 5 月
奇虎 360 科技	奇霁国际	齐向东、石晓虹、董健明	2015 年 1 月

资料来源：华泰联合证券报告。

天津奇思等 WFOE 变为内资企业后，Qihoo360 的股权结构如图 10-12 所示。

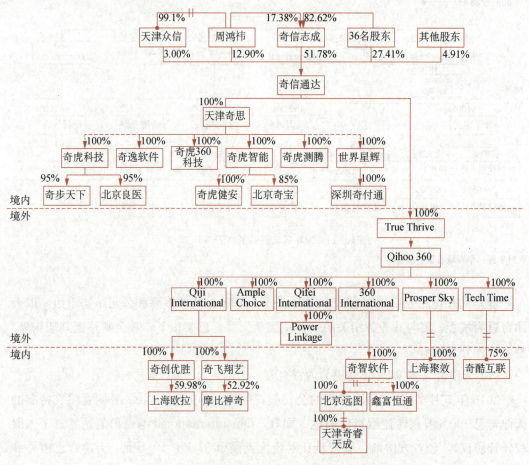

图 10-12　天津奇思变为内资企业后 360 的股权结构

资料来源：华泰联合证券报告。

(2) 境内外架构重组。

天津奇思变更为内资企业后，通过一系列的境内外重组，Qihoo 360 将鑫富恒通、北京远图等与天津奇思主营业务相关的主体重组至天津奇思架构下，同时拆除天津奇思子公司的 VIE 架构，并将奇步天下、Tech Time 等与天津奇思主营业务不相关的主体重组至天津奇思体系外，从而完成标的公司境内外架构的调整。境内外架构重组后，天津奇思股权架构如图 10-13 所示。

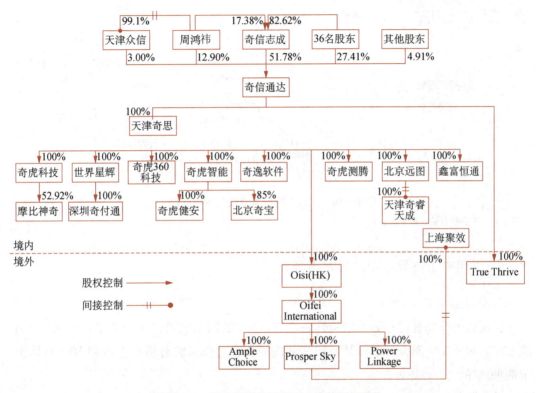

图 10-13 境内外架构重组后 360 的股权结构

资料来源：华泰联合证券报告。

(3) 天津奇思与奇信通达的吸收合并。

2017 年 2 月，天津奇思吸收合并奇信通达，奇信通达注销后的全部资产和负债由天津奇思承继，天津奇思直接持有原奇信通达子公司 True Thrive 的权益，并通过 True Thrive 持有其境外股权资产、应收款项及现金等资产。境内架构拆除、吸并及重组后，天津奇思已变为内资企业并完成股改及名称变更，名称变更为三六零股份有限公司。如前文所述，在重组过程中，Qihoo360 曾将与天津奇思主营业务不相关的主体重组至天津奇思体系外，因此，在拟境内上市主体的 VIE 架构拆除后，原 Qihoo360 下属公司被拆解为两部分，即拟境内上市的标的公司"三六零股份有限公司"和未被整合入标的公司的原下属公司，股权结构如图 10-14 所示。

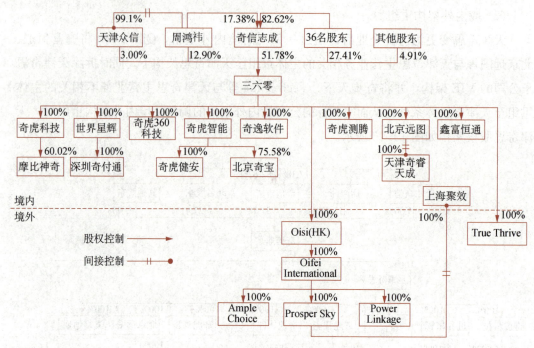

图 10-14　三六零股份有限公司股权结构

资料来源：华泰联合证券报告。

（三）借壳上市登陆中国资本市场

1. A 股上市方式选择

在完成美股私有化、VIE 结构拆除之后，360 的回归大戏终于迎来了最终章——A 股上市。对于 360 而言，谱写其回归三部曲的收官之作面临着借壳上市和 IPO 整体上市两种选择。

（1）借壳上市。

在过去的中概股回归历史中，分众传媒和巨人网络这两家具有代表性的企业采取了借壳上市的方式登陆中国资本市场。其中分众传媒借壳七喜控股，巨人网络借壳世纪游轮；而二者的借壳都取得了成功，完成借壳后股价一路暴涨，两者的股价都一度比私有化之前的估值溢价了 4 倍左右。

对于中概股私有化回归而言，时间是最大的对手。自 360 启动私有化以来便开始了同时间的赛跑。由于奇虎 360 为私有化承担了巨额债务因而希望缩短上市时间，而借壳上市对于 360 最大的吸引力无疑就是能助 360 绕过 IPO 面临的大量监管审查，在最短的时间内将回归三部曲推向最高潮——A 股上市。

当然借壳上市并不是有百利而无一害。首先，在目前的市场上要找到一个干净的"壳"并不容易；其次，借壳上市面临着原有股东股份的摊薄，而优质壳资源的稀缺进

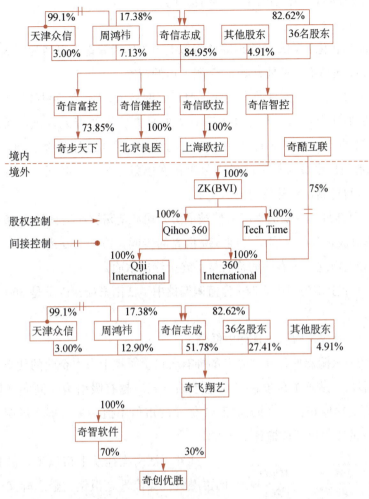

图 10-15　未整合进入标的公司的原 Qihoo 360 下属公司股权结构
资料来源：华泰联合证券报告。

一步提升了借壳的成本。借壳上市这一曲谱可谓短小精悍，但同样暗藏杀机。

(2) IPO 整体上市。

目前 A 股市场尚没有曾经境外上市的企业通过 IPO 整体上市回归 A 股的先例，但作为同样拥有 VIE 结构的企业，暴风科技曾经历了 VIE 结构拆除并实现了 A 股 IPO 上市。暴风科技的 IPO 同样大获全胜，上市后连续 29 个交易日涨停，较发行价格上涨 34.4 倍。

因此，拆除了 VIE 结构回归的奇虎 360，通过 IPO 上市也不失为一个选择。尤其是目前国家推动特殊股权结构类、高科技类企业在境内上市的环境，无疑给作为中国网络安全行业龙头的奇虎 360 在国内上市打开了方便之门。然而，纵然再行方便，从接受 IPO 辅导到申报再到上市，IPO 上市的周期相比于借壳而言还是太长了，"听众"能给奇虎360这么多时间谱写出上市的"最强音"吗？

2. 360最终的上市选择分析

在360完成私有化、VIE结构拆除并将拟上市主体天津奇思更名为三六零科技股份有限公司后，360便马不停蹄地开始了A股上市的探索。

2017年3月27日，中国证监会天津证监局官网显示，"三六零科技"正在接受IPO辅导。然而此后的几个月内，与360上市有关的官方公告便杳无音讯，而市场对这一"庞然大物"的上市动向却从未停止关注，市场猜测：360已经放弃了通过IPO上市，一场A股市场有史以来最大规模的借壳上市正在酝酿之中。一时间，各种潜在的"壳公司"充斥着坊间猜测，种种传闻甚嚣尘上。

2017年11月2日，夜晚的平静突然被上市公司江南嘉捷在当日最后10分钟连续发布的26条公告打破，公告坐实了此前360借壳的传闻，协助360谱写回归三部曲最终章——A股借壳上市这一协奏曲的幕后帮手终于浮出水面。

在A股数千个上市公司中，360为何偏偏挑中了江南嘉捷？以下是360选中江南嘉捷背后的原因。

(1) 市值低、股权结构简单且行事低调。

借壳上市的一大隐患便是让"壳"的拥有者搭上了拟上市大企业的便车，稀释了借壳公司原股东股份，从这个角度而言，越小的"壳"越有吸引力。同360拟上市主体504亿元人民币的估值相比，江南嘉捷34亿元的市值不值一提。事实证明，借壳完成后，360原股东的股份仅仅被稀释了5.88%。

注：金祖铭与金志峰系父子关系。

图10-16　江南嘉捷被借壳前股权结构

资料来源：华泰联合证券报告。

此外，江南嘉捷从上市以来，没有进行任何的再融资。实控人金祖铭、金志峰父子至今未减持过一股。此外，江南嘉捷既不是创业板公司，也不是国有企业，更没有大规模资产重组的经历。

(2) 主营业务下滑、前景看衰。

借壳企业的主营业务往往与壳企业大相径庭，因此壳公司的原有业务往往会被置出上市公司，欲让上市壳企业放弃自己的本业，安心为借壳企业做嫁衣，必须要对壳企业的股东作出补偿。因此，选择发展状况不佳的企业做壳，可以降低借壳的机会成本，从而有效控制借壳后的股份稀释程度。

江南嘉捷于2012年1月登陆上交所，是国内第二家上市电梯企业。公司以每股12.4元的价格发行，IPO实际募资额6.94亿元，上市当天即遭破发，之后股价持续低迷。由于近年制造业面临转型压力，中国电梯市场增速显著放缓。梳理江南嘉捷上市以来的财务数据可以发现，最近三年公司业绩整体处于快速下滑状态：2014年、2015年和 2016 年，净利润分别为 24 281 万元、24 341 万元和 16 948 万元。

(3) 同为华泰联合客户。

360 借壳重组的财务顾问以及江南嘉捷 IPO 的保荐人同为华泰联合证券。作为中介机构的华泰联合对双方都知根知底，极大地降低了信息沟通及交易成本。

3. 360 借壳上市的争议

对于借壳上市的企业而言，尤其需要重视的一点是上市之后不能触及沪深交易所《股票上市规则》中"社会公众持股比例低于 10%"的退市红线。

因此，曾有市场分析认为，按照 360 拟上市主体 504 亿元的估值，其借壳对象的散户（社会公众股）市值不应低于 56 亿元，考虑到散户市值一般不超过总市值的 70%，则被借壳公司总市值不应低于 80 亿元。然而，360 最终选择借壳的江南嘉捷市值仅为 34 亿元，散户持股比例 70.43%。根据以上逻辑，借壳后 360 的社会公众持股比例仅为 5.88%，显然不符合沪深交易所《股票上市规则》(2014 年修订) 规定的股权分布上市条件。

与此相反的观点认为，360 在借壳之前，其私有化买方团的社会公众股比例就已经超过 10%。除实际控制人周鸿祎直接或间接控制的 67.7% 股份外，其余 32.3% 的股份均视作社会公众股。因此，只要壳资源有 1 块钱的市值，都能借壳而不违反 10% 的比例要求。

上述两种观点的冲突来源于对"社会公众股东"的理解，根据沪深交易所《股票上市规则》（2014 年修订），"社会公众股东指不包括下列股东的上市公司其他股东：(1) 持有上市公司 10% 以上股份的股东及其一致行动人；(2) 上市公司的董事、监事、高级管理人员及其关联人"。则矛盾的焦点转移到除周鸿祎、天津众信、奇信志成外的 360 私有化股东是否为"一致行动人"。

根据《上市公司收购管理办法》第八十三条的规定，如无相反证据，"投资者之间存在合伙、合作、联营等其他经济利益关系"，为一致行动人。

根据第一种观点，三六零借壳上市，360 私有化财团成员成为上市公司的直接股东，同时，他们还是上市公司控股股东奇信志成 42 个股东的主要成员，拥有奇信志成超过 70% 的股权。显然，这些 360 私有化财团成员存在上述的"合伙、合作、联营等其他经济利益关系"，属于一致行动人。

而根据第二种观点，在 360 私有化完成后，私有化财团成员便失去了一致行动约束，虽然私有化财团成员大多数是奇信志成的股东，但在涉及上市公司股权事宜上是独立处理的，不会采取一致行动。

4. 360 借壳上市的交易细节

根据华泰联合证券报告，360 借壳上市的交易过程分为清壳—资产置出—资产置换—定向增发四步。

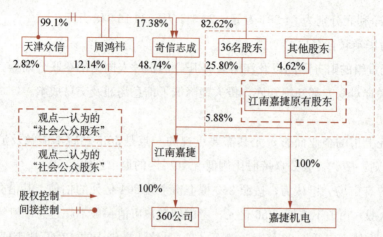

图 10-17　借壳上市完成后的股权结构以及关于"社会公众股东"的争议
资料来源：华泰联合证券报告。

第一步：清壳。上市公司报告披露，"江南嘉捷将截至 2017 年 3 月 31 日拥有的，除全资子公司嘉捷机电 100%股权之外的全部资产、负债、业务、人员、合同、资质及其他一切权利与义务划转至嘉捷机电"。划转的资产及负债公允价值为 18.71 亿元，资产负债净值 13.7 亿元（图 10-18）。

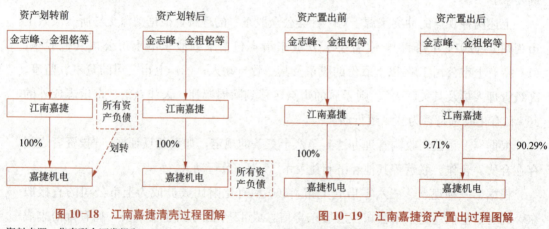

图 10-18　江南嘉捷清壳过程图解　　　　　**图 10-19　江南嘉捷资产置出过程图解**
资料来源：华泰联合证券报告。　　　　　　　资料来源：华泰联合证券报告。

第二步：资产置出。上市公司公告披露，"江南嘉捷分别将嘉捷机电 90.29%的股权以现金方式转让给金志峰、金祖铭或其指定的第三方，交易作价为 169 000 万元"（图 10-19）。

第三步：资产置换。上市公司公告披露，"江南嘉捷将嘉捷机电 9.71%股权转让给 360 全体股东，与其拥有的 360 100%股权的等值部分进行置换"。此次交易中，嘉捷机电 9.71%股权对应的价值约为 1.8 亿元，等值换得 360 公司股权约 0.36%（360 公司拟上市资产权益作价 504 亿元）（图 10-20）。

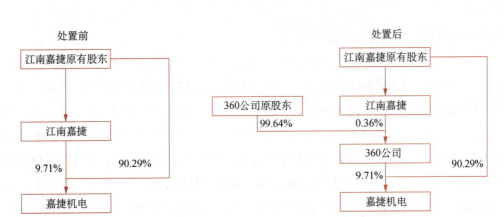

图 10-20　资产置换过程图解

资料来源：华泰联合证券报告。

第四步：定向增发，360 置入剩余股份。江南嘉捷原有股东首先回购嘉捷机电 9.71% 的股权，至此江南嘉捷原有业务完全置出上市主体，然后 360 再将剩余的 99.64% 资产置入江南嘉捷（图 10-21）。

上市公司公告披露，"本次交易中拟出售资产 9.71% 股权的最终作价为 18 179.75 万元，拟置入资产的最终作价为 5 041 642.33 万元，通过重大资产置换与拟置入资产的价款等值部分抵消后，拟置入资产剩余差额部分为 5 023 462.58 万元，由公司以发行股份的方式自三六零全体股东处购买……经交易各方友好协商，本次发行股份购买资产的股份发行价格确定为定价基准日前 20 个交易日股票交易均价的 90%，即 7.89 元/股……按照本次发行股票价格 7.89 元/股计算，本次拟发行股份数量为 6 366 872 724 股"。

江南嘉捷原有股本 397 182 443 股，360 股份置入后，原股东的股权比例被稀释到 5.88%，周鸿祎直接持有本公司 12.14% 的股份，通过奇信志成间接控制本公司 48.74% 的股份，通过天津众信间接控制本公司 2.82% 的股份，合计控制本公司

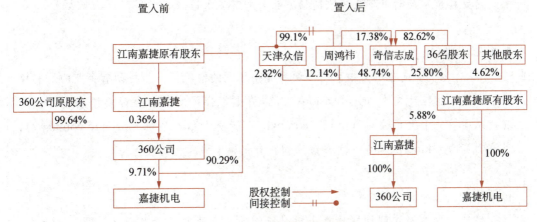

图 10-21　定向增发过程图解

资料来源：华泰联合证券报告。

63.70%的股份，成为公司实际控制人。

整个借壳过程的交易结构不算复杂，但其中仍不乏值得玩味之处。在交易过程中，先是江南嘉捷原股东将嘉捷机电9.71%的股权与三六零全体股东拥有的三六零100%股权的等值部分进行置换，此后再由三六零全体股东将这9.71%股权转让给江南嘉捷原股东。仅9.71%的嘉捷机电小股权，为何成为交易中被反复买卖的资产？其实，该部分资产一进一出之间的差价，基本就是对壳公司原股东的补偿。至于为何要将嘉捷机电分割出的9.71%这一小部分进行反复交易，则多半是出于控制交易成本的考虑。值得注意的是，在江南嘉捷购入360全部资产时，其新发股份的价格确定为"定价基准日前20个交易日股票交易均价的90%，即7.89元/股"，而此时，江南嘉捷所有的资产和负债都已经通过子公司置出了上市公司实体，这意味着交易双方认可：在停牌之前，江南嘉捷的"壳"价值占据了公司全部价值的90%。

（四）案例小结

从2015年6月发出私有化要约，到2016年7月美股私有化完成；从2016年7月开始将WFOE转为内资企业，到2017年2月天津奇思完成股改并更名为三六零股份有限公司；从2017年3月接受IPO辅导，到2017年11月公布借壳上市方案……历时两年半的奇虎360的A股回归之路可谓一波三折，荡气回肠。

作为中国前几大互联网巨头中唯一一家登陆A股的公司，奇虎360回归的三部曲道尽了跨境并购以及公司控制的智慧：私有化交易主体搭建、VIE结构的搭建和拆除、借壳上市方案设计……实在可作为中概股回归的典范。

 **术语解析**

简要解析本案例中与兼并收购领域相关的常见术语。

私有化（taking private）

"私有化"一词在中文中可用于两种完全不同的情况：一指将国有企业的所有权转给私人，相应英文为privatization；二指将上市公司的股份全部卖给同一个投资者，从而使一个上市公司（public company）转变为私人公司（private company），英文对应为taking private。本文讨论的私有化属于第二种情况。

协议控制

协议控制为新浪网纳斯达克上市时所创造，后被普遍运用于互联网、出版等

"外资禁入"行业的企业境外红筹上市。即境外离岸公司不直接收购境内经营实体，而是在境内投资设立一家外商独资企业，同过签署一系列协议，为国内经营实体企业提供垄断性咨询、管理等服务，国内经营实体企业将其所有净利润，以"服务费"的方式支付给外商独资企业；同时，该外商独资企业还通过协议，取得对境内企业全部股权的优先购买权、抵押权和投票表决权、经营控制权，即不通过股权关系而实现实质上对公司的控制。

可变利益实体（variable interest entity，VIE）

通常，在境外注册的上市实体与境内的业务运营实体相分离，境外的上市实体通过设在境内的外商独资企业以协议的方式控制境内的业务实体；如此一来，境内业务实体便成为境外上市实体的可变利益实体。

三、思考与分析

本部分针对案例提出问题，你可以在案例的基础上进行更广泛的资料收集，并尝试回答这些问题。

（1）360为何会先于百度、阿里等中国互联网巨头，成为中概股回归A股上市的排头兵？

（2）根据本案例第二部分中VIE结构搭建的一般步骤，分析360的VIE结构中各公司扮演的角色：哪些公司扮演的是BVI公司的角色？哪些公司扮演HK公司角色？哪些公司扮演WFOE角色？哪些公司是境内业务实体？

（3）360的A股上市主体只保留了涉足互联网安全技术、网络安全产品的公司，而将涉足股权投资、手机研发、企业安全等业务的子公司剔除在上市公司体系外，是出于什么样的考虑？

（4）根据报道，360在回归A股过程中首先考虑的是IPO方式，然而最终走了借壳上市之路，其中的逻辑是什么？

（5）360借壳上市是否触及"社会公众持股比例低于10%"的上市红线？你怎样理解"社会公众股东"？

（6）在借壳上市实际操作中，江南嘉捷的子公司——嘉捷机电一笔9.71%的小股权经历了反复买卖，其中的目的是什么？

（7）试分析江南嘉捷原股东在提供"壳"的过程中获得的回报。

（8）以360回归为模板，为百度、阿里、携程等中概股互联网巨头设计回归路径。

参考资料

[1] 唐纳德·德帕姆菲利斯. 兼并、收购和重组：过程、工具、案例和解决方案综合指南 [M]. 北京：机械工业出版社，2004.

[2] 陆淳. 中概股回归的风险与路径研究——基于奇虎360的案例分析 [D]. 江西财经大学，2016.

[3] 上市公司重大资产重组管理办法 [J]. 中华人民共和国国务院公报，2015，2(3)：4-6.

[4] 佚名. 深交所修订《股票上市规则》[J]. 财政监督，2014(35).

[5] 佚名. 上市公司收购管理办法 [J]. 中华人民共和国国务院公报，2007(24).

[6] 江南嘉捷电梯股份有限公司. 江南嘉捷电梯股份有限公司重大资产出售、置换及发行股份购买资产暨关联交易报告书（修订稿）[R]. 上海证券交易所：华泰联合证券，2017.

[7] 华泰联合证券. 华泰联合证券有限责任公司关于江南嘉捷电梯股份有限公司重大资产出售、置换及发行股份购买资产暨关联交易之补充独立财务顾问报告 [R]. 上海证券交易所：华泰联合证券，2017.

（杨　旻）

案例 11

高瓴收购百丽——鞋业巨头落幕还是再出发

导言

2017年4月,拥有超过2万家店铺、超过15个自主鞋类品牌、Nike等国际运动服饰品牌最大的代理商百丽国际宣布私有化。高瓴资本领衔,以453亿港元协议收购百丽国际,超越万达商业私有化,成为港股市场有史以来最大的私有化交易。高瓴资本为投资互联网、金融科技、生物医药的著名PE,为何斥巨资投资传统制造零售企业?营收连年负增长、但仍有充裕净利润和现金净流入的百丽国际创始人为何选择售股退出?百丽国际私有化后又如何在新晋控股股东的协助下扭转经营业绩的颓势?通过本案例的学习,读者可以体会传统零售制造企业在互联网、新零售渠道变革冲击下的曲折转型历程。

一、事件发展,时间脉络

时间	事件
2013年2月20日	• 作为中国最大的女鞋制造和零售商,百丽国际登上市值巅峰,市值突破1 500亿港元。
2014—2016年	• 受行业环境变化影响,百丽国际鞋类业务营收连续三年负增长,整体净利润连续两年大幅下滑。 • 百丽国际业务转型艰难,电子商务等转型措施进展不顺。
2017年4月17日	• 以高瓴资本领衔的要约人集团要求董事会向股东提呈建议——通过协议计划将百丽国际控股有限公司私有化。 • 创始人邓耀、盛百椒选择售股退出,高管于武、盛放加入高瓴资本牵头财团。

续表

时间	事件
2017年7月25日	百丽国际以协议安排方式提出的私有化建议正式生效,百丽国际从联交所退市;高瓴资本入主百丽国际。
2017年度	百丽国际私有化后第一年营收大幅回暖。

资料来源:百丽国际公司公告。

百丽国际控股有限公司及其子公司是中国最大的女鞋制造和零售商,拥有Belle等13个自有品牌;同时也是中国最大的运动服饰代理经销商,代理品牌包括Nike、Adidas、PUMA等。2013年2月20日,百丽国际市值最高达到1 549亿港元。

近年来,由于制鞋业受电商及新零售渠道冲击,行业处境步履维艰。2017年7月25日,百丽国际发布公告称,百丽国际以协议安排方式提出的私有化建议正式生效。高瓴资本集团联手鼎晖投资以及百丽国际的执行董事于武先生、盛放先生组成财团,其牵头提出的私有化建议于2017年7月17日在百丽国际召开的法院会议及股东特别大会上获无利害关系股东通过,并在2017年7月24日开曼群岛大法院的法院聆讯上获得批准。

7月27日,百丽国际正式宣布从港交所退市。新闻媒体给予百丽国际这样的评论:"一代鞋王正式落幕""千亿帝国被阿里摧毁""创始人卖企套现"。然而,从要约人财团看来,私有化不是百丽国际30年经营历程的终点,只是再出发的又一起点。

百丽国际首席执行官盛百椒先生表示:"公司的私有化建议得到超过98%的股东赞成,我深感欣慰,并衷心感谢股东们多年来的支持。借助高瓴资本和鼎晖投资的优势资源,结合新一代管理层的干劲,我由衷地希望集团能推行必要的业务转型,并实现长期、可持续性的增长。"

高瓴资本创始人兼首席执行官张磊先生表示:"我们乐见股东们对私有化方案的支持与肯定。我们深信高瓴团队将帮助百丽国际在充满挑战的零售市场环境中推行以科技创新为引领的转型,从而重获长期的市场竞争力。"

鼎晖投资代表表示:"多年来,鼎晖与百丽国际风雨兼程,很高兴公司的私有化建议得到股东们的认可并顺利通过。我们期待与高瓴资本和百丽国际携手一起实施公司未来的业务转型。"

媒体与要约人对于百丽国际的前景莫衷一是。从要约人要求董事会向股东提呈的私有化建议"顺利"地得到98%股东的支持,我们也可以看出普通股股东对企业"扭转颓势"的可能性存有疑虑——与其等待公司未来重整旗鼓,不如同意私有化要约溢价退出。

透过要约收购计划,我们可以清楚地观察到要约人集团与普通股股东对于公司未来走向判断的分歧。

(一) 要约收购计划——创始人售股退出，高瓴资本入主百丽国际

2017年4月17日，要约人要求董事会向计划股东提呈建议。若建议获批准及实施，将导致百丽国际被要约人私有化并撤销股份在联交所的上市地位。计划生效后，(1) 无利害关系股东持有的计划股份将予注销以换取注销代价现金；(2) 智者创业股东持有的计划股份将予注销以换取智者创业注销代价（智者创业股东在私有化过程中注销股份并按股份注销代价价格的金额入账缴足股款）；(3) 将向要约人发行缴足股款（或入账列为缴足股款）的新股份。

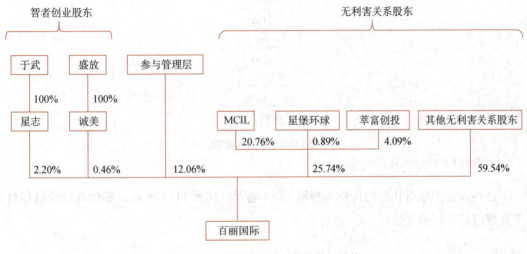

图 11-1 百丽国际私有化前股权结构

资料来源：百丽国际公告。

如图 11-1 所示，要约收购计划中的无利害关系股东是指要约人财团之外的股东，包括选择出售股份退出的管理层 MCIL、星堡环球、萃富创投以及除此之外的普通股东。MCIL 由百丽国际创始人邓耀及其堂弟邓伟林分别拥有 54.33% 和 45.67% 的股份；星堡环球由百丽国际 CEO 盛百椒全资持有；萃富创投由百丽国际 CEO 盛百椒设立并作为其唯一受益人的家族信托唯一持有。智者创业在私有化计划生效前由星志及诚美持有并在计划生效后由星志、诚美及参与管理层股东持有。

持有百丽国际 25.74% 股份的创始人及管理层选择不可撤销的承诺退出。MCIL、星堡环球、萃富创投承诺将在股东大会上同意要约人协议收购计划退出。而剩余持有 2.20% 股份的执行董事于武、持有 0.46% 股份的盛放和持有 12.06% 股份的参与管理层则构成智者创业公司选择加入要约人集团。2017年4月28日，百丽国际执行董事于武、盛放与股权投资人集团（包括高瓴资本和鼎晖基金即 SCBL）达成财团协议，共同对百丽国际发起私有化要约。

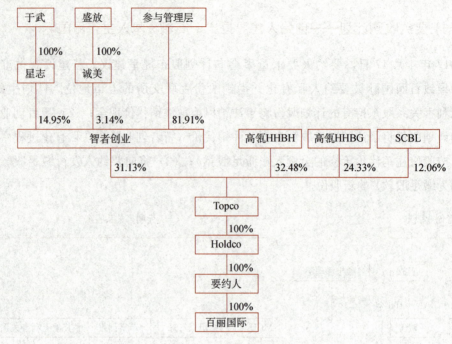

图 11-2　要约人结构

资料来源：百丽国际公司公告。

要约人集团私有化要约价格为每股 6.30 港元。如图 11-3 所示，要约收购价格相对于股票市场价格的溢价在 20% 左右。

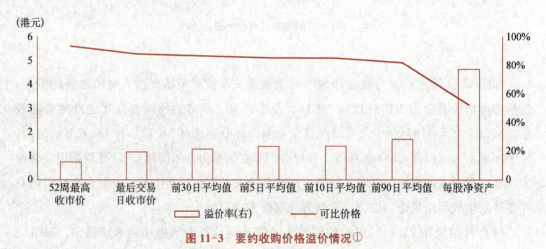

图 11-3　要约收购价格溢价情况[1]

资料来源：百丽国际公司公告。

选择出售股份退出的创始人及管理层与普通股东构成无利害关系股东，合计持有 7 192 291 808 股股份。因此，实现建议所需的资金总额约 453.11 亿港元。私有化要约

---

[1] 每股净资产计量货币为人民币，股价均为收市价。

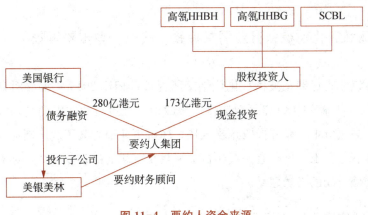

图 11-4　要约人资金来源

资料来源：百丽国际公司公告。

所需资金由两部分构成，包括美国银行提供的 280 亿港元债务融资以及股权投资集团（高瓴 HHBH、高瓴 HHBG 及 SCBL）提供的约 173 亿港元现金投资。其中，本次私有化要约财务顾问美银美林为债务融资提供方美国银行旗下投资银行部门。债务融资要求要约人以全部股份以及私有化过程中获得的百丽国际股份作为抵押。

(二) 要约收购背景——百丽国际遭遇电商与新兴零售挑战

百丽国际 531 亿港元的私有化总价超过了 2016 年万达商业 345 亿港元的私有化总价，成为港股史上最豪华的私有化交易。

天价私有化难掩行业景气度下滑背景下百丽国际转型艰难的现实。近年来，百丽国际鞋类业务遭遇了前所未有的挑战。快速发展的电商平台以便捷的服务、具有吸引力的价格以及更多的产品选择极大冲击了百丽国际原本占据绝对优势的线下经销网络。过去占据绝对竞争优势的百货市场销售渠道，其客流量因被电商和其他新兴零售渠道如购物中心等分流而锐减。而公司又未能跟上电商和其他新兴零售渠道扩张的步伐。尽管百丽国际探索了如建设优购网电商平台等转型举措，但始终未收获预期效果。因此，百丽国际的鞋类业务遭受大幅下滑，从 2014 年 2 月 28 日开始同店销售额录得连续 13 个季度负增长。

百丽国际公告称，公司私有化从港股退市是在充满挑战的零售市场环境中致力业务转型的必要举措；在行业景气程度下滑、公司面临转型风险的情况下，为普通股东提供溢价的私有化要约有助于实现普通股东的投资收益。

百丽国际宣布私有化退市计划以来，媒体公开报道论调普遍是"一代鞋王落幕"。但实际上与同行业相比，百丽国际仍然拥有相对健康的盈利状况、资产负债水平以及充足的现金储备。结合牵头私有化财团的高瓴资本在制造业数字化转型的成熟投资经验，百丽国际仍然存在通过补足电商和新零售的短板、重新焕发生机的可能性。

二、百丽私有化前夜：行业需求疲软，战略转型步履维艰

百丽国际以 531 亿港元被私有化从港交所退市，相比 2013 年巅峰时期市值缩水超过 60%。创始人邓耀、CEO 盛百椒选择出售股份，难掩百丽在电商与新零售冲击下的落寞。然而，高瓴资本、鼎晖投资跑步入场，体育事业部总裁于武、新业务事业部盛放留守似乎意味着"鞋王"仍存有一线生机。复盘私有化前的鞋业变局，私有化或许是百丽国际获得转圜空间的必然之举。

（一）新零售冲击下的行业状况

1. 行业状况："营收与利润负增长"成普遍现象

百丽国际在私有化要约公告中称，公司自 2014 年 2 月 28 日已连续录得 14 个季度负增长。而实际上，在电商冲击、新零售渠道崛起的情况下，鞋服行业营收与盈利下滑的并不只有百丽国际这一家公司。如图 11-5 所示，皮革、毛皮、羽毛及其制品和制鞋业主营业务收入和净利润自 2000 年以来保持 20% 左右的增速直至 2012 年年中。而在 2012 年，行业主营业务收入和净利润增速跌幅均超过 10%：前者增速由 25.02% 跌至 11.25%，后者增速由 29.97% 降至 10.67%。2013 年到 2017 年，行业营收和利润增速进一步下滑，2014 年后两者增速只有个位数水平。

图 11-5　皮革、毛皮、羽毛及其制品和制鞋业主营业务收入和利润年同比增长情况

资料来源：Wind。

行业形势步履维艰，皮革、鞋服类上市企业经营数据同样不容乐观。以百丽国际领头的港股、A 股皮革、鞋服类上市公司营业收入经过了 2013 年前后的高歌猛进之后风

光不再，营收增长率水平在2013年后几乎都遭遇"断崖式下滑"（表11-1）。

表11-1 皮革、鞋服行业上市公司营收增长率（%）

证券代码	公司简称	2016/12/31	2015/12/31	2014/12/31	2013/12/31	2012/12/31
1880.HK	百丽国际（退市）	2.21	1.95	8.74	1.51	13.57
603001.SH	奥康国际	-2.07	11.92	6.05	-19.07	16.50
603116.SH	红蜻蜓	-3.19	-5.15	-2.91	5.00	12.88
603608.SH	天创时尚	-5.07	-3.27	11.67	16.88	22.50
002291.SZ	星期六	-9.61	-6.60	-4.68	17.53	16.41
603958.SH	哈森股份	-13.21	-5.39	-5.55	10.88	11.14
0738.HK	莱尔斯丹	-15.73	-3.60	3.36	15.78	14.05
0210.HK	达芙妮国际	-22.04	-18.96	-0.89	-0.72	22.70
	平均值	-8.59	-3.64	1.97	5.97	16.22

资料来源：Wind。

相较于营业收入增速的下滑，净利润的负增长更"触目惊心"。2013年度星期六公司净利润减少36.18%，达芙妮国际减少65.56%。2014年，哈森股份净利润负增长26.96%。2015年百丽国际净利润减少38.41%。2013—2016年，皮革、鞋服业上市公司在泥潭中陷入长期的挣扎（表11-2）。

表11-2 皮革、鞋服行业上市公司净利润增长率（%）

证券代码	公司简称	2016/12/31	2015/12/31	2014/12/31	2013/12/31	2012/12/31
603608.SH	天创时尚	8.61	-12.33	14.65	-12.00	17.12
603116.SH	红蜻蜓	-8.87	-8.42	27.20	-13.10	7.00
002291.SZ	星期六	-11.94	-38.11	6.98	-36.18	-43.11
1880.HK	百丽国际（退市）	-18.09	-38.41	8.22	-2.00	2.30
603001.SH	奥康国际	-21.73	50.98	-5.83	-46.57	12.22
603958.SH	哈森股份	-34.49	13.49	-26.96	12.21	8.41
0738.HK	莱尔斯丹	-38.58	-35.51	-17.43	60.30	-7.76
0210.HK	达芙妮国际	-116.59	-315.24	-46.52	-65.56	2.42
	平均值	-30.16	-47.94	-4.96	-12.86	-0.17

资料来源：Wind。

2. 电商和新零售冲击，行业传统经营模式遭遇挑战

皮革、鞋服行业上市公司遭遇营收与利润增长的困境，却不能全部归咎于行业整体消费的疲软。根据国家统计局的数据，尽管自 2012 年以来，服装鞋帽针纺品类社会消费品零售额同比增速放缓，但是行业内的销售、消费模式的转型也在悄然发生。2015 年至今，"网上商品零售额（衣帽类）"累计同比增速远高于社会消费品零售总额总体增速，实物商品网上零售额占社会消费品零售总额的比重从不到 10% 增长至接近 20%。

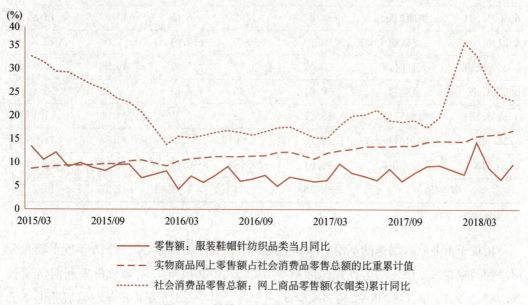

图 11-6　鞋服行业遭遇挑战的宏观背景

资料来源：Wind，国家统计局。

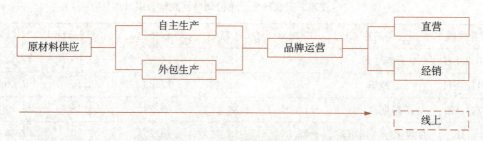

图 11-7　皮革、鞋服行业传统生产经销模式

资料来源：作者自制。

网络零售渠道的普及，伴随多样化、个性化、便捷化的消费需求的兴起，对鞋服行业的传统生产方式提出了挑战，对供应链效率和反应速度提出了更高的要求。皮革鞋服行业上市公司生产经销模式如图 11-7 所示，大型企业牢牢控制着产业链的生产、品牌运营与销售渠道，往往对原材料供应商有很强的话语权。在行业快速增长的阶段，快速增长的订单不仅仅依靠自身消化，也可以将生产过程外包。而行业内的竞争主要是品牌与销售渠道的竞争。在网络零售兴起之前，竞争的表现形式就体现在品牌的数量和门店的数量。因为更多的品牌与零售门店意味着企业更多与消费者"接触"的机会，企业的市场占有率也会更高。

在行业整体增速放缓的情况下，规模持续扩大的网络零售购物用户和占比逐年提高的鞋类线上零售渠道本是皮革、鞋服行业上市公司的"救命稻草"。然而过去成功的传统商业模式却造成了"船大难掉头"的窘境。从上至下全包的生产体系意味着设计、生产、营销难以对网络时代多变的消费者需求做出快速反应；庞大的线下门店经销体系成本高企又不能进一步提升坪效；将"笨重"的传统生产经销体系向网络零售、新零售渠道过渡也有着较高的决策成本和较长的转型周期。行业增速放缓与传统生产经销模式转变缓慢叠加，造成了皮革、鞋服行业上市公司自2013年起长达数年的"寒冬"。

（二）百丽私有化前的经营颓势

生产加工、品牌运营、直销经销一体化的传统生产经营模式是皮革、鞋服行业上市公司参与市场竞争的主要形式，而百丽国际更是运作这一模式的"翘楚"。

在生产系统上，百丽国际在深圳、东莞、江苏建湖、湖北秭归、安徽宿州、贵州铜仁设有6个制造基地，配备世界先进水平的智能化产品设计、高效率生产设备以及完善的产品质量检测系统，年产量超过4 000万双。

在品牌运营上，百丽国际鞋类业务自有品牌包括Belle、Staccato、Joy&Peace、Millie's、JipiJapa、Mirabell、Tata、Teenmix、Senda、Basto、SKAP、15MINS、MAP等；代理品牌主要包括Bata、CAT、Clarks、HushPuppies、Mephisto等。其中自有品牌采用纵向一体化的经营模式，覆盖产品研发、采购、生产制造、分销及零售。

在产品经销上，百丽国际零售网络由东北、华北、西北、鲁豫、华东、华中、华南、西南、广州、云贵和港澳11个区域组成，覆盖中国约300个城市，鞋类和运动服饰类直营店铺20 000余家，香港及澳门的零售店125家。众多的鞋类品牌与门店数量，使得公司在传统的线下销售渠道上，面对百货商场拥有相对于一般企业更强的话语权，进一步强化了公司在传统生产经销模式上的竞争优势。

因此，在行业快速增长与网络等新零售渠道兴起前，百丽国际在2013年2月20日达到1 549亿港元的市值巅峰也不足为奇。如图11-8所示，2013年前，百丽国际营业收入和净利润的增速均保持在10%以上，部分年份净利润增速超过30%。但是以2013年为节点，宏观环境恶化、行业增速放缓以及新的消费模式的冲击开始显现。2013年后，不仅营业收入的增速停留在个位数水平，2015年百丽国际净利润竟录得38.41%的负增长。营业收入增速跌落至个位数水平，营业成本和费用的增长却存在惯性，反映在百丽国际的盈利能力上，表现为销售毛利率尤其是销售净利率水平的恶化。

如图11-10（a）所示，从2009年到2017年年初，百丽国际销售毛利率水平从高位的57%下降至53%左右。销售毛利率的下滑主要是由于包括原材料和员工工资在内的营业成本上升。销售净利率跌至6%附近。如图11-10（b）所示，一方面，铺开的庞大

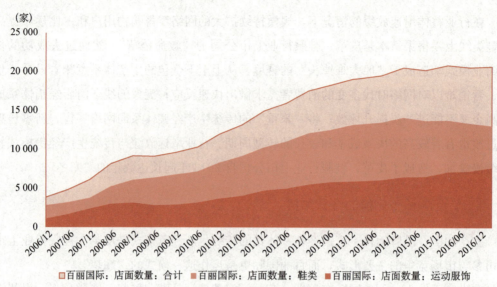

图 11-8　百丽国际门店数量变化

资料来源：Wind。

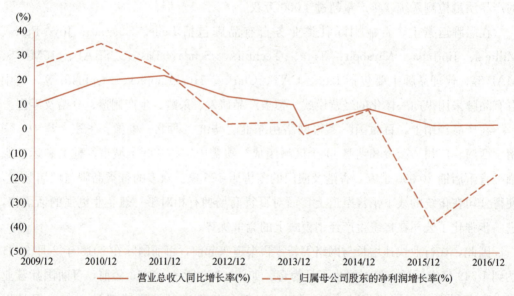

图 11-9　百丽国际营业收入和净利润增长率

资料来源：Wind。

销售网络将销售费用率水平从32%推高至35%左右；另一方面，随着企业规模的不断扩张，管理费用率水平一直呈上升趋势，从7%提高至10%附近。此外，2015/2016年度和2016/2017年度，百丽国际计提无形资产减值13.56亿元和11.03亿元，占当年营业收入的比重在3%左右，直接导致当年度净利润大幅下跌。根据百丽国际年报披露的信息，2015/2016年和2016/2017年度国内消费市场不断恶化，同店销售额进一步下跌，鞋类业务的疲软表现导致商誉和无形资产减值。2015/2016年度的减值无形资产由收购 Mirabell、Millie's、SKAP 及其他业务时产生，2016/2017 年度由收购 Mirabell 及 Senda 业务时产生。

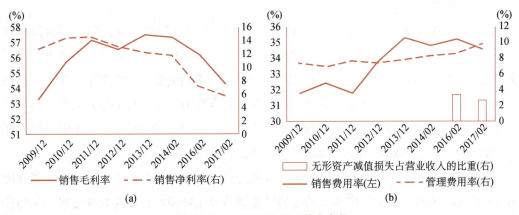

图 11-10 百丽国际盈利能力变化

资料来源：Wind。

（三）百丽国际私有化前的"自救"

消费零售市场的低迷、销售渠道格局的演变、消费者需求变化的重塑对包括百丽国际在内的行业上市公司造成持续的经营压力。但是无论如何，在保持常年营业收入和净利润高速增长的情况下，遭遇增长停滞的局面时，私有化退出绝不会是创始股东和 CEO 的首先选择，毕竟"鞋子"是日常生活必不可少的组成部分，即使不再保持高增速，行业龙头通过技术改进、成本压缩获取稳定的现金流也不是没有可能。如图 11-11 所示，在

图 11-11 百丽国际偿债能力变化

资料来源：Wind。

2013年后百丽国际遭遇增长困境的情况下，企业资产负债率水平稳中有降，流动比率保持在平稳水平，货币资金与流动负债的比率逐年上升。因此百丽国际其实有充分的财务空间与时间转圜"增长困境"。

2013年在面对行业增速放缓、零售渠道演变与消费者偏好切换之时，百丽国际就已经开始着手应对挑战。在2014年初公告的2013年年度报告首席执行官展望中，CEO盛百椒提出的策略是：（1）通过组织架构、供应链、IT信息系统优化等提升企业核心能力；（2）在保持原有零售渠道的同时，积极介入电商渠道和购物中心新渠道；（3）扩充新的品牌与新的业务内容，其中包括切入时尚女装市场。在2014、2015年百丽国际年度报告中，以上3点依然是百丽国际应对挑战的重中之重。

船大好顶浪，船小好调头。百丽国际可谓是这一俗语的典型：在面对外部宏观环境和行业内部冲击时，百丽凭借庞大的零售渠道和品牌矩阵相对稳健地处理危机；然而让其积极地拥抱变化则是一件难事。百丽从2009年已开始通过淘秀网运营B2C电子商务，2011年投入20亿发展优购网上商城，2013年推动优购网发展已经成为企业应对挑战的重要策略之一。作为新兴渠道的早期介入者，渠道格局的演变对于鞋类行业来说是挑战，对于百丽来说理应是进一步巩固优势的机遇。

但是根据2017年3月10日中国电子商务研究中心发布的《2016年度中国电子商务体验与投诉监测报告》，"2016年度核心零售电商用户满意度TOP25榜单"中"优购网"位列后15名，用户满意度较低，产品质量差、疑似售假和退换货难问题突出。作为拥有全产业链、15个品牌、20 000家店铺以及Nike、Adidas等运动品牌国内最大的代理商，"优购网"出现的问题其实不是企业供应链管控的问题，更多是由于企业管理层对于电商渠道的"矛盾心态"。"推动电商平台发展"在2013—2015年报首席执行官展望中从来不是独立的战略。2013年首席执行官展望为：首先坚持全渠道覆盖战略，其次继续开发电子商务。2014年首席执行官展望中电子商务则降级为新业务形态的"实验项目"，同购物中心渠道零售、大众快时尚品牌等成为企业加强零售渠道和消费模式理解的实践项目。2015年首席执行官对电子商务的表述是：电子商务迅猛发展，既分流了部分看重便捷的客户，也为一部分价格敏感的人群提供了更多选择；尽管短期内的收缩和调整不可避免，但百货商场渠道的价值并不会消亡。百丽国际更多是电子商务的观察者，始终在为电商冲击下的20 000家店铺殚精竭虑，而不是新零售渠道的积极拥抱者。在供应链的调整上同样如此，60天内完成开发设计到新品到店销售的Zara模式在百丽内部也难以撼动周期长达半年甚至一年的订货会模式（图11-12）。

自2012年起，百丽国际已着手应对行业、渠道、消费者偏好变革带来的挑战。然而在经过长达五年的"挣扎"之后，企业不仅没能摆脱营收和净利润增速放缓的局面，反而在2015和2016财年净利润同比大幅下降38.41%、18.09%。在2017年6月20日

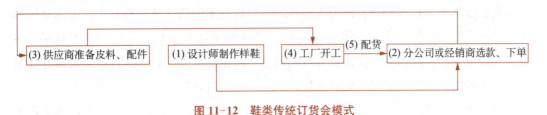

图 11-12 鞋类传统订货会模式

资料来源：作者自制。

公布的 2016 财年年报中，百丽国际 CEO 盛百椒表述如下：本集团虽然一直努力求变，希望能够适应不断演变的渠道模式和消费者行为，但遗憾的是，由于缺少相应的技能和资源，同时由于既有业务和利益关系的局限，业务转型不尽如人意，未能取得实质性进展。特别是在鞋类业务方面，由于零售渠道客流的变化和消费者风格偏好的转化，可谓压力重重、形势严峻。近两年来，鞋类业务同店销售下跌，销售规模出现较大幅度下滑，分部业绩利润率也明显降低。本集团正处于形势严峻、亟需转型的关口，本集团鞋类业务需要进行根本性的变革，找到一条顺应时代变化的新路径，方有可能长期生存和发展。创始人邓耀、CEO 盛百椒最终选择的道路是接受私有化要约退出，将百丽国际的道路交给高瓴资本和于武、盛放等管理层来选择。

三、高瓴资本的谋划布局

（一）高瓴资本的投资风格

高瓴资本成立于 2005 年，是亚洲地区资产管理规模最大的投资基金之一，资产管理规模超过 250 亿美元。高瓴资本的投资人主要包括全球性的大学捐赠基金、养老基金、主权财富基金和家族基金等。高瓴资本将自身定义为具有全球视野的长期结构性价值投资者，目前投资的领域包括消费与零售、科技创新、生命健康、金融科技、企业服务、先进制造等领域。

图 11-13 高瓴资本投资案例

资料来源：高瓴资本。

高瓴资本作为长期投资者最为人津津乐道的投资案例是蓝月亮和京东。中国日用消费品市场主要为跨国公司所占据。2008年高瓴资本接触蓝月亮公司创始人罗秋平，鼓励其通过进入洗衣液市场抓住消费升级的趋势。高瓴资本介入后，蓝月亮公司通过短期的亏损占据更大的市场空间。此后五年，蓝月亮公司营业收入从4亿元增长至43亿元，年均复合增长率超过49%，多年占据洗衣年市场份额第一。2013年，高瓴资本3亿美元投资京东商城，认定京东能够通过自营电商突破阿里巴巴轻资产电商的模式，支持京东放弃短期的盈利需求，依靠在物流和供应链上的巨资投入建立竞争壁垒。

《第一财经》前总编辑、财经作家秦朔总结高瓴资本的投资理念为：通过发现价值被低估的企业，从市场规律中找到好的商业模式；继而提供提供战略咨询、创造协同效应、推动团队建设、协助收购兼并、推进技术升级、支持全球拓展等支持企业成长。根据秦朔提供的信息，高瓴资本拥有专业的人才和技术支持百丽的转型：在运营人才上高瓴资本吸纳了百度、京东、百胜、阿里、美团等互联网和传统行业的运营管理人才；在技术上，高瓴资本投资Magento等为全球传统零售及商务企业提供全渠道及数字化解决方案的科技企业。百丽国际需要引入外部资源打破转型困局，高瓴资本也相信能够通过自身运营管理能力和科技输出从庞大的百丽产业链中掘金。

（二）高瓴资本从百丽国际"掘金"

1. 运动、服饰业务拆分上市

高瓴资本牵头私有化百丽国际后，网络、媒体中广泛流传高瓴资本创始人张磊的内部讲话：百丽现在一年卖出6 500万双鞋，3 500万件的服饰销量，EBITDA超过60亿；全面自营、管理超过2万家直营店，耐克、阿迪在中国的飞速发展也离不开百丽强大的零售能力。

同其他鞋类上市不同，百丽国际20 000余家的销售网络不仅仅只有自有品牌鞋类的销售终端，也包括Nike、Adidas、PUMA等运动服饰品牌的代理经销网络。尽管2012年以来百丽国际鞋类店面数量增速放缓乃至负增长，然而运动服饰店面数量保持了平稳增长的局面。反映在经营数据上，如图11-14所示，在鞋类业务营收陷入负增长的泥淖时，百丽国际运动服饰业务营收增速始终保持在15%以上。2016年度，运动服饰营收规模超过鞋类业务。

在分析皮革、鞋服行业遭遇的增长困局时，其中一个重要的原因是消费者对产品风格偏好的转变。皮革、鞋服类龙头企业在过去20年中，时尚鞋、正装鞋覆盖过度，而运动、休闲风格占比不足。消费者需求的切换给行业带来了增长困局，但对百丽国际的运动服饰业务来说却是增长的黄金期。2014—2017年度，运动服饰巨头Nike、Adidas亚太区营收扭转颓势，连续三年增速超过30%。作为两者最大的代理商，百丽国际的

案例 11 高瓴收购百丽——鞋业巨头落幕还是再出发

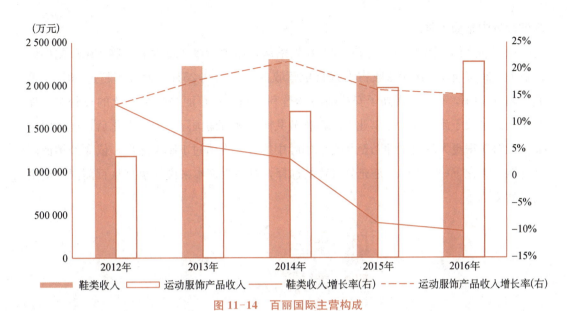

图 11-14 百丽国际主营构成

资料来源：Wind。

代理经销收入自然水涨船高。

运动服饰业务作为与百丽国际传统鞋类业务独立的业务，2017 年销售收入超过 200 亿元，毛利率超过 40%。同时依靠稳健的营收增长水平，一旦拆分在 A 股市场上市，高瓴资本即可实现丰厚的投资收益。从运动服饰业务的现状来看，百丽国际对一线运动品牌的收入依存度超过 40%，对于 Nike、Adidas 的依赖成为掣肘运动服饰业务的关键。但是运营庞大经销网络的能力本身就是一种重要的竞争优势。以经销网络为基础，运动服饰业务一方面可以向以迪卡侬为代表的运动超市转型。2017 年，迪卡侬中国区业务营业收入超过 100 亿元。另一方面，通过并购二线运动品牌或者建立自有品牌，运动服饰业务也有充分的想象空间。2014—2017 年，在走出北京奥运期间的过度扩张危机之后，以安踏、李宁为代表的运动服饰企业，无论设计还是营收都在与国际品

图 11-15 2014—2017 年度运动品牌营收增幅

资料来源：Wind。

243

牌的较量中站稳了脚跟。

以安踏为例（图11-16），在2009年安踏从百丽国际接手意大利品牌FILA的中国区业务。2017年，FILA营收占安踏百亿营收的比例达到25%，增长率超过30%，毛利率超过60%，有力地提高了安踏的整体盈利能力。在百丽国际私有化的过程中，体育事业部总裁于武与新业务事业部总裁盛放共同留守百丽国际。若私有化后，运动服饰业务能够获得更大的自主性乃至从百丽国际中拆分，在错过FILA之后，依靠经销商网络并购、孵化下一个FILA是充分可行的选择，对高瓴资本来说，也是从百丽国际淘金的必然途径。

图11-16　百丽国际运动服饰业务发展参照——安踏通过并购实现营收扩张
资料来源：2017年年度报告。

2. 鞋类业务改造转型

百丽国际在2017年发布的退市前最后一份年报中提到，公司业务转型未能取得实质性的进展，不仅仅是因为缺少相应的技能和资源，另一个重要的原因是既有业务和利益关系的局限。鞋类业务作为百丽国际起家和发展壮大的根基，在经过了几十年的运营之后，业务和利益关系的局限则更为复杂。尽管是一家市值超过500亿港元的企业，但是百丽国际本质上仍然是家族控制，创始人邓耀、CEO盛百椒掌握着百丽国际的控制权，而两人年事渐高又为企业业务转型增添了变数。在高管层面，邓耀之子邓敬来、盛百椒之侄盛放担任公司执行董事，非执行董事邓伟林是邓耀之堂弟；在企业中层管理人员中，也有一大批工作十几年甚至几十年的员工。鞋类业务转型缓慢，与企业组织和结构陈旧导致的惯性不无关系。

因此，百丽国际需要引入外部资源，从科技、能力和人力资源方面为公司转型打下良好基础。对于高瓴资本来说，作为私有化后新晋的控股股东，若能打破原有业务和利益关系的桎梏,重新激发企业的活力和创造力,那么陷入"泥淖"的鞋类业务也将是高瓴资本的淘金之处。

2017年高瓴资本入主百丽国际后,即聘请外部战略咨询公司,对百丽国际鞋类业务进行系统性判断和梳理。在长久的发展过程中,"大企业病"也是百丽国际经营中的首要问题,表现为:(1)客户意识淡薄,品牌定位不清——企业内部缺少为顾客创造价值的文化,对客户在个性化、性价比上的需求反应不足,缺少对客户信息的收集和分析;(2)角色错位——尽管鞋类业务形成了完整的全产业链,然而品牌、制造、零售割裂,企业内部追求局部利益最大化;(3)企业资源错配——品牌建设投入不足,市场营销能力不够,零售地区组织架构层次过多,基层团队薪酬无竞争力。为此,外部战略咨询为百丽国际从客户画像及品牌定位、市场营销、渠道、商品、供应链、职能部门管理等开出了药方。而外部咨询方案的实施,则需要高瓴资本作为新任控股股东的强力推动。

与此同时,依靠高瓴资本在数字化运营上的优势,百丽国际的数字化转型进程逐渐加速。"品牌内容+用户+数据"的电商运营模式在旗下品牌中开始试点;数字化终端门店开始运作,实时产生客流量、客户试穿次数、试穿销售比等数据;工业4.0在鞋类业务供应链转型中推广应用。要约收购后,高瓴资本力促百丽国际补上数字化运营的短板。

3. 高瓴资本的第一份成绩单:百丽国际营收大幅增长

2017年百丽国际私有化从联交所退市后,"一代鞋王落幕"是市场及媒体的普遍看法。然而,据百丽鞋类事业部总裁兼新业务事业部总裁盛放表示,2017年集团终端零售总额超过了500亿元。这一营收数据相对于2016年度417亿元的营收大幅增长近20%。在鞋类业务上,百丽国际也结束了连续三年的负增长;运动服饰业务营收和利润增速都超过20%。2018年,媒体报道高瓴资本和鼎晖投资正在考虑将百丽集团旗下运动业务拆分,并最早于2019年赴港上市。从2017年度的经营业绩来看,高瓴资本用超过500亿元的资金私有化百丽国际不再是一个鲁莽的选择。相反,利用自身数字化运营的能力和新晋控股股东的身份,在打破百丽国际大企业病"沉疴"的基础之上,高瓴资本愈发显示出"化腐朽为神奇"的可能性。

四、高瓴私有化百丽背后的估值逻辑

百丽国际创始人售股退出,高瓴资本牵头强势进入,这一并购案的达成,反映了双方对于各自治下的百丽国际的估值分歧。如图11-17、表11-3所示,回顾百丽国际私有化前的经营状况:(1)企业的毛利率保持稳定,总体水平略有下降主要是因为毛利率较低的运动服饰产品占比提高;(2)销售费用率始终维持在35%左右,管理费用率虽有上升但相对可控；（3）公司拥有稳健的资本结构，财务费用支出几乎可以忽略；（4）2015、2016年度净利润下滑的主要因素在于销售收入下滑带来的商誉和无形资产减值损失（图11-10）。

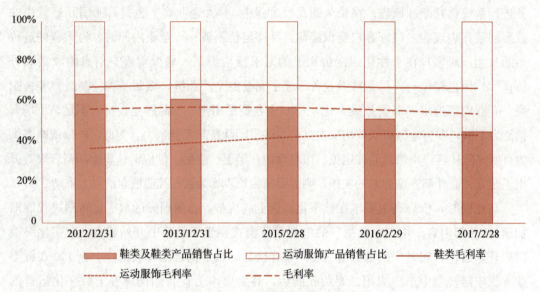

图 11-17 百丽国际毛利率变动

资料来源：Wind。

表 11-3 百丽国际各项费用率变化

报告期	2012/12/31	2013/12/31	2015/2/28	2016/2/29	2017/2/28
销售费用率	33.72%	35.23%	34.79%	35.17%	34.56%
管理费用率	7.26%	7.75%	8.24%	8.62%	9.74%
财务费用比率	0.12%	0.10%	0.20%	0.27%	0.00%

资料来源：Wind。

因此，对于百丽国际的估值分歧，核心是并购双方对于公司未来营收变动方向的判断。我们可以使用情境分析法对百丽国际未来营业收入增速进行估计。对于其他核心估值变量，我们作出以下简化假设：（1）随着运动服饰产品收入占总收入比重逐渐稳定，毛利率维持在50%；（2）销售费用率、管理费用率、财务费用率、折旧和摊销与私有化前五年相比保持恒定的比率；（3）流动资产、非流动负债、流动负债与收入保持相同的增速，非流动资产保持与永续增长率一致的增速。具体估值模型详见本案例附录。

如表11-4所示，情景模式一：假设高瓴资本私有化百丽国际后，百丽国际的经营颓势继续，2018—2020财年营业收入微幅下跌，2021—2022财年营收增速及永续增长率为1%，根据FCFF模型百丽国际整体估值为449.74亿港元。私有化总额531亿港元较经营颓势情境下估值溢价为18.07%，与表1-2可比价格法下20%溢价近似。情景模式二：百丽国际私有化后第一年营收增速超过20%。假设高瓴资本接手后百丽国际经营颓势扭转的情况持续，永续增长率提升至3%，则百丽国际估值也将大幅提升至970.51亿元，但仍远低于百丽国际最高估值1 500亿港元。情景模式三：高瓴资本在私有化百丽国际后，两者管理、业务整合存在困难，百丽国际经营甚至出现进一步恶化的情况，永续增长率假定为0。则百丽国际估值将下滑至372.42亿港元。

表11-4 百丽国际估值—情景分析

情景	营收增速					永续增速	百丽估值（亿元）
	2018	2019	2020	2021	2022		
经营颓势持续	-2.00%	-1.00%	0.00%	1.00%	1.00%	1.00%	449.74
高瓴接收颓势扭转	20.00%	10.00%	10.00%	5.00%	3.00%	3.00%	970.51
百丽经营恶化	-5.00%	-4.00%	-3.00%	-1.00%	1.00%	1.00%	404.29

资料来源：作者自制。

在三种情境下，百丽国际经营颓势扭转情况下估值增幅高于其他两种情形的估值降幅。且私有化后第一年百丽国际营收显著回暖，增速超过20%。百丽国际估值提升的空间和可能性也是高瓴资本选择重金收购的重要原因。

五、案例总结

高瓴资本私有化百丽国际这一并购案的达成基于多方面的因素。首先，社会偏好的转变、电商模式、新零售渠道等的冲击使得擅长传统皮革鞋服行业经营模式的百丽国际难以推进企业的战略转型。其次，作为女鞋行业和运动服饰品牌经销商的龙头，"大企业病"也阻挡着百丽国际转型的脚步。然而，从并购方高瓴资本的角度来说，其拥有制造业企业成功的投资经验，也储备有充足的企业数字化转型技术和人才资源。对高瓴资本来说，拥有成熟产业链运营经验和最广泛线下经销网络的百丽国际无疑是其实施制造业数字化运营的良好运作标的。在某种程度上，高瓴资本对于传统制造零售企业的改造能力，也是百丽国际创始人选择与其达成交易的重要因素。

高瓴资本在鞋服行业的估值低点入主百丽国际这一女鞋行业的巨头，在私有化完成的当年也交出了一份漂亮的成绩单，展现其助力传统企业转型的卓越能力。当然，百丽国际在短短半年内的复苏究竟是昙花一现还是强势反弹仍有待考察。但是，拥有新兴技术和人才的资本集团通过并购方式助力传统企业转型无疑为传统企业的领导者提供了一个新的思路，也为类似的投资机构寻找投资标的提供了一个新的范本。

术语解析

简要解析本案例中与兼并收购领域相关的常见术语。

私有化要约（privatization offer）

根据香港证监会颁布的《公司收购、合并及股份回购守则》，私有化要约被定义为对公司有控制权的股东或与该股东一致行动的人，以任何形式就该公司提出的要约。私有化可以以股份回购的形式进行。在《公司收购、合并及股份回购守则》中，股份回购是指回购股份，或要约人提出回购、赎回或以其他方式取得该要约人的股份的要约，包括私有化、协议安排及构成全部或部分该项要约的其他重组方式。

在私有化要约具体执行过程中，《公司收购、合并及股份回购守则》进一步规定，透过协议安排或资本重组进行收购及私有化，除非执行人员同意，任何人如拟利用协议安排或资本重组取得一家公司或将一家公司私有化，有关协议或资本重组除了须符合法律所施加的任何投票规定外，还须在符合以下规定的情况下才能落实：(1) 该项计划或该项资本重组必须在适当地召开的无利害关系股份的持有人的会议上，获得亲身或委派代表出席的股东附于该等无利害关系股份的投票权至少75%的票数投票批准；(2) 在有关股东大会上，投票反对批准有关协议或资本重组的决议的票数，不得超过附于所有无利害关系的股份的投票权的10%。

在本案例中，百丽国际公告称，根据公司法第86条要约人提出通过协议计划将百丽国际控股有限公司私有化的建议。此处公司法为开曼群岛公司法。开曼群岛公司法第86条规定，如果公司和股东或其中某类股东拟达成任何妥协或安排，经公司、公司的任何股东请求，法院视情况需要可以命令公司的股东或其中某种类型的股东召开一个会议。如果过半数且代表75%以上股份份额的股东亲自或通过其代理人出席了会议并进行了投票，同意达成任何妥协或安排，且法院同意的话，这种妥协或安排就应当对所有的股东或其中某种类型的股东具有约束力，也对公司具有约束力。

一致行动（concerted action）

香港证监会《公司收购、合并及股份回购守则》将一致行动定义为依据一项协议或谅解（不论正式与否），透过其中任何一人取得一间公司的投票权，一起积极合作以取得或巩固对该公司的"控制权"的行为或事实。在上市公司的收购及相关股份权益变动活动中有一致行动情形的投资者，互为一致行动人。除非有相反的证明成立，否则以下每一类别的人都被推定为与其他同一类别的人为一致行动人：(1) 公司及其母公司、附属公司、同集团附属公司；(2) 公司的董事、母公司的董事、有关系信托及由任何董事、近亲或有关系信托控制的公司；(3) 公司及其退休基金、公积金及雇员股份计划；基金经理与其投资事务是由该基金经理以全权委托方式处理有关投资户口的任何投资公司、互惠基金、单位信托或其他人；(4) 私有化要约财务顾问；(5) 要约对象或潜在要约对象的董事及其近亲；(6) 合伙人；(7) 为取得投票权向其他人提供融资的人。在本案例中，于武、盛放代表的管理层签订不可撤销的承诺，承诺在股东大会上投票赞成私有化要约。《公司收购、合并及股份回购守则》将给予要约人一项不可撤回的承诺，表示接纳该要约人的要约（或在协议安排中，表示将投票赞成有关批准该项协议安排的决议）的股东也归为一致行动人。

财团协议（consortium agreement）

在本案例中，由高瓴资本集团联手鼎晖投资及百丽国际的执行董事于武先生和盛放先生组成的财团向百丽国际其余股东发起私有化要约。根据香港证监会《公司收购、合并及股份回购守则》的规定，为提出要约（例如透过工具公司）而成立的财团的投资者，一般会被视为与要约人一致行动。如该投资者是一个规模较大的组织的成员，那么便应咨询执行人员的意见，以确定该组织的哪些成员，亦可能会因此而被视为与要约人采取一致行动。

《公司收购、合并及股份回购守则》同时要求，由财团发起的要约收购，财团的成员或可能成员在购买受要约公司的证券前，必须咨询执行人员的意见。假如有关成员或可能成员已持有该证券，便须令执行人员信纳该证券是在该财团成立或计划成立之前已取得。财团成员就该证券进行的购买一般不会获接纳，除非是当财团公司准备出任要约人时已订立适当的安排，以确保该购买是按照该财团公司内的成员的权益比例而作出的，或是根据不会令买方赚取利润的安排而作出的。

六、思考与分析

本部分针对案例提出问题，你可以在案例的基础上进行更广泛的资料收集，并尝试回答本节针对案例提出问题.

(1) 高瓴资本及其财团如何安排其私有化百丽国际的资金借还？

(2) 百丽国际留任高管如何与高瓴资本对接，在私有化后第一年即扭转经营颓势？

(3) 高瓴资本作为私募基金如何向标的公司百丽国际输出自身的管理能力，发挥旗下投资标的之间的协同效应？

(4) 除私有化外，百丽国际是否有其他推动公司业务转型的方式？

（5）高瓴资本会选择将百丽国际业务拆分上市实现退出还是选择长期持有百丽国际股权？

参考资料

［1］Lesly. 百丽颓势［J］. 中国连锁，2017（04）：38-40.

（任云涛）

附录

（一）估值模型

本案例使用FCFF模型对并购标的百丽国际估值。

1. 估值假设

营业收入增长率根据情景分析法划分为（1）积极情形，（2）不变，（3）消极情形。以下示例按（2）不变情景列示高瓴资本私有化百丽国际时的估值情况。

其他估值假设：（1）毛利率随着运动着服饰产品占总收入比重逐渐稳定维持在50%；（2）销售费用率、管理费用率、财务费用率、折旧和摊销与私有化前五年相比保持恒定的比率；（3）流动资产、非流动资产、流动负债与收入保持相同增速，非流动负债与永续增长率相同。

2. 估值实例（不变情景）[1]

表1 百丽国际估值——利润表[2]

利润表(HKD,亿元)	2012-12-31	2013-12-31	2015-02-28	2016-02-29	2017-02-28	**2018-02-28**	2019-02-28	2020-02-29	2021-02-28	2022-02-28
营业收入	405.24	461.05	504.74	484.52	470.83	461.41	456.80	456.80	461.37	465.98
营业收入增长率		13.77%	9.48%	-4.01%	-2.83%	**-2.00%**	-1.00%	0.00%	1.00%	1.00%
营业成本	-175.87	-195.74	-214.45	-211.82	-215.07	230.71	228.40	228.40	230.68	232.99
毛利	229.37	265.31	290.29	272.70	255.76	230.71	228.40	228.40	230.68	232.99

[1] 百丽国际年报截止日存在调整，估值模型将调整后年报截止日如"2015-02-28"假设为"2014-12-31"。
[2] 斜体加粗数据为估计值。

续表

利润表(HKD,亿元)	2012-12-31	2013-12-31	2015-02-28	2016-02-29	2017-02-28	2018-02-28	2019-02-28	2020-02-29	2021-02-28	2022-02-28
毛利率	56.60%	57.54%	57.51%	56.28%	54.32%	**50%**	50%	50%	50%	50%
销售费用	−136.66	−162.43	−175.62	−170.41	−162.74	−160.09	−158.49	−158.49	−160.08	−161.68
销售费用率	−33.72%	−35.23%	−34.79%	−35.17%	−34.56%	**−34.70%**	−34.70%	−34.70%	−34.70%	−34.70%
管理费用	−29.44	−35.74	−41.59	−41.76	−45.85	−38.40	−38.02	−38.02	−38.40	−38.78
管理费用率	−7.26%	−7.75%	−8.24%	−8.62%	−9.74%	**−8.32%**	−8.32%	−8.32%	−8.32%	−8.32%
其他业务收支	3.37	4.62	5.05	5.49	5.42	4.72	4.68	4.68	4.72	4.77
其他业务收支比率	0.83%	1.00%	1.00%	1.13%	1.15%	**1.02%**	1.02%	1.02%	1.02%	1.02%
无形资产减值损失				−16.11	−12.46	—	—	—	—	—
无形资产减值损失率	0.00%	0.00%	0.00%	−3.32%	−2.65%	**0.00%**	0.00%	0.00%	0.00%	0.00%
营业利润	66.63	71.76	78.14	49.91	40.14	36.93	36.56	36.56	36.93	37.30
财务收入	3.82	4.99	5.87	4.50	3.29	3.22	3.19	3.19	3.22	3.26
财务收入比率	0.94%	1.08%	1.16%	0.93%	0.70%	**0.70%**	0.70%	0.70%	0.70%	0.70%
财务费用	−0.50	−0.44	−1.00	−1.32	0.00	−0.80	−0.79	−0.79	−0.80	−0.80
财务费用比率	−0.12%	−0.10%	−0.20%	−0.27%	0.00%	**−0.17%**	−0.17%	−0.17%	−0.17%	−0.17%
应占联营公司损益	0.12	0.06	0.28	0.85	1.88					
除税前溢利	70.01	76.37	83.28	53.94	45.30	39.36	38.97	38.97	39.36	39.75
EBIT	70.51	76.81	84.28	55.26	45.30	40.16	39.76	39.76	40.15	40.55
所得税	−16.67	−19.59	−23.35	−18.96	−18.03	−9.84	−9.74	−9.74	−9.84	−9.94
所得税率	−23.81%	−25.65%	−28.04%	−35.15%	−39.80%	**−25.00%**	−25.00%	−25.00%	−25.00%	−25.00%
净利润	53.34	56.79	59.94	34.98	27.27	29.52	29.23	29.23	29.52	29.81

表 2　百丽国际估值——资产负债表[1]

ARD.资产负债表(HKD,亿元)	2012-12-31	2014-02-28	2015-02-28	2016-02-29	2017-02-28	2018-02-28	2019-02-28	2020-02-29	2021-02-28	2022-02-28
资产总计	352.75	410.68	410.48	368.88	358.38	286.51	285.99	285.99	286.50	287.02
非流动资产合计	110.83	148.30	148.90	127.20	110.66	127.18	128.45	129.74	131.03	132.34
固定资产——物业,厂房及设备	41.28	46.80	52.25	54.18	52.73	53.26	53.79	54.33	54.87	55.42
租赁土地及土地使用权	15.92	19.74	19.65	18.12	17.31	17.48	17.66	17.83	18.01	18.19
土地使用权	15.92	19.74	19.65	18.12	17.31	17.48	17.66	17.83	18.01	18.19
投资性房地产	4.14	4.11	4.00	2.87	2.67	2.70	2.72	2.75	2.78	2.81
无形资产	33.69	43.98	48.09	30.68	15.78	15.94	16.10	16.26	16.42	16.58
于联营公司及合营公司的投资	1.35	8.73	7.99	11.24	9.97	10.07	10.17	10.27	10.37	10.48
预付款项、按金和其他非流动资产		12.78	4.65	4.67	4.99	5.04	5.09	5.14	5.19	5.24
长期按金及预付款项	7.44									
递延所得税资产——非流动资产	5.74	5.69	5.58	5.44	5.16	5.21	5.26	5.32	5.37	5.42
可供出售金融资产					2.05					
银行结构性存款——非流动资产	1.28	6.46	6.69							
流动资产合计	241.92	262.38	261.58	241.69	247.72	159.33	157.54	156.25	155.47	154.68
存货	86.73	83.30	80.10	81.69	88.92	87.14	86.27	86.27	87.13	88.00

[1] 流动资产、非流动负债、流动负债与收入保持相同的增速,非流动资产增速等于永续增长率。

续表

ARD 资产负债表 (HKD,亿元)	2012-12-31	2014-02-28	2015-02-28	2016-02-29	2017-02-28	2018-02-28	2019-02-28	2020-02-29	2021-02-28	2022-02-28
应收账款	38.65	41.64	60.53	51.40	41.54	40.71	40.30	40.30	40.71	41.11
按金、预付款项及其他应收款项——流动资产	12.67	14.17	15.14	16.16	20.22	19.82	19.62	19.62	19.81	20.01
银行存款	103.86	123.27	105.79	92.42	97.05	11.66	11.35	10.06	7.82	5.55
负债及股东权益总计	352.75	410.68	410.48	368.88	358.38	286.51	285.99	285.99	286.50	287.02
股东权益合计(含少数股东权益)	278.27	333.87	316.94	300.36	300.56	330.08	359.31	388.53	418.05	447.87
负债合计	74.48	76.81	93.54	68.52	57.82	81.44	80.63	80.63	81.44	82.25
非流动负债合计	2.22	2.02	3.18	2.06	0.96	0.94	0.93	0.93	0.94	0.95
递延所得税负债	1.37	2.02	2.46	1.46	0.44	0.43	0.43	0.43	0.43	0.44
递延收入——非流动负债	0.85	0.79	0.72	0.60	0.51	0.50	0.49	0.49	0.50	0.50
其他非流动负债						—	—	—	—	—
长期借款						—	—	—	—	—
流动负债合计	72.26	73.99	90.36	66.46	56.87	80.50	79.70	79.70	80.49	81.30
应付账款	14.22	9.65	12.77	11.37	12.18	11.94	11.82	11.82	11.94	12.05
应计费用、其他应付款及其他流动负债	17.98	19.25	23.73	25.09	29.68	29.09	28.80	28.80	29.08	29.37
短期借款	26.84	29.92	33.54	10.22		24.78	24.53	24.53	24.78	25.03
应交所得税——流动负债	13.22	15.17	20.32	19.79	15.00	14.70	14.55	14.55	14.70	14.85

表 3 百丽国际估值——现金流量表

ARD 现金流量表(HKD,亿元)	2012-12-31	2013-12-31	2014-02-28	2015-02-28	2016-02-29	2017-02-28	2018-02-28	2019-02-28	2020-02-29	2021-02-28	2022-02-28
经营活动现金流量净额	54.19	64.72	—	68.68	61.09	49.57	−40.46	−67.12	−68.19	−69.94	−70.64
投资活动现金流量净额	−51.09	−37.58	—	−7.58	2.26	−17.57	22.84	37.70	37.68	38.06	38.44
筹资活动现金流量净额	−10.50	−10.90	—	−73.44	−57.72	−28.35	29.28	29.11	29.23	29.64	29.93
现金及现金等价物净增加额	−7.40	16.24	—	−12.34	5.63	3.65	11.66	−0.31	−1.28	−2.25	−2.27
期初现金及现金等价物余额	76.99	70.18	—	83.72	49.36	−3.65	—	11.66	11.35	10.06	7.82
期末现金及现金等价物余额	69.59	86.42	—	71.38	54.99	—	11.66	11.35	10.06	7.82	5.55

表 4 百丽国际估值——现值计算

现值计算(亿港元)	2012-12-31	2014-02-28	2015-02-28	2016-02-29	2017-02-28	2018-02-28	2019-02-28	2020-02-29	2021-02-28	2022-02-28
1. 总收入	405.24	461.05	504.74	484.52	470.83	461.41	456.80	456.80	461.37	465.98
2. 收入增长率		13.77%	9.48%	−4.01%	−2.83%	−2.00%	−1.00%	0.00%	1.00%	1.00%
3. 净营业收入=息税前收益	70.51	76.81	84.28	55.26	45.30	40.16	39.76	39.76	40.15	40.55
4. 现金税率(T)	23.81%	25.65%	28.04%	35.15%	39.80%	25.00%	25.00%	25.00%	25.00%	25.00%
5. 所得税	16.79	19.70	23.63	19.42	18.03	10.04	9.94	9.94	10.04	10.14
6. 税后净营业利润	53.72	57.11	60.65	35.84	27.27	30.12	29.82	29.82	30.11	30.42
7. 十折旧和摊销	11.18	13.91	13.69	12.88	—	12.86	12.73	12.73	12.86	12.99
8. 一流动资本的变化	−78.59	2.40	3.93	−5.94	0.77	−1.86	−0.92	—	0.91	0.92

续表

现值计算（亿港元）	2012-12-31	2014-02-28	2015-02-28	2016-02-29	2017-02-28	2018-02-28	2019-02-28	2020-02-29	2021-02-28	2022-02-28
9. 一资本支出	24.99	51.38	14.29	−8.82	−16.54	29.38	14.00	14.01	14.15	14.30
10. 自由现金流	118.50	17.24	56.12	63.48	43.04	15.46	29.46	28.53	27.91	28.19
11. 利息费用	−0.50	−0.44	−1.00	−1.32	—	−0.80	−0.79	−0.79	−0.80	−0.80
12. 利息费用的税收抵免	0.12	0.11	0.28	0.46	—	0.20	0.20	0.20	0.20	0.20
13. 资本现金流（CCF）（10＋12）	118.62	17.35	56.40	63.94	43.04	15.65	29.66	28.73	28.11	28.39
14. 折现率（Ka）						6.29%	6.29%	6.29%	6.29%	6.29%
15. 折现系数						0.94	0.89	0.83	0.78	0.74
16. 价值现值						14.73	26.26	23.93	22.02	20.93

表 5 百丽国际估值——经营关系

B. 经营关系（占收入的百分比）	2012-12-31	2014-02-28	2015-02-28	2016-02-29	2017-02-28	2018-02-28	2019-02-28	2020-02-29	2021-02-28	2022-02-28
净营业收入＝息税前收益	17.40%	16.66%	16.70%	11.41%	9.62%	8.70%	8.70%	8.70%	8.70%	8.70%
税后净营业利润	13.26%	12.39%	12.02%	7.40%	5.79%	6.53%	6.53%	6.53%	6.53%	6.53%
折旧和摊销	2.76%	3.02%	2.71%	2.66%	0.00%	2.79%	2.79%	2.79%	2.79%	2.79%
流动资本的变化	−19.39%	0.52%	0.78%	−1.23%	0.16%	−0.40%	−0.20%	0.00%	0.20%	0.20%
资本性支出	6.17%	11.14%	2.83%	−1.82%	−3.51%	6.37%	3.07%	3.07%	3.07%	3.07%
自由现金流	29.24%	3.74%	11.12%	13.10%	9.14%	3.35%	6.45%	6.25%	6.05%	6.05%

表6　百丽国际估值——估值结果（不变情景）

第1部分——预期资产回报率		第2部分——价值终值（TV）	
无风险利率（Rf）	3.37%	资本现金流（n+1）	28.67
Beta（β）	1.16	g	1%
风险溢价（RP）	3.30%	TV=资本现金流（n+1）/（Ka−g）	542.23
税率（T）	0.25	第3部分——价值计算	
权益成本（Ke）	7.20%	1. 现金流的现值	107.87
税后债务成本（Kb）	1.51%	2. 价值终值的现值	399.73
权益 S/价值 V	84%	3. 经营价值（V）	507.60
债务 B/价值 V	16%	4. —债务的初始账面价值	57.82
WACC=Ke*S/V+Kb*B/V	6.29%	5. 权益的价值	449.78

注：(1) Beta根据百丽国际（1880.HK）与恒生指数2012年1月1日—2017年2月28日计算得到；
(2) 无风险利率为五年期国债收益率，风险溢价是恒生指数五年平均收益率与五年期国债之差；
(3) 百丽国际资产负债结构相对稳定，估值中根据参考其历史平均值。

第六章

公司治理的最终奥义：
股权结构如何设计？

早在 1932 年，美国法学家 Adolf A. Berle 和经济学家 Gardiner C. Means 在其著作 *The Modern Corporation and Private Property* 就指出现代公司制存在所有权与控制权分离这一普遍现象。到了 1976 年，两位美国金融学家 Michael C. Jensen 和 William H. Meckling 在 *Journal of Financial Economics* 上发表 "Theory of the Firm: Managerial Behavior, Agency Cost and Ownership Structure" 一文，系统阐述了现代企业中所有权的拥有者——股东，与控制权的拥有者——管理层之间的利益冲突，并提出"代理成本"这个概念。随着上世纪末和本世纪初以"安然事件"为首的美欧上市公司丑闻爆发，"公司治理"的理念越来越深入人心。

本质上，公司治理就是要回答如何解决企业股东和管理层之间的利益冲突问题，而根据现代企业的实践经验，主要有两种解决方法，即股东"用手投票"和"用脚投票"。前者是指通过设计股权结构、董事会架构、董事会章程、股东投票流程等公司内部的规章制度，规范管理层的行为；后者是指通过企业控制权的争夺战，让企业在森林法则下优胜劣汰。我们已经在第三和第四章充分领略了后者，本章我们对前者一探究竟。通过了解京东的双重股权结构和阿里的"湖畔合伙人"制度，读者会对初创企业如何煞费苦心地设计股权结构、从而将企业控制权自始至终地牢牢掌握在创始人手中有所体会。

案例 12

与"狼"共舞，看创业企业如何设计股权制度？

——京东双重股权结构与阿里的"湖畔合伙人"制度

导言

越来越多互联网创业企业选择海外上市，海外资本市场对于公司股权结构的包容是吸引这些科技创新型企业的重要原因。本案例梳理了京东双重股权结构和阿里巴巴"湖畔合伙人"制度案例，旨在探析企业缘何设计这样的股权结构，其中存在怎样的力量博弈以及创新型的股权制度如何帮助企业迈出上市融资这关键的一步。此外，京东和阿里巴巴的股权制度虽然都解决了创始人及其团队控制权旁落的问题，但阿里巴巴"湖畔合伙人"制度还存在开放式流动更替机制，能够更好地保证控制权稳定性、投资者权益和企业文化传承，本案例对这两种股权制度作了比较，发现保持创始人控制权是双层股权结构的核心特点，能够保证公司内生增长的可持续性。

一、事件发展、时间脉络

（一）京东双重股权结构的产生

京东于1998年在中关村成立，前身为京东公司，创始人刘强东虽为社会学背景但却将眼光投向热门的互联网市场。2004年"京东多媒体网"这一京东商城的雏形建立，开始进军电子商务领域。2007年，公司正式更名为京东商城，从3C产品入手逐渐打开B2C市场，也正是这一阶段，中国的电商业务进入高速发展期。

第一阶段：京东上市前的发展	
1998年	刘强东在中关村创业，成立京东公司。
2004年	京东多媒体网正式开通。

续 表

2007 年	正式更名为京东商城，打开 B2C 市场。
2008 年	完成 3C 产品的全线搭建。
2011 年 2 月	启动移动互联网战略，京东商城 iPhone、Android 客户端相继上线。
2013 年 10 月	京东金融完成重组，从京东体系内剥离，开始独立运营。
2014 年 1 月	向美国证券交易委员会提交拟上市的 F-1 表格，美银美林和瑞银证券为主承销商。
2014 年 3 月	收购腾讯 QQ 网购和拍拍网。
2014 年 5 月 22 日	京东集团在美国 NASDAQ 正式挂牌。

资料来源：根据公开资料整理。

2010 年以后，京东不断扩充集团业务，并启动移动互联网战略，iPhone、Android 客户端相继上线。京东 2014 年在中国自营式电商市场的市占率达到一半左右。至此，京东的业务范围从 3C 产品如通信、计算机及消费类电子产品等，逐渐扩展至服饰、书籍、玩具、交通工具等，京东超市的开通更是在食品、日用品方面拓宽了渠道，吸引流量的能力不断提高。另外，京东自 2013 年将京东金融从体系内剥离，使其独立运营后，京东白条、京东众筹等也逐渐发展起来，与京东商城形成流量互补、相互促进的态势。

从投融资角度看，京东商城自 2007 年成立到上市前，陆续收到多笔投资。今日资本、老虎基金、Ontario Teachers' Pension Plan 等在前期的投资为京东打开 B2C 市场、拓展业务和物流布局奠定了基础，而腾讯在 2014 年对京东的战略投资则成为京东启动上市融资计划的重要转折点。

表 12-1 京东上市前融资情况

时间	投资方	融资额度	投资类型
2007.3	今日资本	1 000 万美元	风险投资
2009.1	今日资本、雄牛资本、梁伯韬	2 100 万美元	风险投资
2010.9	高瓴资本	1.38 亿美元	风险投资
2011	DST、老虎基金、红杉资本	15 亿美元	风险投资
2012	Ontario Teachers' Pension Plan、老虎基金	3 亿美元	风险投资
2013	Ontario Teachers' Pension Plan、沙特王国控股公司	7 亿美元	风险投资
2014.3	腾讯	2.15 亿美元	战略投资

资料来源：IT 桔子网站。

2014年3月,腾讯对京东投入2.15亿美元和其他资产(包括拍拍网、QQ网购、易迅物流等),获得京东15%股权,同时双方建立长期战略合作关系。2014年4月,京东整合自身架构,划分为四大部分:京东商城、京东金融、拍拍网和海外事业部。

2014年5月22日上午9点,京东集团在纳斯达克正式挂牌,成为中国首个赴美上市的电商平台,发行价格为19美元。京东当日开盘价21.75美元,较发行价格上涨14.5%,收盘价20.9美元,较发行价格上涨10%,成为中国仅次于腾讯和百度的第三大互联网上市公司。

第二阶段:双重股权结构实现,京东赴美上市	
主体	IPO后融资结果。
京东集团	IPO市值超过300亿美元,成为中国仅次于腾讯和百度的第三大互联网上市公司。
刘强东	持股比例18.8%,投票权83.7%,其所持股票均为B类。
其他机构投资者	老虎基金持股18.1%,拥有3.2%投票权。
	腾讯持股14.3%,拥有3.7%投票权。
	高瓴资本持股13%,拥有2.3投票权。
	DST基金持股9.2%,拥有1.6%投票权。
	今日资本持股7.8%,拥有1.4%投票权。
	雄牛资本持股2.2%,拥有0.4%投票权。
	红杉资本持股1.6%,拥有0.3%投票权。

资料来源:公司招股说明书。

根据京东IPO招股说明书,刘强东持股比例23.7%,老虎基金持股22.1%,腾讯持股17.3%。可见刘强东相对第二、第三大股东的股权优势微弱,那有什么办法可以保证其对公司的绝对控制权呢?由此便引出了京东的投票权委托和双重股权结构。

投票权委托是指通过协议约定,某股东可将其投票权委托给另一特定股东行使。在这种机制下,受到委托的股东便可行使比自己所持股份更大的投票权利,从而在公司经营与决策过程中获得更大的控制权或影响力。京东在发展过程中接受了许多风险投资,刘强东的持股比例被摊薄,但在引进外部风险投资机构的同时,刘强东也要求对方将其投票权委托给京东在英属维尔京群岛控股的Max Smart和Fortune Rising公司。这样在IPO前,刘强东持股18.8%,投票权达55.9%。

双重股权结构是指公司对股票的投票权做出差异性安排:(1)股票分为A类和B类股,A类股票通常由机构投资者和公众股东等外部投资者持有,B类股票则由创业团队持有;(2)两类股票的投票权不同,B类股票具有更高的投票权;(3)在转让与流通方面,A类股票无法转换为B类股票,B类股票一经转让后自动转换为A类股票。在这样的股权结构下，刘强东虽持股 18.8%，但投票权却高达 83.7%，掌握了京东的绝对控制权。

表 12-2 京东双重股权及主要特征

股票类型	主要特征
A 类股票	外部投资者持有，每股对应 1 票投票权。
B 类股票	创业团队持有，每股对应 20 票投票权。不能公开交易，但可按照 1∶1 的比例转换为 A 类股。

资料来源：公司招股说明书。

（二）阿里巴巴合伙人制度的产生

阿里巴巴集团由马云等 18 人于 1999 年创立，总部设在浙江省杭州市，经营范围包括 B2B、网上零售、第三方支付、购物搜索引擎和云计算服务等。阿里巴巴以电商平台为基石，逐渐发展形成了包括淘宝、天猫、阿里妈妈、支付宝、阿里云等的生态体系。

第一阶段：阿里巴巴赴美上市前的发展	
1999 年 9 月	马云等 18 人在杭州创立阿里巴巴。
2003 年 5 月	淘宝网于马云公寓内创立。
2004 年 12 月	第三方支付平台支付宝诞生。
2007 年 11 月	阿里巴巴网络有限公司正式挂牌港交所，股票代码 1688.HK，开盘价 30 港元，较发行价提高 122%，融资 116 亿港元，创下当时中国互联网公司融资规模之最。同月，网络广告平台阿里妈妈成立。
2008 年 4 月	淘宝网推出淘宝商城（天猫前身），专注服务第三方品牌及零售商。
2009 年 9 月	阿里巴巴创立十周年，同时成立阿里云计算。
2012 年 6 月	开曼群岛大法院批准阿里网络私有化计划，阿里网络在港交所退市。
2012 年 7 月	调整公司组织架构，从子公司制调为事业群制，包括淘宝、一淘、天猫、聚划算、阿里国际业务、阿里小企业业务、阿里云 7 个事业群。

资料来源：根据公开资料整理。

表 12-3 阿里巴巴赴美上市前融资情况

时间	投资方	融资额度	投资类型
1999 年 10 月	高盛、富达投资和新加坡政府科技发展基金、Invest AB	500 万美元	天使轮投资
2000 年 1 月	软银、富边等	2 500 万美元	风险投资

续表

时间	投资方	融资额度	投资类型
2004年2月	软银、富边、汇亚、TDF、GGV	8 200万美元	风险投资
2005年8月	雅虎	10亿美元	风险投资
2007年11月	阿里B2B业务（阿里网络）在香港上市	17亿美元左右	上市融资
2011年9月	云锋基金、DST等	17亿美元	风险投资
2012年9月	中投、中信资本、国开金融	20亿美元	风险投资

资料来源：根据公开资料整理。

阿里巴巴集团的发展壮大离不开持续的融资，1999—2004年，阿里巴巴先后获得三轮风险投资，为阿里巴巴的发展壮大奠定了基础，使其熬过了创业之初的"漫漫寒冬"。公司发展至2004年时，马云及其创业团队仍然是公司第一大股东，但此前几次融资已经使其持股比例降到50%以下。若阿里巴巴继续扩张性融资，创业团队的股权不断被稀释，其对公司的实际控制权也会受到威胁。如何在扩大融资促进发展的同时，又避免控制权的旁落，已成为阿里创始人关注的重要问题。

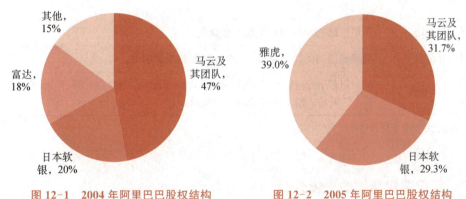

图12-1　2004年阿里巴巴股权结构　　图12-2　2005年阿里巴巴股权结构

数据来源：根据公开资料整理。

2005年，通过日本软银孙正义的牵线搭桥，阿里巴巴和雅虎进行了一系列沟通并建立了合作关系。雅虎以10亿美元现金和雅虎中国7 000万美元的全部资产获得阿里巴巴39%的股权和35%的投票权。至此，雅虎的持股比例已经超过马云团队和日本软银，成为阿里巴巴的第一大股东，雅虎、马云团队和软银三足鼎立的股权结构正式形成。这一融资解除了阿里巴巴的资金燃眉之急，却为之后的控制权之争埋下了隐患。

雅虎和阿里巴巴签署的协议中规定，在2005年至2010年10月间，马云不会被辞退；到2010年10月，雅虎的投票权将从35%上升至39%；不仅如此，雅虎也将获得董事会的第二个席位。随着合约到期时间临近，阿里和雅虎之间的冲突不断升级，而

2011 年支付宝转移事件则直接导致了双方关系的破裂。

于是马云开始对公司股权进行整合。2011 年 9 月，阿里巴巴向云峰基金、银湖等公司出售大约 5% 管理层及员工的股权，融资约 17 亿美元。2012 年 6 月，阿里 B2B 业务从香港退市。2012 年 9 月，中投、中信资本等投资 20 亿美元，国资开始入股阿里巴巴。在引进其他投资者的同时，马云以 71 亿美元回购了雅虎 20% 的股权，但协议规定，若要回购剩余股份的 50%，阿里巴巴必须在 2015 年 12 月底之前在美国、中国香港或者中国内地上市成功。如果在这一期限内阿里巴巴没有上市成功，控股权问题仍然会成为马云及其创业团队的隐患。自此，阿里巴巴设置合伙人制度的序幕正式拉开了。

第二阶段：阿里"二进宫"，最终赴美上市	
2013 年 7 月	有消息称，阿里巴巴最快将于当年 9 月在香港整体上市。
2013 年 9 月 26 日	阿里巴巴董事局副主席蔡崇信发表文章，强调阿里为什么推出合伙人计划，称香港资本市场不创新。
2013 年 10 月 14 日	蔡崇信在公开场合暗示，如果港交所接受阿里的合伙人制度，则阿里会考虑在香港上市。
2014 年 3 月 16 日	阿里巴巴决定启动在美国上市事宜。
2014 年 5 月 7 日	阿里巴巴向美国证监会（SEC）递交招股说明书。
2014 年 9 月 19 日	阿里巴巴正式挂牌纽交所，股票代码 BABA，发行价 68 美元/股，融资 218 亿美元，创下美股最高融资纪录。

资料来源：根据公开资料整理。

二、双重股权结构的价值分析

（一）双重股权结构的内涵与起源

1. 双重股权结构的内涵

通常而言，双层股权结构有别于我们平时所知的"一股一票"的常规的公司股权结构。在双层股权结构中，公司投票权不再根据股权平均分配，而是按不同股票种类持有不同的投票权。个别情况下，上市公司的两类股票之间投票权的差距有时可达 150 倍。普通股可能被划分为 A、B 两类股票，A 类股票所持有表决权可能会一股数个投票权，而 B 类股票的投票权则可能受到限制，仍维持一股一个投票权，甚至根本无任何表决权。通过持有高投票权的股票和出售低投票权的股票，创始人或控制股东即可获得用于公司扩张的充足资本，同时还可以保持公司的控制权。

但在分配公司投资所获得收益或承担相应比重的损失上，双层股权结构公司通常仍将以股份占比进行计算，而不是投票权比重。有时作为投资者购买低投票权股票的回报，公司也会刻意提高低投票权股票的股息。基于双层股权结构中投票权的不平均分配，创始人或控制股东可以根据其所掌握的高比例的投票权，从自身小群体利益出发做出公司重大的决定。该种决定对公司而言可能是次优的，甚至可能有损于低投票权股东的利益。在此种情况下，低投票权的股东限于其有限的投票权，将无法否决有损于自身权益的公司决定，并有可能进一步演变成为控制股东滥用控制权，故意损害其他股东和公司利益，甚至出现内部人交易。如果此种情况频繁出现，最终将导致投资者信任消耗殆尽，不再投资此类公司，同时还存在风险蔓延或波及其他证券交易的可能性。总体而言，大部分发达国家对于双层股权结构持谨慎态度。

2. 双重股权结构的起源

双层股权结构作为一种特殊的股权结构设计模式，在世界很多国家和地区获得了法律保护和制度认可。这一结构在加拿大、德国、丹麦、瑞士、挪威、芬兰、瑞典、意大利、墨西哥、巴西和韩国较为普遍，而在美国、英国、法国、澳大利亚、香港地区、南非和智利则不多见。纽约证券交易所和纳斯达克股票交易所均允许上市公司采用这样的股权结构。由于双层股权结构可以使创始人及其他大股东在公司上市后仍能保留足够的表决权来控制公司，因此受到诸多上市公司的欢迎。Google、Facebook、New York Times 等著名公司均采用双层股权结构。从1990年1月到1994年5月，美国IPO中约7%的公司采用双层股权结构，其市场价值约占同期上市公司总量的11%。而从1994年6月到1998年10月，约有12%的IPO公司采用双层股权结构，且这些公司的IPO市场价值约占同期上市公司总量的31%。随着更多的新型公司采用这种特殊的股权设计，双层股权结构的重要性在美国市场上愈显重要，截至2010年约有6%的美国上市公司采用了双层股权结构，约占所有上市公司市值的8%。然而，双层股权结构在我国并不受到法律的认可和保护，我国《公司法》始终坚持"同股同权"制度。中外对于双层股权结构认可程度的差异也成为中国企业竞相海外上市的一个主要原因。

双层股权结构的出现并非偶然。一个公司在成长和壮大的过程中，需要有资金支持，才能确保其不断扩大经营，抓住发展的机遇。然而，对于公司的创始人或控制股东而言，为公司融资却不是件容易的事。权益融资与债权融资相比，融资成本相对较低且不需信用和财产的抵押。所以，大多数创始人在适当的时候，愿意考虑通过权益融资的途径来获取企业发展的资金，但权益融资并非是企业融资的完美解决方式，在帮助企业免除了债权融资带来的相应困难后，其可能给企业的后期发展带来隐患。这意味着创始人或控制股东对公司的控制权可能逐渐消失。如果有一天投资人不再认同创始人或控制股东对公司的管理、发展方向或者战略选择，其大可依据现代企业制度，凭借手中股份，尝试从创始人或者控制股东手里夺取公司的实际经营权。这并非虚构，现实中大名鼎鼎的苹果公司就有过类似的经历。创始人之一的乔布斯就曾经因为融资造成股权被稀释而一度被迫离开苹果公司。针对这种现象，双层股权结构被设计出来用于解决上述类似问题，使得公司可以获得权益融资而无须稀释控制股东或创始人手中的股权，不让控制权旁落的情况再发生。

（二）双重股权结构的价值与逻辑

1. 京东上市融资决策下的股权结构创新

（1）京东投票权与控制权逐渐分离。

即使刘强东能够通过投票权委托和一致人行动将大部分投票权握在手中，但这样的方法也仅能维系非上市情况下的控制权，而当京东做出上市决策后，便无法回避普通股数量增加对创始人所持股份的稀释问题。刘强东的股权有限，如果不重新设计股权结构，上市后将会发生控制权旁落。那么如何走出股权融资后控制权稀释的困境呢？

双重股权结构便可以有效解决刘强东面临的难题。事实上，许多知名企业如谷歌、百度、Facebook等均采用这样的股权结构，以保证创始人对公司的控制权。如前文所述，双重股权实质上是对相同股权设置不同的投票权。根据京东招股说明书，仅刘强东个人及以他为实际控制人的Fortune Rising、Max Smart两家公司持有B类股票，并且每股20份投票权，最终刘强东拥有83.7%投票权。此外，在董事会组成方面，京东有5名董事会成员：刘强东、刘炽平、黄明、李稻葵和谢东萤，其中除刘强东和刘炽平外，其余均为独立董事。并且只要刘强东担任董事，若无其本人，董事会将无法进行法定最低人数下的重大事项决定。

可以说，正是出于上市融资的迫切需要和控制权可能被稀释的危机感，京东才做出了股权结构上的创新。

表12-4 主要股东在京东上市前后持股比例与投票权对比

单位：百万	上市前				上市后			
	普通股	占比	投票权	占比	A类股票	B类股票	合计	投票权
刘强东	463.4	18.8%	1 375	55.9%	9	556	565	83.7%
老虎基金	445.3	18.1%	445	18.1%	432		432	3.2%
腾讯	351.7	14.3%	352	14.3%	490		490	3.7%
高瓴资本	319.0	13.0%	319	13.0%	309		309	2.3%

续 表

单位：百万	上市前				上市后			
	普通股	占比	投票权	占比	A类股票	B类股票	合计	投票权
DST	225.7	9.2%	226	9.2%	219		219	1.6%
今日资本	191.9	7.8%	192	7.8%	186		186	1.4%
红杉资本	39.82	1.6%	40	1.6%	40		40	0.3%
总资本		2 458					2 760	

数据来源：公司招股说明书，Wind。

(2) 京东实施双重股权结构的必要性和可能性。

京东营收增速不断下滑，为了发展业务实现战略布局，公司产生了上市融资需求。由图12-3和图12-4可以看出，在京东上市前，从2012年至2014年第一季度，京东的两类业务（在线业务和服务）营收同比增速逐渐放缓，2012年在线业务营收增速93.10%，服务营收增速334.10%，而到了2013年，在线业务营收增速下降至70%以下，服务营收增速下降至121.98%，随后2014年的情况也并不乐观，营收增速均在下滑。京东自成立以来一直以销售3C产品为核心，但随着食品、日用品、金融业务的拓展，以及自身物流体系的搭建，公司对资金的需求也在不断增长。自2011年刘强东提出要大力建设物流体系后，京东在全国建成了上百个大型仓库，配送网点两千余个，相应的快递员队伍也在不断扩充。此外，在和淘宝、天猫、唯品会、1号店等电商平台的竞争中，研发、市场、大数据、物流、管理等方面都需要大笔资金来支持其战略发展，因此上市融资很有必要。

图12-3 京东在线业务的营收增速

图 12-4　京东的服务营收增速

数据来源：Wind。

而以双重股权结构上市的话，不仅有利于保证企业控制权，且有利于公司经营战略的贯彻与执行。在前期风险投资已经累积到一定程度的情况下，再引入风险投资者的话不仅资本额小而且会进一步稀释创始人刘强东的股权，因此上市融资势在必行，而双重股权结构又恰好能够化解上市融资与控制权被稀释之间的矛盾。

那么，采用 A/B 类股权结构，设置不同投票权是否可行呢？我们从表 12-3 中可以看出，老虎基金、腾讯、高瓴资本、DST、今日资本等持股比例高的大股东在上市后的投票权大幅缩水，这些风险投资机构为什么会在相对较高的股权下愿意接受较低的投票权呢？创始人刘强东及其团队在电商行业具有独到的眼光、清晰的战略，如多元化布局产品和服务，发展金融和物流，以良好的用户体验和快捷的物流配送吸引消费者，从而争夺线上流量。在与腾讯达成战略合作后，京东利用微信、QQ、微店等平台吸引流量，京东的仓储及物流也成为电商行业最大最快的模式。可以说，机构投资者正是看中了刘强东的个人品质和京东的商业模式，所以才愿意接受投票权的差异化安排，只要公司经营和战略能够延续发展，他们就能获得投资收益。

2. 阿里巴巴合伙人制度是怎样产生的？

（1）以控制权为核心的机制设计。

① 控制权旁落的威胁。阿里巴巴从初创到壮大的过程中曾多次融资，同时也伴随着股权的变更与稀释。从马云及其团队的角度来看，如何在不失去对企业控制权的前提下融资扩张是一个关键问题。于是在 2010 年，阿里巴巴推出了合伙人制度。此外，为了把握住对公司的控制权，2011 年马云甚至在未经董事会允许的情况下，将支付宝转移到自己控股的内资公司（浙江阿里巴巴商务有限公司）名下。

② 同股同权制度的不足。中国内地和中国香港一直遵循同股同权的股权制度，但

在股权和投票权比例相同的情况下，正在扩张发展的互联网公司难以实现其管理目的。2005年马云及其团队的持股比例已经降至31.7%，第一大股东的位置也归于雅虎，在控制权上处于弱势。因此，阿里巴巴必须设计一种同股不同权的制度，以保证马云及其团队在投票权上的稳固地位。

③ 公司文化的传承。对于创业期的企业来说，打造优秀的企业文化，是企业获得长足发展的源泉。马云曾说，他想要建立一家存活102年的百年企业，而在2010年阿里巴巴创立仅仅十几年，要想在未来几十年坚持屹立不倒，公司必须有自身的文化理念可以传承，从而保证员工对企业文化的高度认同感，保证公司经营决策、战略发展的可持续性。阿里巴巴坚持"客户第一、员工第二、股东第三"的价值观，这是阿里重要的精神支撑，是无法复制的软实力，而马云及其创业团队对公司的控制是企业文化长久传承的关键。

"在逐利甚至'嗜血'的资本的轮番轰炸和强力裹挟下，创业者或者创业团队要想保障自己的控制权，维护创业企业的'人合'性，实现关键人力资本的激励相容，并顺利借助外部资本的力量实现公司快速、可持续发展，最重要、最主要的途径就是合理的公司治理制度安排和治理机制设计"[①]，于是阿里巴巴设计出了"湖畔合伙人"制度。

阿里巴巴合伙人制度又称"湖畔合伙人"制度，因为马云等人于1999年在位于"湖畔花园"的一套公寓里开始创业。这一制度的核心是双重股权结构和开放式流动更替，主要安排如表12-5所示。

表12-5 阿里巴巴合伙人制度的主要内容

"湖畔合伙人"制度框架	主要内容	设立目的
合伙人组成	28名合伙人（22位来自公司内部＋6位来自关联公司），且动态更新，合伙人都通过股权激励机制持有阿里股权。	传承企业文化，且控制权稳定。
合伙人的权利	对董事会成员的提名权和奖金分配权：（1）董事会有9个席位，合伙人有权提名其中5席，被提名的董事需得到董事会一半以上赞同票才能成为董事会成员；（2）向包括合伙人在内的管理层发放奖金，可在税前列支，计入管理费用。	合伙人通过提名权控制半数以上董事，维护控制权稳定。
合伙人委员会	5人组成，8名候选人中差额选出5名，任期三年，可连选连任。	传承企业文化；保护股东权益。

资料来源：作者由公开资料整理。

---

① 唐跃军，搜狐财经，与"狼"共舞：创业者如何与投资者谈恋爱？2017年9月，https://www.sohu.com/a/194609086_184714。

合伙人组成。阿里有 28 名合伙人，其中 22 位来自公司内部，6 位来自关联公司，并且阿里的合伙人是动态更新的，每年会引入新的成员，且不限定名额。新合伙人须在阿里任职五年以上，并由现有合伙人向合伙委员会提名，一人一票，并且在全体现任合伙人参加的投票中获得四分之三以上赞成票才能成为合伙人。另外，阿里巴巴要求每位合伙人必须持有一定的阿里股份，这便注定了成为阿里巴巴合伙人的都是通过股权激励机制获得阿里股权的高管。当选的合伙人没有明确的任期限制，直至离职或者退休。马云和蔡崇信两人为永久合伙人，其他成员为普通合伙人。普通合伙人到 60 岁时，必须退休，退休后可以成为荣誉合伙人，而离职的合伙人则自动失去合伙人身份。

合伙人的权利。阿里合伙人拥有的主要权利是对董事会成员的提名权和奖金分配权。一方面，阿里合伙人对董事会半数以上席位拥有排他提名权。在每年的股东大会上，被提名的董事需要得到一半以上赞同票才能成为董事会成员，但如果阿里合伙人提名的候选人没有获得股东大会批准，或现任董事离职，阿里合伙人有权指定其他人选担任临时董事直至来年股东大会。上市后阿里董事会有 9 个席位，合伙人有权提名其中的 5 席。阿里合伙人通过这一方式实现对公司半数以上董事的控制，从而保证其在公司的话语权。另一方面，阿里每年向包括合伙人在内的管理层发放奖金，且这部分奖金可在税前列支，计入管理费用，这与以税后利润分配给股东的分红不同。

合伙人委员会。合伙人委员会由 5 人组成，任期三年，可连选连任。合伙人委员会选举每三年进行一次，由全体合伙人从 8 名候选人中差额选出 5 名。

可以看出，阿里合伙人制度的关键在于赋予了合伙人提名董事的权利，使其拥有很大的战略决策权，合伙人既是管理层又是股东，减少了资本市场短期波动影响。这一制度创新性地运用了提名权，旨在通过控制董事会来保证对公司的掌握，其"合伙人"的定义不仅仅是股东、创业团队，更多的是秉承和坚持阿里企业文化的人。而合伙人的强大使命感有助于将公司的文化理念传承下去。观察一些采用双重股权结构的公司，无论是 Google、Facebook、默多克新闻集团还是百度、京东等中国公司，其背后都有一个强大的管理团队，但这种创始人话语权过大的情况也在一定程度上阻碍了管理层吸纳优秀人才。而阿里的合伙人制度设有激励机制，每年都可能引入新的合伙人，员工只要在公司工作 5 年以上且具有突出能力，都有机会成为合伙人。如此形成了良好的公司治理模式，从而激发企业内生增长的动力。

3. 阿里"二进宫"背后的博弈

2013 年阿里巴巴筹备再次上市，首先考虑的是港交所。阿里巴巴倾向于选择香港地区，是因为阿里的 B2B 业务曾于 2007 年在香港地区上市，具有一定 IPO 经验，对香港地区的监管环境更加熟悉且在估值和投资者的认可度方面风险较低，只是马云及其团队能否保持住控制权存在很大不确定性。港交所的原则是以法治港，程序正义，注重

"同股同权"下的投资者保护。按照港交所对上市公司的要求,阿里巴巴管理层将在公司上市后失去控制权。另外一种方案便是在美国上市,纽交所的原则是充分披露,市场选择,股权制度自由,同股不同权也很普遍。虽然可以通过对现有大股东发行部分无表决权股份,解决控制权旁落的问题,但将会面临更复杂的监管和更大的估值风险。

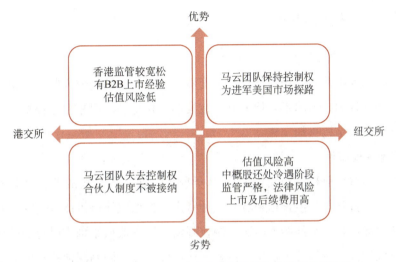

图12-5 阿里巴巴在中国香港地区和美国上市的优劣势比较
资料来源：作者根据公开资料整理。

然而,阿里巴巴这一制度在2013年未能被港交所接纳,考虑到制度不完善、保护中小股东权益和其他风险,港交所没有为阿里巴巴开这个先例。在这个过程中阿里巴巴也曾和港交所进行过多次博弈。

2013年9月,港交所行政总裁李小加发表博文《投资者保障杂谈》,谈到:"香港的体制长期以来运作非常顺畅,为什么现在要改变？这里的市场之所以这么成功,就是因为我们的投资者保障机制出了名地好。香港的《上市规则》十分清晰,谁想来香港上市都一视同仁。我们一直是走在世界前列的金融中心,近年还一再荣登首次公开招股集资额排行榜的榜首。对于我们来说,吸引发行人来上市集资完全不成问题,我们也不曾为任何公司妄开先例。好端端的为什么要改变？"[1] 而阿里巴巴集团联合创始人、董事局执行副主席蔡崇信随后即发表了一篇名为《阿里巴巴为什么推出合伙人制度》的文章,对李小加的文章作出回应,解释阿里为何坚持用合伙人制度在香港上市,并且认为阿里的制度没有威胁到香港的同股同权原则。"我们从未提议过采用双重股权结构(Dual Class)的方案。一个典型的双重股权结构,是允许那些拥有更高投票权的人在公司任何事务的投票上享有这种权利。而我们的方案则充分保护了股东的重要权益,包括

---

[1] 李小加, 凤凰财经, 投资者保障杂谈, 2013年9月, https://finance.ifeng.com/a/20131025/10931938_0.shtml.

不受任何限制选举独立董事的权利、重大交易和关联方交易的投票权等"①，蔡崇信还指出香港资本市场正被急速变化的世界抛在身后。

遗憾的是，最终阿里巴巴未成功联姻港交所，于2014年赴美上市，其特殊的合伙人制度得以实现。

(三) 阿里合伙人制度与双重股权结构的比较总结

1. 双重股权结构的优点

从实现创始人团队对公司控制权的角度看，阿里巴巴的合伙人制度与京东双重股权结构的目的是一致的，但阿里合伙人制度在控制权稳定性、股东权益保护、企业文化传承方面比双重股权结构更加完善。

（1）控制权稳定性。

虽然京东的双重股权结构设置了A/B类股票，通过投票权的差异为公司创始人的控制权开拓了可行路径，但长远看，这种特定的投票权比例可能难以保证在多轮融资中股权不被稀释，融资与创始人团队控制权降低是双重股权结构难以克服的困境。尽管京东与其他机构投资者签订了投票权授权协议，以此方式限制其他股东的表决权，从而实现创始人对公司的绝对控制，但这样不平等条款的签署也让公司承担了较高的费用。京东固然能从这一股权结构中获利，并在上市后扭亏为盈，但后继者不一定能够成功复制京东模式，其长远的业绩也存在很大不确定性。

而阿里合伙人制度创新性地运用了提名权，旨在通过控制董事会来保证对公司的掌握，控制权更加稳定。其关键在于赋予了合伙人提名一半以上非独立董事的权利，使其拥有很大的战略决策权，合伙人既是管理层又是股东，减少了资本市场短期波动影响。这样不仅避免了股权稀释可能导致的创始人控制权旁落问题，而且也保证了董事会作用的正常发挥，因为公司创始人不会出现极大投票权，所以董事在决策投票时就会比较公正。

（2）股东权益保护。

双重股权结构对创始人和管理层决策的依赖程度高，而股东在经营决策上的发言权不足，由此便容易形成代理问题。从京东上市后的股权结构中可以看出，除刘强东之外的几位大股东投票权均小于5%，投资人和创始人之间存在明显的利益不平衡。尽管投资者愿意将投票权委托给创始人，但股东对董事会的事前监督效果大打折扣是难以避免的。京东的招股说明书中提到，只要刘强东担任董事，若无其本人，董事会将无法进行

---

① 蔡崇信，网易财经，阿里巴巴为什么推出合伙人制度，2013年9月，http://money.163.com/13/0927/07/99OVQ8FS00253B0H.html。

法定最低人数下的重大事项决定。从公司治理的角度来看,双重股权结构加剧了潜在的代理问题。

而阿里合伙人制度在董事任免权限上做了让渡,可以避免双重股权结构下公司创始人控制权独大的问题。如果合伙人提名的董事会候选人遭到股东反对,合伙人可以重新提交候选人名单,这些规定更加尊重股东决策,更有利于保护股东权益,尤其是实现机构投资者等大股东对管理层决策的监督。从而实现了股东与创始人之间的利益平衡,符合剩余价值索取与投票权匹配的原则。此外,开放式流动更替制度能够防止出现像默多克新闻集团那样世袭罔替的问题,避免权力过于集中,从而更好地保护股东权益。

(3) 企业文化传承。

海外市场上除京东外,还有 Google、Facebook、默多克新闻集团、百度等公司也采用了双重股权结构,从这些公司的公司治理中可以看出,优秀的创始人和管理层是双重股权结构得以持久存在的关键,公司发展依赖创始人的人格魅力和战略眼光。但当其不再具有远见卓识的时候,双重股权结构就难以保证投资者权益以及企业经营业绩的持续增长。

而阿里合伙人制度存在激励机制,每年都可能引入新的合伙人,员工只要在公司工作 5 年以上且具有突出能力,都有机会成为合伙人。合伙人"不仅仅是管理者,他们同时也是企业的拥有者,有着极强的责任感"[①],合伙人制度通过每年接纳新的合伙人,注入新鲜血液,不断焕发活力。通过这个机制,可以保持持续的创新、不断提升阿里巴巴的人才力量,从而激发企业内生增长的动力。在马云看来,合伙人制度不是一个简单的人事制度,而是维系阿里巴巴生态健康的一整套决策、人才和治理安排。也正因如此,阿里巴巴对合伙人的要求颇高——"在阿里巴巴工作五年以上,具备优秀的领导能力,高度认同公司文化,并且对公司发展有积极性贡献,愿意为公司文化和使命传承竭尽全力"。正是得益于合伙人制度,如今,在阿里巴巴的 36 位合伙人中,已经有 2 位"80 后"——天猫技术负责人吴泽明和蚂蚁金服副 CTO 胡喜。现任的淘宝总裁蒋凡甚至是一位"85 后"。据阿里巴巴方面提供的数据显示,在资深总监以上的核心管理人员中,"80 后"占到 14%;而在阿里巴巴的管理干部和技术骨干中,"80 后"已经占到 80%,"90 后"管理者已超过 1 400 人,占管理者总数的 5%。

2. 双重股权结构的潜在风险及原因

双层股权结构会带来公司股权结构的不同和相应的公司治理问题,而不同的资本市场对于双层股权结构的法律环境和配套制度也有所差异,因此,采用双重股权结构或类似股权制度的公司在选择上市市场时,可能面临一定的法律风险。以本案例涉及的美国

---

① 蔡崇信,网易财经,阿里巴巴为什么推出合伙人制度,2013 年 9 月,http://money.163.com/13/0927/07/99OVQ8FS00253B0H.html.

和中国香港地区资本市场为例,美国允许双层股权结构上市,而中国香港地区更加注重投资者权益保护,因此限制双重股权结构这种"同股不同权"的股权制度。对比美国和中国香港地区资本市场,其法律风险主要源于投资者专业程度和监管措施方面的差异。

(1) 投资者专业程度不同。

美国投资者的专业程度远胜于中国香港地区和其他国家及地区。据估计,在美国仅有10%的成人直接拥有股票或被归为散户,而该比例在中国香港地区约为35%。另外,在中国香港地区,从2012年10月至2013年9月这12个月中,全部现货市场交易额的22%是个人投资者贡献的。相反,根据美国纽约证券交易所数据显示,上市公司股份的交易量中只有2%是个人投资者的交易产生的。因此相较于美国,中国香港地区公司少数股东中私人投资者占了其中的大部分。如何保护散户的利益,成为香港监管当局着重考虑的地方。针对散户专业性相对欠缺的特点,香港监管当局的重点是在第一时间防止控制权滥用的发生,而不是在事情发生后去修正、修补和规制。例如,为了筛选出那些在上市后可能会产生隐藏财务风险或现金流问题的申请者,IPO的申请者必须在上市前通过盈利测试、市场资本收益测试或者市场资本收入及现金流测试。在审核上市申请的时候,当发生任何可疑事件,香港证券交易所愿意超出已设定要求以尽可能保护投资者。因此,双重股权结构在中国香港及中国内地的市场尚不被接纳,而专业化投资者居多的美国市场则对这种创新型股权制度更加包容。如阿里巴巴在赴美上市前也曾考虑在港交所IPO,但几番博弈后,花费了时间成本和人力资本,最终还是没能够在香港顺利上市。

(2) 资本市场监管的差异性。

虽然美国与中国香港地区在投资者的保护方面存在着差异,但不可否认,它们都非常重视对投资者的保护。较之中国香港地区,美国机制将重心置于事后保护和警示作用,投资者对于其自身权益侵犯方面较易采取诉讼并获得损失赔偿,司法成本也低。作为监管权威的美国证券监管部门负责保证投资者完整的知情权,要求相关企业披露所有有利于投资者作出投资决定的材料。而中国香港地区对于投资者的保护更显规则化且侧重于前端防护,其披露要求完全基于《上市规则》,并对于可能产生的控制股东滥权的情况加以预先防范。对于权益侵犯诉讼虽可行,但成本与实施难度均高于美国。同时,香港证监会在事后可代表股东做出一定的法律行动,如代表股东向法院申请清算,就损害公司投资者权益,向法院申请损害赔偿等。比较而言,中国香港地区制度多采取事前和第一手以及家长式的手段,即第一时间阻止损害发生,通过严格执行IPO标准和对所有发行者披露的公众信息进行全面审核达到事前监管。相反,美国制度多采取事后方法,即通过提供各种机制和激励,鼓励投资者和其律师通过诉讼反对所发现的滥权行为。证券集体诉讼和律师的成功酬金成为重要的互相制衡机制和激励机制。制衡和激励机制越强,对于采取双层股权结构的控制者的警戒和约束就越大。对于京东、阿里以及其他在美国上市的中概股来说，美国严监管带来的成本是巨大的，包括信息披露、审计费、监管费用等一系列成本，而中国香港地区和中国内地资本市场的监管相对较宽松，企业上市后每年要承担的费用也更低。

(四) 案例小结

双重股权结构已有百年的发展历程，在公司创新和监管调整的博弈下，公司股权结构安排的创新层出不穷，表现出非凡的生命力。本案例所述的案例是中国互联网企业的两个成功模式，我们可以从中看到创始人控制权对创业企业的重要性，也能看到代理问题的影子，还能看到投资者权益的保障问题，这些都是创业企业在发展与融资过程中的关键问题。京东双重股权结构和阿里"湖畔合伙人"制度在一定程度上化解了这些问题，也给创业企业带来启发和思考：在外源融资引入投资者的过程中，如何做到与"狼"共舞？

本案例通过对京东和阿里巴巴股权制度的研究和对比，发现保持创始人控制权是双层股权结构的核心特点，京东将这一点用得淋漓尽致，而阿里巴巴在强劲控制权的基础上，还通过合伙人提名董事的制度设计，为公司核心团队注入活力，保证公司内生增长的可持续性。

此外，通过京东和阿里巴巴股权制度的对比分析，可以看出，科技创新型企业主动选择双层股权结构，源于这类企业特有的成长周期及融资特征。此外，企业内部人与投资者之间的博弈等是科技创新型企业是否能成功采用双层股权结构的重要因素。在经济效果方面，双层股权结构作为一项包容性管理战略，在企业投融资过程中发挥了重要作用，保证了管理层控制权的稳定。从阿里巴巴的"湖畔合伙人"制度中可以看出，企业文化得以传承和延续，这不仅有助于化解公司创始人控制权独大、管理层监管存在漏洞的问题，而且在企业文化底蕴浓厚的前提下，能够在一定程度上降低公司治理中的代理成本。此外，采用双重股权结构或创新型股权制度的企业在上市时，也要充分考虑上市所面临的法律风险和负担。

术语解析

简要解析本案例中与兼并收购领域相关的常见术语。

双重股权结构（dual-class share structure）

双重股权结构也称为二元股权结构、双重股权制，是一种通过分离现金流和控制权而对公司实行控制的有效手段。区别于同股同权的制度，在双重股权结构中，股份通常被划分为高、低两种投票权，其中高投票权的股票拥有更多的决策权。也就是说，公司投票权不再根据股权平均分配，取而代之以不同股票种类持有不同的投票权。个别情况下，上市公司的两类股票之间投票权的差距有时可达 150 倍。普通股可能被划分为 A、B 两类股票，A 类股票所持有的表决权可能会一股数个投票权，而 B 类股票的投票权则可能受到限制，仍维持一股一个投票权，甚至根本无任何表决权。通过持有高投票权的股票和出售低投票权的股票，创始人或控制股东即可获得用于公司扩张的充足资本，同时还可以保持公司的控制权。

在本案例中，美国的纽约证券交易所和纳斯达克股票交易所均允许上市公司采用这样的股权结构。而从全球范围来看，这一结构在加拿大、德国、丹麦、瑞士、挪威、芬兰、瑞典、意大利、墨西哥、巴西和韩国很常见，而在美国、英国、法国、澳大利亚、中国香港、南非和智利则不多见。由于双层股权结构可以使创始人及其他大股东在公司上市后仍能保留足够的表决权来控制公司，因此受到诸多上市公司的欢迎，包括 Google、Facebook、New York Times 等著名公司均采用双层股权结构。但值得注意的是，在本案例涉及的京东和阿里巴巴上市后，2018 年 4 月 24 日，港交所发布 IPO 新规，允许双重股权结构公司上市。

合伙人制度（partner system）

合伙人公司是指由两个或两个以上合伙人拥有公司并分享公司利润的企业。合伙人为公司主人或股东。其主要特点是：合伙人享有企业经营所得并对经营亏损共同承担责任；可以由所有合伙人共同参与经营，也可以由部分合伙人经营，其他合伙人仅出资并自负盈亏；合伙人的组成规模可大可小。

合伙制具有独特的较为完善的激励约束机制，其优点主要表现在以下几个方面：（1）所有者和经营者的物质利益得到了合理配置，有了制度保障。在有限合伙制中，有限合伙人提供大约 99% 的资金，分享约 80% 的收益；而普通合伙人则享有管理费、利润分配等经济利益。管理费一般以普通合伙人所管理资产总额的一定比例收取，大约 3% 左右。而利润分配中，普通合伙人以 1% 的资本最多可获得 20% 的投资收益分配。（2）除了经济利益提供的物质激励外，有限合伙制对普通合伙人还有很强的精神激励，即权力与地位激励。（3）有限合伙制由于经营者同时也是企业所有者，并且承担无限责任，因此在经营活动中能够自我约束控制风险，并容易获得客户的信任；同时，由于出色的业务骨干具有被吸收为新合伙人的机会，合伙制可以激励员工进取和对公司保持忠诚，并推动企业进入良性发展的轨道。（4）有限合伙的制度安排也充分体现了激励与约束对等的原则。

在本案例中，阿里巴巴采用的合伙人制度是在普通合伙制的基础上，加入了双重股权结构和开放式流动更替机制，赋予了合伙人提名董事的权利。这一系列制度使得合伙人拥有很大的战略决策权，合伙人既是管理层又是股东。同时创新性地运用了提名权，旨在通过控制董事会来保证对公司的掌握，其"合伙人"的定义不仅仅是股东、创业团队，更多的是秉承和坚持阿里企业文化的人，更有助于传承企业文化。

三、思考与分析

本部分针对案例提出问题，你可以在案例的基础上进行更广泛的资料收集，并尝试回答这些问题。

1. 京东双重股权结构的代理成本怎样？未来是否可能出现严重的公司治理问题？
2. 联系万科、华为和阿里的合伙人制度，思考推行合伙人制度的企业须具备哪些条件？
3. 双重股权结构适用于什么类型的企业？除双重股权结构外，创业企业在股权制度设计上还可能有怎样的创新？
4. 从法律角度看，双重股权制度的设计过程中可能会遇到哪些法律问题，该如何解决或应对？
5. 我国资本市场是否可以引入双重股权结构？若可以，在监管规则上有哪些问题需要注意？若不可以，请阐述理由。

参考资料

[1] 唐跃军. 搜狐财经，与"狼"共舞：创业者如何与投资者谈恋爱？2017年9月，https://www.sohu.com/a/194609086_184714.

[2] 李小加. 凤凰财经，投资者保障杂谈，2013年9月，https://finance.ifeng.com/a/20131025/10931938_0.shtml.

[3] 李小加. 财新网，梦谈之后、路在何方——股权结构八问八答，2013年10月，http://stock.caijing.com.cn/2013-10-24/113472574.html.

[4] 蔡崇信. 网易财经，阿里巴巴为什么推出合伙人制度，2013年9月，http://money.163.com/13/0927/07/99OVQ8FS00253B0H.html.

[5] 秦芳菊. 公司治理模式的再审视——以阿里巴巴合伙人制度为视角[J]. 中国社会科学院研究生院学报，2016（2）：73-77.

（张宇茜）

第七章

资本市场的深入改革：
国企混合所有制

在国企经营效率持续低下且与民企差距有拉大趋势（见下图）的背景下，党的十八届三中全会将混合所有制作为国企经济改革的主要方向之一。一方面，混合所有制改革的确能帮助国有企业聚合产业资源，改善资本结构，激发资本活力；但另一方面，混合所有制改革并非是提高企业效益的保证，它可能会使企业的治理和管控更加复杂，其关键在于如何合理设计股权结构、如何选择恰当的投资人、如何评估转让资产价值、如何实施股权激励计划、如何平衡多方股东对企业的管控权利等。本章回答前三个问题：在联通混改一案中，读者将了解到国企混改中的

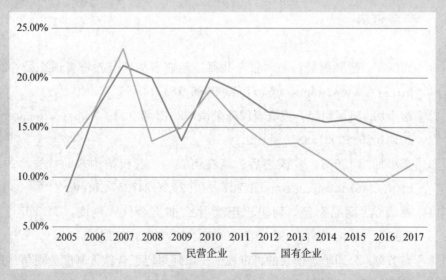

图 上市民营和国有企业的净资产收益率（市值加权）

资料来源：Wind。

股权结构设计和投资人选择标准,体会到"一股领先+高度分散"模式的优势;另一个案例以排解地方隐形债务的PPP模式为例,读者将会看到YN县政府如何使用PPP模式管理存量资产、减轻债务负担,而在这之中,国有资产评估是重中之重。

案例 13

联通的"突围"
——中国联通 2017 年混合制改革

> **导言**
>
> "1979 年,那是一个春天,有一位老人,在中国的南海边,划了一个圈……"是《春天的故事》里的歌词,歌词中的老人就是中国改革开放总设计师——邓小平。1978 年 12 月十一届三中全会确定了中国改革开放的政策,四十多年以来,国企改革是一直贯穿改革开放的主线,而混合制改革则是国企改革的一种主要形式。2017 年 8 月 21 日中国联通(600050.SH)发布公告披露了混改方案,引入了 BATJ[①]等战略投资者,战略投资者在中国联通中的持股比例高达 29.1%,改革的力度之强前所未有。中国联通作为中国央企在集团层面混改的唯一试点企业,堪称是国企混改的样板,更是中国经济(通信行业)改革开放后逐渐走向市场化的一个缩影。而于中国联通而言,这不仅是在国企层面提高经营效率的"大突围",更是在既定的电信行业竞争格局下的"小突围"。从中国联通混合所有制改革出发,可以一窥四十多年中国改革之路。本文将重点集中于以下三个主要内容:(1)贯穿改革开放四十多年的国企改革跌宕起伏的过程;(2)电信行业历次改革和整合的背景与结果;(3)国企改革与电信行业改革背景下联通混改的意义。

---

① BATJ 指百度、阿里巴巴、腾讯、京东。

一、事件发展，时间脉络

联通混改时间轴线	
2016年9月28日	发改委召开国有企业混合所有制改革试点专题会，联通集团参加。
2016年11月30日	发布澄清公告：联通集团列入混改第一批试点尚未得到最终批准，存在不确定性。
2017年4月5日	发布公告称联通集团正在筹划混改重大事项，4月6日起停牌。
2017年5月10日	发布公告称集团拟以本公司为平台，筹划混改相关事项，非公开发行引入战略投资者。
2017年6月26日	发布公告称非公开发行具体方案正在筹划论证阶段。
2017年7月23日	发布澄清公告：公司与潜在投资者的谈判工作尚在进行中。
2017年8月9日	发布澄清公告：公司与阿里腾讯成立运营中心与混改无关。
2017年8月21日	公告混合所有制改革方案（非公开发行股票）。
2017年9月16日	非公开发行股票获国资委批准通过。
2017年10月14日	非公开发行股票获证监会核准通过。
2017年12月27日	首期限制性股票激励计划获国资委批复同意。
2018年2月9日	股东大会选举卢山、李彦宏、胡晓明、廖建文等人为董事会董事。

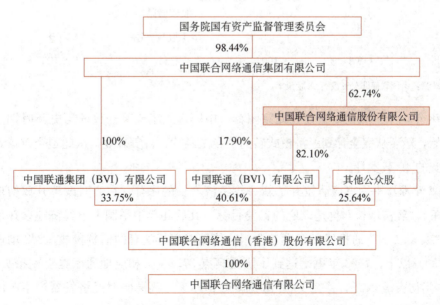

图13-1 中国联通混改前的股权结构图

资料来源：公司年报。

表 13-1　混改之后中国联通 A 股股东增加战略投资者与员工持股平台

	混改前			混改后	
股东	持股数（万）	比例	股东	持股数（万）	比例
原有股份			原有股份		
联通集团	1 329 835	62.7%	联通集团	1 329 835	36.7%
公众股东	789 825	37.3%	公众股东	789 825	25.4%
			结构调整基金	189 976	6.1%
小计	2 119 660	100.0%	小计	2 119 660	68.2%
			定向增发 A 股		
			中国人寿	317 716	10.2%
			腾讯信达	161 054	5.2%
			百度鹏寰	102 489	3.3%
			京东三弘	73 206	2.4%
			阿里创投	63 325	2.0%
			苏宁云商	58 565	1.9%
			光启互联	58 565	1.9%
			淮海方舟	58 565	1.9%
			兴全基金	10 249	0.3%
			小计	903 735	29.1%
			股权激励		
			员工股权激励	84 788	2.7%
总计	2 119 660	100.0%	总计	3 108 183	100.0%

资料来源：中国联通非公开发行 A 股预案。

1978 年，十一届三中全会在北京闭幕，中国进入了改革开放的历史新时期。从这一年开始，国企从完全计划经济模式转向了自主经营、自负盈亏，从此国企改革走过了波澜壮阔的 40 载岁月。

1992 年邓小平南方谈话拉开了新一轮经济增长的序幕，在当时改革开放初期的历史背景下，"经济增长"仍是政府的首要目标。其后几年中举国上下经济建设热情空前高涨，"大干快上"的投资风潮席卷全国。伴随着银行配套的信贷投放，M2 增速迅速上升到 30% 以上，1993 年更是达到了历史高点 37.3%。相应地通胀也立刻抬头，CPI 从 1994 年初突破 20%，并在 10 月达到顶点 27.7%，高通胀对经济发展产生的压力使得央行不得不采取相对紧缩的货币政策，于 1993 年开始多次加息。

然而经济过热在踩急刹车之后病灶尽显，过度的投资造成了过剩产能，国有企业的利润大幅减少甚至亏损，到 1997 年底国有工业企业的总亏损达到了 774 亿元（1/3 明亏、1/3 暗亏、1/3 盈利），尤其是产能过剩的煤炭、有色、纺服等行业出现了全行业亏损，银行出现了大量的坏账。1997 年爆发的亚洲金融危机成为压倒骆驼的最后一根稻草，事实上这也促进了政府进行国企改革的决心。

同一时间，境外的混乱正在蔓延，1999 年 7 月初泰国突然宣布放弃固定汇率制，成了亚洲金融危机的导火索，国际炒家先后进攻印尼、香港、日韩。虽然中国经济对外依赖较小，但实际上外需减少的压力传递到供给端后，企业的境遇雪上加霜。内外交困的结果是中国经济在 1997 年第四季度突然下滑，全年增长仅 9.2%，明显低于上年的 9.9%，而通胀更是从 7.0% 骤降至 0.4%。中国经济刚从两位数的高通胀中走出，眼看要转入平稳轨道，却又要面对通缩"脱轨"的风险，此时改革迫在眉睫。

在国企"抓大放小"的总体思路下，纺织业迈出了第一步。国企兼并重组与行政去产能同步推进，同时不良资产剥离护航改革。1997 年 9 月，党的十五大报告提出了"三年目标"，即"力争到本世纪末大多数国有大中型骨干企业初步建立现代企业制度"。1998 年朱镕基总理正式提出"GDP 增速保 8"和"国有企业三年脱困"两大目标。基于经济的主要矛盾是产能过剩，并且产能过剩的重灾区是国有企业这一共识，政府一方面"着眼于搞好整个国有经济"，推进持续亏损的中小企业破产重组；另一方面以纺织业为切入点行政化去产能，目标为：用 3 年时间压缩淘汰 1 000 万锭落后棉纺锭。兼并重组和去产能拯救国企于水火之中，随后在 1998 年的"费改税"中又降低了企业税负。1999 年，四大资管公司成立批量剥离不良资产，巩固了改革的胜利果实。2001 年底中国加入 WTO 之后，外需高增长时代开启。到了 2004 年底，GDP 二次触底后重拾升势、经济结构明显优化，维持了 6 年的积极财政政策终于退出，此时中国的经济重回相对健康发展的轨道，但国企改革仍在进行中。

2003 年国资委成立，央企合并重组的进程开始，到 2010 年底，央企数量已从 196 家下降至 128 家，在"十二五"期间进一步缩减至 112 家。央企合并重组一方面是整合资源，形成协同效应，有助于增强国有企业的市场竞争力和国际竞争力，实现国有资产保值增值，另一方面有助于推动传统产业去产能、去杠杆。

2013 年十八届三中全会上通过了《中共中央关于全面深化改革若干重大问题的决定》，新一轮的国企改革正式开始。如果说前几轮国企改革的主要目标是推动传统产业去产能、去杠杆（通过债转股的方式剥离不良资产），提高国企的盈利能力，那新一轮国企改革的目标则是提升绩效、打破垄断、推动经济结构转型。

新一轮国企改革前期主要围绕顶层设计及多项试点工作推进：2014 年 7 月，央企"四项改革"试点启动；2015 年 9 月，中共中央和国务院颁布《关于深化国有企业改革的指导意见》，随后配套文件陆续出台，金字塔型的顶层设计体系逐步确立；2016 年

2月，国企改革十项试点深入推进；2016年7月，全国国有企业改革座谈会召开，对前期的国企改革经验进行了交流总结。随后在2016年9月，发改委副主任刘鹤主持召开国企改革试点专题会，首次提出"混改是深化国改的重要突破口"，混合所有制改革在新一轮国企改革中的地位明显提升，混改试点加速落地，第一批企业的混改（东航集团、联通集团、南方电网、哈电集团、中国核建、中国船舶）进入实质性推进阶段。

表13-2 国企改革的四个阶段及核心目标

阶段	核心目标
第一阶段（1978年起）	进行国有企业扩大自主权和利润留成、利改税、承包经营责任制等多项改革措施。
第二阶段（1993年起）	通过兼并重组、下岗分流和债转股等措施，国有企业提高了盈利能力，建立了现代企业经营管理制度。
第三阶段（2003年起）	国有企业进行以股份制为主要形式的现代产权制度改革。
第四阶段（2013年起）	国有资本投资项目允许非国有资本参股，允许混合所有制经济实行企业员工持股，以管资本为主加强国有资产监管。

资料来源：作者由公开资料整理。

2017年4月6日，中国联通公告称将以公司为平台筹划并推进开展混合所有制改革相关的事项。2017年8月21日中国联通公布混改方案，将通过发行90亿股新股并出售19亿股老股（每股6.83元）融资744.4亿元，引入中国4大互联网公司（BAT＋京东）、多家垂直行业公司（苏宁云商、光启、用友网络、宜通世纪等）、金融企业集团公司（中国人寿）、产业基金（中国国有企业结构调整基金等）作为战略投资者。战略投资者将合计持有35.2%联通A股；公司同时将向核心员工授予约8.5亿股限制性股票（每股价格3.79元），两者合计交易对价约为780亿元。

中国联通与互联网巨头的合作在2016年时已初见端倪，当时中国联通对传统业务进行大刀阔斧的改革，通过"腾讯王卡①"试水与互联网公司的合作，收效良好。随后联通紧锣密鼓地发布了一系列相关的定制化合约套餐，先后与腾讯、阿里、百度、招商银行、小米等公司合作，迅速地构建起一条丰富的产品线，联通称其为"B2I2C"，即"business to internet to customers"。这一系列新产品有两个引人注目的标签——"互联网产品"（2I）和"直面终端客户"（2C）。目前，联通选择的合作伙伴都拥有"用户大数据"，如BAT、今日头条、美团、蚂蚁金服、小米、视频网站（哔哩哔哩、优酷、映客、花椒）、购物网站（淘宝、京东）等。与互联网公司的合作，旨在更好利用大数据挖掘用户行为偏好及利用定制化套餐进行差异化竞争，从这个角度就不难理解联通混改的意义和目的了。

---

① 腾讯王卡是中国联通联合腾讯推出的号卡产品，王卡用户不仅能在应用宝（腾讯产品）内免流量下载和更新全网应用，更可以免流量费使用微信、腾讯视频、王者荣耀等腾讯系APP。

二、中国联通的"大突围"与"小突围"

2017年8月16日晚,中国联通披露混合所有制改革方案,尽管很快就发现方案有明显的法律漏洞而不得不做临时调整①,但各方仍寄予厚望:"中国联通在传统的移动通信业务上陷入被动,在和中国移动、中国电信的竞争中不具备优势,未来可以通过与互联网企业的合作获得大发展。"

中国联通的混合所有制改革具有两个层面的意义:一是顺应新一轮的国企改革的主要目标,通过混合所有制改革提升绩效、推动转型,扭转中国联通多年营收持续负增长的局面;二是意图通过中国联通的混改,在电信行业率先打破垄断,这也是新一轮国企改革的主要目标,只不过是在电信行业的一个试点而已。

(一) 大突围:国企改革,提高绩效

1. 混合所有制改革的主要模式

2013年之后新一轮混合所有制改革主要分为三种模式:员工持股(包括股权激励)、引进战略投资者、整体上市(包括借壳注资实现上市)。员工持股主要为激发企业员工的积极性,引进战略投资者和整体上市主要为提升绩效、提高市场化程度和打破垄断,三种模式常常交叉共同使用。联通的混合所有制改革中就涉及了员工持股和引进战略投资者两种模式。

员工持股是这一轮国企混改中的政策难点和重点。2008年国资委139号文发布以来,中央部委分别就员工持股发布过四个规范性文件:2008年国资委133号文对国有企业员工持股做出了初步规范,2010年财政部联合一行三会发布(财经〔2010〕97号文)规范了金融机构员工持股,2014年证监会发布《上市公司员工持股试点意见》,2016年国资委133号文对国企员工持股做了更为详尽的规范。

有了政策依据,中央企业如中国建材、中国兵器装备、新兴际华等均在下属子公司层面开展了员工持股,而此次中国联通更是在上市公司层面实施了员工持股计划,首期股权激励计划共计8.5亿股,其中包含向7550名合格的投资者授出约7.63亿股和预留的8478万股,员工持股计划建立了员工与企业利益共享、风险共担的市场化机制,中国联通的股权激励的解锁条件设定在比较高的水准,即使按照解锁条件的最低标准计

---

① 2017年2月,证监会发布了定增新规,其两项核心内容分别为:(1)上市公司申请非公开发行股票的,拟发行的股份数量不得超过本次发行前总股本的20%;(2)取消了将董事会决议公告日、股东大会决议公告日作为上市公司非公开发行股票定价基准日的规定,明确定价基准日只能为本次非公开发行股票发行期的首日。在混改前,中国联通总股本是212亿股,混改定增90.37亿股,占发行前总股本的42.63%,远远超过证监会20%的约束。

算，收入和利润依然能够取得稳健的增长。2017—2020年，主营业务收入的年均复合增长率为6%，利润总额的年均复合增长率达到157%。

表13-3 中国联通员工持股计划中股权激励计划的解锁条件

解锁期	解锁条件		
	主营业务收入增长率	利润总额增长率	净资产收益率
第一个解锁期（2017—2018）	不低于4.4%	不低于65.4%，不低于同行业企业75分位水平。	不低于2.0%
第二个解锁期（2018—2019）	不低于11.7%	不低于224.8%，不低于同行业企业75分位水平。	不低于3.9%
第三个解锁期（2019—2020）	不低于20.9%	不低于378.2%，不低于同行业企业75分位水平。	不低于5.4%

资料来源：中国联通非公开发行A股股票预案。

引进战略投资者进行混合所有制改革是这一轮国企改革中的一种主要方式，虽然有众多企业引进了战略投资者，但大多数引进是在子公司层面，如东方航空、中国联通这样在央企母公司层面引进战略投资者的少之又少，而像中国联通这样战略投资者持股比例高达29.1%更是罕见。

国企整体上市实现多途径的增资扩股也是混合所有制改革的方式之一。国企上市的途径主要有三种：一是母公司整体上市，如五大行、包括中国联通在内的三大电信运营商均实现了整体上市；二是母公司不上市，旗下子公司均陆续上市，如中航工业；还有一些将公司资产注入已上市的子公司平台，变相实现整体上市。在新一轮的国企改革中，采用第三种方式借壳实现混改的公司较多，实现整体上市的央企只有邮储银行。例如2016年7月，中国电信旗下的上市公司号百控股宣布重组方案，公司拟以发行股份及支付现金的方式，购买电信集团等14名交易对方所持有的天翼视讯、炫彩互动、天翼阅读和爱动漫等四家公司各100%股权，变相对天翼等这四家公司实现了混改。再如中航科工旗下的上市平台航天电子买下航天九院旗下所有企业类资产，2015年末，航天九院已经基本实现旗下企业类资产的整体上市。国资委试点央企国药集团也是通过旗下上市平台现代制药整合重组国药集团旗下所有化学制药企业，实现了国药集团化学制药资产的整体上市。

当前选择混改作为国企改革的突破口，一方面是因为混改可有效提升国企绩效，引进社会资本的国企其资本结构得以改善，优化公司治理，明确效率导向，提升国企经营绩效；另一方面混改有利于打破垄断，通过混改将原本一些门槛较高的行业逐步向非国有资本开放，非公有经济可通过交叉持股与国企实现优势互补。

2. 央企混合所有制改革的主要进展

过去两年，央企混改看起来"雷声大雨点小"，但实际上也有一些央企取得了一定的进展，进展多在二三级子公司层面，通过引进战略投资者、借壳旗下上市平台实现某一业务整体上市、员工持股等均有进展（表13-4）。

表 13-4　央企混合所有制改革的主要进展

公司	时间	混改方式	备注
中国医药	2014年7月	整体上市	借壳现代制药实现旗下所有化药企业的整体上市。
中国建材	2014年7月	员工持股	子公司员工持股。
中国兵器工业集团	2014年8月	员工持股	子公司（江南银箭）实施骨干员工持股计划。
中信国安	2014年8月	引进战略投资者	中信国安集团以56.6177亿元现金作价，出让79.055%股份，引进黑龙江鼎尚装修工程公司、广东中鼎集团、河南森源集团等5家战略投资者，中信集团控股比例由100%下降至20.9%。
新兴际华集团	2014年10月	员工持股	员工持股、股权激励。
长江三峡集团	2014年10月	员工持股、引进战略投资者	2014年10月，二级控股子公司长江三峡能事达电气股份公司的员工持股比例达33.42%，初步实现国有资本与民营资本的合作交融。
中国华录	2014年10月	员工持股	旗下上市平台易华录公布面向管理层的员工持股计划。
中国华能集团	2014年12月	引进战略投资者	华能能源交通产业控股公司与物流服务商普洛斯集团下属普洛斯投资管理公司签约战略合作协议，华能电商与长城证券等签订亿级战略融资协议。
中国诚通	2015年2月	引进战略投资者、员工持股	引进战略投资者、对所属全资公司内蒙古诚通能源投资有限公司（内蒙能源公司）进行增资扩股改制。
交通银行	2015年6月	引进战略投资者	混改方案获国务院批准。
中船重工	2015年9月	引进战略投资者	混改方案日前已基本确定由全资子公司中船重工物资贸易集团有限公司和民营企业唐山新鑫特钢有限公司合资共建混合所有制的中船重工（唐山）船用材料制造有限公司，以"增量混改"推动国企整体改革。
中国海洋石油总公司	2015年9月	引进战略投资者	其下属的海油发展与民企美钻能源科技共同出资成立合资公司，主要发展国家海洋深水油气勘探钻采核心系统装备。
东方航空集团	2015年9月	引进战略投资者	东方航空与达美航空签署《关于达美航空战略入股东航认股协议确认书》，拉开了航空国企混改的序幕，2016年又引携程入股。
南方电网公司	2015年12月	引进战略投资者	增量配电投资业务开展混合所有制。

续表

公司	时间	混改方式	备注
中国大唐集团	2015年12月	引进战略投资者	2016年1月,完成旗下新华瑞德公司混合所有制改革,新华瑞德更名为大唐网络有限公司,大唐电信持股占比为37.23%。
电子信息产业集团	2016年3月	引进战略投资者、员工持股	一是混改引入战略投资者;二是推动所属企业员工持股;三是计划将整体资产证券化率从现在的55%左右提高到80%左右。
中国航天科工集团	2016年3月	整体上市	2015年末,航天九院借壳航天电子已经基本实现旗下企业类资产的整体上市。
中国航空工业集团	2016年3月	整体上市	集团完成了公司制改制。
中国电信	2016年7月	引进战略投资者	2016年7月份,中国电信旗下的上市公司号百控股(600640)宣布重组方案,公司拟以发行股份及支付现金的方式,购买电信集团等14名交易对手方所持有的天翼视讯、炫彩互动、天翼阅读和爱动漫等四家公司各100%股权。
中航工业	2016年8月	引进战略投资者	通飞公司开放资本机构,拟引入50亿—100亿民间资本。通航业务方面有望进行混改,设立了100亿通航产业基金。
中国兵器装备集团	2016年8月	员工持股	在上市公司长安汽车中推行中高管持股试点。
国家电网公司	2016年12月	引进战略投资者	12月5日,国家电网公司在京召开新闻发布会,推出以混合所有制方式开展增量配电投资业务、交易机构相对独立运作等多项重点改革举措。
中国联通	2017年8月	引进战略投资者、员工持股	将通过发行90亿股新股并出售19亿股老股(每股6.83元)融资744.4亿元,引入战略投资者;同时将向核心员工授予约8.5亿股限制性股票(每股价格3.79元)。

资料来源:公司公告。

(二)小突围:电信业改革,打破垄断

1. 中国历经四次电信业改革

中国电信业的前身是邮电部,在1978年改革开放之后为了推进电信行业的市场化,国家对基础电信市场运营体制进行了一系列的改革,电信运营企业经历了多次的调整、拆分与重组。

1994年1月,吉通公司成立,建设国家公用经济信息网,与老中国电信的ChinaNet展开竞争,同年7月中国联通成立,中国联通被赋予了打破老中国电信垄断地位的重任,这是中国的第一次电信改革。

1997年1月，邮电部做出在全国实施邮电分营的决策。随后在1998年3月，在原邮电部和电子部的基础上组建信息产业部，随后在1999年，电信业实现了政企分开，一系列的电信产业政策奠定最基本的体制基础。

1999年2月，信息产业部将原中国电信拆分重组为中国电信、中国移动和中国卫星通信公司，同年4月中国网络通信有限公司成立，此为中国的第二次电信改革。

2002年5月第三次电信改革展开，中国电信南北拆分方案出台，南方省份的原电信公司重组为新的中国电信，北方省份的原电信公司和中国网通、吉通重组为新的中国网通，拆分重组后形成中国电信、中国网通、中国移动、中国联通、中国铁通以及中国卫星通的5+1竞争格局。

经过前三轮改革，中国电信行业最终建立了新的电信监管体系，包括中国电信、中国移动、中国联通、中国网通、中国铁通、中国卫通6家通信公司，在加入WTO、打破垄断的大背景下，中国电信业基本形成了"2+2"（两家固网运营商+两家移动运营商）的主要竞争格局。

这种格局一直维持到2008年，国内6家运营商持续进行着市场竞争。这一时期，正好是全球移动市场急速发展阶段，中国移动借助天时地利人和的优势，通过发展预付费卡的模式，用户数每年以亿计突破，而中国电信和中国网通因为无移动牌照，只能眼睁睁看着自己的固网用户一个个流失，固话收入一天天减少，这最终造成了中国移动新的垄断，这也是监管部门最初没有预计到的。

尽管在此期间，电信和网通在香港上市，但固网市场日渐窘迫的状况，促使两家不断向监管部门要求发放移动牌照。本来在2005年就能发放的3G牌照，为了解决市场竞争失衡问题，一直拖到了2008年。

2008年5月，工信部宣布，六大基础电信运营商重组为三家全业务运营的电信企业，中国铁通并入中国移动，原联通的CDMA网及部分人员、卫星通的基础电信业务并入中国电信，中国联通则将GSM网和部分人员与中国网通合并。2009年1月7日，工信部宣布发放3G牌照，中国电信业进入中国移动、中国电信和中国联通三足鼎立的时代，完成了第四次电信改革，也是对移动通信时代的顺势而为。

2. 当前我国电信行业的竞争格局

相比于中国电信和中国移动，中国联通是一家更年轻的公司，因此它在各方面业务发展上均远不及固定通信的传统龙头中国电信和移动通信业务传统龙头中国移动。

目前我国电信行业呈现出中国移动一家独大的局面，移动通信和固定通信是电信运营商的两大主营业务，其中移动通信业务收入是电信行业的主要收入来源。根据工信部网站的数据，2017上半年我国三大运营商移动通信业务收入共计4 674亿元，同比增长4.6%，占电信业务收入的72.4%；固定通信业务收入共计1 779亿元，同比增长

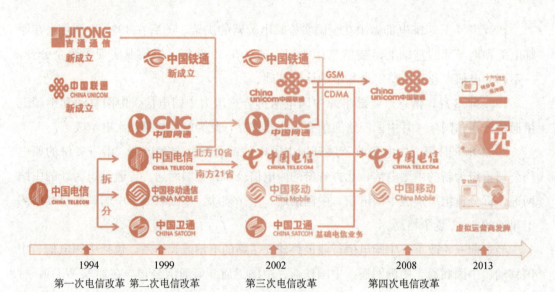

图 13-2 中国电信行业的改革历史

资料来源：作者由公开资料整理。

8.2%，占电信业务收入的 27.6%。

可以发现移动通信业务在电信行业收入中占有绝对优势，而在移动通信中，中国移动更是占据绝对领先地位。截至 2017 年 6 月底，中国移动、中国联通和中国电信移动用户数量分别为 8.67 亿、2.69 亿和 2.30 亿，市场份额依次为 63%、20% 和 17%；4G 用户数量分别为 5.94 亿、1.39 亿和 1.52 亿，市场份额依次为 67%、16% 和 17%。增量上，2017 年上半年中国移动、中国联通和中国电信用户移动用户净增数量分别为 1 761 万、563 万和 1 485 万，4G 用户净增数量分别为 5 861 万、3 426 万和 3 015 万，中国移动优势显著。

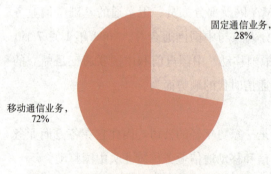

图 13-3　2017 上半年我国电信行业收入结构

资料来源：作者由公开资料整理。

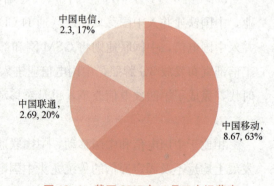

图 13-4　截至 2017 年 6 月三大运营商移动用户市场份额①

资料来源：作者由公开资料整理。

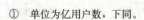

① 单位为亿用户数，下同。

而在固定宽带业务领域,中国电信一家独大,中国移动位列第二,并不断缩小与中国电信的差距。截至2017年6月底,中国移动、中国联通和中国电信固网宽带用户数分别为9 304万、7 692万和1.28亿,市场份额依次为31%、26%和43%。增量上,2017年上半年中国移动固网宽带用户净增数量达到1 542万,同期中国联通和中国电信则仅为169万和498万。

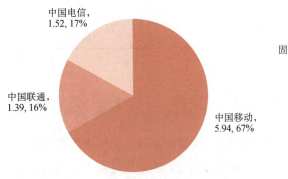

图13-5 截至2017年6月三大运营商 4G用户市场份额

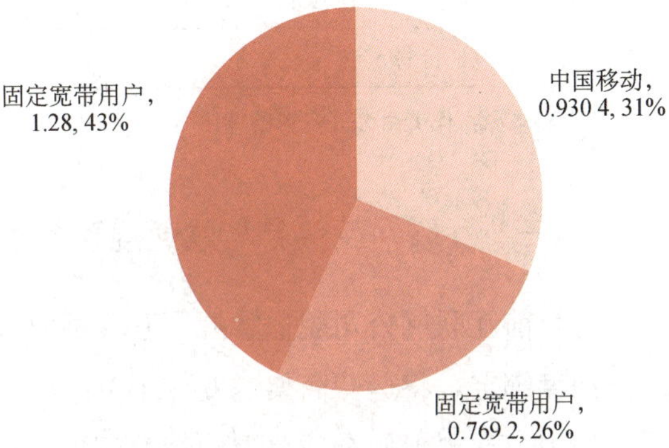

图13-6 截至2017年6月三大运营商 固定宽带用户市场份额

资料来源:作者由公开资料整理。　　　　资料来源:作者由公开资料整理。

从中国电信行业二十年的改革历程不难看出,监管层的意图是打破垄断,引入竞争,建立竞争性的电信产业市场,促进电信行业的均衡发展。因此,在中国移动一家独大的背景下,监管层试图通过一系列政策手段改变电信行业现状,尤其是激发相对落后的中国联通的增长活力。

当前,电信行业呈现出两大发展趋势:一是技术和需求驱动下的产业升级,包括移动通信技术由4G向5G的演进和物联网带动的通信网络建设;二是OTT[①]时代产业链各方实力动态变化驱动下的业务转型升级,即电信运营商拥抱互联网厂商从而实现向综合信息服务提供商的转变。三大运营商立足自身实力,在行业竞争上采取了差异化的发展战略。中国移动无线网络资源优势显著,同时在4G时代进一步深化了移动通信领域的垄断地位,因此在通信技术升级至5G的背景下,大力加强5G提前布局;中国电信基于频谱资源优势,在NB-IoT标准落地后加速网络,力图领跑物联网行业发展;中国联通针对增长乏力的现状,制定"聚焦、合作和创新"的战略,通过横向和纵向产业链合作推动业务转型,同时加快混改进程实现治理结构转型。

---

① OTT是"Over The Top"的缩写,是指通过互联网向用户提供各种应用服务,这种应用和目前运营商所提供的通信业务不同,它仅利用运营商的网络,而服务由运营商之外的第三方提供,使运营商沦为单纯的"传输管道",根本无法触及管道中传输的巨大价值。

表 13-5　中国联通募集资金具体投入项目

序号	项目名称	2017 年至 2019 年项目总投资（亿元）	拟使用募集资金投资金额（亿元）
1	4G 能力提升项目	550.9	398.16
2	5G 组网技术验证、相关业务使能及网络试商用建设项目	271	195.87
3	创新业务建设项目	32.13	23.22
	合计	854.03	617.25

资料来源：作者由公开资料整理。

（三）互联网巨头参与联通混改的战略逻辑

目前互联网公司貌似掌握了互联网时代的主导权，通过丰富的互联网内容成功与用户深度绑定，将运营商架空变成了单纯的"通道提供商"，这给运营商带来了巨大的增长压力，这也促使全球范围内运营商进行数字化的转型。

但是从另一个方面来看，互联网公司的服务对于运营商的网络有着极强依附性，运营商提供的网络质量、资费套餐等都会直接影响到互联网用户接触和使用网络资源的频率和强度，运营商是网络内容到用户终端的唯一通道，通道的通畅与否直接决定了互联网公司业务的发展。

同时电信运营商提供的基础电信业又具有极强的排他性，对于互联网公司来说很难进入该领域。主要是因为：①频谱资源非常有限，取得频谱的运营权非常困难；②电信运营属于资本密集型行业，需要非常庞大和长时间的资源投入；③电信网络具有极强的规模经济，其他公司很难进入并提供边际上的改善；④电信网络信息安全至关重要，受到严格的国家管制。

因此对互联网巨头来说参与联通公司的混改、参股运营商就成为了更加稳妥的方式，同时混改也提供了一种双赢的解决思路。运营商已经拥有完整的网络基础设施和完善的经营牌照，在互联网巨头的紧逼之下面临沦为管道的问题，没有办法贴合用户习惯提供最适合用户行为的业务套餐。而互联网公司直接进行电信网络基础设施的建设并与传统运营商展开竞争会损害双方的利益，与运营商合作进行基础电信业务的改革不失为明智的做法。

混改所代表的运营商改革是大势所趋，表明了运营商面临的下一步市场改革的方向，即以数据流量为载体的基础电信业务革新，实现网络管道与内容的深度融合，进一步加速互联网渗透率的提升和社会信息化程度的提高。

此外，4G 时代互联网公司和运营商之间实现了实力的反转，网络内容的价值胜过了网络连接的价值。但是在 5G 时代,两者之间实力的较量又会重新画上问号,因为以物联网为典型应用的 5G 技术重新强调了网络连接的价值。

而混改无疑为解决目前的困境提供了一条可行的解决方案,即将网络内容和连接的价值进行融合。对运营商而言,摆脱"无声管道"战略意义的重要性不言而喻。对于互联网公司而言,也可以定制化适合自己的"管道",以更符合用户行为习惯的方式提供内容。

(四)案例小结

中国联通的混改方案发布后引起了社会各界的广泛关注,不只是因为中国联通的混改方案与证监会 2017 年年初发布的定增新规有所矛盾,但证监会仍特事特办予以通过,而更重要的是因为电信行业关乎大众,人们期待联通混改后能携手 BATJ 等互联网巨头改变当前电信行业的竞争格局,从而普惠大众。

本案例以中国联通混合所有制改革为出发点,沿着国企改革和电信业改革两条主线,详尽地分析了联通混改的必然性,分析了联通在国企层面和在电信业层面的改革举措,最后简要分析了互联网巨头参与联通混改的战略逻辑。从这两条主线出发,就可以很好地把握联通"为什么要混改"了,也就可以更好地理解中国国企的发展,进而理解中国经济的动向。

改革的本质是问题积累到一定程度后,应用创新的手段集中对问题进行清理。联通混改就是一次对国企效率偏低、电信行业垄断竞争的改革,联通混改的初衷是由混合所有制带来法人治理结构的优化,以及业务的强弱互补,该目标究竟能否实现在目前尚不可知,且由时间来给出答案吧。

 术语解析

简要解析本案例中与兼并收购领域相关的常见术语。

战略投资者(strategic investor)

战略投资者是指符合国家法律、法规和规定要求、与发行人具有合作关系或合作意向和潜力并愿意按照发行人配售要求与发行人签署战略投资配售协议的法人,是与发行公司业务联系紧密且欲长期持有发行公司股票的法人。

战略投资者不同于财务投资者,其投资的目的除了获取财务回报以外,还有其战略目的。引入战略投资者,企业不仅可以获取资金上的支持,也能获得投资者在公司管理或技术方面的支持,由于战投同公司之间一般属同一行业或相近行业,或

> 是产业链上下游关系,在企业发展上有密切联系,因此引入战投有利于双方在技术和产品上的互补和协同发展。
>
> 2016年3月发布的《关于2016年深化经济体制改革重点工作的意见》在推进国有企业混合所有制改革部分提及:"……支持具备条件的上市企业引入合格战略投资者,进一步放大国有资本功能,提高国有资本配置和运行效率"。
>
> 本案例中,腾讯、阿里巴巴、百度、京东与联通具有潜在的合作意向,因此属于战略投资者而非财务投资者。

三、思考与分析

本部分针对案例提出问题,你可以在案例的基础上进行更广泛的资料收集,并尝试回答这些问题。

(1) 在全球范围来看,在其他国家是否有类似于中国的国企改革?如果有,与中国的国企改革有何异同?

(2) 按照2017年2月证监会修订的上市公司定向增发政策,中国联通的混改方案在增发股票的规模和投资人数量两方面都不符合监管政策,但仍获证监会审核通过,如何看待这种"特事特办"的现象?

参考资料

[1] 马骏,张文魁,张永伟等. 国企改革路线图探析 [M]. 北京:中国发展出版社,2016.

[2] 德勒中国. 寻找新的增长点 [J]. 上海国资,2015 (6):92-93.

(王志强)

案例 14

Y省YN县污水处理厂、垃圾处理厂、供排水公司存量资产经营权转让政府和社会资本合作（PPP）项目

导言

自我国推广和使用PPP模式以来，采用PPP模式化解地方性政府债务风险一直是国家部委积极鼓励应用的领域。随着我国对地方政府债务管理工作要求趋于严格，地方政府债务化解压力的增加，采用PPP模式盘活存量资产化解地方政府债务将会是PPP模式应用的下一个热点。

采用PPP模式盘活存量资产项目，基于资产的存量及国有属性，资产评估在其中具有举足轻重的地位。然而，目前存量资产PPP项目实操过程中，流程资产评估的合规性尚无统一标准，非常不利于PPP模式在存量项目中的应用。

本案例通过对某一发生在国家级贫困县的存量PPP项目的分析，首先针对YN县的情况分析采用存量资产PPP项目的必要性；接着对本案例的流程进行详细介绍以使读者对PPP的实施过程有一个充分的了解；然后对该PPP项目进行了效果评价；最后，本案例对存量资产PPP模式进行了总结，具体介绍了该项目的实施方法和流程，为进一步推动地方政府运用PPP模式盘活存量资产、化解地方隐性债务、达成脱贫攻坚提供参考。

一、事件发展，时间脉络

第一阶段：政策支持与方案探讨	
2017 年	Y 省人民政府公布《Y 省人民政府办公厅关于印发 Y 省通过政府和社会资本合作模式化解存量政府性债务实施方案的通知》（Y 政办发〔2017〕70 号），明确优先支持政府通过存量项目转 PPP 项目优化政府债务结构。
2018 年 1—5 月	方案初步讨论完毕，PPP 项目的交易标的确定为 YN 县污水处理厂、垃圾处理厂、供排水公司存量资产经营权，标的价值评估采用收益法。

第二阶段：PPP 项目评价与落地实施	
2018 年 1—5 月	对 PPP 项目进行了物有所值评价、财政承受能力评价等，论证了 PPP 项目交易作价的合理性。
2018 年 5 月	YN 县污水处理厂、垃圾处理厂、供排水公司的存量经营权以 21 487.02 万元的价格被转让，这笔资产的流入极大地缓解了 YN 县当前的偿债压力。

采用 PPP 模式盘活存量资产，一直是中央为疏导地方政府债务所预留的"窗口"。但现行的 PPP 项目中绝大部分为新建项目，存量 PPP 项目并不多。而在为数不多的存量项目中，交易主体概念不清、资产评估报告结果应用不合规、流程不到位的情况较为普遍。

在本案例中，YN 县正是采用了用存量资产作为标的的 PPP 项目，成功获得了 26 259.44 万元的资金，不仅缓解了自身的偿债压力，同时给全国存量资产的 PPP 项目提供了一个非常好的典范。

（一）"表外"隐性负债被封锁，PPP 项目应运而生

YN 县是经国务院扶贫开发领导小组办公室认定的全国 585 个国家级贫困县之一，《国务院关于加强地方政府性债务管理的意见》（国发〔2014〕43 号）出台之前，每年县政府都会因采用 BT 模式或融资代建模式建设扶贫工程形成大量的债务。国发〔2014〕43 号文出台之后，由于政策落实的滞后性以及扶贫攻坚工作的紧迫性，该县新增部分政府债务。随着主管部门关于规范地方政府性债务系列政策文件的颁发，政府举债方式受到严格限制，违规举债行为被相继喊停，金融机构对以往不合规或不符合现行政策的项目陆续停止放款，但政府须履行的付款义务迫在眉睫。

然而，2014 年 9 月至今，基于地方政府举债增速过快的现状，中央及各行政主管单位频繁出台文件规范地方政府新增投资的方式，锁住了所有地方政府增加"表外"隐性负债的融资通道。随着越来越多的政府债务即将到期，缺乏新一轮融资手段的地方政

案例14　Y省YN县污水处理厂、垃圾处理厂、供排水公司存量资产经营权转让政府和社会资本合作（PPP）项目

府偿债压力增大。如何及时、合规地疏导地方政府日渐迫切的偿债压力，同时正确理解"政府化债"的实质并非让当前债务"消失"，而是将"表外"债务化进"表内"，将"隐性债务"逐步纳入各级财政预算管理，成为了当下非常重要的课题。

为了缓解地方政府的偿债压力，政府开始大力推广PPP项目。《盘活基础设施存量资产有关工作的通知》（发改投资〔2017〕1266号）、《关于规范政府和社会资本合作（PPP）综合信息平台项目库管理的通知》（财办金〔2017〕92号）、《Y省人民政府办公厅关于印发Y省通过政府和社会资本合作模式化解存量政府性债务实施方案的通知》（Y政办发〔2017〕70号）等政策文件明确优先支持政府通过存量项目转PPP项目优化政府债务结构，减轻地方政务债务压力，同时加快推进资产证券化，充分发挥政府和社会资本各自的优势，提高公共服务的供给质量和效率，平衡财政支出。

YN县作为州内甚至省内较早开始运用PPP模式的县份，四个委托的PPP项目全部成功进入财政部PPP综合信息平台，其中"县职业教育中心PPP项目"和"旅游基础设施建设PPP项目"还被评为第四批国家级示范PPP项目。

YN县是经国务院扶贫开发领导小组办公室认定的全国585个国家级贫困县之一，近年来，YN县委、县政府坚定不移地把加快发展的着力点选定在脱贫攻坚、工业经济、县城建设、特色农业发展和招商引资上，推动经济社会持续、快速发展。在全县经济高速增长，扶贫工作取得重大成果的同时，地方政府也产生了大量的债务。为了化解新制度体系下政府到期的存量债务，YN县委及县政府领导决定采取PPP的模式，引入社会资产来偿还政府债务。

（二）交易标的：能够产生优质现金流的存量资产

采取PPP项目、引进社会资产来偿还存量债务似乎是一个可行的方案，然而该项目最大的难点在于，之前的扶贫工程多是危房修缮和村组道路的建设，这些"公益性"项目是不存在使用者付费的——通俗来讲不像高速公路可以收通行费、景区可以收门票费，项目还款全部来自政府财政付费，目前中央不是很提倡这类纯政府付费的PPP项目。

但是在YN县长期的城镇化过程中，地方政府不断增加基础设施领域的建设投资。投入到固定资产的高强度支出使得地方财政债务高企的同时，也形成了大量的优质存量资产。YN县的领导班子梳理了现在YN县的县产，发现目前比较符合条件的是县污水处理厂、垃圾处理厂和供排水公司的存量资产。它们所对应的是污水处理费的收费权、垃圾处理费的收费权和自来水费的收费权。这类收费权就是较为良好的现金流，在PPP项目中对应大额的使用者付费。经过一系列的讨论，县里最终决定采取以存量资产为标的的PPP项目，打包进TOT项目的资产组合为：联合性转让YN县污水处理厂、垃圾

处理厂、供排水公司的存量资产包；项目转让的标的为 YN 县污水处理厂、垃圾处理厂、供排水公司的存量经营权；咨询公司由北京中泽融信管理咨询有限公司担任。

最终，YN 县污水处理厂、垃圾处理厂、供排水公司的存量经营权以 21 487.02 万元的价格被转让，这笔资金的流入极大地缓解了 YN 县当前的偿债压力。

二、YN 县具体如何用存量资产 PPP 项目化解隐性债务危机？

（一）交易标的价值评估

本次交易的标的是 YN 县污水处理厂、垃圾处理厂、供排水公司存量资产经营权，在交易标的的评估过程中，采取的方法一般有三种：第一种是市场法，第二种是成本法，第三种是收益法。

在上述三种评估方法中，本案例适用的方法为收益法。一方面，由于目前市场上以污水处理、垃圾处理和供排水经营权转让方式进行公共服务特许经营项目处于空白期，在选取参照物方面具有极大难度，市场公开资料难以收集，故本次评估无法采用市场法；另一方面，由于本次评估对象为经营权价值而非资产的全部股权或所有权，不适宜采用成本法。因此本次交易采取的评估方法是收益法。

收益现值法是指通过估算被评估资产的未来预期收益并折算成现值，借以确定被评估资产当前价值的一种资产评估方法。收益现值法的原理是资产的购买者为购买资产而愿意支付的货币量不会超过该项资产未来所能带来的期望收益的折现值。所谓收益现值，是指资产在未来特定时期内的预期收益按适当的折现率折算成当前价值（简称折现）的总金额。本次评估的预期收益指标采用未来净现金流量。收益现值法是按收益还原思路，将资产在未来一定时期内的预期收益还原为评估基准日的资本额或投资额，从而得到资产价值的一种方法。其计算公式为

$$P = \sum_{i=1}^{t} \frac{R_i}{(1+r)^i}$$

其中：P——待评估经营权于评估基准日的持续经营价值；

i——收益计算年，收益折现期；

R_i——未来第 i 年预期自由净现金流；

r——折现率或资本化率；

t——收益年期。

为了能够恰当地评估标的的价值，本次评估对未来收益的预测基于下列条件。

一般假设：

(1) 假设被评估资产组合在合作期内不改变用途且原地持续经营使用。

(2) 假设单位的经营者是负责的，且单位管理层有能力担当其职务。

(3) 除非另有说明，假设单位完全遵守所有有关的法律和法规。

特殊假设：

(1) 单位所在地及国家的社会经济环境不产生大的变更，所遵循的国家现行法律、法规、制度及社会政治和经济政策与现时无重大变化。

(2) 信贷利率、汇率、赋税基准及税率，政策性收费等不发生重大变化。

(3) 单位将持续经营，且经营范围、方式与现时方向保持一致。

(4) 产成品即污水处理、垃圾处理和供排水的社会需求将保持稳定并有一定幅度增长。

(5) 不发生人力不可抗拒的自然灾害、地质灾害及其他不可预见因素，造成对单位的重大不利影响；污水处理站、垃圾处理厂和供排水公司所在地气候、水文、年降雨量等自然环境条件不发生重大不利变化。

(6) 企业有能力保证污水处理、垃圾处理和供排水生产设施后续建设的资金需求，能够按设计要求全部竣工投入运营。

(7) 建设工程施工中不存在超出正常范围的重大质量隐患和质量问题。

(8) 预测的财政年运营补贴不发生较大变化且每年按时兑现。当出现与前述假设条件不一致的事项时，评估结果一般会失效。

在上述假设的基础上，评估公司计算出，在项目运营期内，污水处理厂、供排水公司和垃圾处理厂的利润总额预测以及依规定可以取得的政府补贴合计 26 259.44 万元，扣减所得税后的净利润合计 19 694.58 万元，加回摊销及折旧额后合计 38 950.51 万元；折现后的现值总额为 21 487.02 万元（见表 14-1）。即在评估基准日 2018 年 5 月 23 日，申报评估拟核定市场价值的 YN 县污水处理厂、垃圾处理厂、供排水公司存量资产经营权转让价值为 21 487.02 万元。

表 14-1 三厂存量资产经营权转让价值摘要表

序号	无形资产名称和内容	设定/预计合作年限	评估价值（万元）
1	YN 县污水处理厂、垃圾处理厂、供排水公司存量资产经营权	20 年	21 487.02
	合计		21 487.02

本项目根据评估报告估算总评估值为 21 487.02 万元。本方案调整后项目公司总投资为 21 487.02 万元，其中项目资本金 6 446.11 万元，剩余 15 040.91 万元，由项目公司作自行筹资解决（见表 14-2）。

表 14-2 项目的投资估算表

序号	项目名称	评估值（万元）	交易值（万元）	第 0 年
一	交易额构成			100.00%
（一）	评估值	21 487.02	21 487.02	21 487.02
	静态交易额	21 487.02	21 487.02	21 487.02
（二）	融资成本	—	—	—
	总交易额	21 487.02	21 487.02	21 487.02
二	资金来源			100.00%
（一）	项目资本金		6 446.11	6 446.11
1	政府投入		1 289.22	1 289.22
2	社会资本		5 156.88	5 156.88
（二）	政府补助		—	—
（三）	金融机构借款		15 040.91	15 040.91
（四）	建设期融资利息		—	—
	总交易额合计		21 487.02	21 487.02

（二）交易评价

1. 物有所值评价

完成项目实施方案的编制及根据专家建议的修改之后，YN 县污水处理厂、垃圾处理厂、供排水公司存量资产 PPP 项目仍处于项目的识别阶段。根据《财政部关于印发政府和社会资本合作模式操作指南（试行）的通知》及财政部《PPP 物有所值评价指引（试行）》（财金〔2015〕167 号）的要求，必须对项目开展物有所值评价，通过定性与定量两方面分析本项目采用 PPP 模式与采用传统模式相比是否有较大的优势，得出采用 PPP 模式是否物有所值的结论。

（1）定性评价。

物有所值评价的定性评价专家由财政、资产评估、会计、金融等经济方面，以及行业、工程技术、项目管理和法律方面等 7 位专家组成，主要考察在项目全生命周期内，项目设计、投融资、建造、运营和维护等环节能否实现长期、充分整合，专家根据项目基本指标及补充指标情况对本项目进行打分，最终得分不低于 60 分，则物有所值定性评价结果为"通过"。

根据《PPP 物有所值评价指引（试行）》，基本指标包括全生命周期整合程度指标（15%）、风险识别与分配（10%）、绩效导向与鼓励创新（10%）、潜在竞争程度（10%）、政府机构能力（15%）、可融资性（20%）以及项目规模（5%）、项目资产预期使用寿命（5%）、全生命周期成本测算准确性（5%）和行业示范性（5%）。最终专家组综合汇总打分，物有所值定性评价得分为66.59分，物有所值定性评价结果为"通过"。

(2) 定量评价。

物有所值定量评价是在假定采用PPP模式与政府传统投资和采购模式的产出绩效相同的前提下，通过对PPP项目全生命周期内政府支出成本的净现值（PPP值）与公共部门比较值（PSC值）进行比较，判断PPP模式能否降低项目全生命周期成本。

PPP值是指政府实施PPP项目所承担的全生命周期成本的净现值，可等同于PPP项目全生命周期内股权投资、运营补贴、风险承担和配套投入等各项财政支出责任的现值。在本项目中，成本包括股权投入成本、配套投入成本、资本性收益、政府方运营维护净成本、政府自留风险承担成本以及政府其他成本。最终PPP值计算结果为20 213.71万元。

PSC值是以下三项成本的全生命周期现值之和：参照项目的运营维护净成本；竞争性中立调整值；项目全部风险成本。最终PSC值计算结果为20 784.48万元。

由于PPP值小于PSC值，物有所值指数为正，通过物有所值定量评价。

2. 财政承受能力评价

根据《操作指南》（财金〔2014〕113号）和《财政承受能力论证指引》，本级财政部门必须真实、客观、谨慎、公开地论证潜在PPP项目的政府支出责任是否在本级政府承受能力范围内，为YN县财政部门及YN县人民政府进行审议和决策提供参考。

(1) 财政承受能力定量分析。

根据财政部《政府和社会资本合作项目财政承受能力论证指引》（财金〔2015〕21号）的要求：每一年度全部PPP项目需要从预算中安排的支出责任，占一般公共预算支出比例应当不超过10%。根据财金21号文相关规定测算，YN县2012—2017年的一般公共预算支出均增长率为11.85%，YN县财政局预测公共预算支出在运营期期间能保持在6%的增幅水平（见表14-3）。

表14-3 一般公共预算数据及增长率分析

年份	2012年	2013年	2014年	2015年	2016年	2017年
一般公共预算支出单位（万元）	103 766	124 556	132 735	138 956	172 000	179 149
增长率	—	20.04%	6.57%	4.69%	23.78%	4.16%
平均增长率	—			11.85%		

经测算，本项目在整个生命周期内，YN县政府每年承担的PPP项目财政支出责任

占一般公共预算的支出比例小于0.71%。截至目前，政府所有PPP项目财政支出责任占YN县一般公共预算的支出比例小于5.55%，2019年支出责任显示为最大值。各项指标均符合《政府和社会资本合作项目财政承受能力论证指引》（财金〔2015〕21号）规定。

（2）行业和领域平衡性评估。

本项评估是对各行业和领域的PPP项目集中度的考察，指数为每个行业和领域PPP项目的相关数值，占论证对象承担财政支出责任的全部已实施和拟实施PPP项目相关数值合计数的比值，以百分比表示（见表14-4）。

表14-4 行业和领域均衡性评估表

序号	项目名称（全部已实施或拟实施项目）	行业和领域	总投资（万元）	该行业占全部行业PPP项目百分比
1	县地下综合管廊工程项目（一期）	管网	30 733	20.87%
2	县某某旅游基础设施建设项目	旅游配套设施	56 351	38.27%
3	县职业教育中心PPP项目	教育	21 099	26.27%
4	县教育园区建设PPP项目	教育	17 579	
5	县污水处理厂、垃圾处理厂、供排水公司存量资产经营权转让PPP项目	生态保护和环境治理	21 487.02	14.59%
	合计		147 249	100.00%

本项目为YN县生态保护和环境治理类的第1个PPP项目，行业和领域PPP项目集中度为14.59%，不存在PPP项目集中于某一行业和领域的情况，因此本项目通过了行业和领域平衡性评估。

（3）财政承受能力定性分析。

在项目的财政承受能力定量分析中，YN县政府每年承担的PPP项目财政支出责任占一般公共预算的支出比例小于0.71%，政府所有PPP项目财政支出责任占YN县一般公共预算的支出比例小于5.55%；此外，本项目属于YN县重点关注范围领域的项目，且根据YN县的实际发展情况，预计YN县在地方公共财政预算收入和一般公共预算支出将能够实现预期目标，PPP项目财政能力保障度较高；再次，定性分析结论表明财政支出责任风险在可控范围，在能力承受范围之内。

综合来看，项目在整个生命周期内，政府每年承担的财政支出责任占一般公共预算的支出比例较小，且行业和领域平衡性评估及财政承受能力定性分析均表明本项目在政府财政承受能力范围以内，财政承受能力论证的结论为"通过论证"。

(三) 存量资产 PPP 模式分析

1. 背景

截至目前,各地方政府已经清查出数目庞大的表内表外负债,或者说隐性债务。隐性债务的形成主要有体制原因和支出方式两大原因:体制原因在于我国财政只设损益表而不设资产负债表,许多地方负债只要事先不上报,上级财政部门就无法查询;支出方式原因在于采用 PPP 模式之前,政府融资投资模式主要是通过 BT 和融资代建,这两种模式在帮助我国基础设施快速发展的同时也催生了巨额的地方隐性债务。

PPP 模式可以被应用于化解地方隐性债务,PPP 模式中的新建 BOT 项目在以后年度所需政府财政支出的最高金额都已经在实施方案中列明,将安排进政府中长期预算,不属于隐性债务范畴。PPP 模式中的存量 TOT 项目更是能够直接盘活存量资产,化解隐性债务。PPP 作为中央财政对各地方固定资产投资最有力的监管武器,与防范化解重大风险、保障精准脱贫和污染防治都有密不可分的关系。

2. 什么是盘活存量资产 PPP 项目

存量公共资产是指由政府投资或政策性支出所形成的,由各级行政单位和国有、国有控股企业占有、使用的,依法确认为国家所有,能以货币计量的公用性资产、无形资产和其他公共资产等各种经济资源的总称。PPP 项目存量资产的持有主体主要为各行业主管部门、央企、地方国企及履行政府融资职能的平台公司。PPP 项目存量资产的转让客体主要包括资产所有权、股权、经营权、收费权等。

通过运用 PPP 模式盘活存量资产,政府想要达到的目的是拓宽基础设施和公共服务领域建设资金来源,减轻地方政府债务负担;切实化解地方存量政府性债务,降低财政风险;化解民营企业融资能力不足问题,更好地吸引民间资本进入基础设施和公共服务领域,丰富民营企业投资方式;吸引具有较强运营能力的社会资本,提高项目运营效率,降低运营成本;推进国有企业混合所有制改革,促进各种所有制经济共同发展;提高资产效率,形成良性投资循环,推进供给侧结构性改革等。

3. PPP 模式盘活存量资产的方式方法

在进行存量资产盘活的过程中有多种方法,一般来说我们采用转让资产的标的对这些方法进行分类。

(1) 经营权或收益权转让。

转让经营权是指项目经营权拥有方将项目资产的经营权转让给项目公司,不涉及项目资产的产权变更,政府授予项目公司未来一定期限的特许经营权,待特许经营期满后,经营权重新回到政府手中。该模式下需要项目未来具有稳定的较大的现金流,如此才能通过转让经营权获得更多的资金偿付债务。

该模式操作的要点是对于拟转让的经营权通过资产评估确定其转让价格，通过产权交易所确定成交人（T），由成交人与政府授权出资代表共同出资设立项目公司，政府将经营权转让给新设立的项目公司。由于项目公司仅有经营权，无资产，需要通过向产权所有人租赁资产的形式实现项目的运营。项目公司通过运营（O）获得收益，在合作期限内收入无法收回转让价款及合理收益时，政府给予必要的基于绩效考核的补贴，合作期结束后，项目公司将经营权无偿移交给政府或政府指定的其他机构（T），实现经营权转让的TOT。

（2）股权转让。

对于已经成立国有独资公司运营维护的存量项目，可以通过股权转让的方式引入社会投资人。PPP模式下股权转让需要转让控股权，即转让后国有股份的持股比例不得高于50%。通过股权转让的形式，目标公司的存量债务由社会资本负责偿付。该种方式能够将政府债务出表，成为企业债务，从本质上化解政府债务。同时需约定项目后续由社会资本负责运营维护，并建立与项目特点相符的回报机制。

该模式的操作要点是国有独资企业通过控股权转让（T）方式，将控股权转让给社会资本，该模式下原有公司即可视为项目公司，无需新设。股权转让合作协议中明确该项目的合作期限、公益性质、运营要求等核心边界条件，社会资本必须保持项目原有的公益属性，并通过运营（O）提供优质的公共产品或服务。社会资本通过项目经营以及必要的政府补贴实现股权投资价值。政府将项目的必要补贴纳入一般公共预算支出，并根据绩效考核结果支付，从而实现债务化解。项目合作期结束后，通过有偿或无偿方式将股权重新转让给国有企业（T），避免公益性资产失去控制。

（3）资产转让。

资产转让主要是指政府将存量项目的一定期限的产权，有偿地移交给社会资本，以达到存量资产的变现，实现良性投资循环的目标。转让的资产一般为经营性资产，同时这些资产的经营权也随资产转让给项目公司。政府授予项目公司一定期限的特许经营权，待特许经营权期满后，社会投资人将该资产移交给政府。该类转让以经营性资产为评估标的，转让后政府取得对价，以此偿付政府债务或投资基础设施项目建设。

该模式操作的要点是对于拟转让的经营性资产需要通过资产评估确定其转让价格，通过产权交易所确定成交人（T），由成交人与政府授权出资代表共同出资设立项目公司，并将转让的资产装入项目公司。项目公司取得资产的同时，政府授予项目公司特许经营权，项目公司通过运营（O）资产获得收益，在合作期限内收入无法收回转让价款及合理收益时，政府给予必要的基于绩效考核的补贴，合作期结束后，项目公司将资产无偿移交给政府或政府指定的其他机构（T），实现资产转让的 TOT。

（4）三种转让方式总结。

PPP 模式下采用股权转让，由社会资本控股运营企业，承继企业债务的偿付义务。从政府债务化解角度分析，能够将企业报表中的债务从转让人表内转移至受让人表内，实现债务化解。另一方面，采用股权转让的方式能够尽可能降低转让成本，特别是纳税成本。资产转让需要对企业现有经营性资产进行梳理，转让经营性资产的同时授予特许经营权。股权转让模式相对于资产转让涉及税费更少。股权转让主要涉及印花税，资产转让可能涉及增值税、土地增值税、企业所得税、印花税等。

4. 具体运作形式和操作流程

（1）存量项目 PPP 的主要运作形式。

对已经建成的公共服务、公共设施项目，即存量项目，可以通过转让—运营—移交（TOT）、改建—运营—移交（ROT）、委托运营（O&M）、管理合同（MC）等 PPP 运作模式进行转换。从化解债务的角度出发，将具备条件的政府融资平台公司存量公共服务项目转型为 PPP 项目，引入社会资本参与改造和运营，可以把原来的政府性债务转换为非政府性债务，可以腾出资金用于重点民生项目建设。

（2）TOT（transfer-operate-transfer，转让—运营—移交）。

这是一种政府将存量资产所有权有偿转让给社会资本或项目公司，并由其负责运营、维护和用户服务，合同期满后资产及其所有权等移交给政府的项目运作方式。在这种模式下，首先社会资本方购买某项资产的全部或部分产权或经营权，然后，社会资本方对项目进行改建和运营，在约定的时间内通过对项目经营收回全部投资并取得合理的回报，运营期结束后，将所得到的产权或经营权无偿移交给原所有人。

TOT 模式中最重要的就是涉及存量资产（产权或经营权）的转让，项目有偿转让后，政府可以实现资产变现的目的进而缓减财政压力；TOT 模式较 BOT 模式风险小，投资回报率适当。政府是否急需将存量资产变现，这是影响其是否采用 TOT 模式的重要因素之一。

此模式的主要特点为：首先，TOT 主要适用项目类型是存量项目；其次，由于 TOT 方式是社会资本进入国家基础设施领域的运营项目，而社会资本的目的主要是获取长期稳定的收入以归还借款并获得利润，并且这个收入只能通过特许期限内的收费实现，所以一个项目是否能通过收费获得收入才是 TOT 模式的适用标准。根据项目区分理论，TOT 方式适用于经营性项目包括纯经营性项目，如收费高速公路、收费桥梁、收费隧道等；以及部分准经营性项目（要求有一定的经营指数），如煤气厂、地铁、轻轨、自来水厂、垃圾焚烧厂等。

(3) ROT（reconstitution-operation-transfer，改建—运营—移交）。

指特许经营者在获得特许经营权的基础上，对过时、陈旧的基础设施项目的设施、设备进行改造更新，在此基础上由特许经营者经营约定年限后再转让给政府。ROT模式主要是针对存量项目，适用于已经建成、但已陈旧过时的基础设施改造或者提标项目，其与BOT差别在于"建设"变化为"重整"。它主要适用于那些损坏的、经过评估后需要一定资金改建的项目。

(4) O&M（operation & maintanence，委托运营）

是指政府将存量公共资产的运营维护职责委托给社会资本或项目公司，社会资本或项目公司不负责用户服务的PPP项目运作方式。政府保留资产所有权，只向社会资本或项目公司支付委托运营费。合同期限一般不超过8年，可续签。该模式主要运用于存量项目中政府缺乏相应运营管理技能和经验的项目。主要体现在物理外围及责任边界比较容易划分，同时其运营管理需要专业化队伍和经验；政府并不急于套现设施投资，而着眼于提高设施运营管理和服务的质量；或者没有足够专业化队伍应对。比如污水处理、高速公路、轨道交通等。

(5) MC（management contract，管理合同）。

指政府保留存量公共资产的所有权，将公共资产的运营、维护及用户服务职责授权给社会资本或项目公司的项目运作方式，政府向社会资本或项目公司支付相应管理费用。此种模式主要是针对存量项目，尤其是针对本身在运营管理技能与经验上比较缺乏的项目，与O&M的适用条件有相似之处。也主要运用于污水处理厂、交通运输等领域。

（四）案例小结

TOT模式在当今我国推行的PPP项目中还较为少见，它不同于包含建设的BOT模式，社会资本方直接购买已经建成的、成熟的资产进行运营。既然有资产或相关权属的转让，资产评估就不可或缺。但PPP是一个庞大的、尚在发展中的、涉及多学科的课题，没有整体的理论框架，且没有系统完整的案例报道。

本项目是YN县乃至CX州第一个经营权转让TOT项目，除了能够引进运营管理水平较高的一水两污企业投入运营，节省原有财政资金外，也将有效反映当地乃至CX州市政供排水经营权定价方向，为YN县进一步推广市政设施TOT项目积累了经验。本项目的实施也有效提升了YN县一水两污的服务能力，保证了城乡村镇居民饮用水需求，提升了饮用水安全，供水服务能力的提升有利于优化现有的以农业为主的产业结构，促进YN县当地工商业的发展。污水处理和排放管理对提升当地河流治理状况，改善河流水质起到重要作用。与此同时，项目将有效盘活地方政府存量资产，化解地方政府债务，有效调配权益性收益用于支持地方项目建设。除此之外，本案例也是全国范围内少见的盘活存量资产的 PPP 项目，给以后存量资产 PPP 项目的开发提供了宝贵的经验。

 术语解析

简要解析本案例中与兼并收购领域相关的常见术语。

政府和社会资本合作模式（public private partnership，PPP）

政府和社会资本合作模式又称"PPP 模式"，是公共服务供给机制的重大创新，即政府采取竞争性方式优先选择具有投资、运营管理能力的社会资本，双方按照平等协商原则订立合同，明确权责关系，由社会资本提供公共服务，政府依据公共服务绩效评价结果向社会资本支付相应对价，保证社会资本获得合理收益。政府和社会资本合作模式有利于充分发挥市场机制作用，提升公共服务的供给质量和效率，实现公共利益最大化。

隐性负债（implicit liabilities）

隐性负债是指那些并不由法律或政府合同加以规定，但由于公众期望或政治压力，政府必须担当的道义责任或预期责任。长期以来，我国实行计划经济。职工为国家创造了巨大财富，这些财富被统一纳入计划，用于国家建设。发给工人的工资只是工人应得收入的一小部分，其中很大一部分变成了公费医疗、福利分房、退休金等承诺。随着改革的深入，企业将不再承担过重的社会职能，上述承诺无法兑现。经济学中称之为国家对工人的"隐性负债"。政府的隐性负债主要指政府的社会保障资金，特别是养老金的欠账。据世界银行 1996 年测算，这部分债务 1994 年占中国 GDP 的 46%—49%，大约为 21 468 亿—32 202 亿元。

特许经营权（franchising）

是指由权利当局授予个人或法人实体的一项特权。国际特许经营协会（International Franchise Association）认为：特许经营是特许人和受许人之间的契约关系，对受许人经营中的经营诀窍和培训的领域，特许人提供或有义务保持持续的兴趣；受许人的经营是在由特许人所有和控制下的一个共同标记、经营模式和过程之下进行的，并且受许人从自己的资源中对其业务进行投资。

三、思考与分析

本部分针对案例提出问题，你可以在案例的基础上进行更广泛的资料收集，并尝试回答这些问题：

(1) PPP 模式推行过程中会遇到哪几方面的阻力？

(2) 合规的 PPP 模式流程包括哪几个步骤？

(3) 传统 BT 模式和融资代建模式在流程耗费的时间上短于 PPP 模式，既然是更有效率的政府投资方式，为什么会被 PPP 模式所取代？

(4) 快要完工的在建工程，采取 TOT＋BOT 模式，在评估时选用成本法还是收益法更为合理？抑或应该引入假设开发法？

(5) 讨论 PPP 模式下的社会资本方采购和 TOT 转让公司股权的产权交易顺序及方法。

(6) 政府的公益性资产能否通过 TOT 来转让？应该用什么方法来评估？

(7) 无法确认权属的资产能否评估？

参考文献

［1］财政部政府和社会资本合作（PPP）综合信息平台，2018。

［2］闫江奇. 中国式 PPP 的存在性、基本特征及其发展趋势［J］. 建筑经济，2015，(11)：14-18.

［3］Spachman, M. Public-private partnerships: Lessons from the British approach ［J］. Economic Systems, 2002, 26, (3): 283-284.

［4］Grimsey, D and Mervyn, K. L. Evaluating the risks of public-private partnership for infrastructure projects ［J］. International Journal of Project Management, 2002, 20, (2): 107-108.

［5］Lucius, J. R. Public-Private partnerships: Pitfalls and possibilities ［J］. Public Administration Review, 2014, (1): 50-51.

［6］李开孟，伍迪. PPP 的层次划分、基本特征及中国实践［J］. 北京交通大学学报，2017，(3)：1-12.

［7］夏高锋，冯珂，王盈盈等. PPP 项目公众参与机制的国外经验和政策建议［J］. 建筑经济，2018，39 (1)：25-29.

［8］王守清，伍迪，彭为等. PPP 模式下城镇建设项目政企控制权配置［J］. 清华大学

学报（自然科学版），2017，(04)：369-375.

[9]褚晓凌，刘婷，陆征等.PPP项目资产证券化产品利差定价的实证研究［J］.地方财政研究，2017，156（10）：13-18.

[10]《YN县人民政府拟实施公共服务特许经营项目涉及的YN县污水处理厂、垃圾处理厂、供排水公司存量资产经营权转让价值评估报告》。

[11]《YN县污水处理厂、垃圾处理厂、供排水公司存量资产经营权转让政府和社会资本合作（PPP）项目实施方案》。

[12]《YN县污水处理厂、垃圾处理厂、供排水公司存量资产经营权转让政府和社会资本合作（PPP）项目财政承受能力报告》。

[13]《YN县污水处理厂、垃圾处理厂、供排水公司存量资产经营权转让政府和社会资本合作（PPP）项目物有所值评价报告》。

[14]《国务院关于加强地方政府性债务管理的意见》（国发〔2014〕43号文）。

[15]《关于推广运用政府和社会资本合作模式有关问题的通知》（财金〔2014〕76号）。

[16]《地方政府存量债务纳入预算管理清理甄别办法》（财预〔2014〕351号文）。

[17]《关于印发政府和社会资本合作模式操作指南（试行）的通知》（财金〔2014〕113号）。

[18]《关于开展政府和社会资本合作的指导意见》（发改投资〔2014〕2724号）。

[19]《关于市政公用领域开展政府和社会资本合作项目推介工作的通知》（财建〔2015〕29号）。

[20]《政府和社会资本合作项目财政承受能力论证指引》（财金〔2015〕21号）。

[21]《关于妥善解决地方政府融资平台公司在建项目后续融资问题的意见》（国办发〔2015〕40号）。

[22]《关于在公共服务领域推广政府和社会资本合作模式指导意见的通知》（国办发〔2015〕42号）。

[23]《关于进一步规范地方政府举债融资行为的通知》（财预〔2017〕50号）。

[24]《关于坚决制止地方以政府购买服务名义违法违规融资的通知》（财预〔2017〕87号）。

[25]《国家发展改革委关于加快运用PPP模式盘活基础设施存量资产有关工作的通知》（发改投资〔2017〕1266号）。

[26]《关于规范政府和社会资本合作（PPP）综合信息平台项目库管理的通知》（财办金〔2017〕92号）。

[27]《Y省人民政府办公厅关于印发Y省通过政府和社会资本合作模式化解存量政府性债务实施方案的通知》（云政办发〔2017〕70号）。

[28]《关于规范金融企业对地方政府和国有企业投融资行为有关问题的通知》(财金〔2018〕23号)。

(杨　青　黄书忐　童　源　宋晓东)

第八章

去哪个市场？——中国企业走向世界

根据买卖双方的所在地，企业的跨境并购有三种形式：出境并购（境内企业并购境外企业）、入境并购（境外企业并购境内企业）、境外并购（并购双方都在境外，但至少有一方的母公司或实际经营场所在境内）。根据 Wind 的统计，入境并购一直处于不温不火的境地，境外并购在本世纪第三和第四次并购浪潮中则展现出"井喷"的态势，而在第五和第六次并购浪潮中表现平平。出境并购数量稳步增长，并成为如今跨境并购中的主力军，这说明越来越多的境内企业开始布局全世界的产业链，意图将"中国制造"或"中国智造"带向各国人民。这一章我们讨论家电巨头美的收购德国机器人公司库卡的案例，体味企业在经济动能转换期中为谋求战略转移所做出的一系列尝试。

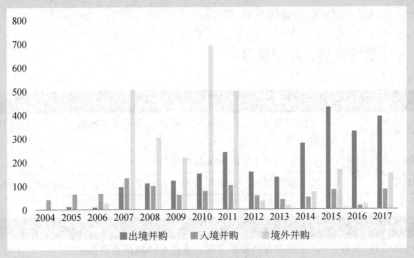

图　各年跨境并购的案件数量

资料来源：Wind。

案例 15

中国家电企业涉足机器人产业
——美的跨国收购德国库卡

导言

美的集团是一家具有并购基因的企业,在其发展历程中,并购屡次在关键节点起到重大作用。2011年以来,中国家电行业收入增速放缓、利润下滑,家电企业纷纷谋求转型。作为我国白色家电龙头企业,美的面临着艰难的战略选择。顺应制造业升级趋势,美的选择智能制造作为发力点。在"中资出海"的背景下,美的于2016年以37亿欧元收购四大机器人公司之一库卡,成为当年最引人注目的跨国并购案例。本案例将分析以下几点:第一,美的转型时面临的战略选择;第二,剖析其进军机器人行业、并购库卡的原因;第三,对交易方案设计和该并购面临的法律审查进行解析。

一、事件发展、时间脉络

第一阶段:二级市场购股	
2015年8月20日	美的以每股65.67欧元的价格通过公开市场收购库卡5.43%的股份,成为库卡公司第三大股东。
2016年2月3日	美的以每股72.10欧元价格增持至10.22%。
2016年	此后继续通过公开市场增持。发布要约公告前,美的共持有13.49%的股份。

第二阶段:发出要约收购	
2016年5月18日	美的宣布要约收购方案,获得美的集团董事会批准。
2016年6月16日	美的正式向除MECCA以外的股东发出要约收购文件,要约收购价格为每股115欧元。

案例 15 中国家电企业涉足机器人产业——美的跨国收购德国库卡

	第三阶段：利益冲突，面临审查
2016 年 5 月 30 日	欧盟数字经济专员厄廷格（Guenther Oettinger）表示反对意见。此外，德国经济部长加布里尔（Sigmar Gabriel）曾撮合来自德国或欧洲其他地区的企业，向库卡公司提出另一项收购，以阻止美的集团完成并购。
2016 年 6 月 13 日	在德国总理默克尔访华期间，李克强总理在与其联合举行的新闻发布会上表示，中企提出收购库卡符合市场经济。

	第四阶段：审查通过，收购成功
2016 年 5 月 27 日	要约收购通过国家发改委审核。
2016 年 6 月 15 日	德国金融联邦金融监管局通过要约收购文件。
2016 年 6 月 28 日	美的与库卡签订约束性投资协议。管理层接受美的集团的要约收购。
2016 年 7 月 3 日	库卡公司前第一大股东福伊特集团向美的集团出售所持 25.1% 股份。
2016 年 8 月 8 日	商务部反垄断局针对此项并购发布《不实施进一步审查通知》。
2016 年 12 月 30 日	收购方案通过了美国外资投资委员会（CFIUS）和国防贸易管制理事会（DDTC）的审查，所有审查条件全部通过，宣告审查阶段结束。美的合计斩获库卡已发行股本及现有投票权的 94.55%。

美的集团（以下简称"美的"）是中国的一家白色家电龙头企业，于 1968 年成立，2013 年 9 月 18 日在深交所上市。库卡机器人公司（以下简称"库卡"）是一家德国公司，于 1995 年成立，是全球四大机器人公司之一，被视为德国工业 4.0 的核心企业之一。

美的所处的家电行业经过多年的发展，已经进入成熟期，国内市场趋近饱和。美的和海尔、格力在白色家电领域三足鼎立。为了开辟出新的道路，美的在 2014 年提出"智能家居"＋"智能制造"战略，作为智能制造的核心环节，进军机器人行业是美的实施"双智"战略的必然选择。库卡相对于其他机器人本体企业巨头来说，业务更加集中，其机器人本体业务和仓储自动化解决方案都非常契合美的的战略。收购库卡，美的就控制了世界上最优秀的机器人本体制造企业，以库卡为依托，向机器人产业链上下游拓展。而库卡管理层同意和美的合并，看中的是美的强大的营销能力、渠道网络，以及中国机器人市场快速发展的机遇。

库卡的股权结构分散，大股东地位几经易手、持股时间不长，都有利于美的对库卡展开并购。

2015 年 8 月，美的集团首次在二级市场买入库卡集团 5.4% 的股权，紧接着，在 2016 年先后将股份增持到了 10.2% 与 13.5%。截至美的发起要约收购前，福伊特公司是库卡集团第一大股东，美的集团持有 13.5% 股份，德国富翁弗莱德汉姆·洛持有 10% 股份，另外持 3% 以上股份的有私募基金、投资银行、信托公司等机构投资者小计约35%股份,其他小型投资机构和散户手上的股份不超过20%。

表15-1 库卡公司股权结构

序号	股东名称	持股比例	介绍
1	J. M. Voith GmbH & Co. Beteiligungen KG.	25.10%	库卡第一大股东J. M. Voith GmbH & Co. Beteiligungen KG是一家控股公司,透过其附属公司从事造纸机、涡轮机和发电机的制造,以及为工业应用提供驱动器组件和技术服务。
2	MECCA	13.51%	由美的集团全资子公司美的国际控股持有100%的股权,是专用于收购的壳公司。
3	SWOCTEM GmbH	10.02%	SWOCTEM GmbH于1998年注册成立,是一家位于德国海格尔的投资公司,其投资活动主要集中在欧洲市场,并涉足多个行业内公司的收购及管理。
4	其他股东	51.37%	主要为机构投资者和社会公众,持股不超过5%。

资料来源:要约收购报告书。

美的给出了一个难以拒绝的价格——每股115欧元,较发出要约当日股价84.41欧元溢价36.24%。大股东福伊特在2014年花了3.7亿欧元收购库卡集团25.1%的股权,如果美的集团以12亿欧元收购其股权,则福伊特会净赚8亿多欧元,这对于在2015年还亏损9 266万欧元的福伊特来讲无疑是及时雨。在美的集团签署库卡集团提出的"保持库卡集团的独立性、不退市、尊重库卡集团品牌及知识产权、保留工厂和员工至2023年年底、支持库卡集团的战略计划,特别注意为库卡在研发领域和软件领域的追加投资提供支持"5项承诺之后,福伊特果断转让全部所持股权。最终美的总计持有库卡94.55%的股权,享有绝对控股权。

在"中资出海"的背景下,美的于2016年以37亿欧元收购四大机器人公司之一库卡,成为当年最引人注目的跨国并购案例。下文我们将详细剖析美的进军机器人行业、并购库卡的原因,详解其要约收购方案设计和面临的法律审查。

二、案例详解

(一)美的收购库卡的意图

1. 白色家电巨头,谋求"双智"战略发展

(1)白色家电行业天花板,美的开启五年转型之路。

改革开放至20世纪90年代,中国家电消费迅速普及。2001年加入WTO之后,中

国家电行业迎来快速发展阶段。家电销售快速增长，家电行业形成了庞大而完整的产业链，行业集中度提高，形成了海尔、格力、美的三大白色家电巨头。

随着耐用家电产品在国内家庭得到普及，传统白色家电产品增速下降，家电企业形成了大量库存。2010年家电下乡政策刺激销售量迎来反弹。随着政策到期，家电产品销量增速持续维持在低位。

随着90后逐渐成为主要消费群体，人均收入水平提高带来了消费升级，智能化家居成为消费者新的诉求。

伴随着中国家电行业的发展，2010年美的营业收入规模超过1 000亿。然而这一阶段，美的的成功建立在通过大规模投资形成的成本优势之上，没有形成真正意义上的差异化能力和核心能力。并且由于投资过快，导致经营的现金流在2010年、2011年是负数，随着家电行业整体增速放缓，粗放型的增长已经难以为继。

图 15-1　大家电品类增速

资料来源：Wind。

2011年，美的公司正式宣布转型，提出了产品领先、效率驱动和全球经营的三大战略主轴，并确定"先做减法、再做加法"的转型实施路径，第一步，是从"规模导向"向"利润导向"转变，放弃收入规模中收入质量不好的部分，以规模换效益转型。2011年6月以后，美的放弃了30多个与主营业务不相关、毛利率较低的品类，关停、转让工厂，没有再新建一条生产线，退还了7 000亩土地，资源专注于研发和技术创新。2012年美的营业收入减少200亿，在当年引来大量争论和质疑。

如表15-2、表15-3所示，伴随着美的集团的产品定位逐渐从低价产品提高，2011年以后，美的集团销售净利率、毛利率大幅提升，使得创造利润的能力增强；资产负债率降低、现金比率提高，资产负债表结构得到了优化，为公司进行产业布局、海外并购积蓄力量。

表 15-2　2009—2017 年盈利能力变化

	2009	2010	2011	2012	2013	2014	2015	2016	2017
ROE（%）	24.93	38.86	28.87	24.29	22.55	29.04	28.66	26.62	25.88
ROA（%）	9.45	12.90	10.79	9.23	10.68	12.73	12.63	12.21	8.89
销售净利率（%）	4.84	5.86	4.96	5.99	6.86	8.22	9.84	9.97	7.73
销售毛利率（%）	22.58	18.16	19.12	22.56	23.28	25.41	25.84	27.31	25.03
经营活动净现金流量（亿元）	35	42	41	81	101	248	268	267	244

资料来源：Wind。

表 15-3　2009—2017 年偿债能力变化

	2009	2010	2011	2012	2013	2014	2015	2016	2017
资产负债率（%）	68.15	69.98	67.42	62.20	59.69	61.98	56.51	59.57	66.58
流动资产/总资产（%）	67.86	70.68	67.16	63.33	67.38	71.85	72.47	70.70	68.44
现金比率（%）	0.44	0.32	0.42	0.51	0.54	0.32	0.34	0.28	0.50
EBITDA/利息费用（倍）	15.94	23.05	12.40	18.11	−85.57	−104.15	−48.44	−28.81	−122.73
营业总收入同比增长率（%）	7	60	22	−23	18	17	−2	15	51

资料来源：Wind。

（2）面向未来，经营新的产业。

站在 2014 年的时点上，海尔、格力、美的开始思考未来业务转型方向。白色家电市场近两年陷入低迷，进入库存消耗战，三家巨头在家电领域已血战数年，行业平均利润率在不断下降。而另一方面，从互联网跨界而来的竞争对手，带着"智能"基因，如乐视、小米、PPTV、微鲸、看尚，一个又一个开始蚕食市场。

实现白色家电转型、突破生死线势在必行。三大巨头不约而同地将目光聚焦在智能制造上，并且均希望借助并购以快速实现"智能化"发展。

海尔的战略是积极拥抱互联网，用互联网来改造产品体系和生产方式。在产品端，海尔率先推出以"U+智慧生活平台"为核心的 7 大生态圈，通过与 HomeKit、百度、阿里、京东、360 等互联网企业的合作，将海尔旗下大小家电整合成智能家居生态系统，使得消费者可以随时对家居进行控制。U+平台也是需求对接生产的入口，消费者通过 U+平台提出对家电的定制化需求，这就要求海尔的工厂具有满足用户定制需求的柔性生产能力。张瑞敏以 55.8 亿美元完成对 GE 家电的收购，以期达成对海尔工厂的改造。

案例 15　中国家电企业涉足机器人产业——美的跨国收购德国库卡

格力电器的董事长兼总裁董明珠则从"单纯的家电制造企业向新能源行业及装备制造产业拓展",拟 130 亿元并购珠海银隆新能源有限公司,在并购方案被股东大会否决以后,董明珠仍以个人名义增持,可见转型决心之大。装备制造业方面,格力并没有依靠并购方式,而是坚持自主创新,坚信"单靠买是买不回核心技术的"。从 2013 年开始全面进入上游的智能装备领域,几年来投入达 200 亿元,招募技术人才、自主研发。

2014 年,美的提出"智能家居"+"智能制造"的"双智"发展战略。在产品端,智能家居可视为对现有家电产品的改造,以及产业横向的发展。同海尔一样,美的也引入了互联网企业,打造属于自己的家居智能平台。智能家居战略是以美的现有家电业务为基础,多元化的发展战略建立在家电行业优势地位的基础上,不是随意而不相关的扩张。

智能制造则是向产业链上游的纵向整合,据公司 CEO 方洪波在一次演讲中透露,早在 2013 年,美的就开始思考,在家电行业之外,要做什么行业。当时美的选择新行业的标准是"不能是劳动密集型产业","在中国没有形成产业规模"以及"和美的现有业务相关"。最终,美的选择机器人行业作为转型方向,一方面可以提升生产线的智能制造水平,有助于美的的自动化生产;另一方面,美的也可以在竞争激烈的家电行业外寻找新的增长点;此外,公司旗下拥有电机事业部,在电机方面有一定的积累。

家电行业是劳动密集型行业,随着人力资本的上升,生产的自动化水平不断提高将成为趋势。为了提高生产效率和产品质量,降低生产成本,美的在自动化生产方面一直都有较大投入。2011—2015 年,美的减少员工 10 万人,与之相对应的是,在自动化生产方面的投入提高。目前,美的自身对工业机器人的用量超过 1 000 台。

另一方面,智能制造是工业 4.0 的主题。人类历史发展至今,经历了三次工业革命,在每次工业革命时期,都涌现出一大批优质的大公司。掌握代表性核心技术的国家和企业,均能在较长一段时间内实现快速发展,在世界舞台上占据重要地位。

家电制造企业一方面直面消费者,一方面又是生产制造企业。在家电三巨头的转型中,海尔最贴近消费者,格力更注重制造端,布局于产业链上游,而美的则通过"双智"战略,透露出兼顾消费端和制造端的野心。

2. 机器人行业发展前景

(1) 智能制造推动产业升级。

制造业是强国之本。中国经济发展至今,以要素驱动的增长模式已经难以为继,能不能实现经济转型,决定了我国是否能跨越中等收入陷阱。经过多年技术积累,以智能制造为标志的第四次工业革命蓄势待发,是否能在新一轮产业革命中掌握核心技术,决定了国家未来的地位。在德国、美国、日本、法国等世界工业发达国家相继提出了工业 4.0、工业物联网、再兴战略和新工业法国的背景下,中国政府也提出了"中国制造

2025",明确指出中国制造业升级的方向,以工业生产自动化、信息化为主线,提高工艺水平和产品质量,推进智能制造。

智能制造是信息技术与制造技术的结合。在生产过程中,通过各类感知技术收集生产数据,上传至工业服务器,在工业软件系统的管理下进行数据处理分析,提供最优化的生产方案或者实现定制化的柔性生产,并且通过自动化生产装备,如高精度数控机床、工业机器人等实现生产方案。工业机器人能够实现高精度、定制化、高质量的生产方案,是智能制造的重要基础。《中国制造 2025》将机器人作为重点发展的十大领域之一。

(2) 中国机器人行业供需。

中国工业机器人需求广阔。一方面,随着人口红利的消失,中国劳动力人口比例不断降低,劳动成本提高,"用工荒"宣告廉价劳动力时代结束,劳动密集型企业面临成本压力。另一方面,机器人施工具有高精度、稳定性强的特点,能适应人所不能适应的各种危险环境,因此能极大地提高产品质量。

中国是制造业大国但不是制造业强国,工业生产自动化程度低,机器人市场存在较大需求空间。据国际机器人协会数据,2015 年,全球机器人密度为每万人 69 台,而中国的机器人密度为每万人 49 台,低于世界平均水平。2016 年中国机器人需求增速达到17%,预计至 2019 年将保持 17% 的年平均增长水平(见图 15-2)。

图 15-2 全球及中国工业机器人市场规模

资料来源:国际机器人联合会(international federation of robotics,IFR)

目前工业机器人主要应用在汽车、电子产品、金属加工等生产领域,未来预计将进入食品、医药等行业的生产过程。

(3) 机器人产业链。

机器人产业链可分为上游原材料及核心零件、中游机器人本体和系统集成,下游产品应用。其中，核心零部件技术壁垒高，利润最大，一台机器人的成本中，核心零部件可占 70% 以上。机器人核心零部件主要有减速器、伺服机和控制器，国内外机器人企业大多可以实现控制器的自产，减速器 70% 以上市场份额被日本纳博特斯克（Nabtesco）和哈默纳科（Harmonic）垄断。

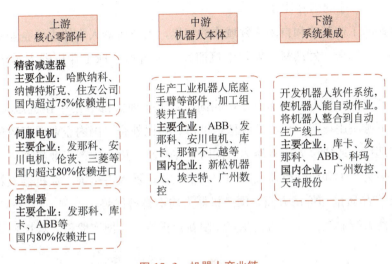

图 15-3　机器人产业链

资料来源：作者由公开资料整理。

（4）美的机器人布局。

从引进使用到自主研发，再到兼并收购，美的在机器人产业链上的布局可谓步步为营。2003 年，美的首次引进机器人，用于自身生产线，2010 年美的家用空调事业部就已开始在各个车间广泛应用各类三轴、四轴机器人。当 2011 年美的空调达到 500 亿元营收规模时，工人数量超过 5 万以上。到 2014 年，空调业务总营收接近 700 亿元，工人数量已经缩减至 2.6 万人。

美的旗下的威灵电机具有研发、生产伺服电机的能力，而伺服电机不仅是冰箱的主要零部件，也是制约国内机器人发展的上游核心零部件之一；压缩机产业具备数千万台的微米级精密机械制造能力。不排除未来美的具有制造工业机器人上游零部件的能力。

2013 年，美的进入扫地机器人行业，向服务机器人方面发展。2014 年成立机器人研究所，2015 年作为发起单位参建华南机器人研究院，为正式进军机器人行业做好准备。

2015 年 8 月份，美的和日本机器人巨头安川电机分别成立了两家合资公司，定位于服务机器人和工业机器人，美的分别持有 49% 和 60.1% 股权。

2016 年 3 月份，美的收购安徽埃夫特 17.8% 股权，埃夫特经营范围和库卡类似，是国内颇具影响力的工业机器人制造商。

在美的收购库卡后，2017年2月，美的收购以色列高创（Servotronix）超过50%股权，高创主要生产控制器，加上旗下威灵电机生产的伺服电机，可以构成完整的伺服系统，完善美的在工业机器人上游零部件的布局。

3. 为什么是德国库卡？

（1）机器人产业的国际比较。

凭借良好的工业基础和自动化领域内的积累，工业机器人本体主要企业集中在日本和欧洲，ABB、库卡、发那科、安川电机四大巨头占据全球工业机器人本体约50%的市场份额。

机器人产业具有较高的技术壁垒，我国机器人企业大部分集中在机器人本体制造、系统集成和下游应用环节。核心部件依赖进口。相比外企，国内企业要以数倍价格购买减速器等零部件，造成巨大成本压力。同时，在产品方面，国产工业机器人以中低端产品为主，大多为三轴和四轴机器人，国产六轴工业机器人占全国工业机器人新装机量不足10%。在产品质量和价格方面，国产机器人均不具备优势。

国内机器人行业较为成熟的企业有沈阳新松机器人、博实股份、埃斯顿等。

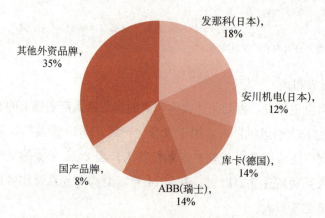

图15-4 2015年中国工业机器人市场份额

资料来源：中国机器人产业联盟。

表15-4 核心零部件依存情况

	占成本比例	进口比例
减速器	35.00%	75.00%
伺服电机	25.00%	80.00%
控制器	15.00%	80.00%

资料来源：赛迪咨询，《中国机器人产业发展白皮书（2016）》。

（2）库卡的优势。

国际领先的机器人制造商有四家，分别是瑞士ABB、德国库卡、日本发那科和安川机电。为什么美的选择库卡作为收购目标,尤其是在美的已在2015年和安川机电合作,设立合资企业的背景下?为此,我们需要对这四家企业的盈利能力、技术特点、股东结构等进行介绍。

德国库卡机器人公司于1995年成立,现已是世界领先的机器人制造商,与ABB、发那科和安川并称工业机器人"四大家族"。库卡机器人集团前身为IWKA,公司以汽车、家电自动化生产线起家,在1973年研制出了世界上第一台六轴工业机器人。自1996年起,库卡成为独立企业,主要研制和销售工业机器人。库卡当前机器人年销量超过2万台,营收接近30亿欧元。库卡机器人定位偏中高端,主要应用于汽车整车和汽配行业,收入占到50%。客户以德国和欧洲企业为主,但在近几年也开始积极拓展其他国家的客户。

库卡近几年的业绩在经济危机过后稳步复苏,2015年实现营收29.66亿欧元,约合人民币220亿元,2011—2015年CAGR约为15.6%;实现净利润0.86亿欧元,约合人民币6.4亿元,2011—2015年CAGR约为23.8%。

库卡在四大机器人企业中,规模最小,主营业务最为集中。据库卡公司财报,库卡业务收入主要分为机器人本体收入,系统集成业务,以及2014年底收购的瑞仕格。瑞仕格是专注于物流和医疗领域的自动化系统提供商,收入有2/3来自仓储自动化解决方案,其余来自与医疗相关的自动化解决方案。

图15-5 库卡营业收入和净利润增速

资料来源:Wind。

由于收购瑞仕格并表,2015年营业收入大幅提高。营收增速达到43%,若扣除瑞仕格收入,2015年机器人业务收入增速为11.8%。2014年以来,净利润增速不及营收增速,有收购瑞仕格的原因,也体现了库卡在成本控制方面较为薄弱。

为比照国内外机器人企业,选择国内机器人行业中占据领先地位的沈阳新松机器人和博实股份作为对照。

图 15-6　2015 年营业收入规模对比（单位：万美元）

资料来源：Wind，年报整理。

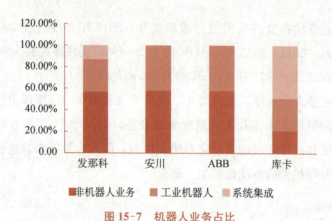

图 15-7　机器人业务占比

资料来源：Wind，年报整理。

国际机器人企业中，ABB 营收、市值远远超过其他三家，且收入构成复杂，有很大一部分来自于电网和电气业务。库卡体量和安川电机、发那科相当。安川、发那科均是以数控机床起家，至今仍保留较大部分数控业务。

库卡的业务在"四大家族"中最为集中，只有工业机器人和瑞仕格，两项业务都非常契合美的的战略。瑞仕格是一家提供物流、医疗领域自动化解决方案的公司，能够提高美的在物流方面的效率，符合美的 T+3 战略对缩短产品周期的要求。

2015 年，库卡的总资产报酬率低于国外同行业公司，也低于国内机器人公司。凭借着超高的资产负债率，库卡的净资产报酬率位居前列。这说明库卡公司创造利润的能力并不强，而且负债经营风险较高。

国外企业税费普遍高于国内机器人企业，由于机器人行业在我国属于重点扶持的行业，有税收优惠，国内所得税率基本在 15% 以下，而库卡等公司的所得税率均在 30% 以上。除了发那科以外，国际机器人巨头的销售净利率普遍偏低，而库卡是其中最低的，平均在 3% 左右，2015 年只达到了 2.89%，而国内机器人企业普遍在 20% 以上。

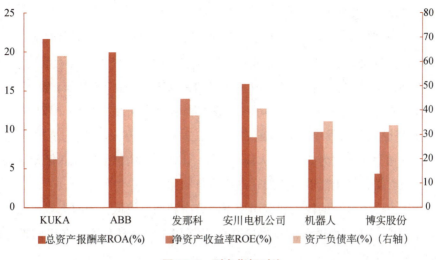

图 15-8 财务指标对比

资料来源：Wind，年报整理。

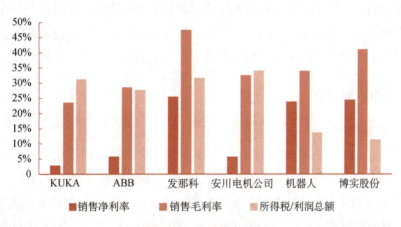

图 15-9 盈利能力对比

资料来源：Wind，年报整理。

机器人本体企业四巨头中，安川和发那科位于机器人上游零部件有优势的日本，均以机器人重要零部件伺服电机起家，走上游核心应用向下的路线。库卡以冰箱、洗衣机自动焊接系统起家，产品集中在汽车、家电自动化生产线，走下游应用向上的路线。

研发路径不同造成技术特点不同，库卡的技术优势在于系统集成、机器人运动控制，也就是组装、编程的能力。在上游的核心零部件开发方面，机器人四大家族中，安川、发那科可实现使用自产的伺服电机，库卡和ABB只能实现控制器的自产，减速器、伺服电机仍需外购。

收购库卡，美的控制了世界上最优秀的机器人本体制造企业，以库卡为依托，向机器人产业链上下游拓展。

(3) 协同效应的发挥。

库卡管理层同意和美的合并，看中的是美的强大的营销能力、渠道网络，以及中国机器人市场快速发展的机遇。相较于同行，库卡在中国的布局可谓大大落后。2000年，库卡进入中国。至并购前，仅有总部和库卡柔性一家子公司，在华员工数不足500人。而发那科等已在中国设立多家子公司、厂房。最早深耕中国市场的ABB集团更是于2005年在上海设立了研发中心，目前在华员工达到1.8万人，分公司40余家。2015年，库卡在华销售收入仅为35亿元人民币，而ABB在华销售已达330亿元人民币。除了机器人板块，瑞仕格也能助力美的仓储物流自动化。

成本费用方面，高昂的税收和费用使得库卡净利润率较低。国内机器人企业的平均所得税率在15%以下，而库卡的所得税率在30%以上，此外，库卡向美的销售的部分可以免去交易费用和税费。

2015年库卡薪金及员工福利高达10亿美元，约占整体收入的31%。德国具有强大的工会制度和高福利传统，并且库卡研发实力依靠于研发团队，美的和库卡签订的《投资协定》中约定，美的保持库卡的独立运作，维持团队稳定。所以美的难以削减库卡员工薪金和福利方面的开支。库卡的高薪金成本，为美的增添了一定负担。

(二) 交易方案设计

1. 交易方案概述

2016年5月18日，美的宣布要约收购方案，很快就获得美的集团董事会批准。2016年6月15日，德国金融联邦金融监管局通过要约收购文件。2016年6月16日，美的正式向除MECCA以外的股东发出要约收购文件，在要约收购期间，最终以115欧元每股的价格总共收购32 233 536股，为库卡总股本的81.04%，合计37亿欧元，折合人民币271亿元。收购完成后，美的总计持股94.55%，获得绝对控制权。

表15-5 交易方案设计草案

交易目的	取得库卡30%以上股权，不以库卡退市为目的。
交易对方	除MECCA外的其他所有股东，具体交易对方以最终接受要约的结果为准。
交易标的	拟接受要约的股东所持有的库卡集团股份。
收购主体	收购主体为境外子公司MECCA，由美的集团全资子公司美的国际控股持有100%的股权。
收购方式	现金收购。
资金来源	自有资金和银行贷款（最后均为银行贷款） 银团贷款安排：融资利率为0.65%。
收购价格	115欧元/股。

资料来源：要约收购报告书。

2. 交易战略

（1）二级市场低价购买，逐步增持，溢价收购。

2015年8月，美的集团首次在二级市场买入库卡集团5.4%的股权，紧接着，美的集团在2016年先后将股份增持到了10.2%与13.5%，然后发动溢价要约收购。通过逐步增持的方式谋求库卡的控股权，减少了欧美政府、大众和员工、战略伙伴和管理层对于中国企业的敌视，规避了中德合并中经常出现的诸多冲突、监管操作风险等，也降低了自身资金压力需求，有很强的借鉴指导意义。

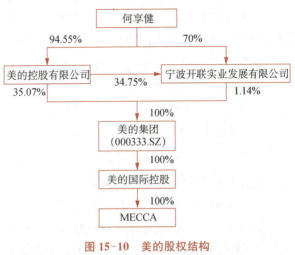

图15-10 美的股权结构

资料来源：Wind。

首先，美的通过二级市场增持，成为库卡股东，可以和管理层进行有效沟通，近距离观察库卡的管理团队，逐步释放合作、并购意向。库卡公司股权比例并不集中，2015年美的初次持有库卡公司5.43%股份，就成为了库卡公司第三大股东，在库卡内部掌握一定话语权。

其次，提前在二级市场布局，成本仅为60—80欧元之间，提前收购股票可以降低收购成本。此外，美的要约收购的目的是收购库卡30%以上的股份，在发布收购方案之时，美的已经持有13.5%股份，距离30%目标不远，降低了最终收购比例不达30%导致收购失败的风险。

最后，美的给出了一个不容拒绝的价格：每股115欧元，较发出要约当日股价84.41欧元溢价36.24%。

（2）签订《投资协定》，获得管理层支持。

在中国，如果公司存在控股股东，则公司的重大事项几乎都遵循大股东的意志。德国的公司治理结构有其特殊之处，员工享有共同决策的权力。德国股份公司有三个公司治理机构：执行委员会、监事会和股东会。执行委员会负责管理公司，成员由监事会任命，根据德国相关法规，库卡集团半数监事会成员由股东会选举产生，另一半监事会成员由库卡集团的员工选举产生。股东会决定如利润分配和任命审计师等事项。

可见，即使是在成功收购之后，由于德国员工共同决策的法律规定，美的也无法在决策上占据绝对优势。因此，美的想要成功收购库卡，并在收购成功以后展开良好协作，就必须注重和监事会、执行委员会的沟通，尤其获得员工的认可。为此，美的也拿出了十足诚意。

美的集团首先运用三一重工、均胜、潍柴等成功并购德国企业的先例说服众多担忧和反对者，并且签署《投资协议》，将诚意落到实处。2016年6月28日，美的与库卡签订为期七年半的约束性投资协议，内容包括五项承诺：保持库卡集团的独立性、不退市、尊重库卡集团品牌及知识产权、保留工厂和员工至2023年年底、支持库卡集团的战略计划，特别注意为库卡在研发领域和软件领域的追加投资提供支持。

《投资协议》签署后，库卡公司监事会及执行管理委员会立即对外宣布，推荐库卡的股东接受来自美的集团的要约收购。在经历了政界和当地企业或明或暗的阻挠之后，来自管理层的背书显得尤为珍贵。

(3) 利用关键时点，获得外交层面帮助。

由于库卡掌握机器人领域核心技术，是德国工业4.0的核心企业之一，中国企业对库卡的要约收购方案在欧盟引起不满，在这个时点上，美的巧妙地利用了中德领导人交流的契机。

2016年6月13日，在德国总理默克尔访华期间，李克强总理在与其联合举行的新闻发布会上表示，中企提出收购库卡符合市场发展规律。默克尔则表示，这是一个好的机会，不会禁止德国企业加入收购竞争中。有了李总理"说情"，库卡通过德国方面审查也显得顺理成章。6月15日，德国金融联邦金融监管局通过要约收购文件。

(4) 现金收购，必然的选择。

库卡是德国上市公司，面对的是全球股东，而美的的股东主要位于中国境内。如果通过发行新股或换股来收购，美的将面临较大的交易风险和市场风险。一方面，由于各国监管法律、交易所审核规则的不同，审核流程将大大延长。并且上市公司换股并购并没有很多先例，在中国，这一模式尚处于摸索阶段。而更重要的一点，中国的资本市场尚没有完全放开，外汇存在管制，外国投资者难以变现，使得美的股权对外国投资者而言没有吸引力。

美的集团敢于频频采用现金收购的方式，非常重要的一个原因是自身资金流充足，到2015年底公司的经营性现金流净额达267亿元，自有资金达650亿元之多。同时，美的集团也寻求了银行贷款，在公布的要约收购中显示，6月2日，子公司MECCA（收购主体）与中国工商银行（欧洲）有限公司巴黎分行和中国工商银行法兰克福分行签订了一份融资协议。

美的集团2016年6月16日发出要约收购，到6月28日宣布与库卡签订约束性投资协议，短短两周时间，如此豪迈爽气的现金交易出手，一定程度上抑制了库卡股票进一步上涨，节省了时间成本和市场波动交易成本。这其中，除了美的集团在2015年已注资库卡的有利因素外，本次收购所采取的现金战术和快速效率都是值得学习借鉴之处。

(5) 并购的估值。

美的给出了115欧元每股的价格，约30%的溢价使得交易迅速顺利完成，但也引发标的估值过高的担忧。库卡在2014年底和2015年底进行了两次融资，定增、转股价格分别为49欧元/股、36.80欧元/股，和这两次融资比，115欧元的价格显得过高了。

如果估值过高，会对公司财务状况造成压力，难以通过股东大会、董事会以及国内监管部门的审核。

根据德国法律，要约收购价格不得低于目标公司前三个月内的加权平均交易价格，也不得低于收购方公布要约文件前六个月内，为了收购目标公司的股份而提出或同意的最高对价，这是法律规定下，美的收购库卡的最低价格。截至2016年5月17日，库卡股份满足三个月内的加权平均价格为87.55欧元。在2016年6月16日之前六个月内，美的就库卡股份支付的最高收购价格为90欧元/股。因此，最低收购价格为90欧元/股，115欧元/股的收购价超过最低收购价格25欧元，溢价约为27.8%。

由于库卡在德国证券交易所上市，为了维护公众股东利益并确保交易的合规性，库卡并没有向美的集团提供详细的资料，交易价格是在无法量化协同效应、无法对库卡公司进行资产评估的情况下给出的，这无疑增加了确定收购价格的难度。

因此，美的集团只能在综合考虑库卡的资产状况、盈利水平、品牌、技术水平、市场稀缺性、协同效应等因素的基础上，参考战略投资者收购大型德国上市公司的溢价水平，即可比交易而确定。

根据115欧元的收购价格，美的对库卡股权的估值水平为45.7亿欧元。截至2016年3月31日，扣除集团净负债5 500万欧元，少数股东权益-70万欧元，得到对应的企业价值为45.2亿欧元。以2016年3月31日为基准日，库卡集团前12个月的EBITDA为2.5亿欧元，收入为28.8亿欧元。因此本次交易的企业价值/EBITDA倍数为18.2x，企业价值/销售额倍数为1.6x。

表15-6 国外同行业上市公司估值

序号	同行业上市公司	企业价值/EBITDA（过去12个月）	企业价值/销售额（过去12个月）
1	ABB	10.8x	1.4x
2	发那科	10.3x	3.9x
3	安川电机	7.6x	0.9x
	平均值	9.6x	2.1x

资料来源：要约收购报告书。

和国外同行业上市公司相比，交易企业价值/EBITDA倍数约为平均值的两倍，企业价值/销售额倍数与平均值相当。而发那科等的企业价值是在没有面临收购要约的情况下得出，考虑到控制权价值，库卡的估值比较合理。

表 15-7 可比交易

交易描述	交易金额（百万美元）	企业价值/EBITDA（过去12个月）	企业价值/销售额（过去12个月）
欧姆龙 2015 年收购美国工业机器人厂商 Adept Technology	198	EBITDA 为负	3.6x
泰瑞达公司 2015 年收购生产协作机器人的优傲机器人公司	350	23.5x	8.9x
亚马逊 2012 年收购生产仓储物流服务机器人及控制软件的 Kiva 公司	775	—	7.8x
软银 2012 年收购生产人形机器人的 Aldebaran Robotics 公司	100		14.4x
平均值		23.5x	8.7x

资料来源：要约收购报告书。

比较近年国际上对机器人公司的并购交易，可以发现本次交易的估值也不高。

考虑到国内资本市场对机器人企业的追捧以及整体高于国外资本市场定价的估值，美的收购库卡可以说是包赚不赔。

表 15-8 国内同行业上市公司估值

序号	同行业上市公司	企业价值/EBITDA	企业价值/销售额
1	机器人	71.2x	21.4x
2	博实股份	54.1x	16.7x
3	三丰智能	201.7x	18.7x
4	亚威股份	43.0x	5.3x
5	佳士科技	40.8x	5.1x
6	瑞凌股份	44.9x	5.2x
7	软控股份	61.8x	7.0x
8	埃斯顿	93.4x	14.0x
	平均值	70.1x	10.8x

资料来源：要约收购报告书。

注：（1）企业价值中的股权价值以 2016 年 5 月 19 日收盘价计算并采用 2016 年 3 月 31 日财报数据；
（2）EBITDA、收入为采用 2015 年全年数据。

可以看到，无论是企业价值/EBITDA 还是企业价值/销售额，美的对库卡的估值都远远低于国内资本市场对中资机器人企业的估值。而无论是产品质量、技术水平还是市场占有率，库卡都比国内同类上市企业有着较大的优势。即使从资产套利的角度，假设可以用中国市场对机器人公司的估值水平对库卡资产进行定价的话，美的市值也能得到大幅提高。

当然，美的收购库卡是为了进军机器人行业，事关企业转型的生死存亡，不是仅从事资产套利，即使二级市场因为资产收购给出美的高估值，美的也不会通过出售股票变现，因此二级市场的溢价对美的影响不是很大，参考意义较低。

美的是库卡的战略投资者，将会长期经营机器人行业，而在企业经营的长期时间跨度内，二级市场价格受资金面、投资者情绪影响，价格波动很大，中国的股票市场尤为明显。我们也无法确认未来股票市场是否仍偏爱机器人行业，现在的价格中有几分泡沫。

但是也不能据此完全否认国内上市公司估值的比较意义，从 PE 类指标看，中国资本市场的估值普遍高于国外市场，除了资金面因素之外，还有其经济背景。中国是发展中国家，经济增速高于发达国家，尤其是机器人所属的高新技术企业，这类行业在中国发展速度快，优质企业稀缺，而在国外已经得到充分发展，企业竞争激烈，市场空间不大。因此，中国机器人企业的收入增长速度也将高于国外同行业公司。根据 IFR 预测，机器人行业的平均收入增长速度，中国在未来 5 年平均可达 20% 左右，而欧洲仅为 5% 左右。因此根据市盈率相对增长率 PEG 指标，用企业价值/ EBITDA 除以增长率，中国企业的估值相对溢价将降低。

美的收购库卡，库卡能够享受中国机器人市场的快速增长，即是协同效应在市场定价上的体现。

（三）面临的法律审核

海外并购的特殊之处在于需要通过多国法律审核，美的和库卡都是各自领域内占市场份额较大的企业，两者兼并不仅需要通过中德两国，还要通过欧盟、美国、俄罗斯、巴西、墨西哥的反垄断审查，此外，由于库卡掌握机器人领域核心技术，为防止核心技术流失妨碍国家安全，还需通过德国联邦经济事务和能源部，以及美国外资投资委员会（CFIUS）和国防贸易管制理事会（DDTC）的审查。在各国审批中，德国联邦经济事务和能源部和美国外资投资委员会这两项审查，是难度最大的。2016 年 12 月 30 日，收购方案通过了 CFIUS 和 DDTC 的审查，所有审查条件全部通过，宣告审查阶段结束。

可以将牵涉的国家分成三个利益群体：德国和欧盟；美国；巴西等其他发展中国家。

库卡是德国最大的机器人公司，代表了德系机器人的最高水准，也是德国推进工业 4.0 战略的重要平台，总理默克尔曾表示"为德国拥有像库卡这样的公司而感到骄傲"。同时，德国也是库卡重要的销售市场。这样的明星企业被来自中国的公司收购，势必引起欧盟官员以及地方企业的不满。收购方案公布后,欧盟数字经济专员厄廷格(Guenther Oettinger)曾经表示,库卡对于欧洲工业的数字未来具有重要意义,为了防止关键技术的流失,最好让库卡留在欧洲。德国经济部长加布里尔(Sigmar Gabriel)曾撮合来自德国或欧洲其他地区的企业,向库卡公司提出另一项收购,以阻止美的集团完成并购。

美国是有可能提出反对意见的另一利益敏感主体。

"9·11"事件以后,美国明显加大了对国家安全的审查力度。美国国会于2007年颁布了《外国投资与国家安全法》,以立法的形式确立了外资委员会的合法性,也使美国成为世界上第一个建立对外资进行国家安全审查制度的国家。外资委员会审核的实质是企业活动是否有害美国国家安全。2012年10月,其禁止了三一重工的关联公司Ralls在俄勒冈州军事基地附近的风电项目。2016年1月,美国外资投资委员会(CFIUS)以国家安全为由,否决了中资财团Go Scale Capital 28亿美元收购飞利浦旗下LED和汽车照明组件生产商Lumileds多数股权的交易。

可见美国对来自中国的,尤其是涉及国家安全、掌握高端技术、能够形成垄断地位、具有国资背景的企业,格外敏感。

由于美的是民营企业,收购的是一家德国企业,对美国而言,只是这一技术从德国转移到了中国,因此也通过了审查。

事实上,根据前文对机器人产业链的分析,从技术层面看,库卡的技术优势在于系统集成和下游应用,中国企业最需要的核心零部件技术被日本垄断;从规模体量看,库卡机器人业务体量最小,在这个赢者通吃的平台经济时代,在短时间内并不会在智能机器人市场有新的垄断性突破,也不会有新的垄断者产生,因此收购其被批准的赢面很大。

从某种意义上说,所有的海外并购案,尤其是涉及相关高新技术与专利技术、人才的并购案,都会受诸多因素影响,是"case by case"的,美的收购库卡的成功,并不能代表欧洲市场对中国企业的放开。

表15-9 境外审查时间表

通过时间	国家	审核机关	法律依据	审核目的
2016年6月15日	德国	德国联邦金融监管局(BaFin)		保证金融资产安全和保护客户和投资者的利益。
2016年12月31日	美国	美国外资投资委员会(CFIUS);美国国务院防务贸易控制理事会(DDTC)	《1950年国防生产法》第721条;《国际武器贸易规章》	判断外国主体的控制是否损害美国国家安全。

续表

通过时间	国家	审核机关	法律依据	审核目的
2016年8月20日	德国	德国联邦经济事务及能源部	《对外贸易及支付条例》第55条	保护德意志联邦共和国的公共秩序和公共安全。
2016年10月13日	欧盟	欧盟委员会	《欧盟并购条例》	反垄断。
2016年8月30日	美国	联邦贸易委员会	《哈特—斯科特—罗迪诺反垄断改进法》	
2016年9月6日	俄罗斯	俄罗斯联邦反垄断服务局（FAS）	《俄罗斯竞争保护法》	
2016年9月17日	巴西	巴西经济保卫管理委员会（CADE）		
2016年10月12日	墨西哥	墨西哥联邦经济竞争委员会（COFECE）		

资料来源：要约收购报告书。

表15-10 国内审查时间表

通过时间	审核机关	
2016年5月27日	国家发改委	《境外收购或竞标项目信息报告确认函》
2016年8月8日	商务部反垄断局	《不实施进一步审查通知》
2016年11月25日	国家发改委	备案

资料来源：要约收购报告书。

（四）后续发展

2017年1月6日，美的对库卡收购完成交割，2017年一季报开始，美的对库卡进行并表处理。通过分析美的、库卡在这一年里的发展情况，可以看出并购的效果。

一方面，并购事件促成美的和库卡收入改善，2017年，美的实现收入2 419.19亿元，增长51.35%，实现归属于上市公司股东净利润172.84亿元，同比增长17.70%，扣非净利润156.14亿元，同比增长15.72%；剔除东芝和库卡影响，美的2017年收入约2 000亿元，内生同比增长约31%。2017年全年，库卡实现收入34.79亿欧元，同比增长18%，净利润88.2亿欧元，同比增长2.32%。在中国业务大幅扩张，2016年，库卡来自中国区的订单达5.3亿欧元，同比增速44%。

另一方面，并购案促成美的完善工业机器人布局，促进库卡在华业务扩张。借助美的影响力，库卡在华业务合作加深，产能扩大。2017年6月，库卡与华为签署了在全球范围内扩大合作的谅解备忘录，由面向机器人和5G的连接技术合作，扩大到智能制造领域的全面合作和创新发展。2018年3月，美的与库卡设立合资公司并在美的集团总部顺德新建生产基地，预计到2024年，该基地机器人产能达到每年75 000台。可见，在并购完成后的一年里，双方进行了有效整合，收入均改善，并购效应开始显现。

（五）案例小结

2016年中国企业海外并购迎来爆发式增长，美的收购库卡案因交易金额巨大，收购标的为德国明星企业而受到广泛关注。本文通过详细介绍美的收购库卡的原因、收购方案的设计和并购审查的过程，展示了该起典型的中国企业跨国并购案例。

美的先通过二级市场购股、然后发起价格极具吸引力的要约收购，最终以37亿欧元成功收购库卡。既可以满足美的自身的智能化生产需求，也有利于家电企业在激烈的竞争中向国内广阔的机器人市场进军。库卡亦可以通过这样的方式进入中国市场，二者的合并可以各取所需、优势互补。在并购后的一年内，双方收入均有所增长，整合的效果有所显现。

跨国并购有其特殊之处，既要考虑并尊重不同社会文化的差异，需要双方的管理层进行友好的交流，又要受到国家层面的监管，面临严格的法律审查，不只涉及双方公司所在的国家，利益相关国家也会介入审查，加大了跨国并购的难度和等待时长。

 术语解析

简要解析本案例中与兼并收购领域相关的常见术语。

协同效应（synergy）

协同效应是并购的动因之一。协同效应指两家企业合并后的运营，与这两个企业分别单独运营相比，能产生更大的股东价值。有两种协同效应：经营的协同效应和财务的协同效应。经营的协同效应由规模经济和范围经济组成。财务的协同效应指并购对收购公司或新成立公司资本成本的影响①。

本例中，美的收购库卡，协同效应主要在于收入增长和成本降低。机器人业务与美的现有的家电制造业务联系，实现业务转型；库卡能够借助美的强大的营销能力和渠道网络，享受中国机器人市场的快速增长。

跨国并购（cross-border mergers and acquisitions）

跨国并购，是指企业跨越国界边境的跨国兼并（cross-border mergers）和跨国

---

① 资料来源：唐纳德·德帕姆菲利斯，黄瑞蓉、罗雨泽译，《兼并、收购和重组》，机械工业出版社，2004：21-23。

收购（cross-border acquisitions）的总称，是一种帮助企业走向全球的扩张模式。是一国企业购买另一国企业的股份或其所有的资产，对后者经营管理实施控制或者取得控制权的行为。跨国并购的根本目的在于追求竞争上的长期战略优势，以适应不断变化的环境。

本例中，美的作为一家中国家电公司，收购了德国机器人公司库卡，为实现战略转型，获得协同效应，以适应家电行业激烈的竞争格局。

现金收购（cash offer）

现金收购包括用现金购买资产式并购和用现金购买股票式并购两种方式。

现金购买资产式并购指并购公司使用现金购买目标公司的全部或绝大部分资产以实现对目标企业的控制。一般而言，使用现金支付要求收购者具有较强的资金实力或融资能力。

现金购买股票式并购指收购公司使用现金购买目标公司一部分股权，以实现对目标公司的控制。出资购买股票既可以通过一级市场进行，也可以在二级市场公开进行。

本例中，美的对库卡采用现金购买股票式并购。美的自身现金流充足，并且省去了换股并购将面临的较长的审核流程、交易风险和市场风险。

三、思考与分析

本部分针对案例提出问题，你可以在案例的基础上进行更广泛的资料收集，并尝试回答这些问题。

（1）美的为什么要进入机器人行业？

（2）在美的原有业务发展到瓶颈期时，可能的发展战略以及转型中，企业家应思考的问题。

（3）兼并收购作为一种转型方式的优缺点。

（4）在众多机器人企业中，美的为何选择海外企业库卡作为收购标的？为什么不选择国内的机器人公司？

（5）在美的并购库卡案例中，涉及几方利益主体，各利益主体通过什么方式表达意见，美的又是如何协调各方利益，推动交易方案顺利通过？

（6）分析跨国并购中的法律监管。

（7）分析现金收购方式的优缺点，结合美的集团财务情况，分析什么类型的企业适合现金收购方式。取得现金的融资路径有哪些？

（8）根据最新数据，评估本次并购案对双方的影响。

参考资料

［1］292亿！美的鲸吞德国库卡的背后，2016-11-30，搜狐财经，http://it.sohu.com/20161130/n474570841.shtml.

［2］复盘美的智能转型之路：千亿掌门如何运筹帷幄，2016-5-23，搜狐财经，http://www.eepw.com.cn/article/201605/291465.htm.

［3］美的不惜一切代价收购库卡究竟为了什么［J］.财经，2016（24）.

［4］美的收购库卡背后：你必须知道的全球机器人专利布局，2016-5-18，澎湃新闻 http://www.thepaper.cn/newsDetail_forward_1471138.

［5］为什么收购库卡的是美的，海尔和格力呢，2016-7-27，一财网，http://www.yicai.com/news/5051475.html.

［6］海外并购的国内监管，商法，2017年2月27日，https://www.vantageasia.com/zh-hans.

［7］杨青.制造业企业海外并购启示录［Z］"工业通信业财经动态"公众号，2017年第1期.

［8］境外投资项目核准和备案管理办法［S］.国家发改委网站，2014-9.

［9］境外投资管理办法［S］.商务部网站，2014-9.

（卢　华　汤梦叶　沈国兵　杨丹璐）

尾声

回到宝能VS万科案

在本书的引子中，我们用"宝万之争"抛砖引玉，从宝能的视角出发，通过剖析其资金来源和收购动机，引出第五次并购浪潮中险资如何利用资管政策松绑的"东风"在资本市场掀起风暴。但是，引子的作用是带领读者渐入佳境，我们省略了"宝万之争"诸多精彩的细节。在本书的尾声中，我们还是回到这场教科书式的并购案，以万科为主角，为读者详尽地介绍万科股权之争的前因后果，洞察股权结构、股利政策与公司治理框架之间的关系，同时对以万科为代表的轻资产企业进行价值评估。本章作为压轴篇，完整地构建了我们试图向读者呈现的中国并购市场之绚烂画卷。希望读者在阅毕本书后，能够发现这幅画卷中处处值得反复琢磨、仔细况味，那我们将欣慰备至。

案例 16

为什么野蛮人会敲万科的大门？

导言

2016年，中国资本市场最令人瞩目的事件莫过于万科股权之争，这次事件的精彩程度前所未有，不仅受到业内人士的热切关注，就连广大媒体也争相报道。对万科股权之争的关注，不仅仅是出于万科和其掌门人王石的知名度，更是由于这次事件体现了中国资本市场日趋完善的态势，即资本引领市场。在这个事件中，宝能的举牌、华润的倒戈、恒大的掺和，让这次事件在平添一波三折的趣味性之外，还充满着惊心动魄的发展情节。其中，资本市场的各种运作手法体现得淋漓尽致，各种公司治理的问题和方式也同样得到了凸显，而这次股权之争则是这两者之间关系的一本最好教科书。本案例以公司治理的视角切入此次事件，以资产估值为方式进行评价，形成了一个具有典型意义的案例分析。读者可以通过本案例：（1）了解万科股权之争的前因后果，体会资本运作方式的多样性和灵活性；（2）了解恶意收购策略和常用的反收购防御策略；（3）了解股权结构、股利政策与公司治理框架之间的联系；（4）了解"轻资产"企业的含义，以及此类企业的估值思路。

一、事件发展，时间脉络

在本书的开篇案例《大资管时代下的枭雄——看宝能如何撬动万科》中，已经对宝万之争事件的时间线进行了介绍，但囿于篇幅，省略了故事的许多精彩细节，下面为读者一一道来。

（一）王石的三个道歉

2016年6月27日，深圳大梅沙万科中心。

这里正在召开万科2015年度股东大会，大厅里熙熙攘攘地挤满了人，有公司管理层，大股东代表，中小股东代表，还有各路媒体记者……所有目光和镜头齐刷刷地对准了正坐在舞台中央的万科董事会主席王石。也许这位曾经创造了中国滑翔伞纪录、完成了攀登世界七大洲最高峰和徒步到达南北极的"硬汉"不会想到，自己会落得如今需要鞠躬道歉的境地。

第一个道歉，王石给了撬开万科股权大门的宝能："我说的是恶意收购，在这个过程中，和股东沟通的态度有需要反省的地方，如果因此使得姚先生被称为野蛮人的话，我向姚振华先生道歉。"第二个道歉，王石给了万科的中小股东：会议期间，一位中小股东言辞激烈地指责王石为首的管理团队，长期漠视互联网上的中小股东意见，致使舆论向不利于万科的一方倾斜，要求王石和郁亮在股东大会上起立鞠躬道歉。王石真的站起来道歉，称"我们的工作没做好"。第三个道歉，王石给了万科的业主们：一位自称是王石粉丝，同时也是万科业主兼股东的人士在现场指出，万科的房屋有质量问题，并质疑万科在深圳的房子和在惠州的房子质量标准不同，致使万科的金字招牌受损。对此，王石进行了积极回应，称万科一直在追求建造好的房子，向受到房屋质量问题困扰的业主和股东表示歉意①。

三个看起来十分有诚意的致歉，65岁的王石在股东大会上把自己的身段放得前所未有的低，这赢得了媒体大众和在场许多中小股东的同情。然而，王石打出的感情牌对已然入侵的野蛮人所代表的资本力量似乎不奏效：宝能当场对万科的2015年度董事会报告、监事会报告、年度报告和经过审计的财务报告全部投了反对票。宝能的虎视眈眈，加上原第一股东华润有"临阵倒戈"的倾向，王石这个职业经理人的位置还坐得稳吗？

从2015年8月开始的万科股权之争，表面上是资本市场上各方力量的角逐，实际上是王石在公司治理上摔的一个跟头，宝能的董事长姚振华只不过是抓住了王石这次摔跟头的机会，在他背后又狠狠地"踹"了两脚。万科股权之争反映的不单单是万科一个公司的问题，更是中国现代企业治理问题的缩影。概括来说，万科股权之争不仅是中国房地产行业发展史、中国上市公司的资本运作史、现代企业改革史中浓墨重彩的一篇，更是我国资本市场日趋完善、丰富的发展历程之见证，是我国公司治理的里程碑事件。

（二）三十年中国房地产，万科谁主浮沉？

房地产行业，集房屋、市政、工业、建筑和商业等综合开发为一体，是我国的支柱性产业。其上下游间的关联度高，能产生巨大的"拉动效应"。伴随1978年以来的改革开放进程，房地产市场在政府"有形的手"的调控下，主要经历了试点起步、非理性发

---

① 华润宝能同投反对票，王石四度道歉"示好"，刊于2016年6月27日每日经济新闻，http://www.ce.cn/cysc/fdc/fc/201606/28/t20160628_13237149.shtml。

展、稳定协调发展、深度调控等阶段。

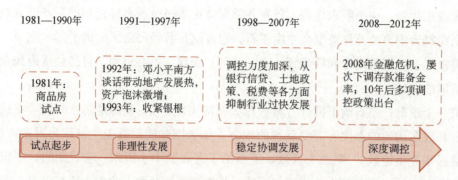

图 16-1 房地产历史发展阶段

资料来源：作者整理。

在风云剧变、政策风向频换的商业环境下，万科凭借两大法宝，延续了持续增长的神话。第一是：减法原则，专注住宅市场；第二是：保持冷静、实现有质量的扩张。根据万科历史营业收入增长率的变化，可大致划分为三个阶段。

第一阶段：1991—1998 年：万科从 1988 年进入房地产行业开始，在经营业务上发生了从"零售、地产、影视"到专注地产行业的转变。1993 年嗅到住宅市场的商机，开始专注于住宅市场业务。1998 年福利分房制度取消，而万科在 1997 年前后，就实现了营业收入 65.37％的高增长。这在一定程度上，反映了万科的前瞻性，其提前布局商品房住宅市场，在 1998 年实际政策出台之前，就抢占了先机。

第二阶段：1999—2010 年：万科营业收入增长率经历了长达 7 年的增长，2007 年达到峰值 98.27％，随后在 2008 年金融危机的影响下，一路下探至 15.38％。虽然增长幅度大幅下降，但是万科仍然保持了正增长。这与之前"有质量的发展模式"是相关的：在 2005—2007 年的疯狂期时，万科保持了冷静；在各地产商疯狂拿地时，万科仍坚持原有的土地储备计划；在所有人都认为地产行业是暴利行业时，万科坚守着利润率不超过"25％"的原则。

第三阶段：2011—2016 年：在房地产行业处于调整期，三四线城市积压严重时，万科没有打破营业收入正增长的神话。这得益于万科"布局一、二线城市，主打中低住宅客户群"的减法原则，凭借万科多年的品牌优势，守住了有刚性需求的客户群体。

从 1992 年上市到股权之争的前夕，万科的股权结构一直处于较为分散的状态。第一大股东三次易主，1992 年深圳新一代、深圳市投资、刘元生为万科前三大股东，持股比例为 25.26％，1996 年，深圳经济特区发展公司成为第一大股东，前十大股东累计持股比例为 26.64％；2000 年，深圳经济特区发展有限公司将其持有的国有法人股一次性协议转让给中国华润。基于华润一直以来给予万科管理层的信任，王石所设想的股权分散格局，才得以延续了 16 年之久。

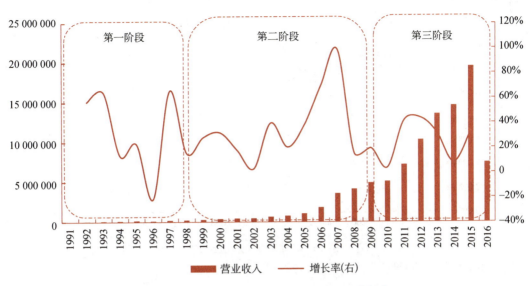

图 16-2　万科 1991—2016 年营业收入及增长率

资料来源：Wind。

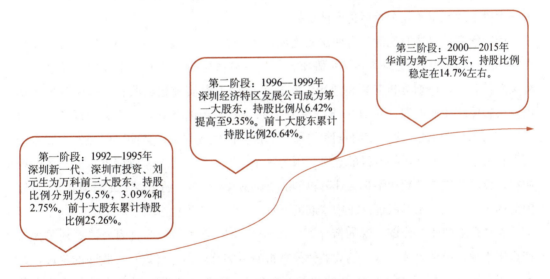

图 16-3　万科持股比例变化

（三）"白衣骑士"不再，万科另谋出路

1. 出路———真正的白衣骑士深圳地铁

面对来势汹汹的宝能系，万科第一个能想到的"救星"无疑是多年来感情深厚的第一大股东华润。从 2000 年华润入股万科以来，一直保持着 11.19%—14.54% 的持股比例。华润一方给予了万科管理层充分的信任和自主权，奉行"垂拱而治"，是万科名副其实的财务投资者。

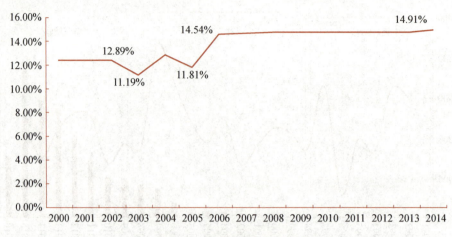

图 16-4　华润历史持股比例

数据来源：万科年报。

然而"白衣骑士"并不是万能的，9月4日，港交所最新权益信息披露显示，华润耗资 4.97 亿元，两次增持股份仅约 0.4%，使其总持股比例达到 15.29%，暂时稳住了第一大股东的地位，几个月后再度被反超。

回顾华润历史持股比例，有两次较为明显的增持，一次发生在 2004 年，一次发生在 2006 年，增持比例分别为 1.7% 和 2.73%。这两次增持，并非是华润拿出真金白银购买万科股份，仔细分析其增持原因：2004 年，因万科实施送红股、公积金转增资本以及可转债转股而增加；而 2006 年，是在股权分置改革的背景下，华润发行了"万科HRP1"的认股权证，至到期时行使了 15 953 份。由此我们可以猜测，曾经的大股东华润没有大举耗费资金增持万科的意愿，因为这个"财务投资者"本身就不掌握公司的控制权，反倒是宝能的数次举牌，让万科的股价从 2015 年 6 月的 13.81 元增加到 12 月停牌前的 23.44 元，抬升股价，正中华润的下怀。

在"白衣骑士"作壁上观的情况下，万科于 2015 年 12 月 18 日因公司筹划重大资产重组事项，申请停牌。这一场戏的暂停来得有点突然，但停牌这一反收购的手段，却不是王石第一次使用了。20 年前的"君万之争"，君安证券联合万科当时的前四大股东，发布《告全体股东书》，目标直指改组万科董事会、操纵万科股价。在这次野蛮人突袭中，王石利用"停牌"战术，让市场充分消化了重组信息，万科股价并未发生波动。最后，君安东窗事发，此次收购风险才得以化解。

这次停牌，王石似乎没有做好充足的准备，只是在资本如潮水般涌来时，叫了个紧急暂停。在万科 A 股股票停牌近三个月之后，万科筹谋许久的资产重组事项终于获得实质性进展：王石找到了一个"最强搭档"深圳地铁。

万科在 2016 年 3 月 12 日与深圳市地铁集团有限公司签署合作备忘录，根据备忘录内容，万科将在本次重组中购买深圳地铁集团下属公司的全部或部分股权，由此实现地铁集团部分优质地铁上盖物业项目资产的注入。双方本次交易对价初步预计在400亿—600亿元之间。王石打的这个算盘是极好的，与深圳地铁合作让在他领导之下的万科更快地从中国地产1.0时代飞向以"轨道＋物业"为核心的大都市生活圈的中国地产2.0时代。如果单从长远战略发展的眼光看，这次合作于万科、于大股东、于中小股东都是极为有利的。

表16-1　前海国际主要财务数据　　　　　　　　　　　（单位：万元）

项　目	2016年5月31日	2015年12月31日	2014年12月31日
总资产	4 610 156.64	61 226.32	161 092.13
总负债	48 808.27	60 075.58	160 771.94
所有者权益合计	4 561 348.37	1 150.75	320.20
营业收入	—	1 420	—
经营活动产生的现金流量净额	61 758.13	106 392.16	−157 083.93

3月17日万科召开股东大会审议通过《关于申请万科A股股票继续停牌的议案》，A股股东对此审议的通过率达到81.98%，根据中国证监会的报道，无论是二当家华润还是宝能，当时都没有对此表露出丝毫的异议。到这里为止，王石打的算盘够精，在他的设想下，深圳地铁应该会成为狙击宝能入主的最有力的武器。

2. 出路二——事业合伙人计划

2015年5月29日，万科公告称，代表公司1 320名事业合伙人的深圳盈安财务顾问企业通过证券公司的集合资产管理计划，于5月28日通过深圳证券交易所证券交易系统购入公司A股股份3 583.923 1万股，占公司总股本的0.33%。这意味着讨论了一年多的"事业合伙人制"终于落地成型。

从股权激励的角度来说，它是比职业经理人制更好的制度，每一位参与者不仅为公司、为中小股东，也为自己创造价值。具体来说，"事业合伙人制"有三种制度：一是跟投制度，即原则上要求项目所在一线公司管理层和该项目管理人员，必须跟随公司一起投资。二是股票机制，200多人的经济利润奖金获得者相当于持有一个认购期权，未来EP奖金将转化为股票。三是事件合伙，即根据事件临时组织合伙人参与工作任务，鼓励跨部门"协同"找寻最优方案。

此项制度，对王石来等管理层来说，是一个"完美"的方案，因为它既能有效得激励经营层，又能维持管理层对公司经营的决策权。原因在于，他虽然鼓励公司员工入股，但设定了最高不超过5%的股权限制，但对于公司管理层则是设置了入股下限。从另一个角度来说，它更加类似于一个"管理层收购方案"，也许精明的王石、郁亮已经想到了抵挡野蛮人的方法，但这一切的行动都太过缓慢了。

经过长达 8 个月的回购，直到 2015 年 1 月 27 日，盈安合伙集合计划才共持有公司 A 股股份 4.94 亿股，占公司股本的 4.48%。

表 16-2 "盈安合伙"买入计划

买入时间	买入价格	持有股份	累计持股
2014 年 5 月 30 日	8.52 元	23 188 124	1.47%
2014 年 6 月 3 日	8.55 元	26 476 551	1.68%
2014 年 6 月 20 日	8.4 元	23 969 613	1.92%
2014 年 8 月 29 日	8.83 元	46 299 716	2.34%
2014 年 9 月 16 日	9.36 元	57 011 386	2.86%
2014 年 9 月 24 日	9.24 元	44 356 875	3.26%
2015 年 1 月 24 日	12.79 元	101 187 211	4.17%
2015 年 1 月 28 日	13.26 元	34 054 269	4.48%

数据来源：万科公告。

（四）华润的倒戈：6 月 17 日董事会风波显万科公司治理危机

2016 年 6 月，万科公布了《西南证券股份有限公司关于公司发行股份购买资产暨关联交易预案之核查意见书》，意见书中详细披露了本次重组的交易方案。万科拟以发行股份的方式购买地铁集团持有的前海国际 100% 股权，经交易双方协商确定的标的资产初步交易价格为 456.13 亿元。初步确定对价发行价格为每股 15.88 元，为定价基准日前 60 个交易日上市公司股票交易均价的 93.61%，据此计算，将向地铁集团发行 2 872 355 163 股 A 股股份，交易结构如图 16-5 所示。

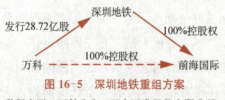

图 16-5 深圳地铁重组方案

数据来源：万科公告《西南证券股份有限公司关于公司发行股份购买资产暨关联交易预案之核查意见书》。

6 月 17 日停牌大限将至，万科就购买深圳市地铁集团持有的前海国际 100% 股权召开董事会会议进行表决时，原本理当通过并继续交由股东大会审议的草案却因为华润态度的 180 度大转变而变得一波三折。

董事会会议一开始，华润的代表人就自信满满地拿着早已经准备好的草稿，宣读为什么不支持这项收购议案的动因。

第一，万科增发股票的价格相对其净资产评估值折让较大。本次万科增发股票定价为 15.88 元，比资本市场目前平均对万科每股净资产约 21 元的估值测算低约 24%，增发后现有股东的权益从 15.24% 被摊薄至 12.10%。华润变成了万科的"小三"，站在控制人的角度想，华润当然不乐意。

华润给出的第二个反对的理由指向了收购深铁的第二种可能性即债务融资。万科负债率是行业最低之一，净有息负债率仅25.5%，有较大债权融资空间。受益于当前相对宽松的货币信贷政策，万科债权融资成本持续下降，2016年发行的5年人民币债券利息为3.2%，3年港币债券为2.5%。万科通过现金或债权融资形式支付全部交易对价，其财务状况依然维持安全稳健，无需发行大量股票摊薄现有股东权益。从下表中可见，万科近年来的债务负担较轻，带息债务占总资产的比重在50%左右浮动，且从利息保障倍数等指标来看，万科的现金流量充裕，加上企业商誉好，融资成本低，完全有能力通过举债融资进行资产收购。

然而，近500亿的举债即使对于万科这样的地产王来说也不是一个小数目，如果全部通过债务融资，那将会使万科马上接触到70%的负债比率红线，这对万科之后的业绩和营收都将是一个不小的挑战。

表16-3 万科的资本结构和偿债能力

报告期	2016-06-30	2015-12-31	2014-12-31	2013-12-31
流动比率	1.25	1.30	1.34	1.34
现金流量利息保障倍数	9.75	3.31	6.10	0.29
带息债务/总资产	0.51	0.49	0.51	0.54
EBIT/利息费用	5.38	9.83	4.38	4.29

资料来源：万科年报。

第三，华润的代表指出，本次万科发行新股购买的资产是两个地产项目的股权，而不是地铁整体业务的权益，不能自动锁定未来万科与深圳地铁在其他项目的开发合作，未能形成对万科的持续性支持。反而，万科与重庆、东莞等城市地铁拟通过PPP方式在项目层面展开合作的方式在分红方面灵活度更高，更符合地铁用开发物业反哺地铁建设的目标。三个理由摆上台面，华润的态度已经很明晰：反对深圳地铁资产收购案。

华润的葫芦里究竟卖的什么药？三个理由看起来说得过去，但实则较牵强。万科的独立董事华生在6月24日于《上海证券报》谈了自己的看法，连续发问反驳了华润给出的三个理由："不说华润自己当年入股成本之低，就是宝能去年抢了万科第一大股东位置，也只不过花了包括保险资金和杠杆融资的几百亿，现在深圳地铁以更货真价实的几百亿土地，也换个大股东位置，怎么就是损害和不公呢？华润嫌深圳地铁这两块地太贵，主张万科举债融资去买，就是没有竞拍，谁都明白没有高得多的价格根本买不来。花更大的价钱又没有与深圳地铁结盟，落个里外两头亏，不是对公司和股东利益的更大损害吗？如果真重视与深圳地铁这样的轨道交通'大拿'长期稳定合作、占据下一波房地产2.0时代'轨道加物业'的先机和优势，股权当然是最好和最能锁定的结盟方式。

按照重组预案，深圳地铁成为万科新晋第一大股东，这不是全面合作还有什么是全面合作？"①

醉翁之意不在酒，在山水之间也。华生猜测，在宝能过高的杠杆融资触及政策红线而偃旗息鼓之后，华润的意图从原来的坚持维护第一大股东地位发展到要彻底控制万科的经营，使其服从华润的领导，一改之前华润作为第一大股东却又说话不作数的局面。要实现这个目标，华润只能"清算"万科的"内部人控制"，改变现行万科治理架构，赶走长期实际控制的公司管理层。"这是为什么华润可以容忍'野蛮人'宝能，但绝不能让深圳地铁进来的原因"，华生一针见血地指出了华润背后的意图。在王石就要把野蛮人扫出家门的时候，华润对这项至关重要的资产收购案的反对无疑将万科内部的委托-代理矛盾激化到前所未有的程度。谁才是万科真正的主人？以前王石是，那是由于华润这个金主"不干预朝政"的关系，现在双方矛盾激化，华润开始着手干预，难怪王石会发出"天要下雨、娘要嫁人，还能说什么？"的慨叹！

然而，这场 6 月 17 日的董事会好戏并未就此终结。参会的四名万科董事投了赞成票，三名华润董事代表投了反对票，这次重组预案的命运出人意料地被独立董事把握在手里，这在上市公司的董事会会议里是极其罕见的。根据万科在 6 月 18 日发出的公告，独立董事张利平任职的美国黑石集团正在与万科洽售在中国的一个大型商业物业项目，带来潜在的关联与利益冲突，因此回避表决，而其他三位独立董事均投了赞成票，因此收购议案最终以 7 票赞成，3 票反对，0 票弃权获得通过。这次万科董事会的表决，以

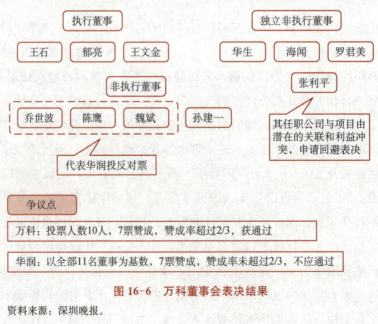

图 16-6　万科董事会表决结果

资料来源：深圳晚报。

---

① 华生，我为什么不支持大股东意见，刊于 2016 年 6 月 24 日上海证券报。

独立董事实际全部支持和放行重组预案而结束，阻止了持股仅15%左右的二股东华润出尔反尔，利用其在董事会的话语权否决已经在今年3月全体股东大会通过的推进与深圳地铁重组的决定，把决定重组命运的权利再次交回给不久将召开的股东大会，保护和捍卫了绝大多数股东的权益。独立董事投票的合法合规和正义性不言而喻，他们在这次预案的审议中起到了至关重要的作用。

独立董事张利平原本是华润推荐的，也许在董事会开始之前华润就已经和张利平商量好了要投弃权票，这样张利平便会计入总票数之内，深圳地铁资产收购预案也就会被扼杀在摇篮里。然而，张利平阴差阳错地表示自己因有利益关联而要"回避表决"而非"弃权"，两者在董事会议程里的含义有着天壤之别：选择了前者，就意味着没有了表决权，三分之二的通过条件中，计数的分母就不计入回避表决的董事人数；而选择了后者，表决权还是存在的，计数的分母要记入弃权的董事人数，选择弃权实际上就是在投反对票。华润在这之前精心打好的算盘就因为这一个细节让煮熟的鸭子飞了。

然而，华润并未就此罢休：他们先是阻挠万科发布公开会议结果的董事会决议公告，在万科公告发布后，华润方面又于次日发表声明，质疑表决结果，认为独董张利平的回避表决理由不成立，因此应计入未赞成预案的董事人数。华润援引《公司法》第124条规定：上市公司董事与董事会会议决议事项所涉及的企业有关联关系的，不得对该项决议行使表决权。同时，华润还搬来了《万科公司章程》第152条第2款：公司董事与董事会会议决议事项所涉及的企业有关联关系的，不得对该项决议行使表决权。华润认为：本次董事会决议事项"所涉及的企业"是深圳地铁，张利平没有充足证据证明自己所在的黑石与深圳地铁有关联利益，因此回避表决是不合法且无效的。

华润的这个举动实在是令人啼笑皆非。首先，搬起石头砸了自己的脚：重组预案所涉及的企业不止是深圳地铁一家，当然还有交易对手万科，而张利平任职的黑石公司与其中之一的万科因正新近策划合作一大型商业物业合作项目而产生关联，因此回避表决合理合法。其次，法规要求有利益冲突的投票人回避，有利益冲突的人不回避是违法违规。投票人本着安全谨慎的原则，对自己认为可能引起利益冲突的某项议案要求回避表决，是保护自己的合法权利。即便当场有人提出异议，只要当时董事会没有通过决议认为他不存在利益冲突并为其参与投票表决免责背书，张利平先生均可拒绝任何个别人的不同意见，坚持回避。而实际情况是，当张利平提出回避时，在场没有董事提出异议，更无董事会决议为其参与投票免责，因此张利平要求回避，本人一点错误和责任都没有。至于事后任何一方因自己认为张利平的回避理由不足而否定董事会表决的合法性，当然是绝对不行的[①]。历史不容改写，在法理的框架下，公司治理需要依照章程和规则，否则便毫无秩序可言。

---

① 华生，我为什么不支持大股东意见，刊于2016年6月24日上海证券报。

（五）王石再出招

华润在 6 月 17 日万科董事会会议上打的算盘和之后在表决环节的挫败，让自从万科在 2015 年底停牌后就一直躲在背后不断窥测方向和调整立场的宝能按捺不住了。6 月 23 日，宝能一致行动人前海人寿深夜发布声明，指控万科董事会在表决程序上不合法、独立董事丧失独立性、购买资产定价不公允、股份发行定价不合理、万科监事会未能尽监督和纠正的职责等多项"罪名"，明确反对此次收购深圳地铁的预案，并称将在股东大会上行使股东权利。而就在宝能系发声数十分钟后，华润在微信上也发布了消息，重申反对万科进行重组的预案。就在 2015 年底还为万科第一大股东打起来的两个仇敌，顿时找到了共同点，竟然开始协同作战，要彻底扼杀王石辛辛苦苦停牌了半年才搞出来的资产重组案。宝能好像还嫌阵势打得不够大，在 6 月 27 日向万科提交了申请召开临时股东大会的通知，审议提请罢免万科全体董事、独立董事和监事的议案；对外宣称的是，宝能一来看不惯万科"内部人控制"、压榨中小股东利益的局面，二来看不惯王石长期脱离工作岗位、到处游学仍然领着一份高薪；实际上，宝能已经等不下去要全面控制万科、争抢话语权了，它的目标是尽可能快地把手中握有的万科股票转成实实在在的控制权和决策权。而在同日下午在深圳万科中心举行的 2015 年度股东大会上，华润和宝能对 2015 年度万科的《董事会报告》和《监事会报告》均投了反对票，宝能系更是对《年度报告》和《财务报告》投了反对票。新一轮的猛攻，剑指万科的控制权和决策权，王石再一次体会到了资本的力量给自己带来的压力。

表 16-4　前十大股东对各议案的表决情况

股东名称	2015 年度董事会报告	2015 年度监事会报告	2015 年度报告及经审计财务报告	2015 年度利润分配及分红派息方案	关于 2016 年度续聘请会计师事务所的议案
华润股份有限公司	反对	反对	同意	同意	同意
深圳市钜盛华股份有限公司	反对	反对	反对	同意	同意
前海人寿保险股份有限公司—海利年年	反对	反对	反对	同意	同意
安邦财产保险股份有限公司—传统产品	同意	同意	同意	同意	同意
安邦人寿保险股份有限公司—保守型投资组合	同意	同意	同意	同意	同意
西部利得基金—建设银行—西部利得金裕 1 号资产管理计划	反对	反对	反对	同意	同意

续表

股东名称	2015年度董事会报告	2015年度监事会报告	2015年度报告及经审计财务报告	2015年度利润分配及分红派息方案	关于2016年度续聘请会计师事务所的议案
前海人寿保险股份有限公司—聚富产品	反对	反对	反对	同意	同意
前海人寿保险股份有限公司—自有资金	反对	反对	反对	同意	同意
南方资本—广发银行—广钜1号资产管理计划	反对	反对	反对	同意	同意
西部利得基金—建设银行—西部利得宝禄1号资产管理计划	反对	反对	反对	同意	同意

来源：万科公告。

面对宝能发起的再一轮攻势，王石也做好了充足的应对准备。针对宝能罢免全体董事、独立董事和监事的议案，万科在7月1日下午召开了董事会会议，董事会全体成员全票否决宝能提请召开临时股东大会的诉求，但不排除宝能也可以利用自己是10%以上的股东身份，自行召开股东大会进行表决，但王石还有奇招：同日晚间，万科发布了《董事会议事规则（修订稿）》，其中第五条明确规定："董事由股东大会选举或更换，每届任期三年，任期从股东大会通过之日起计算……董事在任期届满前，股东大会不得无故解除其职务。"这基本上就堵死了宝能重新洗牌的念想，在制度上给王石等人加了一层"金钟罩"。

王石打出的好牌还不止这些。在6月27日举行的股东大会上，王石刻意地放平心态，放低身段，面对华润和宝能对《董事会报告》和《监事会报告》的否决，面对中小股东和媒体的质问，王石显得泰然自若，十分淡定。这也许是他强大的心理素质在支撑着他，这个以"硬汉"著称的人，就如本文开头描述的那般几次三番地鞠躬致歉，王石的诚意显然使在场的投资者们买了账。王石在这次股东大会上的举动与之后6月30日万科员工上访维权、以一封《保卫万科请愿书》提请深圳市委市政府介入万科股权之争似乎有着异曲同工之妙。再加上网络上各种舆论造势，声称万科的未来全在管理层，罢免管理层等于抹杀万科的前途——王石和他的战友们已然占据了舆论的上风，这张"情感牌"打得甚是及时。再有，7月1日万科就急急忙忙地公布了6月份的公司业绩：实现销售面积326.4万平方米，销售金额424.0亿元，销售金额同比增长68%，环比增长16.5%，1—6月份累计实现销售面积1 409.0万平方米，销售金额1 900.8亿元。铁板钉钉的数据再次证明了万科管理层的实力，王石似乎在向野蛮人喊话："不管你在股权上如何斗，我王石的本事白纸黑字写得清楚，万科的经营缺不了我，万科的未来少不了我。"

表 16-5　万科 2016 年半年度经营业绩

项　目	2016 年 1—6 月	2015 年 1—6 月	比上年同期增减
营业收入	74 795 294 306.29	50 266 797 992.53	48.80%
营业利润	9 904 605 249.00	8 718 934 358.80	13.60%
利润总额	9 980 342 845.59	8 777 007 697.39	13.71%
归属于上市公司股东的净利润	5 351 309 986.08	4 846 279 065.45	10.42%
扣除非经常性损益后归属于上市公司股东的净利润	5 335 845 153.10	4 814 204 105.35	10.84%
基本每股收益	0.48	0.44	10.39%
稀释每股收益	0.48	0.44	10.39%
净资产收益率（全面摊薄）	5.49%	5.55%	−0.06%
净资产收益率（加权平均）	5.20%	5.41%	−0.21%
扣除非经常性损益后的加权平均净资产收益率	5.19%	5.38%	−0.19%
经营活动产生的现金流量净额	25 797 213 427.97	−6 808 355 734.53	478.91%
每股经营活动产生的现金流量净额	2.34	−0.62	477.42%

数据来源：万科年报。

王石一边在抵御宝能的再次进攻，一边也在拉拢"旧友"华润。7 月 2 日，针对深交所关于万科的重组问询函，万科做出了有力的回复：对之前的重组预案进行了六大修订，包括对交易标的资产的预估值、交易价格、定价依据、新增发行股份的定价依据等进行了补充说明，一一回击华润在 6 月 17 日的董事会上提出的质疑。华润在台面上的理由支撑不住了，王石心想这位"旧友"总该回心转意了吧。

王石更大的招还在后面。7 月 4 日，万科沪市股票在停牌半年多之后终于复牌。复牌后连续两个跌停，之后万科股价一路飘绿，在半个月内股价竟然下跌了 30%，也许是"旁观者心态"在作祟，抑或是万科在暗度陈仓，总之，股价的应声下跌给砸下 400 多亿的宝能添了不少压力。宝能的资金来源是两层的杠杆资金，杠杆率至少有 4 倍多，这样的杠杆只能"受涨不受跌"，市场开始产生对宝能"爆仓"的担忧。这时王石祭出了大招：7 月 19 日，万科向证监会提交了《关于提请查处钜盛华及其控制的相关资管计划违法违规行为的报告》，指出姚老板的九个资管计划信息披露不到位，涉嫌非法从事股票融资业务，涉嫌计划拉高股价为前海人寿输送利益，未提示举牌可导致的股票锁定风险等。随着股价接近 16 元的低位，王石坐等看着姚老板"爆仓"，然后狠狠退出这一年来的"闹剧"。

图 16-7　万科 A 在 2016 年 7 月 4 日复牌后半个月内下跌近 30%

数据来源：Wind。

然而，王石这次使出的招被姚振华接下了，宝能下的钜盛华、前海人寿和九个资管计划最终都没有"爆仓"，根本原因还是宝能底子足：2015 年钜盛华和前海人寿共计盈利 232.6 亿元，账面拥有货币资金高达 458 亿。而宝能此次掌管的九个资产管理计划，耗资 207.7 亿元，其中宝能旗下钜盛华以自有资金 69.23 亿元撬动了 138.46 亿元的杠杆资金，杠杆比率为 1∶2，这九个资管计划共买入万科 10.98 亿股，占万科总股本的 9.95%。根据合同约定，资产管理计划将份额净值 0.8 元设置为平仓线，份额净值低于或等于平仓线时，钜盛华需按照管理人要求及时追加保障金。然而，宝能通过资本运作，使九个资管计划的平仓线均处于万科股价之下，巧妙地躲避了"爆仓"的危机。

（六）信息披露是证券市场的生命

在资本角逐资本的市场上，除了合作抑或是敌对的资本玩家外，还有一个十分重要的角色，即监管方。从 2015 年下半年万科股权之争开始，深圳证券交易所就一直充当着旁观者的角色，对这场资本大战作壁上观，仍由市场的力量发挥作用。然而，随着好戏进入高潮，这场游戏的玩家们——万科、宝能、华润，包括后来的恒大开始利用自身在市场获取信息的优势，利用游戏规则的漏洞，为了达到目的甚至不择手段。最令人诟病的当数上市公司信息披露不够及时和完整，达不到决策者和投资者之间的信息对称，导致市场对企业的资本运作反应迟钝，而知晓信息的相关人就从中获取巨利，这严重扰乱了市场秩序，阻碍了资本市场的健康发展。从表 16-6 中关于深交所发函询问的情况可以看出，监管方是维护这场游戏的裁判，也是游戏较为弱势的一方——中小股东的利益维护者。深交所对这场游戏的介入意在提醒各位玩家：不要自恃资本而忘却规则！

表 16-6　万科股权之争期间深交所的发函监管摘要（截至 2016-08-31）

发函日期	发函方	发函理由	回复方	回复理由
2016-06-22	深交所	张利平回避表决的具体原因；发行股份对 H 股的影响；土地作价的合理性，发行股票定价的合理性	万科	张利平所在黑石与万科有关联利益，回避表决合理合法；发行股份使 H 股低于联交所批准豁免的最低比例 10% 并非确定事项；土地作价差价已经国资委批准，差价会计处理方法合理；发行股价处在合理区间。
2016-06-27	深交所	是否与华润为一致行动人；提出罢免董监事及不提名的原因	钜盛华	与华润不形成一致行动人关系；罢免万科全体董监事是为了改变万科混乱的公司治理结构，同时给予万科高管更多准备的时间。
2016-06-27	深交所	是否与钜盛华为一致行动人	华润	与钜盛华不构成一致行动人，这点可以由华润否决钜盛华提请罢免万科全体董监事的议案等事实佐证。
2016-07-08	深交所	华润、深铁将溢价收购宝能持有万科股份，万科将成为国有控股企业，是否属实	万科、华润、深铁	华润、深铁均没有溢价收购宝能持有万科股份的意向，媒体传言不属实。
2016-07-21	深交所	万科在指定媒体披露前对非指定媒体披露了《关于提请查处钜盛华及其控制的相关资管计划违法违规行为的报告》，披露流程违规，决策程序不审慎	万科	接受深交所的诫勉谈话。
2016-07-21	深交所	在增持万科公司股份期间，未将权益变动报告书等备查文件置于上市公司住所	钜盛华	接受深交所的诫勉谈话。
2016-08-05	深交所	是否提前泄露恒大拥有万科股权的消息；是否与恒大为一致行动人	万科	经自查，没有提前泄露；与恒大不构成一致行动人关系。
2016-08-05	深交所	是否向市场发布否认公司持有万科股权的不实消息；是否与万科为一致行动人	恒大	没有发出不实消息，不知道传言的来源；与万科不构成一致行动人关系。

7 月 22 日，中国证监会曾就万科事件谴责万科股东方和管理层，称："万科相关股东与管理层本应成为建设市场、维护市场、尊重市场的积极力量，带头守法，尽责履职。但遗憾的是，至今没有看到万科相关股东与管理层采取有诚意、有效的措施消除分歧，相反通过各种方式激化矛盾，置资本市场稳定于不顾，置公司可持续发展于不顾，

置公司广大中小股东利益于不顾，严重影响了公司的市场形象及正常的生产经营，违背了公司治理的义务。"

华生说："信息披露是证券市场的生命。"在6月17日的那场董事会会议中，他以独立董事的身份向华润和万科的态度和行动方向提出疑问，这才知道华润和万科在背后的一系列商讨和方案的失败导致了华润在宝能增持时毫无反应的局面，而万科在披露深圳地铁预案前没有与华润商量也是导致华润极其恼火的原因之一。这么多重要的信息，有的并非不可披露，但完全不披露导致连华生这个独立董事也在开会前没搞清楚华润和万科的意图，更别说广大的中小投资者了。而对于宝能来说，从万科股票停牌起到复牌前夕，基本上躲在后面不说话，让大家摸不着头脑；在3月份审议延长停牌时间议案的股东大会上，宝能竟然也投了赞成票，这就更让人匪夷所思了。为了达到目标，某些事情是不应该在事前说出来，但对于前后矛盾的事实，最起码当事人要有个基本的交待：是不是态度转变了？下一步打算怎么办？与其他游戏玩家有没有什么沟通？沟通的结果是什么？这些全都应当在事后进行及时披露，让市场和投资者们不但要"看到"这场大戏，更重要的是要"看清"这场大戏。

二、万科的大门为何会遭"野蛮人"入侵？

（一）多方博弈的利益均衡——万科的公司治理问题

一家企业的治理与其股权结构的安排有着紧密联系。从万科1992年上市初到万科股权之争的前夕，其股权结构一直处在较为分散的状态，这可以从万科前十大股东的持

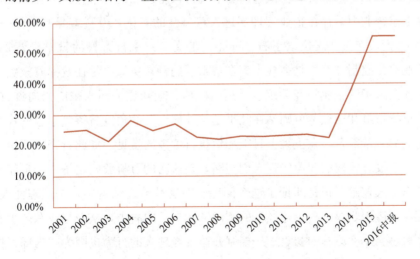

图16-8 万科前10名股东持股比例总和

数据来源：Wind，公司年报。

股比例总和看出来：在华润成为第一大股东之前的上世纪 90 年代，万科前十大股东持股比例总和只有 25% 左右；华润入主万科之后，前十大股东持股比例总和也始终保持在 20%—30% 的区间；只有在 2015 年股权争夺战开始之后，万科的前十大股东持股比例总和才突增至 55.36%，但较于普通的股权集中的企业（前 10 名股东持股比例总和达到 70% 以上），股权仍然徘徊在较为分散的状态。

一家股权分散的企业会有怎样的治理问题？早在 1776 年，古典主义经济学的开创人亚当·斯密就已经在《国富论》中写下了无比具有先见之明的一句话："作为他人资金的使用者或经营者，不要期望他会像使用自己的金钱一样精心照顾他人的资金。" 1932 年，Berle 和 Means 在现代公司制度的背景下，将这种现象概括为 "所有权和控制权的分离"。他们认为，这种方式下，美国市场中现代公司分散的股权可自由转让，以及股东之间的免费搭车，使股东对经理人实施有效的监督十分困难，经理人与股东利益将尖锐对立，据此，他们十分悲观，认为这种问题是 "对过去三个世纪美国赖以生存的经济秩序构成的威胁"。在现代公司制的条件下，公司的所有权和经营控制权发生分离，股东虽然有公司经营利润的剩余索取权，但他们已经不经营企业，而是设定一个契约将资产委托给职业经理人管理，真正控制公司的是最高层的经理。所有权分离的状况导致了代理问题的产生，尤其是分散的股权会导致管理层大量滥用职权，造成一系列公司治理问题，如卸职、过度投资、巩固地位、自我交易等等。

作为一家股权分散的公司，万科毫无例外地在企业治理上有着代理问题，即大股东华润与万科的管理层之间的冲突。在万科多年来的治理框架下，华润虽然是万科的第一大股东，却只享有企业利润的剩余索取权，其通过一系列的契约安排将万科的控制权和决策权赋予董事会，董事会的决议进而影响着万科管理层的日常经营方针和策略。在中国的诸多上市企业中，存在企业管理层进入董事会的案例，万科就是其中的一个典型：董事会共 11 人，有三个席位（王石、郁亮、王文金）来自万科的日常经营管理团队，他们虽然在股权控制方面不是多数，但在董事会的日常决策中往往发挥着至关重要的作用，因为他们最了解企业的经营现状、运营困境，最知道公司未来应当向哪方面发展。而其余非执行董事和独立董事则站在几乎是 "外部人" 的角度看待董事会的提案，他们不参与企业的日常经营，在决策上只能相信执行董事的意见。如此看来，万科的整个经营一直被几乎没有股权的职业经理人们垄断，在这次的万科股权之争中，宝能一直叫嚣万科的 "内部人控制" 正是印证了这个问题。在这种治理结构中，按照理性人的假设，企业管理层将滥用职权，将企业经营的利润纳入自己的囊中，从而与股东产生利益上的冲突，而董事会制度原本的初衷——控制并监督经理人的行为也因为 "内部人控制" 在万科的治理结构中失灵了。

然而，从一名外部投资者的角度来看万科，似乎并没有上文所述的代理问题。万科

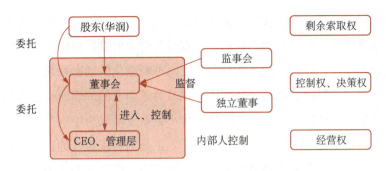

图 16-9　万科的企业治理结构

的经营一直做得很好,这也是为什么到最后恒大掺进一脚的原因:万科的发展战略一直以"稳健"出名,即使是在 2008 年地产贷款引发的金融危机的背景下,万科在 2009 年的营业收入都有近 20% 的增长,净利润也增长了近 38%,以"万科"打头的地产项目遍布全国一二三线城市。万科的管理层为万科带来了不可估量的贡献,可以说"没有王石,就没有万科的今天"。万科究竟采取了什么措施,让股权分散应导致的代理问题而产生的冲突得以化解,让万科的全体管理层和员工如此为股东创造价值而卖命呢?

答案主要有三个:万科管理层的高薪资、管理层的持股计划(也就是万科的"事业合伙人计划")、还有万科的股利政策。经理报酬是英美企业解决代理问题的常用方法,也是"第一道防线",经理人拿了企业的高薪,就容易产生"管家"(stewardship)的心态。根据企业有效规模经济理论,较大规模企业的管理者可以获得更高的薪酬,也就激励他们为企业做出与这份薪酬匹配的贡献,产生精神满足感,并为此而继续努力经营,扩大企业规模。这就像一个正反馈机制。根据公司年报的披露,王石在 2015 年拿了 998.8 万元的薪酬,而 2015 年上市公司董事长的平均薪酬约为 100 万元,这一差距也差点让王石背了"尸位素餐"的"罪名"。其次是万科的事业合伙人计划,在这个计划中,包括在公司任职的全部 8 名董事、监事、高级管理人员在内的 1 320 位员工自愿成为公司首批事业合伙人。事业合伙人签署《授权委托与承诺书》,将其在公司经济利润奖金集体奖金账户中的全部权益,委托给深圳盈安财务顾问企业(有限合伙)的普通合伙人进行投资管理,包括引入融资杠杆进行投资;同时承诺在集体奖金所担负的返还公司的或有义务解除前,该部分集体奖金及衍生财产统一封闭管理,不兑付到具体个人①。把管理层和员工的福利和企业的经营状况联系起来,是这个计划的最大特点,就相当于万科和它的管理团队签了一个对赌协议一样,对赌标的就是万科的经营业绩。管理层赢,其所拥有的股票、期权等必将得到资本增值;管理层输,他们将为此付出薪酬和奖金以股票和期权的形式被套牢的代价。同时,这个计划和万科原本的治理结构,即

---

① 万科集团 2014 年年度报告第 49 页。

管理层拥有实际控制权和决策权是紧密联系的,它让管理层由"职业经理人"的角色开始向股东的角色转变,使他们的"自利心"变得和公司的发展目标相容。经营管理团队的工作热情和创造力、经营管理团队与股东之间不断强化的紧密联系、他们对公司成功和伟大的不懈追求、与时俱进的应变和创新以及为了企业的辉煌而自我激励自我约束的持续动力,使得万科从当初一个不起眼的地方小企业发展成为中国乃至世界上最大的房地产公司。这就如亚当·斯密说市场经济一样,正是因为依靠人的自利心,社会上千千万万的人才尽心尽力自愿地为满足他人的需要而劳作,辛勤地提供别人需要的产品和服务以换取自己的利益,结果反而达到了资源配置最优的境界①。

还有一点,便是万科的股利政策缓解了大股东和管理层之间的矛盾。一般而言,私人或股权集中的公司几乎不发股利,而股权分散的公司通常将其利润的一部分作为股利发放给投资者。根据股利政策的代理成本理论,发放股利能够有效降低代理成本,一是其减少了公司经营者对自由现金流的支配权,减少或使其失去了谋求自身利益的"免费午餐";二是高股利政策减少了留存收益,为了满足新投资所需的资金,公司必然通过举债或者发放新股方式融通资金。一旦新资本进入公司,公司将面临来自新债权人和新股东更加严格的监督和检查②。万科在上市前十年每年都发红股,之后除了五次股票转增和一次股票红利外,没有发放过其他股票股利,而现金红利发得很勤:自上市以来就保持着每年10%—40%的现金股利,与同行业可比公司比较可以发现,万科的现金红利发放率在同行业中处于较高的水平。一般来说,发放现金红利不会对股东总体财富造

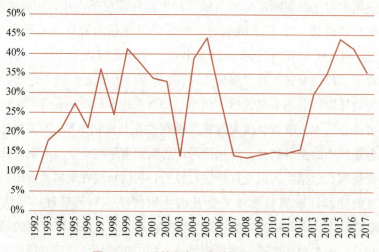

图16-10 万科上市以来的股利支付率

数据来源:Wind。

---

① 华生,我为什么不支持大股东意见,刊于2016年6月24日上海证券报。
② 朱叶,公司金融(第2版),复旦大学出版社,2013年,第235页。

成影响，因为股利的发放只是股东权益科目之间金额的简单转移。然而，这却把相应的价值从企业经理人手中转移到了股东手中，减少了管理层对公司留存现金的控制权和处置权，减少了职业经理人的道德风险。王石将现金股利受让给股东，不仅与他"两袖清风"的个人作风有关，也是为了"填满"股东的胃口，避免发生代理战替换管理层，维持两方微妙的平衡关系。

表 16-7　同行业可比公司上市以来累计分红率

万科集团	保利地产	金地集团	荣盛发展
20.54%	15.60%	15.51%	16.43%

数据来源：Wind。

不容忽视的是，在万科股权之争使得万科的股权结构变得愈发集中时，除了游戏的参与方战得正酣外，另一类的企业治理问题即剥夺型问题便体现了出来。当企业股权集中在少数大股东手中时，就极易引发企业股东和管理层联合剥夺中小股东利益的情形。在典型的剥夺型治理问题中，企业往往通过金字塔型股权结构或交叉持股，实现控制权（或投票权）和现金流权的分离，使拥有实际控制权的"小股东"拥有企业大部分利润的索取权，这样便侵害了其他市场投资者的利益。而在万科事件中，虽然并未直接看到这样典型的剥夺型股权结构，但要注意到在这期间，中小投资者的利益并未得到有效保障，这是剥夺型问题的重要表现。最重要的原因在于万科、宝能、华润甚至后来的恒大在信息披露上都存在着问题，要么披露不及时，要么披露不充分，要么根本不予披露：万科在披露深圳地铁的资产收购预案时没有就土地作价合理性做出充分解释；宝能在3月17日股东大会上支持万科继续停牌的表决与前面要入主万科的态度截然相反，而其并未就此做出说明；华润对宝能要抢第一大股东位置的态度则一直暧昧不明；恒大则没有守住已经持有万科股份的内幕消息……深交所作为这场游戏的裁判，虽然在信息披露的监督治理上下了不少功夫，但是归根到底，信息披露应当是"从内而外"的自发性市场行为，而非"从外向内"的督促甚至逼迫。

（二）内忧外患——王石的"算盘"经得起现代公司治理制度的敲打吗？

"野蛮人"宝能会敲万科的大门，除了宝能自身的资金优势使其有能力去敲万科的门之外，也与万科自己没有把"门"看紧有关。从万科的股权结构来看，王石并没有做好反收购的抵御措施：不仅股份极为分散，容易让恶意收购者通过市场上大量的流通股频频进行举牌；万科的管理层持股计划也没能起到其应当起到的防御"野蛮人"的作用：直到大敌当前，万科的事业合伙人计划持股比例还不到5%，只能怪王石的动作太慢，虽然有布局反收购架构的意图，却没有布局好这个架构的意识，使宝能乘虚而入，夺得立足时机，进而拓展领地。相比之下，刘强东和马云就做得成功得多。京东、阿里巴巴与万科都是创始人作为企业前进的灵魂，但前两者的创始人不但有经营权，同时把绝对控股权也掌握在自己手中：京东是典型的双级股票制度，刘强东通过"同股不同权"把企业的投票权牢牢握在手里；阿里巴巴的"湖畔合伙人制"则是将提名和罢免董事会的权力交给了由企业内部管理层组成的合伙人组织，通过这样的制度安排，实际上就把企业的投票权和控制权交由内部人来管理，而合伙人本身是流动可替换的，这就具有自我监督的功效。反观王石手中的控制权，远远不如刘强东和马云来得牢固：与其说王石的控制权是其作为创始人争取而来的，不如说是华润"大股不控股，支持不干预"施舍给王石的。这样的控制权岌岌可危，随时会有被夺去的危险。

这种危险就在宝能打算"易主"万科时得到了应验。万科遭外部"野蛮人"的敲打，看起来是王石没有注重外部控制权市场的防御，实际上是因为王石忽视了内部股东关系的处理，说到底就是以王石为首的万科管理层对自己原来赖以生存的生态即与华润集团的关系处理失当。代理问题表面上看起来是通过薪酬、持股计划和股利政策得到了缓解，但这些都抵挡不了华润取得万科实际控制权的能力。华润对万科的"不管不问"事实上与国家发展市场经济、国有企业混合制改革的大背景有关，也与前几任华润掌门人的个人性格、判断和偏好取向直接相关，这样的管理结构在国内的第一大股东为国企的公司中几乎是个孤例。然而，以王石为代表的万科管理层却对控制权习惯成自然，觉得过去的惯例也就是今天的必然，埋头干业务，忽视了公司政治在企业治理中的重要性。

当前，国有企业改革很重要的一点便是产权制度的落实，其大背景在于：过去，国有企业是全民所有制的企业，而一个企业不可能让全国人民一起管，缺位的所有者由代表人民利益的政府官员担当。这样，一家国企开门要对上级领导负责，关起门来就是人人要对本企业的领导负责，这样就极易形成内部人控制。因此，需要引入民间资本进行竞争，需要把所有者的控制权落实到真正的管理者身上；否则，管理层一和上级领导搞坏了关系，就被人穿起了小鞋。在这种具有中国特色的行政化管理体制下，企业业绩只是管理层能力的体现，但对领导的态度就要上升到立场问题。万科和华润之间的关系也是如此。万科独董华生在他的文章中写道："万科待人接物完全是出于现代企业冷冰冰的成本和效率考虑，自诩自己是治理结构和文化独特的现代企业，显得既不懂国企的规矩，又没有私企的殷勤。以王石的高调作派，与现任大股东新领导关系搞僵，并不奇怪。特别是新一届华润领导并没有与万科长期交往的经历和相互理解，其对万科管理层各种也许不大但令人恼怒的不恭和轻慢的反感难免会日积月累，这就会动摇万科治理结构的根基。"[①] 王石不玩公司政治，与个人清高的性格有关，这从他再三拒绝万科股份

---

① 华生，我为什么不支持大股东意见，刊于 2016 年 6 月 24 日上海证券报。

一事便可窥探,但殊不知在中国社会泛政治化的背景下,搞好人脉关系恰恰是企业治理的一步要棋。

王石既然已经在内部治理上错失一步,就要想办法在宝能发动进攻后弥补回来。王石延续"君万之争"使用过的停牌招数,一方面暂时遏制宝能的进攻态势,同时也让市场冷静和消化,另一方面则饥不择食地寻找白衣骑士,包括在停牌前寻找的华润、安邦,和在停牌后寻找到的深圳地铁。在这里,王石有几方面的打算:首先,无论找到谁作为最终的白衣骑士,都通过发行股份购买资产,使宝能股份大为稀释,增加其继续持有的成本,这等于是在放一个毒丸计划;其次,当王石逐渐知晓宝能甚至华润此次剑指实际控制权时,只能另寻大靠山——能与华润抗衡的国有企业且不觊觎管理层手中的控制权,这也是深圳地铁得以入选的重要原因;最后,找到的白衣骑士还要有能与万科进行业务整合、协同发展的能力,这在长远上来看有利于王石把万科业绩做得更大,使门外的潜在"野蛮人"望而却步,而深圳地铁恰好也能满足这方面的要求,因为"轨道+地产"的确是在环渤海、长三角和珠三角等大城市圈的形成下,未来地产的发展趋势。

总的看来,王石的战略似乎能够抵挡得住"野蛮人"的进攻,然而往深处想,发现其依然没有跳出"过去的惯例便是今天的必然"的思维惯势。暂且先把华润和宝能会在股东大会上联合反对这一收购议案的可能性放在一边,即使王石能够把深铁拉入万科的怀抱,万科的股权结构仍然是分散的——根据万科的收购预案,收购后前10大股东持股比例总和为62.26%。王石手中依然没有绝对控股,他所享有的控制权还是大股东赋予他的。只要某一天深圳地铁变成了下一个华润,王石还是要陷入如今这般被动的局面。王石既想"两袖清风",又不想手中的控制权被人夺走,这在如今的公司治理结构中是多么可笑的一种想法!王石若想把控制权牢牢地掌握在手中,可能的一种方法就是通过事业合伙人制度进行管理层收购,但难度非常大:在宝能、华润、恒大等资本力量已经加入的情况下,管理层持股若想要增加,不仅难过董事会这一关,收购成本也会随着企业的发展而不断增加。王石若要放手一搏,必定造成万科MBO后债务高企,影响企业的日常运营,这在王石稳健的资本运作风格下是不太可能发生的事情。

除了在资本运作上的战略,王石在此次股权争夺战中充分诉求了媒体舆论和中小股东的关切,把以自身为象征的万科企业文化上升到能决定万科前景是生是死的高度,这样"亡羊补牢"式的外部治理最多只是充当喊话的效果。实际上,万科多年来的企业架构已经成形,企业文化和经营策略并不会因为控制权的变化而发生巨大的改变——毕竟谁也不会亲手毁掉到手的一块好蛋糕!

"野蛮人"敲万科大门的另一个重要原因是万科的股价被严重低估,也就是王石没有做好把万科的企业业绩、发展蓝图、未来收益反映到市场的工作,没有做好与市场投资者们的沟通,这才使得"野蛮人"抓住机会、乘虚而入。从上文的三种估值方式可以看出，万科的股价被低估 15%—30% 不等；从万科的市场表现来看，作为地产行业的龙头股，万科长时间没有跑赢大盘：除了 2007—2008 年稍微跑赢市场外，其余时间段一直徘徊在原点附近，特别是在 2014 年牛市启动以来，万科累积涨幅始终弱于深证成指。再看万科的市盈率和 EV/EBITDA 等估值指标，与地产行业相应指标的中位数比较，也可以看出万科的市场价值一定程度上被低估。万科的股价被低估，与万科的股权结构、经营策略与市场预期、市场对如万科这样轻资产企业的估值误解不无关系。

表 16-8 三种估值方法均显示万科股价被低估

	P/E 估值法	WACC 估值法	RNVA 估值法
预期股价（元）	16.00	20.73	19.01
实际股价（根据估值时间点不同而变化）	13.70	14.00	14.00
股价低估程度	14.38%	32.47%	26.35%

图 16-11 万科与深证综指较 2007-01-04 累积涨幅

数据来源：Wind。

表 16-9 万科估值比率与地产行业的比较（中国大陆市场）

	市盈率 PE		市净率 PB (MRQ)	市现率 PCF (TTM)	市销率 PS (TTM)	企业价值/EBITDA（倍）
	TTM	16E				
万科	14.09	12.69	2.69	9.67	1.19	9.17
行业最高值	1 490.38	667.38	45.61	8 233.65	1 220.05	2 301.69
行业中位值	28.38	24.48	2.46	10.79	3.82	26.52

数据来源：Wind。

表 16-10　万科估值比率与地产行业的比较（中国香港市场）

	市盈率 PE			市净率 PB (MRQ)	企业价值/收入（倍）	企业价值/EBITDA（倍）
	TTM	16E	17E			
万科企业	10.07	8.97	7.81	1.92	3.99	24.62
行业最高值	369.76	15.43	15.98	19.85	4 580.18	664.30
行业中位值	7.36	6.79	5.34	0.67	5.39	17.27

数据来源：Wind。

首先，正如前文分析，万科的股权结构较分散，大股东持股比例较小，形成了众多中小散户持股，而作为获取差价为主的散户来说，很难有价值投资者长期持有的耐心，因此卖盘也会相对很多，所以除非有超大资金接盘，否则很难形成强有力的上涨。相较于成熟理性的投资市场（如以机构为主导的 H 股），A 股仍是散户主导，投机心态浓厚的散户，更愿意博取高风险高收益，这也佐证了万科 A 股较 H 股溢价：从万科在 H 股市场的表现来看，与同行业公司比较，估值比率如 P/E，EV/EBITDA 都处在一个合理的区间内。

其次，万科作为中国地产业的巨头，其所在行业在市场投资者看来很难再有较大的发展空间：自 2010 年中央对房地产调控力度加强以来，一二线城市地产市场趋于饱和，三四线城市又受到库存积压的压力，再加上中国的人口红利正在逐渐消失，老龄化问题加剧，投资者很难相信万科能够再次创造一个"2 000 亿"的神话。伴随着如今如火如荼的供给侧改革，中国经济正在向新兴行业如高端制造、互联网＋、环保等行业发展转型，地产行业作为过去 30 年拉动中国经济增长的一大马车，如今显得疲惫不堪，使众多投资者对其持观望态度，不敢贸然进入。

（三）"轻资产"让万科被低估了吗？

万科的股价被低估的另一重要原因便是市场对如万科这样轻资产企业的估值误解。20 世纪 80 年代，麦肯锡管理咨询公司首次提出"轻资产运营模式"概念，即企业凭借其品牌、客户关系、专利技术、产业链等轻资产，以最低的资本投入实现企业价值最大化的管理运营模式。轻资产是指相对于占用企业大量资金的重资产而言的，企业拥有或控制的没有实物形态的非货币资产，具体包括品牌、专利权和非专利技术、特许经营权、客户关系、人力资源、供应链、流程管理、快速整合能力、技术研发能力等。根据能否在财务报表中体现，可将轻资产划分为两类，可以看到，多数可能成为"企业价值主要驱动力"的轻资产未能在资产负债表中被列示出来[①]。

---

① 张晶如，轻资产企业价值评估风险及其控制，赤峰学院学报，2016 年 7 月，第 96 页。

表 16-11　轻资产的分类

可在财务报表中 体现的轻资产	资产负债表	著作权、商标权、专利权和非专利技术等无形资产以及品牌影响力（企业合并时以"商誉"表示）
	利润表 （以"费用"列支）	客户关系、研发能力、人力资源、营销渠道和网络、品牌影响力（以广告费支出的部分表示）等。
无法在财务报表中体现的轻资产		营销能力、流程管理、运营经验、企业文化、供应链等

资料来源：张晶如，轻资产企业价值评估风险及其控制，赤峰学院学报，2016年7月，第96页。

从运营模式的发展和资产结构的角度，可以把所有轻资产企业分成两大类：第一类为采用轻资产运营模式的企业，这类企业过去多为传统重资产企业，因经营管理及发展阶段需要，进行运营模式转变，使得企业在财务特征及管理结构等方面符合轻资产企业特征；第二类是指因企业经营业务的特性，其本身就具备轻资产多，固定资产、存货占用企业资金少等财务特征，无需通过转变运营战略以实现企业"轻资产化"[①]。

表 16-12　轻资产企业的分类

分类		企业举例
第一类	类金融型	阿里巴巴、国美、苏宁、格力、华联等
	知识产权型	同仁堂、默克制药、微软等
	品牌型	万科、中国动向、PPG、VANCL、Apple、Nike 等
第二类	互联网类	网易、雅虎、Google 等
	文化娱乐类	华谊兄弟、巨人网络、千橡互动、博杰广告等

资料来源：张晶如，轻资产企业价值评估风险及其控制，赤峰学院学报，2016年7月第97页。

对于像万科这样的轻资产企业，其估值思路主要是以收益法为主，因为资产法（成本法）只能反映企业资产负债表上项目的重置成本，忽略了未在财务报表上反映的其他轻资产，而且没有将这些资产的增值潜力纳入计算范围，而这些恰恰是轻资产企业的价值所在；而市场法则较难找到匹配合适的企业作为比较对象，尤其是在中国仍不完善的资本市场中，很难找到两家同行业企业在营销渠道、管理经验、企业文化、品牌影响等方面相似，况且两家企业未来有向不同路径发展的可能性。而对于收益法本身来讲，未来现金流受到国家政策、行业前景、企业未来增长能力等诸多不确定因素的影响，这些因素对于轻资产企业的影响相较于重资产企业要重得多。另一方面，轻资产企业如万科所拥有的品牌优势组成的无形资产难以量化，其在未来给企业带来的潜在项目和投资机

[①] 张晶如，轻资产企业价值评估风险及其控制，赤峰学院学报，2016年7月，第97页。

会在理论上可以用实物期权的方式量化,但由于量化过程假设多,因此很难精准衡量,易发生高估或低估的情况。

一般而言,市场对一家企业是通过股利折现模型(dividend discount model)或者市盈率进行估值。对于万科这样股权分散的企业来说,管理层持股比例小,经营层控制权不稳定,使市场对其未来的现金流预测偏低、净利润增长预测偏低;加上万科相比同行业其他企业的高股利政策,企业现金留存收益低,导致市场对万科的未来增长率持谨慎偏悲观的态度。在轻资产估值模型中,这些因素则都需要进行调整,并考虑企业的文化、品牌的市场价值,从而真正反映公司的实际价值。市场对万科的估值误解,导致了其股价被低估。在上文对万科进行估值的三种方法中,如果要执行轻资产企业的估值思路,应当还要考虑万科强大的品牌力和负债率低带来的强大的融资能力,因此要在最后的计算结果添加一定的溢价,如20%。溢价的程度受到不同行业和不同企业的影响,在具体估值时要具体分析企业的轻资产为公司创收的能力。轻资产的运营模式是未来我国地产行业的发展趋势,在对地产企业进行估值的时候,市场投资者应当考察企业的运营模式转型程度,改进以往的估值模式;而对于万科这样步入轻资产阵营的地产公司来说,经营管理层应当及时披露企业发展战略和方向,做好与投资者的沟通,使市场对企业的定价能够据此作出适当的调整,从而完善中国资本市场的信息传导机制。

(四)案例小结

笔者写此小结时,已是2018年的尾牙。两年前参与这场资本大战的宝能、恒大,均以账面浮盈退出,华润早已将股权转让给深铁,而"硬汉"王石也已隐退,将接力棒转交给喊着"活下去"的郁亮。这场大战来得悄无声息,去得也无影无踪。

市场能从宝万之争学到什么?本案例强调的是公司治理的重要性。随着国企混合所有制改革的推进,股权结构分散的企业会越来越多,这当然有助于向沉疴的体制中注入新鲜活力,但若不注重平衡好各方的关系,弄清到底谁有多少剩余索取权、谁有多少所有权、谁有多少控制权、谁有多少经营权,就会为企业发展"添堵",而不是疏通"激励机制"这一管道。

除了梳理好第一类代理问题,第二类代理问题也不容忽视。在一个成熟的资本市场,股价是评价企业的最好标准之一,但在现今的中国市场,就连ST类公司都能发生"大面积飘红"的事情,这说明投资者鉴别企业的标准是短视的。当然,企业也要增强市值管理的能力,关键是做好及时、全面、准确的信息披露。

术语解析

简要解析本案例中与兼并收购领域相关的常见术语。

管理层堑壕假说（management entrenchment hypothesis）VS. **股东权益假说**（shareholder interests hypothesis）①

管理层堑壕假说指出，当管理层采取行动阻止控制企业的企图时，没有参与行动的股东的财富减少了。该理论假定公司的管理层会努力采取主动性的和预防性的公司防御措施来维护他们的地位。根据这个观点，股东财富会因市场对公司股票的再次评估而减少。

股东权益假说，有时也称作利益收敛假说，是指当管理层采取行动防止控制权变化时，股东的财富会增加。延伸股东权益假设也可以认为，反收购防御可以通过竞价过程来实现股东价值最大化。

修改公司章程（corporate charter amendments）②

修改公司章程是指目标公司可以在公司章程中实施各种修正条款以加大敌意收购方改变目标公司管理控制的难度。修改公司章程的手段包括绝大多数条款（supermajority provision）、轮换董事会（staggered board）、公平价格条款（fair price provision）、双重资本化（dual capitalization）等。

其中，轮换董事会也称分级董事会（classified boards），轮换董事会的防御策略是改变董事会的任期，以便在给定年份中只需要选举一小部分（比如说三分之一）董事。当收购方已经获得目标公司绝大多数的控制权时，轮换董事会就可以防止收购方通过选举管理层来实现自己的目标，比如销售资产来偿付收购过程中产生的债务。

双重资本化是指对股权进行重组，将股票分为拥有不同投票权的两种类型。双重股票的一个例子是福特汽车公司，它同时拥有 A、B 两类股票，与 A 类股票的一股一权相比，B 类股票每股拥有 16.561 份投票权。B 类股票的更多投票权就使得这些持有者获得了公司 40% 的投票权。从反收购的角度看，双重资本化的目的是赋予那些可能与管理层持相同意见的股东以更大的投票权。

---

① Patrick A. Gaughan，兼并、收购与公司重组，中国人民大学出版社，2010 年，第 176 页。
② 同上书，第 190 页。

委托-代理问题（principal-agent problem）和剥夺问题（deprivation）[①]

早在 1932 年，Berle 和 Means 就对美国公司两权分离后所产生的公司治理问题进行了研究，他们发现，股权分散会导致管理层大量滥用剩余控制权。由于公司的所有权和经营权相分离，因此，股东必须通过选举产生公司董事，再由董事组成的董事会聘用管理者（代理人），管理者代表股东行使公司经营权，董事会受托监督管理者并保护股东利益。在所有权和经营权高度分散的情况下，股东和管理者之间的冲突在所难免。

公司所有者和管理层的利益冲突几乎发生在所有公司金融活动中，比如，为了追求好的"政绩"，管理者乐意投资回收期短的项目，宁愿牺牲正值 NPV 项目。为了避免还款压力，他们偏好内部资金，宁愿放弃低成本的外部资金。为了粉饰账面利润，对有助于抬升会计利润的项目乐此不疲。因此，公司所有者和管理层的利益冲突会导致公司的投资决策、融资决策、资产管理不再最大化股东财富或最大化公司价值。

如果按照现金流权（cash flow rights）来定义股东的所有权，那么，公司股东只能按照现金流量的一定比率来分享公司利益，或是说，股东只能按其出资比例分享公司利益。在这种情况下，公司的现金流权和控制权是匹配的，任何股东不会超过现金流权的控制权，股东之间（包括大股东和小股东之间）也就不会发生冲突。然而，事实上，公司治理中还存在着另一类控制者：他们拥有的控制权超过了现金流权，尽管持股数不多，但是他们却是公司的实际控制者。控制股东与非控制股东之间必然发生冲突，这就是公司治理的 II 型问题即剥夺型问题。

轻资产企业（light-asset enterprise）[②]

20 世纪 80 年代，麦肯锡管理咨询公司首次提出"轻资产运营模式"概念，即企业凭借其品牌、客户关系、专利技术、产业链等轻资产，以最低的资本投入实现企业价值最大化的管理运营模式。轻资产是指相对于占用企业大量资金的重资产而言的，企业拥有或控制的没有实物形态的非货币资产，具体包括品牌、专利权和非专利技术、特许经营权、客户关系、人力资源、供应链、流程管理、快速整合能力、技术研发能力等。

管理层股权激励计划（stockholder's rights drive）

管理层股权激励计划是随着公司股权分散和管理技术复杂化，公司为了激励公

[①] 朱叶，公司金融（第2版），复旦大学出版社，2013年，第312—316页。
[②] 张晶如，轻资产企业价值评估风险及其控制，赤峰学院学报，2016年7月，第96页。

> 司管理人员，推行股票期权等形式的股权激励机制，它是一种通过经营者获得公司股权形式给予企业经营者一定的经济权利，使他们能够以股东的身份参与企业决策、分享利润、承担风险，从而勤勉尽责地为公司的长期发展服务的一种激励方法。
>
> 由于存在股东和经理层的一种委托代理关系，而股东为了鼓励经理层为股东们创造更多剩余价值，会采取一些激励措施，包括业绩股票、股票期权、虚拟股票、股票增值权、限制性股票、延期支付、经营者/员工持股、管理层/员工收购、账面价值增值权等。

三、思考与分析

本部分针对案例提出问题，你可以在案例的基础上进行更广泛的资料收集，并尝试回答这些问题。

1. 万科的股权结构是怎样的？这样的股权结构导致了怎样的企业治理问题？万科针对这些企业治理问题采取了哪些措施？
2. 万科针对宝能的频频举牌，采取了哪些接管防御手段？
3. 参考万科的治理结构，谈谈中国上市公司的治理目标。
4. 公司治理主要有哪些内容？万科此次在这些方面分别有怎样的举措？
5. 参考《公司法》和万科的《董事会议事章程》，谈谈6月17日董事会的投票结果，在法理上预案是通过还是没有通过？
6. 在万科的治理结构中，经理人的职能是什么？与董事会和股东大会的关系是怎样的？
7. 随着恒大的加入，万科的股权结构变成怎样？万科还有哪些手段可以实现对外部资本的防御？
8. 参考三种估值方式（相对估值、绝对估值、净资产估值），思考万科股价为什么会被低估？这与万科的股权结构、股利政策、公司治理结构、地产行业发展背景有什么联系？
9. 万科为什么会找到深圳地铁作为白衣骑士？白衣骑士有哪些特点？
10. 你认为宝能为什么会在3月17日的股东大会上赞成万科继续停牌？宝能有什么其他的意图？
11. 如何评价华润作为万科原第一大股东在这次事件中的作用？华润一开始有什么反击措施？后来反对深铁收购预案有何考虑？
12. 在恒大举牌后，这场股权之争正式演变成多方并购，简述多方并购对我国资本市场发展完善的意义。

13. 如果你是王石，从一开始你会怎么设计接管防御的策略？用万科的财务数据佐证你的看法。

14. 继续跟进万科股权之争的后续进展，重点关注万科的股权结构与治理结构的变化，控制权仍然掌握在以王石为代表的经营管理层的手中吗？

参考文献

[1] Patrick A. Gaughan. 兼并、收购与公司重组. 中国人民大学出版社，2010年.

[2] 宝能9个资管计划首曝光，哪个被平仓的风险最大？21世纪经济报道，2016年7月7日，http://money.163.com/16/0707/21/BRDE338A00253B0H.html.

[3] 宝能九大资管计划大起底，搜狐财经，2016年7月22日，http://business.sohu.com/20160722/n460440900.shtml.

[4] 宝能欲罢免整个万科董事会，万科重组神秘B计划浮出水面，广州日报，2016年6月27日.

[5] 陈龙. 中国房地产泡沫的历史及现状［J］. 经济体制改革，2005，02：35-39.

[6] 地产"轻资产"化是何逻辑，国际金融报，2015年4月27日.

[7] 华润宝能同投反对票，王石四度道歉"示好"，每日经济新闻，2016年6月27日.

[8] 华生. 我为什么不支持大股东意见. 上海证券报，2016年6月24日.

[9] 姜汝祥. 像万科一样思考［R］. 商业评论，2011. 06.

[10] 柯恩，从建造到制造——专访万科公司总经理［R］. 商业评论，2007. 09.

[11] 李维安. 万科控制权之争：被遗忘的"上帝"［J］. 南开管理评论，2016，01：1.

[12] 李勇. 以宝能收购万科为例分析企业的股权结构问题［J］. 财经界（学术版），2016，04：99.

[13] 刘宝. 从宝能系举牌万科股票谈上市公司的反收购策略［J］. 中国商论，2015，34：74-76.

[14] 毛蓉蓉. 中国房地产企业标杆——万科的品牌建设战略［J］. 上海交通大学学报，2007，S1：152-155.

[15] 万科股权战大事回顾，中国证券网，2016年6月24日，http://www.cnstock.com/v_news/sns_zxk/201606/3824784.htm.

[16] 魏润卿. 中国房地产周期与宏观调控［J］. 中国房地产，2008，01：22-24.

[17] 巫月娥. 万科品牌核心价值研究［J］. 企业经济，2008，12：44-47.

[18] 吴强，侯廷娴. 经济过热与我国房地产发展周期［J］. 经济问题，2004，12：2-5.

[19] 晓雯. 北京万科住宅产业化之路 [J]. 住宅产业，2010,04:59-62.
[20] 叶雷. 万科 VS 宝能——实业与资本各应有什么样的姿态？[J]. 住宅与房地产，2016,Z2:23-26.
[21] 张晶如. 轻资产企业价值评估风险及其控制. 赤峰学院学报，2016:96-98.
[22] 张平. CFP."宝能系"收购万科究竟图个啥 [J]. 企业观察家，2016,01:16-17.
[23] 朱叶. 公司金融第 2 版. 复旦大学出版社，2013 年.
[24] 邹备战. 中国房地产发展状况及原因分析 [J]. 时代金融，2007,09:9-10.

（杨　青　张剑宇　徐鸥鹭　沈红波）

附录：万科的估值

1. 相对估值法

相对估值法的基本思路：分为3个步骤，一是筛选可比公司；二是选择合适的交易乘数（使用得较多的有企业价值/EBITDA、P/E），本案例选择的乘数是市盈率；三是计算企业价值。可比性要求可比公司之间的未来现金流量具有较高的相关性，同时从资产规模、资本结构、流动性比率、经营效率比率、偿债能力比率、盈利能力比率等方面进行分析，剔除在这些方面差别过大的公司。

（1）万科可比公司筛选。

首先选取2014年6月30日—2015年6月30日间营收规模超过100亿元的A股房地产行业上市公司建立可比公司备选库，共计14家。因为招商蛇口即当时的招商地产处于停牌中，故不作为可比公司。

新城控股2015年12月才完成B转A，站在2015年7月初的时点上，也不将其作为可比公司。

选取规模、增长率、盈利能力、杠杆率四个维度的财务指标如下，各基于利润表的指标均以2014年6月30日—2015年6月30日为统计区间，资产负债率为2015年半年报数据。根据以下财务指标对可比公司进一步筛选，剔除指标值差异过大的公司，最后确定3家可比公司。

表1 可比公司备选库

代码	简称	营业收入（亿元）	营业收入增长率（%）	销售利润率（%）	销售毛利率（%）	资产负债率（%）
600606.SH	绿地控股	860.276 1	−26.707 8	3.840 3	14.946 8	88.211 5
000002.SZ	万科A	1 457.851 3	22.716 0	13.062 9	29.323 3	78.060 8
600048.SH	保利地产	1 131.290 7	24.546 5	13.750 5	33.305 0	77.465 3
600340.SH	华夏幸福	270.208 5	48.229 8	13.575 3	37.029 9	86.588 9
600383.SH	金地集团	461.425 0	−10.968 4	15.029 8	27.630 6	67.482 2
600376.SH	首开股份	220.542 7	−23.745 1	10.424 6	39.845 5	84.826 9
002146.SZ	荣盛发展	229.395 8	−10.015 6	10.673 0	28.418 0	81.698 5
000671.SZ	阳光城	137.747 8	46.121 7	7.768 6	25.424 0	84.284 1
000656.SZ	金科股份	170.838 4	50.547 5	6.296 1	26.542 2	84.350 7

续 表

代码	简称	营业收入（亿元）	营业收入增长率（%）	销售利润率（%）	销售毛利率（%）	资产负债率（%）
000402.SZ	金融街	208.994 8	13.933 8	12.080 8	33.169 2	69.033 3
000540.SZ	中天城投	125.748 7	54.829 3	17.117 2	37.043 7	79.744 1
600823.SH	世茂股份	131.189 3	39.387 1	18.290 4	34.505 7	65.569 7
600177.SH	雅戈尔	171.449 6	14.991 5	40.236 7	46.204 6	58.292 2
002244.SZ	滨江集团	113.161 0	36.886 0	11.511 5	30.985 7	74.506 5
600208.SH	新湖中宝	113.310 5	73.753 0	8.195 7	26.201 1	71.324 8

数据来源：Wind。

注：各基于利润表的指标均以 2015 年 6 月 30 日为基准前溯 12 个月，TTM（Trailing Twelve Months）。资产负债率为 2015 年半年报数据。

表 2　最终可比公司及对应 PE 值

序号	简称	PE（TTM）	PE（2015E）
1	保利地产	8.727 8	6.989 7
2	金地集团	14.064 1	11.515 8
3	荣盛发展	11.277 6	9.698 8

资料来源：Wind。

注：PE 基于 2014-6-30 至 2015-6-30 自由流通市值加权平均值。

筛选的标准是营收规模超过 200 亿，营收增长率不要超过 30%，否则和万科增长速度不相符；且销售净利率、销售毛利率和资产负债率相差不大。

（2）万科财务数据。

万科 2014-6-30 至 2015-6-30 摊薄 EPS 计算如下。

表 3　万科每股收益计算

关键指标	2013A	2014A	2014.6.30—2015.6.30
营业收入（亿元）	1 354.19	1 463.88	1 457.85
增长率（%）	31.33	8.1	22.72
净利润（亿元）	151.19	157.45	157.82
期末股本（亿股）	110.35	110.37	110.48
基本/摊薄 EPS	1.372 6	1.426 5	1.428 5

注：万科的基本 EPS 和摊薄 EPS 相同。

(3) 相对估值结果。

表 4　万科 P/E 估值计算表

EPS	乘数平均值	目标股价
过去一年 EPS（1.428 5）	11.356 5	16.22
2015E EPS（1.684 8）	9.068 1	15.84

注：EPS 1.684 8 元基于 2015 年 7 月初当时的一致预期数据。

结论：两种口径估值结果稍有差异，平均来看，可认为短期内的目标股价是 16 元。与 2015 年 7 月 3 日的股价 13.7 元相比较，万科的价值被低估。

2. 绝对估值法

万科的主营业务较为稳定，未来收益可以进行合理的预测。因此，可以用绝对估值法来评估万科的企业价值。采用企业自由现金流折现模型来确定企业自由现金流价值，并分析货币资金、长期股权投资的价值，确定企业整体价值，然后扣除付息债务后确定股东全部权益价值。该方法假设公司能够永续存在，同时将未来分为两个阶段：未来 9 年为可明确预测的时间段和之后不可明确预测的永续时间段。对于不可明确预测的永续时间段，综合万科的企业实力和中国地产业的发展前景，我们假定万科拥有永续增长率 1.5%。

在对每一子科目进行详细的估算和分析后，得出企业每一年的自由现金流如附表中所示。

企业自由现金流评估值 $= \sum_{t=1}^{n} \frac{FCFF_t}{(1+WACC)^t} + \frac{P_n}{(1+WACC)^n}$。式中：$n$ 为明确的收益预测年限；$FCFF_t$ 是第 t 年的企业现金流；$WACC$ 是加权平均资本成本；t 是明确的收益预测年限中的第 t 年；P_n 是第 n 年以后的永续价值在第 n 年的折现值。

在求得企业每年的自由现金流后，我们需要计算加权平均资本成本（WACC），从而得到折现率，进一步求出公司价值。$WACC = K_e \times \frac{E}{E+D} + K_d \times \frac{D}{E+D} \times (1-T)$。式中：$WACC$ 是加权平均资本成本；K_e 是权益资本成本；K_d 是债务资本成本；T 是所得税率；$\frac{D}{E+D}$ 是资本结构，即资产负债率。我们假设万科的负债平均成本为 7.5%，目标资产负债率为 77%，企业 Beta 值从 Wind 计算器获得，为 0.95，市场溢价假设为 12%，据此用 CAPM 模型可以得出万科股权要求收益率为 14.9%。将上述结果代入 WACC 的公式中可以得出万科的加权平均资本成本是：14.9% × (1−77%) + 7.5% × 77% × (1−25%) = 7.76%。

将 WACC 代入折现，可以得到企业自由现金流的折现值为 202 676.43 百万元，加上 2015 年末的货币资金和长期股权投资价值，可以得到万科的总体资产价值，之后减去付息债务价值,即得到万科股权总体价值为 228 885.16 百万元,除以万科 11 039.15百万股的发行量,我们得到万科每股内含价值为 20.73 元。参考万科股价走势,可以发现万科股价在 2015 年间基本上在 10—15 元区间波动,相较于 20.73 元的评估值,万科股价至少被低估了 27.6%。

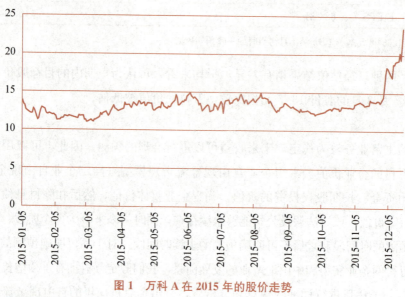

图 1　万科 A 在 2015 年的股价走势

数据来源：Wind。

3. 净资产估值法（Net Asset Value，NAV）

NAV 估值是以 DCF 法为理论基础,结合房地产企业自身以项目为基础的特点产生的估值方法。其估值逻辑是对企业所拥有的已完工尚未预售、在建物业、土地及投资型物业资产按照各项目开发销售流程进行现金流模拟然后按一定折现率折现,最后按公司所占各项目权益计算出项目汇总价值,再扣减（加上）公司的净债务（净现金）,然后得到公司的净资产值（NAV）。

常规的 NAV 方法是根据上市公司的不同项目进行计算的。但是由于万科资产规模庞大,难以精确计算其 NAV,这里采用一个简化的方法来进行估算。如下表所示,万科在 2015 年度末的资产总额是 6 112 亿元,其中货币资金和存货两项就占到了资产总额的 69%,而万科的存货基本上是已经完工的、正在建造的或者即将开工的地产项目,以及土地储备。这些资产不仅流动性强,且不断增值。万科的资产如此轻,基本上没有机器设备等周转期较长（10 年或以上）的资产,主要是现金、土地和房产,所以可以认为万科是一家轻资产公司,这一点也可以从万科的营运能力指标看出：无论是营业周期、存货周转天数还是净营业周期,都在 2—3 年,符合轻资产企业的营运特点。

表 5　万科 2015 年度财务指标　　　　　　　　　　　　　　　（单位：万元）

货币资金	存货	资产总计	负债合计	所有者权益合计
5 318 038.10	36 812 193.05	61 129 556.77	47 498 595.04	13 630 961.73

资料来源：Wind。

表 6　万科营运能力指标

	2016-06-30	2015-12-31	2014-12-31	2013-12-31
营业周期	1 305.38	897.58	1 144.99	1 143.68
存货周转天数	1 299.64	893.52	1 138.88	1 137.08
存货周转率	0.14	0.40	0.32	0.32
流动资产周转率	0.13	0.39	0.32	0.34
总资产周转率	0.11	0.35	0.30	0.32
应付账款周转天数	323.56	206.51	229.93	211.08
净营业周期	981.82	691.07	915.06	932.60
营运资本周转率	0.59	1.59	1.26	1.25

资料来源：Wind。

由于会计报表是历史成本计量法，结合中国地产业的实际情况，万科的存货具有快速增值的特点，其增值的部分应当归属于股东权益。为了估计万科存货的增值情况，我们做出如下假设：从万科财务报表中关于存货的明细，可以估算出万科在一线、二线、三线城市拥有项目的比例大约分别是 40%，40% 和 20%。参考 Wind 房地产业投资收益指数，假定计算增值周期为 3 年，那么可以估算出一线、二线、三线城市房地产增值幅度大约分别是 50%，35% 和 20%，存货的加权平均增值率为 38%。

表 7　关于地产增值的假设

	增值幅度	项目所在地区占比
一线城市	50%	40%
二线城市	35%	40%
三线城市	20%	20%
平均		38%

这样，考虑存货的增值后，万科的净资产就是 1 363+3 681×38%=2 762 亿。最后剔除少数股东权益，归属于上市公司母公司股东的净资产为 2 762×76.08%=2 101 亿，折合股价为 2 101 亿/110.516 1 亿股=19.01 元/股。与 2015 年万科股价在 10—15 元区间徘徊进行对比，发现万科股价被低估了至少 20%。

表8 万科自由现金流预测

(单位：百万元)

	2016	2017	2018	2019	2020	2021	2022	2023	2024
一、营业收入	246 574.90	310 612.00	368 873.59	414 388.87	446 516.82	473 592.43	502 311.38	502 311.38	502 311.38
减：营业成本	177 964.64	227 289.45	273 780.49	315 717.02	348 927.83	379 438.18	402 441.44	402 441.44	402 441.44
营业税金及附加	22 191.74	26 402.02	30 985.38	34 394.28	35 721.35	37 887.41	40 184.91	40 184.91	40 184.91
销售费用	7 397.25	9 007.75	10 697.33	11 602.89	12 502.47	13 260.59	14 064.72	14 064.72	14 064.72
管理费用	6 410.95	7 144.08	8 484.09	9 530.94	10 269.89	10 892.63	11 553.16	11 553.16	11 553.16
财务费用	1 718.09	2 166.20	2 262.85	2 281.52	2 523.42	2 632.10	2 786.61	2 780.78	2 598.91
资产减值损失	98.70	94.70	79.69	110.78	78.20	65.90	69.90	—	—
加：公允价值变动损益	—	—	—	—	—	—	—	—	—
投资收益	1 698.21	1 698.21	1 698.21	1 698.21	1 698.21	1 698.21	1 698.21	1 698.21	1 698.21
二、营业利润	32 491.76	40 206.02	44 281.96	42 449.66	38 191.88	31 113.98	32 908.86	32 984.59	33 166.46
加：营业外收入	—	—	—	—	—	—	—	—	—
减：营业外支出	—	—	—	—	—	—	—	—	—
三、息税前利润总额	32 491.76	40 206.02	44 281.96	42 449.66	38 191.88	31 113.98	32 908.86	32 984.59	33 166.46
减：所得税费用	8 122.94	10 051.51	11 070.49	10 612.41	9 547.97	7 778.49	8 227.21	8 246.15	8 291.61
四、息前税后利润	24 368.82	30 154.52	33 211.47	31 837.24	28 643.91	23 335.48	24 681.64	24 738.44	24 874.84
加：折旧和摊销	485.86	500.63	533.88	567.29	600.84	634.48	668.16	683.89	699.67
减：运营资金的追加	14 952.28	21 672.87	3 623.45	22 179.53	14 042.07	12 349.83	13 579.27	10 153.50	10 379.47
资本性支出	586.81	589.77	589.56	588.98	588.02	586.70	585.00	582.92	30.67
FCFF	9 315.58	8 392.51	29 532.34	9 636.03	14 614.66	11 033.43	11 185.54	14 685.91	15 164.38
EBIT YOY		23.7%	10.1%	−4.1%	−10.0%	−18.5%	5.8%	0.2%	0.6%

案例 16　为什么野蛮人会敲万科的大门？

表 9　万科企业价值折现和股权价值评估

(单位：百万元)

	2016	2017	2018	2019	2020	2021	2022	2023	2024
折现年份	1	2	3	4	5	6	7	8	9
折现因子	0.93	0.86	0.80	0.74	0.69	0.64	0.59	0.55	0.51
折现现值	8 644.89	7 227.55	23 601.86	7 146.54	10 058.56	7 047.05	6 629.84	8 077.86	7 740.52
终值计算									245 944.87
终值折现年份									10.00
终值折现因子									0.47
终值现值									116 501.76
企业价值	202 676.43								
加：货币资金	53 180.38								
长期股权投资	33 503.42								
总资产价值	289 360.23								
债务价值	60 475.07								
股权价值	228 885.16								
总股数（百万）	11 039.15								
每股价值（元）	20.73								

K_d	7.50%	WACC	7.76%
$D/(D+E)$	77.00%	永续增长率	1.50%
无风险利率	3.50%		
Beta	0.95		
市场溢价	12.00%		
K_e	14.90%		

表10 万科合并资产负债表

(单位：万元)

	2010	2011	2012	2013	2014	2015	2016年中报
流动资产：							
货币资金	3 781 693	3 423 951	5 229 154	4 436 540	6 271 525	5 318 038	7 186 798
交易性金融资产							
应收账款	159 402.46	151 481.38	188 654.85	307 896.98	189 407.18	251 065.33	226 238.91
预付款项	1 783 800.35	2 011 621.90	3 337 361.19	2 865 366.51	2 943 312.56	3 964 697.28	4 614 282.33
其他应收款	1 493 831.32	1 844 061.42	2 005 792.18	3 481 531.72	4 892 446.37	7 548 564.30	8 078 008.76
存货	13 333 345.80	20 833 549.36	25 516 411.30	33 113 322.33	31 772 637.85	36 812 193.05	42 752 027.43
其他流动资产					407 600.00	795 660.00	624 010.00
流动资产合计	20 552 073.22	28 264 665.49	36 277 373.73	44 204 658.52	46 480 569.75	54 702 437.59	63 489 675.03
非流动资产：							
可供出售金融资产	40 476.36	44 126.16	476.36	246 618.59	13 318.00	113 881.27	115 336.82
长期股权投资	449 375.16	642 649.45	704 030.65	1 063 748.57	1 923 365.74	3 350 342.35	4 283 421.43
投资性房地产	12 917.62	112 610.55	237 522.84	1 171 047.63	798 087.96	1 076 505.11	1 337 348.65
固定资产	121 958.19	159 586.27	161 225.72	212 976.79	230 835.17	491 747.92	517 631.40
在建工程	76 428.21	70 555.26	105 111.88	91 366.68	183 348.06	59 835.89	76 859.72
无形资产	37 395.19	43 547.43	42 684.69	43 007.42	87 754.75	104 499.11	111 358.45
商誉			20 168.98	20 168.98	20 168.98	20 168.98	20 168.98
长期待摊费用	3 216.14	4 099.94	4 231.67	6 351.05	33 899.90	44 788.34	59 806.87
递延所得税资产	164 315.80	232 624.19	305 485.79	352 526.21	401 620.03	516 654.08	618 339.97
其他非流动资产	105 599.27	46 379.28	21 849.20	508 061.92	667 907.20	648 696.13	600 721.81
非流动资产合计	1 011 681.95	1 356 178.52	1 602 787.77	3 715 873.83	4 360 305.80	6 427 119.18	7 740 994.09

续 表

	2010	2011	2012	2013	2014	2015	2016年中报
资产总计	21 563 755.17	29 620 844.00	37 880 161.51	47 920 532.35	50 840 875.54	61 129 556.77	71 230 669.12
流动负债:							
短期借款	147 800.00	172 444.65	993 240.02	510 251.46	238 306.97	190 008.80	285 096.64
交易性金融负债	1 505.45	1 704.18	2 576.10	1 168.70			
应付票据		3 125.00					
应付账款	1 692 377.78	2 974 581.34	4 486 099.57	1 478 389.99	2 129 189.39	1 674 473.29	834 092.57
预收款项	7 440 519.73	11 110 171.81	13 102 397.75	6 395 845.91	6 704 719.98	9 144 645.84	10 670 555.98
应付职工薪酬	141 575.88	169 035.17	217 774.89	15 551 807.14	18 174 933.70	21 262 570.56	27 833 316.12
应交税费	316 547.64	407 861.82	451 558.89	245 167.44	183 083.00	264 265.72	106 842.93
应付利息	12 780.65	27 229.88	64 968.79	457 820.52	512 417.29	737 398.05	435 765.97
其他应付款	1 681 402.93	3 021 679.26	3 604 531.58	29 124.36	33 650.98	23 157.59	43 805.80
一年内到期的非流动负债	1 530 569.08	2 184 582.93	2 562 495.92	5 470 428.53	4 544 172.97	6 235 022.43	8 133 134.10
流动负债合计	12 965 079.15	20 072 416.03	25 983 356.67	2 752 179.16	2 044 928.83	2 474 640.41	2 644 136.67
非流动负债:				32 892 183.22	34 565 403.10	42 006 182.69	50 986 746.76
长期借款	2 479 049.93	2 097 196.20	3 603 607.04	3 668 312.84	3 453 671.21	3 382 858.42	3 678 718.62
应付债券	582 114.45	585 039.70		739 839.19	1 161 223.18	1 901 581.23	2 538 294.85
长期应付款							
预计负债	4 110.73	3 867.79	4 429.23	4 687.68	5 342.28	14 322.06	10 962.59
递延所得税负债	73 899.34	77 890.61	73 381.28	67 271.57	59 029.93	55 843.08	54 910.11
其他非流动负债	881.61	1 179.82	1 567.80	4 295.50	6 844.14	137 807.56	143 631.39

续 表

	2010	2011	2012	2013	2014	2015	2016年中报
非流动负债合计	3 140 056.06	2 765 174.12	3 682 985.34	4 484 406.79	4 686 110.75	5 492 412.35	6 426 517.56
负债合计	16 105 135.21	22 837 590.15	29 666 342.01	37 376 590.01	39 251 513.85	47 498 595.04	57 413 264.33
实收资本（或股本）	1 099 521.02	1 099 521.02	1 099 555.31	1 101 496.89	1 103 750.72	1 105 161.23	1 103 915.20
资本公积金	878 934.40	884 346.41	868 386.07	853 222.29	849 363.22	817 481.26	807 875.60
减：库存股					56 181.50	16 016.31	
其他综合收益						45 063.52	27 307.79
盈余公积金	1 058 770.63	1 364 872.75	1 701 705.14	2 013 540.97	2 607 877.58	2 806 876.67	2 806 876.67
未分配利润	1 347 028.43	1 893 461.74	2 668 809.86	3 670 688.89	4 199 283.97	5 259 785.41	5 000 097.46
外币报表折算差额	39 013.19	54 577.58	44 099.02	50 649.29			
归属于母公司所有者权益合计	4 423 267.68	5 296 779.50	6 382 555.39	7 689 598.33	8 816 456.99	10 018 351.78	9 746 072.73
少数股东权益	1 035 352.29	1 486 474.35	1 831 264.11	2 854 344.01	2 772 904.70	3 612 609.95	4 071 332.07
所有者权益合计	5 458 619.96	6 783 253.85	8 213 819.50	10 543 942.34	11 589 361.69	13 630 961.73	13 817 404.80

表 11　万科合并利润表

（单位：万元）

	2010	2011	2012	2013	2014	2015	2016年中报
营业总收入	5 071 385.14	7 178 274.98	10 311 624.51	13 541 879.11	14 638 800.45	19 554 913.00	7 479 529.43
营业收入	5 071 385.14	7 178 274.98	10 311 624.51	13 541 879.11	14 638 800.45	19 554 913.00	7 479 529.43
营业总成本	3 958 184.29	5 671 637.95	8 302 317.31	11 216 206.85	12 557 892.09	16 598 826.08	6 623 309.12
营业成本	3 007 349.52	4 322 816.36	6 542 161.43	9 279 765.08	10 255 706.37	13 815 062.87	5 511 748.79
营业税金及附加	562 410.88	777 878.61	1 091 629.75	1 154 499.81	1 316 674.59	1 798 042.68	628 456.24
销售费用	207 909.28	255 677.51	305 637.77	386 471.36	452 188.95	413 827.36	204 522.11

续 表

	2010	2011	2012	2013	2014	2015	2016年中报
管理费用	184 636.93	257 821.46	278 030.80	300 283.76	390 261.77	474 524.98	217 646.63
财务费用	50 422.77	50 981.30	76 475.72	89 171.51	64 083.95	47 773.58	42 712.45
资产减值损失	−54 545.10	6 462.72	8 381.83	6 015.34	78 976.46	49 594.61	18 222.89
其他经营收益	76 287.67	69 684.64	91 996.87	100 461.58	417 027.52	356 190.81	134 240.21
公允价值变动净收益	−1 505.45	−286.86	−871.92	−57.20	1 101.33		
投资净收益	77 793.12	69 971.50	92 868.80	100 518.78	415 926.20	356 190.81	134 240.21
其中:对联营企业和合营企业的投资收益	29 170.30	64 398.78	88 978.76	99 939.79	184 036.92	239 309.25	127 233.10
营业利润	1 189 488.53	1 576 321.67	2 101 304.08	2 426 133.84	2 497 935.89	3 312 277.73	990 460.52
加:营业外收入	7 172.72	7 618.67	14 464.52	11 896.96	35 186.64	85 543.15	11 450.61
减:营业外支出	2 585.99	3 352.10	8 750.08	8 929.67	7 886.20	17 559.12	3 876.85
其中:非流动资产处置净损失	121.18	114.43	606.89	682.01	317.14	184.05	274.70
利润总额	1 194 075.26	1 580 588.24	2 107 018.51	2 429 101.12	2 525 236.32	3 380 261.76	998 034.28
减:所得税	310 114.21	420 627.62	540 759.67	599 346.14	596 483.92	785 317.96	288 571.22
加:未确认的投资损失	883 961.05	1 159 960.62	1 566 258.84	1 829 754.99	1 928 752.40	2 594 943.80	709 463.06
净利润	155 648.35	197 473.09	311 140.60	317 900.05	354 206.99	783 003.18	174 332.06
减:少数股东损益	728 312.70	962 487.53	1 255 118.24	1 511 854.94	1 574 545.41	1 811 940.62	535 131.00
归属于母公司所有者的净利润	657.73	18 301.73	−13 215.91	4 859.20	6 460.08	−10 472.17	−16 207.48
加:其他综合收益	884 618.78	1 178 262.36	1 553 042.93	1 834 614.19	1 935 212.48	2 584 471.63	693 255.58
综合收益总额							

续 表

	2010	2011	2012	2013	2014	2015	2016年中报
减:归属于少数股东的综合收益总额	155 648.35	197 473.09	311 140.60	317 900.05	353 443.79	783 648.98	175 880.31
归属于母公司普通股东综合收益总额	728 970.43	980 789.26	1 241 902.33	1 516 714.14	1 581 768.69	1 800 822.65	517 375.27
每股收益:							
基本每股收益	0.660 0	0.880 0	1.140 0	1.370 0	1.430 0	1.640 0	0.480 0
稀释每股收益	0.660 0	0.880 0	1.140 0	1.370 0	1.430 0	1.640 0	0.480 0

表 12 万科合并现金流量表

(单位:万元)

	2010	2011	2012	2013	2014	2015	2016年中报
经营活动产生的现金流量:							
销售商品、提供劳务收到的现金	8 811 969.45	10 364 887.30	11 610 883.96	15 343 706.74	16 830 906.76	19 190 827.18	12 734 937.11
收到其他与经营活动有关的现金	297 604.72	689 466.80	548 058.63	2 223 968.35	1 701 854.95	1 915 676.30	1 401 875.08
经营活动现金流入小计	9 109 574.17	11 054 354.10	12 158 942.59	17 567 675.09	18 532 761.71	21 106 503.48	14 136 812.19
购买商品、接受劳务支付的现金	6 664 589.53	8 491 824.36	8 732 365.23	12 865 695.28	9 523 183.23	12 997 942.48	7 656 026.43
支付给职工以及为职工支付的现金	184 882.78	248 084.80	290 887.69	347 269.57	513 263.27	504 630.00	449 726.63
支付的各项税费	938 158.53	1 469 812.73	1 808 156.77	2 121 391.65	2 304 018.68	2 504 007.11	2 047 406.31
支付其他与经营活动有关的现金	1 098 217.79	505 689.75	954 937.04	2 040 931.70	2 019 814.63	3 495 321.82	1 403 931.48

续 表

	2010	2011	2012	2013	2014	2015	2016年中报
经营活动现金流出小计	8 885 848.62	10 715 411.64	11 786 346.74	17 375 288.20	14 360 279.80	19 501 901.41	11 557 090.85
经营活动产生的现金流量净额	223 725.55	338 942.46	372 595.85	192 386.89	4 172 481.91	1 604 602.07	2 579 721.34
投资活动产生的现金流量：							
收回投资收到的现金	28 245.43	20 789.45	1 200.00	74 644.08	8 749.93	71 861.98	9 363.87
取得投资收益收到的现金	36 776.93	1 875.80	16 717.59	73 452.24	28 816.60	109 467.86	21 045.08
处置固定资产、无形资产和其他长期资产收回的现金净额	46.22	111.58	153.35	179.99	65.93	427.52	19 920.32
投资活动现金流入小计	270 072.23	86 537.00	117 950.89	227 778.56	680 954.38	364 566.60	454 441.02
购建固定资产、无形资产和其他长期资产支付的现金	26 193.86	26 156.09	15 066.76	243 939.19	183 074.56	206 300.13	77 603.24
投资支付的现金	218 384.81	119 506.81	50 045.00	655 418.72	261 246.52	1 171 343.40	914 065.08
取得子公司及其他营业单位支付的现金净额	136 405.62	407 584.23	286 084.30	123 862.37	68 320.78	516 258.33	658 696.03
支付其他与投资活动有关的现金	108 253.88	98 546.64	12 100.00		517 049.61	565 412.86	356 759.66
投资活动现金流出小计	489 238.16	651 793.77	363 296.06	1 023 220.28	1 029 691.47	2 459 314.72	2 007 124.00
投资活动产生的现金流量净额	−219 165.93	−565 256.77	−245 345.17	−795 441.72	−348 737.09	−2 094 748.12	−1 552 682.98
筹资活动产生的现金流量：							
吸收投资收到的现金	197 902.14	390 494.40	299 112.35	318 353.58	242 238.48	429 604.62	275 625.00

续 表

	2010	2011	2012	2013	2014	2015	2016年中报
其中:子公司吸收少数股东投资收到的现金	197 902.14	390 494.40	299 112.35	318 353.58	242 238.48	405 351.09	275 623.00
取得借款收到的现金	2 707 009.06	2 357 457.63	4 747 733.32	4 446 777.12	3 088 480.56	2 291 009.95	2 227 973.44
发行债券收到的现金				747 679.25	420 836.77	792 419.00	604 304.75
筹资活动现金流入小计	2 904 911.20	2 747 952.03	5 046 845.67	5 512 809.94	3 751 555.81	3 513 033.58	3 107 903.20
偿还债务支付的现金	1 198 537.47	1 997 461.34	2 686 441.75	4 843 025.68	4 293 620.98	2 502 857.64	1 795 003.79
分配股利、利润或偿付利息支付的现金	403 920.76	669 804.85	731 853.02	875 548.82	1 099 721.87	1 318 100.74	393 512.75
其中:子公司支付给少数股东的股利、利润	63 854.10	142 644.91	156 892.35	65 534.19	34 639.55	242 440.36	171 005.64
筹资活动现金流出差额（特殊报表科目）					319 938.11	202 466.27	37 042.97
筹资活动现金流出小计	1 602 458.22	2 667 266.20	3 418 294.77	5 718 574.50	5 713 280.96	4 023 424.65	2 225 559.52
筹资活动产生的现金流量净额	1 302 452.98	80 685.83	1 628 550.91	−205 764.56	−1 961 725.15	−510 391.08	882 343.68
汇率变动对现金的影响	2 403.46	−2 653.90	−5 190.34	−2 788.09	2 897.38	9 967.27	6 576.94
现金及现金等价物净增加额	1 309 416.05	−148 282.39	1 750 611.24	−811 607.48	1 864 917.05	−990 569.85	1 915 958.98
期初现金及现金等价物余额	2 200 277.49	3 509 693.54	3 361 411.15	5 112 022.40	4 300 414.92	6 165 331.97	5 174 762.12
期末现金及现金等价物余额	3 509 693.54	3 361 411.15	5 112 022.40	4 300 414.92	6 165 331.97	5 174 762.12	7 090 721.10

表 13　万科发行股份购买深圳地铁资产前的股份结构

主要股东	持股总数（股）	占总股本比例
华润股份有限公司	1 682 759 247（A股）	15.24%
HKSCC NOMINEES LIMITED	1 314 926 555（H股）	11.91%
深圳市钜盛华股份有限公司	926 070 472（A股）	8.39%
国信证券—工商银行—国信金鹏分级1号集合资产管理计划	456 993 190（A股）	4.14%
前海人寿保险股份有限公司—海利年年	349 776 441（A股）	3.17%
中国证券金融股份有限公司	330 361 206（A股）	2.99%
招商财富—招商银行—德赢1号专项资产管理计划	329 352 920（A股）	2.98%
安邦财产保险股份有限公司—传统产品	258 167 403（A股）	2.34%
安邦人寿保险股份有限公司—保守型投资组合	243 677 851（A股）	2.21%
西部利得基金—建设银行—西部利得金裕1号资产管理计划	225 494 379（A股）	2.04%
A股股本	9 724 196 533	88.09%
H股股本	1 314 955 468	11.91%
总股本	11 039 152 001	100%

数据来源：公司公告。

注：根据上市公司2015年年报披露，截至2015年12月31日，深圳市钜盛华股份有限公司及其一致行动人合计持有公司A股股份2 681 395 724股。上市公司A股自2015年12月停牌以来，深圳市钜盛华股份有限公司及其一致行动人持股未发生变化。截至2016年5月31日，深圳市钜盛华股份有限公司及其一致行动人持股占公司股份总数的24.29%，为公司的第一大股东。

表 14　万科发行股份购买深圳地铁资产后的股份结构

主要股东	持股总数（股）	占总股本比例
深圳市地铁集团有限公司	2 872 355 163（A股）	20.65%
华润股份有限公司	1 682 759 247（A股）	12.10%
HKSCC NOMINEES LIMITED	1 314 926 555（H股）	9.45%
深圳市钜盛华股份有限公司	926 070 472（A股）	6.66%
国信证券—工商银行—国信金鹏分级1号集合资产管理计划	456 993 190（A股）	3.29%
前海人寿保险股份有限公司—海利年年	349 776 441（A股）	2.51%
中国证券金融股份有限公司	330 361 206（A股）	2.37%
招商财富—招商银行—德赢1号专项资产管理计划	329 352 920（A股）	2.37%
安邦财产保险股份有限公司—传统产品	258 167 403（A股）	1.86%

主要股东	持股总数（股）	占总股本比例
安邦人寿保险股份有限公司—保守型投资组合	243 677 851（A股）	1.75%
西部利得基金—建设银行—西部利得金裕1号资产管理计划	225 494 379（A股）	1.62%
A股股本	12 596 551 696	90.55%
H股股本	1 314 955 468	9.45%
总股本	13 911 507 164	100%

数据来源：公司公告。

注：假设H股未进行增发。本次交易后，深圳市地铁集团有限公司将持有上市公司A股股份2 872 355 163股，占上市公司本次交易完成后总股本的20.65%。而深圳市钜盛华股份有限公司及其一致行动人合计所持A股股份将占上市公司本次交易完成后总股本的19.27%。

表15　深圳地铁前海国际发展有限公司资产负债表　　（单位：万元）

项目	2016年5月31日	2015年12月31日	2014年12月31日
资产总计	4 610 156.64	61 226.32	161 092.13
负债合计	48 808.27	60 075.58	160 771.94
所有者权益合计	4 561 348.37	1 150.75	320.2

数据来源：公司公告。

表16　深圳地铁前海国际发展有限公司利润表　　（单位：万元）

项目	2016年1—5月	2015年度	2014年度
营业收入	—	1 420.00	—
营业利润	−209.50	897.41	−679.10
利润总额	−209.50	897.41	−679.1
净利润	−209.5	830.55	−679.1

数据来源：公司公告。

表17　深圳地铁前海国际发展有限公司现金流量表　　（单位：万元）

项目	2016年1—5月	2015年度	2014年度
经营活动产生的现金流量净额	61 758.13	106 392.16	−157 083.93
投资活动产生的现金流量净额	—	—	−4.74
筹资活动产生的现金流量净额	−59 049.68	−107 503.93	157 776.18
现金及现金等价物净增加额/减少额	2 708.45	−1 111.77	687.51

数据来源：公司公告。

术语解释索引

案例1：大资管时代下的枭雄——看宝能如何撬动万科
敌意收购（hostile takeover） 26
举牌 27
杠杆收购（leveraged buyout，LBO） 28
尽职调查（due diligence investigation） 28

案例2：蒙牛对赌摩根士丹利——双赢还是侥幸？
对赌协议（valuation adjustment mechanism，VAM） 45
A/B类股票（A/B class stock） 46
可转债（convertible bond） 46

案例3：可交换债券助力资本运作——以美克家居等为例
非公开发行（non-public offering） 65
减持套现 65
员工持股计划（employee stock ownership plan，ESOP） 66

案例4：圆通借壳大杨创世——占据中国快递第一股
反向收购（reverse takeover） 84

案例5：电讯盈科：神话的塑造与破灭
股权置换（equity swap） 107
配股（right issue） 107

案例6：中国敌意要约第一案——浙民投要约收购ST生化
要约收购（tender offer） 136
累积投票制（cumulative voting） 138

案例 7：中国公司的华尔街式收购战——新浪对盛大的反收购
13-D 表（13-D schedule）　　　156
反收购措施（anti-takeover measures）　　　156
毒丸计划（poison pill）　　　156
白衣骑士（white knight）　　　157

案例 8：万达私有化——解密背后的原因和资本运作
协议收购（privately negotiated transaction）　　　174
特殊目的载体（special purpose vehicle，SPV）　　　174

案例 9：奇虎 360 回归的光和影——中概股投资价值评估
管理层收购（management buy-outs，MBO）　　　194
有效市场假说（efficient market hypothesis）　　　195
Internet＋平台企业估值理论基础（零边际成本、长尾理论、互联网思维）　　　195

案例 10：中概股回归三部曲——奇虎 360 的 A 股上市之路
私有化（taking private）　　　226
协议控制　　　226
可变利益实体（variable interest entity，VIE）　　　227

案例 11：高瓴收购百丽——鞋业巨头落幕还是再出发
私有化要约（privatization offer）　　　248
一致行动（concerted action）　　　248
财团协议（consortium agreement）　　　249

案例 12：与"狼"共舞，看创业企业如何设计股权制度——京东双重股权结构与阿里的"湖畔合伙人"制度
双重股权结构（dual-class share structure）　　　275
合伙人制度（partner system）　　　276

案例 13：联通的"突围"——中国联通 2017 年混合制改革
战略投资者（strategic investor）　　　293

案例 14：Y 省 YN 县污水处理厂、垃圾处理厂、供排水公司存量资产经营权转让政府和社会资本合作（PPP）项目

政府和社会资本合作模式（public private partnership，PPP）　　307

隐性负债（implicit liabilities）　　307

特许经营权（franchising）　　307

案例 15：中国家电企业涉足机器人产业——美的跨国收购德国库卡

协同效应（synergy）　　332

跨国并购（cross-border mergers and acquisitions）　　332

现金收购（cash offer）　　333

案例 16：为什么野蛮人会敲万科的大门？

管理层堑壕假说（management entrenchment hypothesis）VS. 股东权益假说（shareholder interests hypothesis）　　362

修改公司章程（corporate charter amendments）　　362

委托-代理问题（principal-agent problem）和剥夺问题（deprivation）　　363

轻资产企业（light-asset enterprise）　　363

管理层股权激励计划（stockholder's rights drive）　　363

图书在版编目(CIP)数据

兼并与收购:中国式资本之道/杨青,张剑宇,华凌昊编著.—上海:复旦大学出版社,2019.10
(复旦博学.经管案例库)
ISBN 978-7-309-14392-8

Ⅰ.①兼… Ⅱ.①杨…②张…③华… Ⅲ.①资本市场-中国-高等学校-教材 Ⅳ.①F832.5

中国版本图书馆 CIP 数据核字(2019)第 113918 号

兼并与收购:中国式资本之道
杨 青 张剑宇 华凌昊 编著
责任编辑/姜作达

复旦大学出版社有限公司出版发行
上海市国权路 579 号 邮编:200433
网址:fupnet@fudanpress.com http://www.fudanpress.com
门市零售:86-21-65642857 团体订购:86-21-65118853
外埠邮购:86-21-65109143
上海春秋印刷厂

开本 787×1092 1/16 印张 24.5 字数 466 千
2019 年 10 月第 1 版第 1 次印刷

ISBN 978-7-309-14392-8/F·2586
定价:68.00 元

如有印装质量问题,请向复旦大学出版社有限公司发行部调换。
版权所有 侵权必究